Kai Merten

Das äthiopisch-orthodoxe Christentum

Studien zur Orientalischen Kirchengeschichte

herausgegeben von

Martin Tamcke

Band 44

LIT

Kai Merten

Das äthiopisch-orthodoxe Christentum

Ein Versuch zu verstehen

LIT

Umschlagbild: Lalibela-Kreuz
Zeichnung: Jessica Draisbach, Raunheim

Bibliografische Information der Deutschen Nationalbibliothek
Die Deutsche Nationalbibliothek verzeichnet diese Publikation in der Deutschen Nationalbibliografie; detaillierte bibliografische Daten sind im Internet über http://dnb.d-nb.de abrufbar.

ISBN 978-3-643-11645-1

Verlagskontakt:
Fresnostr. 2 D-48159 Münster
Tel. +49 (0) 2 51-620 320 Fax +49 (0) 2 51-23 19 72
e-Mail: lit@lit-verlag.de http://www.lit-verlag.de

Auslieferung:
Deutschland: LIT Verlag Fresnostr. 2, D-48159 Münster
Tel. +49 (0) 2 51-620 32 22, Fax +49 (0) 2 51-922 60 99, e-Mail: vertrieb@lit-verlag.de
Österreich: Medienlogistik Pichler-ÖBZ, e-Mail: mlo@medien-logistik.at
Schweiz: B + M Buch- und Medienvertrieb, e-Mail: order@buch-medien.ch

Für Fisseha (1961 – 1992)
und für Enani (1969 – 2009)

Inhaltsverzeichnis

1. Einleitung

Äthiopier sind stolz auf ihre Heimat, und Äthiopien ist ein faszinierendes Land mit seiner großartigen Natur, mit seinen Bergen (Addis Abeba ist die am dritthöchsten gelegene Hauptstadt der Welt) und Seen, mit seiner oft einmaligen (endemischen) Tier- und Pflanzenwelt, mit seinen hübschen Menschen und seiner Geschichte und Kultur, die mehrere Jahrtausende zurückreicht und weder völlig afrikanisch noch völlig orientalisch ist. Nicht zuletzt gilt Äthiopien nach derzeitigem Wissensstand als Wiege der Menschheit überhaupt. Ein Reisebericht aus dem 16. Jahrhundert identifizierte Äthiopien sogar mit dem Ort, wo einst das Paradies, in dem Adam und Eva gelebt hatten, gelegen habe.[1] Vor allem aber ist Äthiopien über weite Strecken hin ein christlich geprägtes Land voller Kirchen und Klöster, die nicht leer stehen, sondern den Zustrom der Gläubigen oft nicht fassen können. Ich möchte fast sagen, Äthiopien ist ein urchristlich geprägtes Land, so viele Traditionen aus der frühen Christenheit haben sich hier lebendig bewahrt, so dass man ab und zu meint, in biblische Zeiten zurückversetzt zu werden. Diese Traditionen weisen überdies einen starken Bezug zum Alten Testament auf, der sich in dieser Form in keiner anderen christlichen Kirche findet. Zugleich vollzog sich in Äthiopien über Jahrhunderte hinweg weitgehend unberührt vom Rest der Christenheit eine eigenständige Entwicklung, so dass daraus ein Christentum besonderer Prägung hervorging, das seinesgleichen sucht. Allein das sollte Grund genug sein, sich mit den äthiopischen Christen zu beschäftigen.

Den meisten Menschen in Europa ist das allerdings leider kaum bewusst. Würde man hierzulande Passanten in einer Fußgängerzone nach Äthiopien fragen, erhielte man vermutlich in nicht wenigen Fällen die Antwort, das sei ein Land irgendwo in Afrika. Wo genau es liege, wisse man aber nicht. Die Älteren erinnern sich häufig noch an Kaiser Haile Selassie I. (1930 – 74), der der jungen Bundesrepublik im Jahr 1954 einen Staatsbesuch abstattete und damit half, ihr auf dem internationalen Parkett wieder zu diplomatischem Ansehen zu gelangen. Die Passanten im mittleren Alter fragen vielleicht, ob Äthiopien nicht das Land gewesen sei, das 1984 unter der großen Dürre gelitten habe, wo Bilder von schwarzen Kindern mit aufgeblähten Hungerbäuchen um Spenden bettelten. Die Jüngeren wissen wahrscheinlich gar nichts zu sagen, sofern sie nicht gerade äthiopische Freunde haben, von denen sie vielleicht einmal zu einem leckeren Abendessen in ein äthiopisches Restaurant eingeladen worden sind. Alles, was eben gesagt wurde, ist nicht falsch, aber wenn man Äthiopien auf diese wenigen Fakten reduziert, dann ist das so, als ob die Geschichte und Kultur Deutschlands

---

[1] The History of Trauayle, S. 338f.

nur aus Kaiser Wilhelm II., dem Holocaust unter den Nazis und der Thüringer Bratwurst bestehen würde.

Noch weniger unter uns verbreitet ist das Bewusstsein, dass es in früheren Jahrhunderten jenseits der Grenzen des alten Römischen Reiches blühende christliche Kirchen und Gemeinden gegeben hat. Sogar Studenten der Theologie kennen oft wenig mehr als die Tatsache der bloßen Existenz solcher Kirchen, weil selbst wissenschaftliche Lehrbücher der Kirchengeschichte nur ganz am Rande von diesen Kirchen sprechen. Eines dieser Standardwerke an den Universitäten, die ansonsten hervorragende „Geschichte des Christentums in Grundzügen" von Bernd Moeller, widmet den europäischen Ostkirchen lediglich acht Seiten und den Kirchen außerhalb des Römischen Reiches gerade einmal drei von insgesamt 365 Seiten; und Volker Leppins „Geschichte der christlichen Kirchen" erwähnt unter den Kirchen außerhalb des Römischen Reiches nur die Armenier und die Ostsyrer, nicht aber die Äthiopier, weil sie damals zum koptischen Patriarchat von Alexandrien gehörten. Trotzdem handelt Leppin die äthiopische Kirche auch im Kapitel zu den Kopten auf ganzen sieben Zeilen ab.[2] Nicht ohne Grund ist deshalb ein populärwissenschaftliches Buch aus den USA mit „The Lost History of Christianity" („Die verlorene Geschichte des Christentums") betitelt. Das Werk beschäftigt sich ausdrücklich mit den alten Kirchen in Asien und Afrika. Dabei ist diese im Westen „verlorene Geschichte" nicht nur äußerst spannend, sondern auch außerordentlich bedeutsam für das Selbstverständnis des Christentums als einer Weltreligion, die über weite Strecken – sowohl historisch als auch geographisch – eben keine europäische oder westliche Religion war und ist. Gläubigen Christen weitet diese Erkenntnis den eigenen Horizont, weg von einem Eurozentrismus hin zu einem weltweiten Gefühl der Verbundenheit in ihrem Herrn Jesus Christus, und lässt sie über den Horizont der eigenen Konfession hinweg entdecken und staunen, wie Christen in anderen Kulturen, die nicht von der griechisch-römischen Tradition berührt sind, ihren Glauben gelebt haben und noch immer leben.
Nicht ohne Verwunderung haben übrigens europäische Reisende in früheren Jahrhunderten festgestellt, dass die Christen dieser fernen Länder ihrerseits kaum etwas von der Kirche im Westen oder von einem Papst in Rom wussten und die Katholiken als Barbaren und Ketzer bezeichneten. Ein Jesuit bemerkte über die Äthiopier voller Erstaunen: „Sie sind der merkwürdigen Überzeugung, dass sie die einzigen wahren Christen in der Welt seien; wir wurden gemieden, weil sie uns für Häretiker hielten, und mit größter Überraschung hörten sie, wie wir mit der geziemenden Hochachtung von der Jungfrau Maria sprachen, und sie

---

[2] Leppin, Geschichte, S. 40.

sagten uns, dass wir wohl nicht ganz und gar Barbaren sein könnten, wenn wir die Mutter Gottes kennen würden."[3]

Die größte und bedeutsamste dieser Kirchen in Asien und Afrika war einst die syrische Apostolische Kirche des Ostens, die sogenannten Nestorianer, die heute unter dem Druck des Islam auf einen schwachen Abglanz ihrer früheren Größe geschrumpft ist. Ihr Oberhaupt saß in der Stadt Seleukia-Ktesiphon nahe dem heutigen Bagdad im Irak, damals die Hauptstadt des Perserreiches, des gefährlichsten Gegners der Römer und Byzantiner im Osten. Diese Kirche hatte sich im 4. Jahrhundert aufgrund theologischer Streitigkeiten und politischer Erwägungen auch organisatorisch offiziell von der römischen Reichskirche gelöst und im Perserreich neu gebildet und schickte nun ihre unermüdlichen Missionare weiter nach Osten. Diese syrischen Christen gründeten blühende Gemeinden entlang der Seidenstraße. Sie wirkten sowohl unter chinesischen Kaisern als auch unter mongolischen Khans. Sie erreichten die asiatische Pazifikküste genauso wie den Indischen Ozean. Sie verstanden es, das Evangelium von Jesus Christus Buddhisten wie Konfuzianisten, Anhängern schamanistischer Religionen wie Hindus in deren Vorstellungswelt nahezubringen. Ihr Kirchengebiet erstreckte sich schließlich, obwohl sie nirgendwo als offizielle Staatskirche anerkannt wurden, von zentralasiatischen Reichen auf dem Gebiet der heutigen Staaten Afghanistan und Usbekistan bis hin in die Mongolei und nach China. Im Süden bauten sie Kirchen und Klöster in Tibet, Indien und Ceylon (Sri Lanka). In ihrer Blütezeit im 13. Jahrhundert übertraf diese syrisch geprägte Kirche die Verbreitung der römischen Papstkirche im Westen um ein Vielfaches.
Aber auch im Kaukasus, in Armenien und in Georgien, entstanden – neben weiteren Kirchen in Asien – jenseits der Grenzen des Römischen Reiches eigenständige Kirchen. Armenien ist sogar das erste Land überhaupt, welches das Christentum zu seiner Staatsreligion erklärte, einige Jahre, bevor im Westen Konstantin der Große an die Macht kam.
Im Süden existierten außerhalb des Römischen Reiches christliche Königreiche in Nubien, dem heutigen Sudan, und eben das Christentum in Äthiopien, dem nach Armenien zweiten Land mit christlicher Staatsreligion, immerhin noch rund fünfzig Jahre, bevor der gleiche Schritt von den römischen Kaisern vollzogen wurde. Dieses faszinierende Christentum in Äthiopien, das nicht nur nichts mit den katholischen und evangelischen Missionskirchen zu tun hat, die im 19. Jahrhundert im Rest des afrikanischen Kontinents südlich der Sahara entstanden, sondern das sogar auf biblische, zum Teil vorchristliche Wurzeln zurückgeht, soll der Gegenstand dieses Buches sein.

---

[3] Jenkins, Lost History, S. 147.

Diese Kirche nennt sich selbst „Äthiopische Orthodoxe Tewahedo Kirche" (bä'ityopya 'ortodoks täwaḥədo betä kərəstiyan) und gehört zu den orientalisch-orthodoxen Kirchen (zur Erklärung dieser Begriffe das Kapitel zum Glauben). Sie hat einerseits Äthiopien und seine Kultur in der Vergangenheit so stark geprägt, dass andere Religionen und christliche Konfessionen, die es im Land natürlich auch gibt, bis heute im Vergleich dazu weit weniger einflussreich sind, obwohl sie in manchen Regionen sogar stärker vertreten sind als das orthodoxe Christentum. Zudem war die äthiopisch-orthodoxe Kirche über rund 1.350 Jahre hinweg mit dem Herrscherhaus verbunden. Eine derart privilegierte Stellung vermochten andere Religionen oder Konfessionen wie das Judentum, der Islam oder das katholische Christentum immer nur über kurze Zeit und nur gegen den erbitterten Widerstand großer Teile der Bevölkerung erringen. Kulturell gesehen, spielte die orthodoxe Kirche zweifellos die entscheidende Rolle, doch dadurch drängt sich andererseits der Eindruck auf, Äthiopien sei ein vollständig christianisiertes Land.

Von der äthiopischen Regierung veröffentlichte Prozentzahlen zur Religionsverteilung sind zwar nur bedingt aussagekräftig. Sie können selbst im modernen Äthiopien kaum viel mehr als Schätzungen sein;[4] denn natürlich versucht jede der bedeutenden Glaubensgemeinschaften, die Zahl ihrer eigenen Anhänger als möglichst groß darzustellen, um im öffentlichen Leben mehr Aufmerksamkeit und Einfluss zu erhalten. Die offiziellen Zahlen seien aber hier dennoch zitiert, um zumindest einen vagen Eindruck von der heutigen Situation zu geben.
Der staatliche Zensus Äthiopiens aus dem Jahr 2007 gibt 62, 8 % Christen, darunter 43, 5 % Orthodoxe, 18, 6 % Evangelische (ganz unterschiedlicher Richtungen) und 0, 7 % Katholiken, sowie 33, 9 % Muslime, 2, 6 % Anhänger indigener Religionen sowie 0, 6 % Anhänger anderer Religionen (vor allem Hindus, Sikhs, Baha'i und Juden, aber auch Zeugen Jehovas und Atheisten fallen unter diese „Anderen") an.[5] Die offiziellen Zählungen von 1984 und 1994 sprachen von 32, 9 % bzw. 28, 7 % Muslimen.[6] Nach eigenen Angaben hat die äthiopisch-orthodoxe Kirche rund 45 Millionen Gläubige, von denen mehr als 38 Millionen im Land selber leben.[7] Vielleicht kann man in etwa davon ausgehen, dass die reichliche Hälfte aller Einwohner Äthiopiens orthodoxe Christen sind, gefolgt von den Muslimen, den evangelischen Christen unterschiedlicher Prä-

---

[4] „Natürlich läßt sich leichter die Zahl der Katholiken im Vatikan oder der Moslems in Mekka ermitteln als die der Anhänger der äthiopischen Kirche." (Galperin, Äthiopische Reise, S. 147).
[5] Zitiert nach http://www.munzinger.de/document/03000ETH010 (12.12.2011).
[6] Abbink, Historical-Anthropological Approach, S. 112 Anm. 4; Mersha Alehegne, Orthodox – Protestant Relationship, S. 200.
[7] Ethiopian Orthodox Tewahedo Church, S. 13. 18.

gung und von den Anhängern indigener (traditioneller) Religionen, während die Katholiken sowie die Juden kaum eine Rolle spielen.[8] Dabei prägen die orthodoxen Christen vor allem den Norden und Teile des zentralen Hochlandes, während die Muslime hauptsächlich im Osten und Südosten zu finden sind und die Evangelischen und die Anhänger der indigenen Religionen mehrheitlich im Süden und Südwesten Äthiopiens[9] leben.

Der erklärte Gegenstand des vorliegenden Buches ist die Äthiopische Orthodoxe Tewahedo Kirche. Wenn demnach im Folgenden von der äthiopischen Kirche die Rede ist, bezieht sich dieser Ausdruck auf diese Konfession. Damit wird, wie gesagt, weder geleugnet noch gering geschätzt, dass in Äthiopien auch andere christliche Konfessionen und außerchristliche Religionen beheimatet sind, aber es sei für eine intensivere Beschäftigung mit ihnen auf weiterführende Literatur verwiesen.

Natürlich sind bereits viele Bücher über Äthiopien insgesamt und auch über die äthiopische Kirche geschrieben worden, sowohl an wissenschaftlicher Literatur als auch Populärwissenschaftliches, sowohl Reiseführer als auch Reiseberichte. Das vorliegende Buch möchte keines dieser Werke ersetzen oder wiederholen. Aus diesem Grund erwähne ich auch die dem Kenner Äthiopiens vertrauten, zahlreichen Sehenswürdigkeiten nur am Rande. Dazu existiert andere, besser geeignete Literatur. Ich habe es mir vielmehr zum Ziel gesetzt, einer interessierten Leserschaft das faszinierende Christentum Äthiopiens ein wenig näherzubringen und die Neugier zu wecken, mehr über Äthiopien zu lesen und zu entdecken. Ein deutschsprachiges Buch dieser Art mit neuerem Erscheinungsdatum existiert m. E. nicht. Selbstverständlich haben die großen Namen innerhalb der Äthiopistik, der Ostkirchenkunde und der Ethnologie, Wilhelm Baum, Georg Gerster, Ernst Hammerschmidt, Friedrich Heyer, Stuart Munro-Hay, Edward Ullendorff u. a. m. Großartiges geleistet und veröffentlicht, doch ihre Werke sind zumeist schon etwas älter. An jüngerer Literatur ist in jedem Fall auf das englischsprachige Buch „The Ethiopian Orthodox Tewahedo Church Tradition“ von Christine Chaillot hinzuweisen, das einen guten Überblick über die äthiopische Kirche und ihre Spiritualität bietet. Hinzu kommt eine Fülle an Publikationen zu Einzelfragen. Insofern mag es erlaubt sein, mit dem vorliegenden Werk erneut einen deutschsprachigen Überblick über die äthiopisch-orthodoxe Kirche vorzulegen.

---

[8] Vgl. z. B. Chaillot, Ethiopian Orthodox Tewahedo Church Tradition, S. 23.

[9] In der Region der südlichen Nationen, Nationalitäten und Völker sowie in der Region Gambella machen die Evangelischen mehr 50 % der Bevölkerung aus: Launhardt, Protestantism, S. 226.

Um das gesteckte Ziel zu erreichen, habe ich überdies einen etwas anderen Zugang als in den bisherigen Veröffentlichungen gewählt und arbeite religionswissenschaftlich anstatt äthiopistisch, konfessionskundlich oder ethnologisch (siehe dazu das Kapitel zum Aufbau des Buches). Dieser Ansatz erschien mir geeignet, diese besondere Art des Christentums in ihren vielfältigen Facetten angemessen zu beschreiben. Deshalb sind auch Themenbereiche angesprochen, die nicht oder zumindest nicht in dieser Art in anderer Sekundärliteratur zu finden sind. Vor allem aber habe ich einige Literatur verwendet, die in öffentlichen Bibliotheken in Deutschland nicht oder nur schwer erreichbar sein dürften, weil sie entweder zu alt oder zu speziell oder in Äthiopien selbst erschienen ist. Dies gilt in jedem Fall von Veröffentlichungen von äthiopischen Religionswissenschaftlern und Theologen aus den letzten Jahren, die m. E. zum derzeitigen Zeitpunkt noch nicht ausreichend gewürdigt wurden.
Für die theologischen Grundlagen des äthiopisch-orthodoxen Christentums verdienen in dieser Hinsicht vier Werke eine besondere Erwähnung, nämlich drei unveröffentlichte Lehrbücher des Theologen Haddis Yeshanew, die für die Studenten am Holy-Trinity-College in Addis Abeba gedacht sind,[10] sowie die Schrift „The Teaching of the Abyssinian Church" aus dem Jahr 1936, in der in den 1920er Jahren eine von dem damaligen Regenten, dem späteren Kaiser Haile Selassie I., persönlich eingesetzte Kommission von äthiopischen Theologen einen von der anglikanischen Kirche vorgelegten Fragebogen zu ihren Glaubensgrundlagen beantwortet.
Das Einflechten von Reiseberichten aus mehreren Jahrhunderten soll schließlich verdeutlichen, wie wenig sich viele kulturelle und religiöse Sitten und Gebräuche der Äthiopier über die Zeit hinweg verändert haben.
Trotz der wissenschaftlichen Vorgehensweise sind eine solche Themenauswahl und die Art ihrer Bearbeitung notwendigerweise subjektiv, da sie zu einem guten Teil auf meiner persönlichen Einschätzung, was „wichtig" und was eher „unwichtig" ist, beruht. Das Gleiche ist von der Ausführlichkeit der Darstellung zu sagen, wobei ich mich um einen flüssigen Stil ohne allzu ausufernde Details bemüht habe, um das Buch auch vom Umfang her auf ein überschaubares Maß zu begrenzen.
Der gewählte, religionswissenschaftliche Zugang legt das Gewicht auf die Betrachtung und Deutung religiöser Tatbestände und Phänomene. Auch aus diesem Grund beschränkt sich die Darstellung an vielen Stellen auf Beispiele, die das Ganze, das zum Verständnis nötig ist, dennoch deutlich machen sollen. Hier war es mir insgesamt wichtiger, das äthiopisch-orthodoxe Christentum in Hinsicht auf möglichst viele Aspekte zu beleuchten, als an wenigen Punkten in die Tiefe zu gehen, wohl wissend, dass man eigentlich zu jedem dieser Aspekte eine ei-

---

[10] Haddis Yeshanew, Course on Dogmatic Theology; Haddis Yeshanew, Liturgy; Haddis Yeshanew, Related Subjects.

gene wissenschaftliche Studie verfassen müsste, um ihm gerecht zu werden. Deswegen habe ich auch den in manchen Studien recht umfangreichen „gelehrten Apparat" sowie die Diskussion strittiger Detailfragen der Äthiopistik auf ein notwendiges Maß beschränkt.
Die Ehre, die anderen Autoren gebührt, bleibt hingegen selbstverständlich gewahrt, indem die benutzten Quellen bzw. die verwendete Literatur vollständig angegeben sind. Alle wörtlichen Zitate aus englischsprachigen Veröffentlichungen habe ich ins Deutsche übertragen. An wenigen Punkten, wo es um der Genauigkeit des Verständnisses nötig oder angebracht erschien, ist die englische Originalsprache in eckigen Klammern beigefügt. Hinzu kommt, dass sich in diesem Buch Gelesenes und Erlebtes vermischen. Manches beruht auf Beobachtungen, Erfahrungen und Begegnungen während meiner eigenen Aufenthalte in Äthiopien und auf persönlichen Kontakten zu den Äthiopiern selbst, die mir viele Fragen bereitwillig beantwortet haben.

Das Ziel dieses Buches ist es, neben der reinen Beschreibung des äthiopisch-orthodoxen Christentums, die äthiopisch-orthodoxe Art zu glauben und zu leben aus sich heraus besser zu verstehen (siehe dazu das Kapitel zum Aufbau des Buches). Schließlich gilt der Redlichkeit halber der Grundsatz, den der Religionswissenschaftler W. C. Smith so formuliert hat: „Keine Feststellung über eine andere Religion ist gültig, wenn sie nicht von Gläubigen jener Religion anerkannt werden kann."[11] Dieses Buch möchte deshalb dazu beitragen, dass zu dem reinen Wissen über Äthiopien, das man sich lesend und forschend aneignen kann, das Verstehen hinzukommt, was den Äthiopiern selbst wichtig ist und wie sie selbst ihre Religion sehen. Deshalb halte ich es auch für außerordentlich wichtig, äthiopische Autoren zu Wort kommen zu lassen, um genau dies zu hören. Das ist nicht immer deckungsgleich mit dem, was die Wissenschaft meint, herausgefunden zu haben. Doch nicht alles, was wissenschaftlich belegt und daher im objektiven Sinne „richtig" ist, ist auch in den Köpfen der Menschen und prägt ihr Denken und Fühlen.
Auf diesem Weg gelingt es mit dem vorliegenden Buch im besten Fall, das Bild, das sich Europäer von Äthiopien machen, sei es im wissenschaftlichen Bereich, sei es aus persönlichem Interesse, sei es im Rahmen einer Vor- oder Nachbereitung einer Reise nach Äthiopien zu erweitern, indem die Aufmerksamkeit auf weitere, wesentliche Aspekte gelenkt wird. Das Verstehen, das hoffentlich daraus resultiert, erlaubt es wiederum, bereits Gelesenes oder Erlebtes besser in einen größeren Zusammenhang einzubetten. Zugleich soll das Buch aber auch dazu dienen, einen ersten Zugang zum äthiopisch-orthodoxen Christentum zu ermöglichen.

---

[11] Holsten, Religionswissenschaft, S. 1040.

Von seinem äußeren Anlass her geht dieses Buch aus einem religionswissenschaftlichen Seminar über die religiöse Landschaft Äthiopiens hervor, das ich im Wintersemester 2010/11 an der Goethe-Universität in Frankfurt am Main durchgeführt habe. Insofern haben die Studentinnen und Studenten, die an diesem Seminar teilgenommen und mit ihren Referaten und Beiträgen indirekt zum Entstehen dieses Werkes beigetragen haben, einen dankbaren Platz in meinem Gedächtnis. Die intensive, gemeinsame Beschäftigung mit diesem Thema und mit diesem Land bereitete uns viel Freude.

Doch dieses Buch ist mehr. Es ist in Gedanken seit langem gewachsen, vielleicht insgeheim, seit mir mein damaliger akademischer Lehrer Prof. Dr. Friedrich Heyer in den 1980er Jahren an der Ruprecht-Karls-Universität in Heidelberg die orientalischen Kirchen nahegebracht und erste Kontakte zu Äthiopiern hergestellt hat.

Danken möchte ich darüber hinaus einigen Personen, die mich in Addis Abeba bei den Recherchen für dieses Buch in vielerlei Hinsicht unterstützt haben, vor allem Erzbischof Timotheos, Abba Hailemariam Melese und meinen Schwiegereltern Kebbede Tiku und Haregewein Kebede. Herr Pfarrer Peter Willared aus Gießen sowie meine Frau Dipl. rer. oec. Hirut Kebede Merten haben freundlicherweise das Manuskript durchgesehen und mir wertvolle Hinweise gegeben. Auch ihnen sei herzlich gedankt.

Darüber hinaus bin ich Äthiopien mittlerweile seit vielen Jahren auch familiär verbunden, und ich beschäftige mich mit diesem Land weit mehr als nur religionswissenschaftlich oder konfessionskundlich. Mir ist auf diesem Weg das äthiopische Christentum als eine ganz besondere Art tiefer, beständiger und vor allem lebendiger Frömmigkeit begegnet. Ich möchte dieses Buch daher aus vollem Herzen meinem Schwager Fisseha Kebede und meiner Schwägerin Enani Kebede widmen. Beide sind uns viel zu früh in die Ewigkeit vorausgegangen und haben keine Kinder, die die Erinnerung an sie hochhalten. Der gute Hirte „ruft seine Schafe mit Namen“ (Joh. 10, 3). Das ist unsere Hoffnung, die in Jesus Christus gründet und auf die es letztlich allein ankommt. Dennoch möchte ich mit diesem Buch dazu beitragen, dass ihre Namen auch in dieser Welt weiter genannt werden.

2. Der Aufbau des Buches

Wie beschreibt man eine Religion? Natürlich ist es möglich, dies im Rahmen der theologischen Wissenschaft zu tun. Das bedeutet, die Lehre und Praxis der jeweiligen Religion nach-zu-denken und zu durchdringen zu versuchen. Der systematische Theologe Emil Brunner hat in den Prolegomena seiner Dogmatik seine Arbeit mit der eines Lebensmittelchemikers verglichen.[12] Dieser nimmt als normaler Mensch selbstverständlich Nahrung zu sich; in seinem Beruf jedoch untersucht er die Bestandteile genau dieser Nahrung auf wissenschaftliche Art und Weise, um zu erkennen, inwiefern sie etwa gesund oder ungesund sind und welche Auswirkungen sie auf den menschlichen Organismus haben. Der Theologe tut dies nun in ähnlicher Art in Bezug auf seine eigene Religion und Glaubenswelt.

Die Religionswissenschaft hingegen nimmt einen anderen Blickwinkel ein. Sie blickt gleichsam von außen auf das Phänomen „Religion" oder „Religiosität". Obwohl längst allgemein anerkannt ist, dass letztlich kein Wissenschaftler von der eigenen Person abstrahieren kann und seine eigenen Überzeugungen, seine eigene Kultur und seine wissenschaftlichen Methoden auch seine Art zu fragen und zu verstehen beeinflussen und sich dieses Vorverständnis unweigerlich auch bei den erzielten wissenschaftlichen Erkenntnissen niederschlägt, so ist dies doch ein Umstand, mit dem umzugehen jede Wissenschaft zu lernen hat. In diesem Bewusstsein betrachtet die Religionswissenschaft nun die einzelnen Religionen und religiösen Tatbestände und Phänomene mit der ihr eigenen Methodik, um ein möglichst zutreffendes und wertneutrales Bild der jeweiligen Vorstellungen zeichnen zu können.

Das bedeutet vor allem, dass die religiöse Wahrheitsfrage nicht gestellt wird: „Die Wissenschaft ist nicht dazu da, um Meinungen und Glaubensüberzeugungen zu bestätigen. Im Gegenteil, in der Religionswissenschaft sind die Meinungen und Glaubensüberzeugungen selbst Forschungsgegenstand."[13] So wird z. B. festgestellt, dass Menschen auf eine bestimmte Art und Weise an einen bestimmten Gott glauben. Dieser Glaube nun, woher er stammt und worauf er sich stützt, wie er sich im Lauf der Zeit entwickelt hat, wie er sich heute äußert und sich auf den Einzelnen wie auf die Gesellschaft auswirkt, welche regionalen oder anders begründeten Unterschiede zu beobachten sind, welche Riten mit ihm verbunden sind und andere Fragestellungen mehr, ist Gegenstand der wissenschaftlichen Analyse, nicht jedoch die Frage, ob dieser Glaube die einzig wahre Religion darstellt oder ob hinter der Vorstellung von einer Gottheit sich tatsächlich ein lebendiger Gott verbirgt. Vielleicht könnte man es mit diesem Beispiel veranschaulichen: Die Christen sagen, dass die Heilige Schrift Alten

---

[12] Brunner, Christliche Lehre, S. 75f.

[13] Waardenburg, Perspektiven, S. 154.

und Neuen Testamentes Gottes Wort enthält. Die Theologie beschreibt, wie diese Aussage zu verstehen ist, inwiefern von Gottes Wort in der Bibel zu reden ist und wie die christliche Dogmatik darauf aufbaut. Die Religionswissenschaft hingegen stellt lediglich fest, dass die Christen dies behaupten, und untersucht, welche Rolle diese Behauptung innerhalb des christlichen Glaubens spielt. Daran, ob nun die Bibel wirklich Gottes lebendiges Wort ist oder nicht, ist die Religionswissenschaft nicht interessiert. Sie hat in diesem Fall nur den Glauben der Christen zum Gegenstand. Der amerikanische Religionswissenschaftler Ninian Smart führt in diesem Zusammenhang ein weniger religiöses Beispiel an: Ein Mann glaubt, auf dem Weg vor sich eine Schlange zu erkennen, und fürchtet sich vor dem Reptil. Für die Furcht ist es nun unerheblich, ob er sich getäuscht hat oder ob dort wirklich eine Schlange liegt. Im ersten Moment ist die Angst in jedem Fall real. Daher lohnt es sich zu fragen, was diese Angst in diesem Mann auslöst, unabhängig davon, ob die Angst berechtigt war oder nicht.[14] Die Religionswissenschaft beschränkt sich also auf die Beschreibung und Erklärung der religiösen Tatbestände und Phänomene, die man bei den Menschen beobachten kann, während die wissenschaftliche Beschäftigung aus der Sicht des Theologen bedeutet, dass sein Denken „nicht nur Denken über den Glauben, sondern gläubiges Denken“ ist.[15]

Dies bedeutet jedoch keineswegs, dass die Religionswissenschaft damit automatisch die Existenz eines oder mehrerer transzendenten oder göttlichen Wesen leugnen würde. Auch diese Konsequenz, den allerdings mache Religionswissenschaftler in religionskritischem Übereifer gezogen haben, ist wissenschaftlich nicht ausreichend gedeckt. Es könnte vielmehr umgekehrt sogar sein, dass derjenige, der sich für etwas (in diesem Fall die Religion) begeistert und diesem Gegenstand nicht von vornherein kritisch gegenübersteht, viel eher in der Lage ist, ein religiöses Phänomen zu verstehen und sich in die Menschen, die den dazugehörenden Glauben vertreten, hineinzuversetzen.[16] Ninian Smart hat diesen Punkt m. E. zusammenfassend klargestellt: Die Frage, ob Gott existiert, wird in der Religionswissenschaft schlicht nicht gestellt, aber das bedeutet nicht, dass diese Frage einfach unentschieden gelassen wird. Die Religionswissenschaft kann es durchaus mit Erscheinungen oder Wirkungen transzendenter oder übernatürlicher Mächte zu tun haben und beschränkt sich in solchen Fällen nicht auf rein menschliche Phänomene, aber sie versagt es sich zugleich, über diese Phänomene theologische Urteile zu fällen.[17]

---

[14] Smart, Phenomenon, S. 57f.

[15] Brunner, Christliche Lehre, S. 6.

[16] Darauf hat vor allem Smart, Phenomenon, S. 59. 74 – 76 hingewiesen.

[17] Smart, Phenomenon, S. 62. 69 vgl. auch Waardenburg, Religionen, S. 28; Waardenburg, Perspektiven, S. 27.

Ebenso wenig wird an dieser Stelle die unter Theologen wie Religionswissenschaftlern viel diskutierte Frage gestellt oder gar beantwortet, ob bzw. inwiefern der christliche Glaube eine Religion sei. Dass der Begriff „Religion“ als eines durch und durch menschlichen, dieser Welt verhafteten Phänomens der Offenbarung Gottes in Jesus Christus, wie die Christen sie bekennen, nicht gerecht wird, ist hinlänglich bekannt. Auch das etymologisch aus dem Lateinischen abgeleitete Wort „Religion“ taucht weder wörtlich noch sinngemäß in der Bibel auf. Im Neuen Testament ist vielmehr durchweg vom „Glauben“ die Rede. Trotzdem mag an dieser Stelle die religionswissenschaftliche Perspektive dazu dienen, eben nicht die Offenbarung selbst zu betrachten, sondern gleichsam die vielfältigen Äußerungen, als die sich die menschliche Antwort im Glauben an diese Offenbarung manifestiert.

Grundsätzlich gibt es nun mehrere unterschiedliche Zugänge, um eine Religion zu beschreiben, wobei ich in diesem Buch zwei Ansätze miteinander verbinden möchte.[18]

Der erste Zugang ist die Religionsgeschichte, die eine bestimmte Religion in ihrer Entstehung und Entwicklung verfolgt und darstellt. Der Begriff „Kirchengeschichte“, der sich in der christlichen Theologie für diesen Wissenschaftszweig eingebürgert hat, ist in diesem Sinne nicht ganz zutreffend, da die Geschichte des Christentums auch viele außerkirchliche Entwicklungen umfasst, und nicht nur dasjenige Gegenstand der Darstellung sein darf, was aus der Sicht einer Institution Kirche als rechtgläubig gilt.[19] Genauso wenig wäre es das Ziel, derartige Entwicklungen schlicht als Häresien oder abergläubische Praktiken abzutun.

Allerdings dient dieser religionsgeschichtliche Ansatz im vorliegenden Fall nur der besseren Verständlichkeit der beschriebenen Tatbestände und Phänomene. Aus diesem Grund erfolgt zu Beginn lediglich ein geschichtlicher Überblick, wie er auch in anderer Literatur nachzulesen wäre. Darüber hinaus sind, wo es nötig erschien, an weiteren Stellen historische Rückblicke oder Herleitungen in den Text eingeflochten, um deutlich zu machen, dass zahlreiche religiöse Tatbestände und Phänomene nicht wirklich verstanden werden können, wenn man sie nur im Hier und Jetzt studiert, da sie sich von ihrer Entstehung und ihrer Entwicklung im Laufe der Zeit her erklären.[20]

Der andere, in diesem Zusammenhang gewählte Zugang arbeitet religionsphänomenologisch, in diesem Fall allerdings weniger im Sinne einer Vergleichenden Religionswissenschaft, da im Wesentlichen nur eine Religion zu betrachten

---

[18] Der Religionswissenschaftler Jörg Rüpke hat dafür den Begriff der „Historischen Religionswissenschaft“ geprägt.

[19] Smart, Phenomenon, S. 14.

[20] Vgl. Waardenburg, Religionen, S. 37.

ist, sondern als Studium und Beschreibung religiöser Tatbestände und Phänomene als authentischer Äußerungen der jeweiligen Glaubensvorstellungen: „Die besondere Aufmerksamkeit gilt den Erscheinungen, die sich als 'religiöse' von den gewöhnlichen Erscheinungen unterscheiden. Hier erscheint die Religion als die Gesamtheit der Erscheinungen und Konstellationen, die für die betreffenden Menschen in irgendeiner Hinsicht heilig sind."[21] Natürlich erscheint es an manchen Punkten dennoch angebracht, neben einer eventuellen religionsgeschichtlichen Herleitung auch einen religionsphänomenologischen Vergleich anzustellen. Das geschieht dann in der Regel in der Form eines kurzen Verweises im laufenden Text oder in den Fußnoten. Das Ziel aller dieser Bemühungen ist letztlich das Verstehen im Sinne von Jacques Waardenburgs Definition: „Die Erforschung der Bedeutung einer bestimmten Religion verlangt eine Untersuchung der Deutungen und Anwendungen, die ihr deren Anhänger geben oder gegeben haben. Da diese Deutungen und Anwendungen religiöser Tatbestände und ganzer Religionsgebilde wesentlich durch die Intentionen und die Interessen der jeweiligen Menschen und Gruppen bestimmt sind, ist die Erforschung religiöser Intentionen sowie ihres Zustandekommens ein integraler Teil der hermeneutischen Religionsforschung."[22]

Um von diesem Ansatz her eine möglichst umfassende Darstellung zu ermöglichen, hat man die Einteilung in „Dimensionen von Religion" vorgeschlagen, um der Multidimensionalität von Religion gerecht zu werden.[23] Allerdings muss gesagt werden, „dass sie nicht im eigentlichen Sinn Definitionen sind, sondern eher Beschreibungen nach mehr oder weniger plausiblen, bei den meisten oder bei fast allen Religionen antreffbaren Aspekten. Sie setzen alle schon voraus, was Religion ist, und unterscheiden an ihr gewisse Dimensionen, die es aber auch in nichtreligiösen Bereichen gibt."[24] In diesem Sinne unterscheidet Joachim Wach Ende der 1950er Jahre die drei Bereiche von Denken, Handeln und Gemeinschaft bzw. die theoretische, die praktische und die soziale Ausdrucksform von Religion. Andere Religionswissenschaftler entwickelten theoretische Modelle, die von vier bis neun Dimensionen sprechen. Ninian Smart schlägt sieben Dimensionen von Religion vor, in die er religiöse Tatbestände und Phänomene einzuteilen versucht. Natürlich gesteht auch Smart zu, dass sich diese Dimensionen überschneiden und ergänzen und keinesfalls voneinander isoliert betrachtet werden dürfen.[25] Deshalb werden im späteren Text an einigen Stellen ausdrückliche Querverweise zu anderen Kapiteln des Buches unvermeidbar sein,

---

[21] Waardenburg, Religionen, S. 37f.
[22] Waardenburg, Religionen, S. 241; vgl. auch Waardenburg, Perspektiven, S. 16. 68f. 103.
[23] Vgl. dazu Figl, Einleitung, S. 69 – 71.
[24] Figl, Einleitung, S. 71.
[25] Smart, Phenomenon, S. 42 – 48, ähnliche, wenn auch nicht ganz deckungsgleiche Einteilungen nimmt auch Waardenburg, Perspektiven, S. 68 vor.

sofern sie nicht ohnehin offensichtlich sind. Trotzdem dienen seine Dimensionen letztlich einer größeren Klarheit in der Darstellung. Smart charakterisiert dabei eine Religion einerseits von ihrem Glauben her und andererseits aufgrund ihrer praktischen Manifestationen, ihres Glaubenslebens also.[26]

Zur ersten Gruppe gehören drei Dimensionen:
- die Lehre
- die Mythen
- die ethischen und sozialen Vorstellungen

Zur zweiten Gruppe gehören vier Dimensionen:
- die Riten und Praktiken (z. B. Gebete, Gottesdienste, Feste und asketische Praktiken)
- die religiösen Erfahrungen und Gefühle (z. B. in der Mystik)
- die Institutionen
- die Symbole (z. B. in Kunst, Musik und Literatur)

In den beiden Hauptteilen des vorliegenden Buches wird diese Einteilung von Smart zugrunde gelegt, um das äthiopisch-orthodoxe Christentum in seinen vielfältigen Nuancen zu erfassen.
Daran schließt sich ein Blick auf die anderen Religionen und Konfessionen im Land an. Da die Wechselwirkungen zwischen den einzelnen Glaubensgemeinschaften in Geschichte und Gegenwart trotz der eindeutigen Dominanz des orthodoxen Christentums zu groß sind, als dass man sie ignorieren könnte, erscheint diese Ergänzung von Smarts Dimensionen notwendig zu sein. Die Vorstellung dieser außerchristlichen Religionen und der nicht-orthodoxen, christlichen Kirchen fällt dabei vergleichsweise kurz aus, da sie nicht im Mittelpunkt dieses Buches stehen. Dafür wird Wert darauf gelegt, ihr Verhältnis zur äthiopisch-orthodoxen Kirche zu beschreiben bzw. darzulegen, was die äthiopisch-orthodoxe Kirche ihrerseits zu diesen Glaubensgemeinschaften sagt und wie sich das gegenseitige Verhältnis im Alltag gestaltet. Beim Judentum und beim Islam wurden in den Kapitelüberschriften die Adjektive „äthiopisch“ bewusst beibehalten, da an dieser Stelle nicht diese Religionen in ihrer weltweiten Gesamtheit im Blick sind, sondern ihre jeweils konkrete Ausgestaltung in Äthio-

---

[26] Einem ähnlichen Aufbau folgt z. B. Kurt Nowaks Einführung „Das Christentum“, das in die drei Hauptteile „Entstehung und historische Entwicklung“, „Christlicher Glaube“ und „Ethik und Lebenswelt“ gegliedert ist. Stärker religionsgeschichtlich ausgerichtet ist das Buch „Das Christentum. Eine Einführung“ des Religionswissenschaftlers Peter Antes. Dem vergleichsweise umfangreichen, historisch angelegten Hauptteil ist ein Kapitel, zu dem, was Christen glauben, feiern und tun, vorangestellt. Am Ende schließt sich ein Überblick über das Christentum in Bezug auf allgemeine kulturelle Bereiche wie z. B. Philosophie, Recht oder Kunst und Musik an.

pien, die an einigen wesentlichen Punkten vom übrigen Judentum bzw. Islam abweicht, beachtet werden muss. Am Ende stehen zwei Kapitel, die das grundsätzliche Verhältnis der äthiopisch-orthodoxen Kirche zur weltweiten Ökumene der christlichen Kirchen sowie umgekehrt die weltweite Verbreitung der äthiopischen Christen zum Thema haben. Sie mögen bewirken, das Selbstverständnis der orthodoxen Christen Äthiopiens auch in dieser Hinsicht zu verstehen und ihre Position im interreligiösen wie im ökumenischen Dialog zu erläutern. In dieser Hinsicht möchte ich mir in diesem Buch gerade als evangelischer Christ das zum Ziel setzen, was der Religionswissenschaftler Jacques Waardenburg als einen möglichen positiven Effekt dieser Wissenschaft so beschreibt: „Noch in jüngster Vergangenheit sind Kenntnisse anderer Religionen dazu verwendet worden, die anderen Religionen herabzusetzen und die eigene Religion als über jede wissenschaftliche Kritik erhaben darzustellen. [...] Das umgekehrte, entschieden sympathischere, Verfahren ist immer häufiger zu beobachten: die Religionswissenschaft wird dazu herangezogen, die Zusammenarbeit von Anhängern verschiedener Religionen zu unterstützten."[27] Natürlich gilt dieses Zitat nicht minder für die innerchristlichen Begegnungen.

---

[27] Waardenburg, Religionen, S. 68f.

3. Vorbemerkung zur Umschrift äthiopischer Wörter

Eine angemessene Umschrift aus dem altäthiopischen Ge'ez bzw. dem späteren Amharischen bereitet nicht selten Kopfzerbrechen, zumal die einzelnen Verfasser der Sekundärliteratur verschiedene Schreibweisen verwenden, was durch unterschiedliche Ausspracheregeln im Englischen und im Deutschen zusätzlich erschwert wird. Daher lehne ich mich in diesem Buch im weiteren Text an die international und wissenschaftlich anerkannte Umschrift der Encyclopaedia Aethiopica an. Eine Ausnahme oder Inkonsequenz bilden jedoch einige wenige Namen, Begriffe und Bezeichnungen, bei denen sich bereits eine bestimmte Schreibweise im Deutschen allgemein eingebürgert hat (z. B. Addis Abeba statt Addis Abäba). In diesen Fällen ist beim ersten Auftauchen dieser Wörter im weiteren Text die korrekte Umschrift in Klammern beigefügt. Auch Eigennamen in Europa lebender Äthiopier erscheinen in der Form, in der diese Personen hier ihre Namen selbst schreiben. Der sprachwissenschaftliche Perfektionist möge die daraus resultierenden, geringen Abweichungen verzeihen. Ich gehe außerdem davon aus, dass man trotz möglicher Unterschiede zu der Schreibweise in anderer Literatur die Personen- und Ortsnamen bzw. die Begriffe und Bezeichnungen wiedererkennen wird. An viele Fachbegriffe aus der äthiopischen Kirche sind zudem zur Information des Lesers an die üblichen deutschen Termini die entsprechenden Begriffe aus dem Ge'ez bzw. dem Amharischen in Klammern angehängt. Gemäß wissenschaftlicher Vorgabe erfolgt die Umschrift grundsätzlich in Kleinschreibung. Ausnahmen bilden hier – wie allgemein üblich – Namen sowie stehende Wendungen. Taucht ein Begriff jedoch im laufenden Text ohne Klammern, ohne Anführungszeichen und zugleich substantiviert auf, wird er nach den Regeln der deutschen Rechtschreibung ebenfalls groß geschrieben (z. B. „das Mäsqäl-Fest“ anstatt „das mäsqäl-Fest“).

Zur Aussprache der Umschrift sei an dieser Stelle kurz erklärt, welcher Buchstabe für welchen Laut steht, sofern er dem lateinischen Alphabet, wie es in Deutschland üblich ist, unbekannt ist oder sofern seine Aussprache vom Deutschen abweicht:

- ' und ' sind in den semitischen Sprachen typische, im Gaumen gebildete Anlaute, ähnlich dem deutschen festen Vokalanlaut wie beim „a“ im Wort „bearbeiten“ (sprich: be'arbeiten)
- ä klingt wie ein deutsches „ä“, aber manchmal auch wie ein kurzes „ö“ oder ein offenes „o“ wie im Wort „Wort“
- Ə / ə ist ein stimmloses „e“ ähnlich dem Auslaut in dem Wort „Rose“
- č klingt wie das deutsche „tsch“
- ǧ klingt wie das deutsche „dsch“
- ḥ ist ein etwas härteres h, wird aber heute in der Aussprache kaum noch vom einfachen h unterschieden

- h mit unterlegtem Halbkreis, aus computertechnischen Gründen hier h̲ geschrieben, unterscheidet sich in der heutigen Aussprache nicht mehr von „h“
- ñ steht für das deutsche „nj“
- p̣ ist ein ist ein im Gaumen gebildetes, emphatisch betontes „p“
- q ohne das nachfolgende „u“ ist ein im Gaumen gebildetes „k“
- ś ist ein etwas schärferes „s“, ähnlich den deutschen Lauten „ts“ oder „z“
- ṣ steht für ein hinten im Gaumen gebildetes, emphatisch betontes „s“
- ṣ́ steht für ein hinten im Gaumen gebildetes, emphatisch betontes „ts“
- š klingt wie das deutsche „sch“
- ṭ ist ein im Gaumen gebildetes, emphatisch betontes „t“
- w klingt wie das englische „w“
- ʷ steht für einen kurzen w-Laut, der an den vorherigen Buchstaben angefügt wird
- y klingt wie das deutsches „j“
- z ist ein stimmhaftes „s“ wie im Wort „Rose“
- ž klingt wie das französische „j“ im Wort „Journal“

Eine zusätzliche Vorbemerkung zu geographischen Bezeichnungen in Äthiopien sei an dieser Stelle noch erlaubt: Nach dem Ende des kommunistischen Regimes und der Bildung einer Demokratischen Bundesrepublik wurde auch die Verwaltung der äthiopischen Provinzen neu geordnet. Manche Grenzen haben sich verschoben, einige Provinzen wurden zusammengelegt oder aufgeteilt, so dass die derzeit gültige Regelung aus dem Jahr 1998 neun Regionen und zwei unabhängige Städte (Addis Abeba/Addis Abäba und Dərre Dawa) zählt. Dennoch werde ich noch die alten, oft besser bekannten Provinzbezeichnungen zusätzlich weiter benutzen. Das erleichtert zum einen die Wiedererkennung von Angaben aus älterer Literatur oder auf älterem Kartenmaterial und sagt zum anderen demjenigen, der sich bereits einigermaßen in Äthiopien auskennt, häufig mehr über die tatsächliche geographische Lage als die neuen Namen, da die meisten neuen Regionen größer geschnitten sind als die ehemaligen Provinzen.

4. Geschichtlicher Überblick[28]

Das Reich von Aksum

Die Anfänge des Reiches von Aksum liegen im Dunkel der Geschichte. Vermutlich bildete es sich irgendwann innerhalb der letzten drei Jahrhunderte vor Christi Geburt; denn in der Stadt Yəḥa im nördlichen Təgray (Tigre), rund 50 km nordöstlich von Aksum, befinden sich Ruinen eines Tempels, die in das 8. bis 5. vorchristliche Jahrhundert datiert werden. Dieser Tempel ist der bisher älteste nachweisbare Sakralbau in Äthiopien. Yəḥa wiederum war vermutlich die erste Hauptstadt dieses Reiches, bevor Aksum zur Residenz wurde, so dass Aksum sicherlich irgendwann in den darauf folgenden Jahrhunderten ausgebaut wurde. Auf Inschriften aus dieser Zeit sind sowohl arabische als auch griechische Götternamen belegt, so dass man wohl von einer polytheistischen Religion ausgehen muss, über die aber nicht allzu viel bekannt ist. Auch die Existenz einer oder mehrerer jüdischer Gemeinden ist wahrscheinlich.
Aus dieser vorchristlichen Zeit, vermutlich aus dem 1. und 2. Jahrhundert n. Chr., stammen auch die berühmten Stelen, die man in Aksum bewundern kann. Ihre abgerundeten Spitzen zeigen noch immer die heidnischen Symbole der Sonne mit dem Halbmond. Sie sind monolithisch aus dem Felsen gehauen. Ihre genaue Funktion ist noch unklar, aber sie erinnern an Hochhäuser, die man aus dem Jemen kennt. Sie haben an ihrem „Erdgeschoss" eine Scheintür und darüber deutlich erkennbare „Stockwerke". Vielleicht waren sie als Gedenksteine für große Könige gedacht oder erfüllten einen bestimmten, uns unbekannten Zweck im Götter- oder Totenkult. In Aksum steht derzeit nur noch eine dieser Stelen aufrecht. Sie ist 21 Meter hoch und hat zehn „Stockwerke". Die größte Stele jedoch, 33 Meter hoch mit 13 „Stockwerken" und 520 t schwer, liegt zerbrochen am Boden. Wäre es gelungen, sie aufzurichten, wäre sie der größte monolithi-

---

[28] Zur Geschichte des christlichen Äthiopiens vgl. u. a. Munro-Hay, Aksum; Chiari, Guide to Aksum; Baum, Äthiopien; Hage, Orientalisches Christentum, S. 200 – 222; The Church of Ethiopia (Aufsatzband); Verghese, Koptisches Christentum, S. 150 – 174; Pinggéra, Äthiopisch-Orthodoxe Kirche; Atiya, History, S. 147 – 157; Kawerau, Ostkirchengeschichte, S. 88 – 95. 198 – 202; Grillmeier, Jesus der Christus, S. 301 – 330; Kefelew Zelleke / Heyer, Orthodoxes Äthiopien; Hammerschmidt, Äthiopien, S. 36 – 85; Ethiopian Orthodox Tewahedo Church, S. 15 – 18; Belai Giday, Ethiopian Civilization; Isichei, History, S. 46 – 52; Phillipson, Ancient Churches, S. 1 – 29; zur Beziehung zur koptisch-orthodoxen Mutterkirche vgl. Meinardus, Christian Egypt, S. 369 – 398.
In einem m. E. ein wenig zu „reißerischen" Stil geschrieben und leider im Detail nicht immer wissenschaftlich einwandfrei stellen sich die Ausführungen zu Äthiopiens Vergangenheit und Gegenwart in Schoen, Fliehkraft, S. 125 – 183 dar. Ansonsten liefert Schoen trotzdem manch wertvolle Information und verdient den Respekt, wie das vorliegende Buch auf die christlichen Kirchen jenseits des Römischen Reiches aufmerksam zu machen.

sche Block gewesen, der jemals von Menschenhand senkrecht aufgestellt worden wäre. Eine andere größere, 26 Meter hohe Stele hatten die Italiener im Jahr 1937 nach Rom gebracht, wo sie die Piazza di Porta Capena zierte. Dieser Standort wurde gewählt, weil an diesem Platz damals das Büro für die äthiopischen Angelegenheiten lag.[29] Erst im Jahr 2005 kehrte sie auf Beschluss der Regierung in Rom nach Aksum zurück.[30]

In Bezug auf die spätere Christianisierung des Landes ist die äthiopische Kirche davon überzeugt, auf früheste Ursprünge zurückgreifen zu können, die bis in die Zeit des Neuen Testaments zurückreichen.
Als Erstes beanspruchen die Äthiopier, die heilige Familie auch in ihrem Land beherbergt zu haben. Nach dem Zeugnis des Neuen Testaments floh Josef mit Maria und dem Jesuskind nach Ägypten, nachdem ihn ein Engel im Traum erschienen und vor den Mordplänen König Herodes' gewarnt hatte (Mt. 2, 13 – 15). Die Kopten zeigen noch heute in Alt-Kairo die Kirche, die über dem Wohnhaus errichtet wurde, in dem Josef, Maria und Jesus damals untergekommen sein sollen. Die Äthiopier haben nun – in ihrer Tendenz, soweit irgend möglich alles Biblische auf sich zu beziehen – die heilige Familie den Nil aufwärts bis an den äthiopischen Ṭana-See weiterreisen lassen. Wegen der großen Entfernung habe sie eine silberne Wolke dorthin getragen. Für das äthiopische Selbstverständnis wurde diese Legende außerordentlich wichtig, um den alten Bund Gottes mit seinem Volk, versinnbildlicht im Besitz der wahren Bundeslade mit den Zehn Geboten (siehe das Kapitel zum Kəbrä Nägäśt), durch den neuen Bund in Jesus Christus zu vervollständigen, indem sie nun auch den Erlöser wenigstens eine Zeitlang leibhaftig in ihrem Land wussten. Bei ihrer Wanderung durch das Land habe Maria zudem diejenigen Orte gekennzeichnet, an denen später Klöster entstehen sollten, und das Jesus-Kind habe ganz Äthiopien unter den besonderen Schutz seiner Mutter gestellt. Um diesen neuen Bund schließlich unverbrüchlich zu machen, sagt die Legende weiter, habe später der Erzengel Uriel ('Ura'el) das Blut, das dem gekreuzigten Christus aus der Wunde in seiner Seite floss, in einer Schale aufgefangen und über den äthiopischen Bergen und Flüssen verteilt.[31]
Aus der Zeit der Apostel berufen sich die Äthiopier seit jeher auf die in Apg. 8, 26 – 40 geschilderte Bekehrung des „Kämmerers" der Königin Kandake.[32] Er

---

[29] Manche Autoren gehen von ursprünglich über 1.300 solcher Stelen in Aksum und Umgebung aus: Girma Elias, Aksum, S. 5; andere sprechen zumindest von rund 300: Belai Giday, Ethiopian Civilization, S. 36; vgl. auch Phillipson, Ancient Churches, S. 13. Chiari, Guide zu Aksum, S. 34 rechnet mit um die 120 dieser Stelen im Stadtgebiet von Aksum.
[30] Chiari, Guide to Aksum, S. 40; Grill, Äthiopien Gelobte Stele.
[31] Persoon, Ethiopian Monasticism, S. 21.
[32] Die Äthiopier verlegen dieses Ereignis in das Jahr 34 n. Chr.: Bantalem Tadesse, Guide, S. 17, vgl. auch Meinardus, Christian Egypt, S. 369 und aus dem 17. Jahrhundert schon Baratti,

sei der erste Äthiopier gewesen, der von einem Apostel, in diesem Fall Philippus, getauft worden sei. Daher habe es auch bereits vor der weiter unten beschriebenen Christianisierung des Landes in Äthiopien Christen gegeben. Während der Titel „Kandake" allerdings historisch eher auf den Raum Nubien im heutigen Sudan hinweist (für die Alten bezeichnete das Wort „Äthiopien" den gesamten afrikanischen Raum südlich von Ägypten), ist die Anwesenheit von christlichen Kaufleuten in den ersten zwei nachchristlichen Jahrhunderten schon eher wahrscheinlich. Außerdem seien, so die Überzeugung der Äthiopier, schon Landsleute von ihnen beim Pfingstwunder in Jerusalem (Apg. 2, 1 – 13) anwesend gewesen, wie es der Kirchenvater Johannes Chrysostomos ausdrücklich erwähne.[33]

Eine römisch-katholische, in Äthiopien selber unbekannte Überlieferung, die auch im Westen erstmals aus dem Jahr 1306 belegt ist, verortet darüber hinaus die Predigt und den Märtyrertod des Evangelisten Matthäus in Äthiopien;[34] und der alte Erforscher Äthiopiens Hiob Ludolph zählt von dem, was er gehört hat, als weitere mögliche Apostel Äthiopiens Bartholomäus und Matthias auf.[35]

Die historisch greifbare Christianisierung Äthiopiens um die Mitte des 4. Jahrhunderts ist bei dem antiken römischen Schriftsteller Rufinus von Aquileia am Anfang des 5. Jahrhunderts geschildert. Der syrische Philosoph Meropius aus der Handelsmetropole Tyrus im heutigen Libanon war demnach auf dem Seeweg von Indien nach Hause im Roten Meer unterwegs. Als er mit seinem Schiff in einem Hafen landete, um neuen Proviant aufzunehmen, ermordete die einheimische Bevölkerung die gesamte Besatzung einschließlich ihres Kapitäns. Lediglich Meropius' zwei junge Verwandte Frumentius und Aidesios entkamen. Von der Küste aus brachte man die Fremden zur Residenz des Königs dieses Landes, zu Ǝllä ʻAmida in seiner Hauptstadt Aksum. Er regierte damals über ein bereits gut durchorganisiertes, Handel treibendes und wohlhabendes Königreich. Syrische und griechische Kaufleute legten regelmäßig in seinen Häfen an. Auch der kulturelle Einfluss des Vorderen Orients ist im Reich von Aksum archäologisch belegt. Man hat dort aus dieser Zeit sogar in Indien geprägte Münzen gefunden. Im 3. Jahrhundert galt Aksum als eines der vier großen Reiche der Welt (mit Persien, dem Römischen Reich und China).[36]

Der König nahm die beiden Flüchtlinge freundlich an seinem Hof auf, und sie gewannen bald sein Vertrauen. Als Ǝllä ʻAmida starb und einen noch unmündi-

---

Late Travels, S. 223f; Geddes, Church-History, S. 9; anders Hiob Ludolph, der bereits die Historizität dieser Geschichte widerlegen möchte: Ludolphus, New History, S. 249.

[33] The Church of Ethiopia, S. 3; Bantalem Tadesse, Guide, S. 62f; zur nubischen Herkunft der Kandake vgl. F. F. Bruce, Philip, S. 380. Nach Belai, Ethiopian Civilization, S. 93 regierte die erwähnte Kandake von 42 – 52 n. Chr.

[34] Meinardus, Christian Egypt, S. 369; Baum, Äthiopien, S. 137.

[35] Ludolphus, A New History, S. 250; so auch Grillmeier, Jesus der Christus, S. 337.

[36] Belai Giday, Ethiopian Civilization, S. 23f.

gen Thronfolger hinterließ, bat seine Witwe die Brüder, bei ihr zu bleiben und ihr bei der Verwaltung des Reiches zu helfen. Frumentius und Aidesios waren einverstanden, obwohl der sterbende Herrscher ihnen zuvor die Rückkehr in ihre Heimat erlaubt hatte. Dadurch wurden sie gleichsam zu unfreiwilligen Missionaren ihres christlichen Glaubens. Je mehr der heranwachsende König ʻEzana vom Christentum hörte, desto mehr wünschte auch er, Christ zu werden. Im Jahr 341 schließlich entschloss sich der König von Aksum zu dem entscheidenden Schritt und erklärte das Christentum zur Staatsreligion.[37] Damit ist Äthiopien (nach Armenien) der zweitälteste christliche Staat der Welt. Das Römische Reich folgte erst rund 50 Jahre später im Jahr 390.

In der äthiopischen Geschichtsschreibung tauchen – abweichend von Rufinus – zwei Brüder, Abrəha und Aṣbəḥa, auf, die das Land gemeinsam regiert und das Christentum angenommen haben sollen. Heute identifiziert man sie zumeist mit ʻEzana und seinem Bruder Śəʻazana und vermutet, sie hätten sich die obigen Namen anlässlich ihrer Bekehrung als Zweitnamen zugelegt. Trotzdem haben diese fehlende Übereinstimmung der Überlieferungen sowie andere Hinweise dazu geführt, dass Historiker die Christianisierung Äthiopiens im 4. Jahrhundert angezweifelt haben und sie von einem späteren Zeitpunkt im 5. Jahrhundert ausgehen.[38] Wissenschaftlich ist diese Frage wohl nicht endgültig zu beantworten; sicher ist aber, dass die Äthiopier selber von der hier geschilderten Version überzeugt sind.

Natürlich brauchte die neue Kirche ein Oberhaupt, und was lag näher, als einen der beiden Missionare zum Bischof weihen zu lassen? Zu diesem Zweck schickte ʻEzana die beiden Brüder Frumentius und Aidesios zum geographisch am nächsten gelegenen Patriarchen, der in der ägyptischen Hauptstadt Alexandrien residierte. Das war damals der berühmte Athanasius, der der Kirchengeschichte vom arianischen Streit um die Frage der Göttlichkeit Jesu her bekannt ist. Athanasius schickte daraufhin Frumentius als geweihten Bischof mit dem neuen Namen Abba Sälama („Vater des Friedens") nach Aksum zurück, während sein Bruder Aidesios in ihre Heimatstadt Tyrus weiterreiste. So kam es, dass die äthiopische Kirche bis weit ins 20. Jahrhundert hinein zur koptischen (ägyptischen) Kirche gehörte. Für die folgenden anderthalb Jahrtausende waren alle weiteren äthiopischen Patriarchen (mit dem Titel „Abunä") vom Patriarchen von Alexandrien entsandte Kopten.

Das Grab des Frumentius befindet sich bis heute in einem nach ihm benannten Kloster des Abba Sälama in der Region Təgray.

---

[37] Manche Autoren sprechen auch von den Jahren 320/21: Belai Giday, Ethiopian Civilization, S. 96.

[38] Vor allem Altheim / Stiehl bemühen sich nachzuweisen, dass die Bekehrung ʻEzanas erst im Anschluss an das Konzil von Chalcedon im Jahr 451 stattgefunden haben kann: Altheim / Stiehl, Christentum, S. 417.

Das Geld, das König ʿEzana nach seiner Christianisierung prägen ließ, sind übrigens weltweit die ältesten archäologischen Funde von Münzen, die das Kreuzzeichen tragen, und belegen zusätzlich den offiziellen Charakter dieses Religionswechsels. Zuvor hatten seine Münzen noch der Halbmond und eine Scheibe (die Sonne?) geziert. Zugleich sind ʿEzanas Inschriften ab diesem Zeitpunkt allein in der damaligen Landessprache Gəʿəz formuliert und nicht mehr wie zuvor zusätzlich auf griechisch und auf südarabisch. Auch dieser Umstand verweist auf das anwachsende Selbstbewusstsein dieses Herrschers und der Bedeutung seines Reiches, die möglicherweise mit dem Übertritt zum Christentum zusammenhängt. In seiner letzten, historisch nachweisbaren Inschrift berichtet er von der Eroberung seines Nachbarlandes im Nordwesten, dem nubischen Königreich von Meroë im heutigen Sudan. Dort widmet er seinen Sieg nicht mehr seinem früheren Nationalgott, sondern dem „Herrn des Himmels und der Erde", also dem christlichen Gott. Wahrscheinlich ist in dieser Zeit auch das noch heute gebräuchliche, äthiopische Alphabet entstanden.
Aksum als christliche Hauptstadt gewann jedoch vor allem deshalb an außerordentlicher Bedeutung, weil ʿEzana das Original der Bundeslade hierher holte, nachdem es zuvor auf einer Insel im Ṭana-See gelagert gewesen war. Seither liegen nach äthiopischer Überzeugung die ursprünglichen Zehn Gebote aus dem Tempel von Jerusalem bis zum heutigen Tag zuerst in der Kirche Maryam Ṣəyon (Kirche der Maria von Zion)[39] und seit 1952 in einer von Kaiserin Mänän II. gestifteten Kapelle neben dieser Kirche und begründet damit den Ruhm und Vorrang Aksums als heiliger Stadt vor allen anderen Orten Äthiopiens. Im Jahr 1964 errichtete Kaiser Haile Selassie I. (Haylä Śəllase I.) (1930 – 74) schließlich neben der alten eine neue Kirche Maryam Ṣəyon, die heute als Hauptkirche dient.
Zusätzlich lokalisiert man der Tradition nach etwas außerhalb der Stadt die Fundamente des Palastes sowie das Grab der Königin von Saba, die einst Salomo besuchte, sowie das Grab ihres gemeinsamen Sohnes, Menelik I. (Mənilək I.), ohne dies archäologisch einwandfrei belegen zu können.

Durch diese besonderen geschichtlichen Umstände nahm das äthiopische Christentum eine andere Entwicklung als die Kirche im Römischen Reich. Dort verbreitete sich der christliche Glaube zunächst unter der einfachen Bevölkerung, vielfach unter den Sklaven, bevor er die Oberschicht und die Herrschenden erreichte. In Aksum hingegen nahmen zuerst die Königsfamilie und ihre nähere Umgebung die neue Religion an. Die flächendeckende Christianisierung des Volkes jedoch blieb einer Gruppe von Mönchen vorbehalten, die um 480 nach

---

[39] Diese Kirche wurde zuerst von ʿEzana errichtet, dann von Judith im 9. Jahrhundert zerstört und von Kaiser Fasilädäs im 17. Jahrhundert wieder aufgebaut. Anfang des 20. Jahrhunderts wurde sie teilweise erneuert.

Äthiopien flohen, wo König Ǝllä ʻAmida sie willkommen hieß. Sie gehörten dem miaphysitischen Bekenntnis an, das nach dem Konzil von Chalcedon im Jahr 451 von der griechischen (byzantinischen) Reichskirche als häretisch verfolgt wurde (siehe dazu das Kapitel zum Glauben). Diese Mönche, die sowohl griechische als auch syrische Namen trugen, gingen als die „Neun Heiligen" in die Geschichte der äthiopischen Christenheit ein. Sie verteilten sich über das Land und bekämpften die dort weiterhin praktizierten vorchristlichen Kulte, indem sie den Menschen das Evangelium predigten und deren Tempel in Kirchen umwandelten. Sie brachten zudem das Mönchtum in das Reich von Aksum und gründeten das erste Kloster in Däbrä Damo, nachdem sie die an diesem Ort ausgeübte Verehrung einer Schlangengottheit beendet hatten. Der Legende nach holte eine riesige Schlange, die oben auf dem Berg hauste, einen der Neun Heiligen, den späteren Abt Zämika'el, auf den Gipfel des dortigen Tafelberges, der ansonsten unmöglich zu erklimmen schien.
Diese umfassende Christianisierung wurde allerdings erst durch ihre vielleicht wichtigste Maßnahme ermöglicht: Die Neun Heiligen übersetzten nämlich die Bibel und andere religiöse Literatur aus dem Griechischen und Syrischen in die damalige Landessprache Gəʻəz. Dazu mussten sie einige für den christlichen Glauben bedeutsame Begriffe neu schaffen oder prägen, so dass sie auch sprachlich am Beginn des eigenständigen äthiopischen Christentums stehen.

Im 6. Jahrhundert dehnte sich das Reich von Aksum weiter aus. Nachdem der südarabische Jemen in früheren Jahrhunderten einige Male kurzzeitig unter äthiopischer Herrschaft gestanden hatte, lösten nun in der ersten Hälfte des 6. Jahrhunderts vor allem von einem zum Judentum übergetretenen König namens Joseph angezettelte Christenverfolgungen, bei der zahllose Kirchen verbrannt und Christen ermordet wurden, die erneute Übernahme der Macht durch den aksumitischen König Kaleb Ǝllä Aṣbəḥa aus. Er schickte Truppen in den Jemen, stürzte den jüdischen Herrscher und machte das Land zu einem Vasallen seines Reiches. Anschließend marschierte er sogar mit einem mächtigen Heer und Kriegselefanten gegen das damals noch vorislamische Mekka, das er zwar nicht einnehmen konnte, in dessen Nähe er aber eine große Kirche errichtete. Er ging auch auf ein Bündnisangebot des byzantinischen Kaisers Justinian I. (527 – 565) ein, um die zwischen den beiden Reichen liegenden Perser militärisch in die Zange zu nehmen. Freilich erklärte sich der Jemen kurz darauf zu einem christlichen, aber selbständigen Königreich, das schließlich einem erneuten Ansturm der Perser erlag. Kaleb selber dankte am Ende ab und ging als Mönch in ein Kloster. Seine Politik jedoch, das Christentum zu unterstützen, wurde von seinem Sohn und Nachfolger Gäbrä Mäsqäl (= Diener des Kreuzes) fortgesetzt. Er ließ als erster äthiopischer Herrscher seine eigene Inthronisation nicht mehr als rein profane Feier, sondern als religiöse Zeremonie zelebrieren und begründete damit eine Tradition, die bis zu Kaiser Haile Selassie I. im 20. Jahrhundert reichen sollte. Außerdem wurde er als Beschützer und Förderer des Hl. Yared bekannt (siehe dazu die Kapitel zur Heiligenverehrung und zur Kirchenmusik).

Ab dem 7. Jahrhundert begann der allmähliche Niedergang des Reiches von Aksum. Dazu beigetragen hatten sowohl das persische Reich, das Anfang des 7. Jahrhunderts vorübergehend Ägypten und Teile der arabischen Halbinsel erobert hatte, als auch das Auftreten und Erstarken einer neuen Religion in unmittelbarer Nachbarschaft, des Islam. Beide Ereignisse schränkten den bisher fast konkurrenzlosen Handel von Aksum im Roten Meer ein und isolierten das Reich vom Mittelmeerraum. Ein deutliches Anzeichen dieses politischen und wirtschaftlichen Abstiegs ist für die Historiker, dass die Münzen, die seit Jahrhunderten in Aksum im Umlauf waren, nach und nach aus dem Verkehr verschwanden und durch den Tauschhandel oder das Salz und andere Materialien als „Währung" ersetzt wurden.[40]
Dabei empfand man die Muslime anfangs gar nicht als Bedrohung. In der Zeit, in der Mohammed noch in Mekka verfolgt wurde, floh ein Teil seiner Anhänger über das Rote Meer ins nahegelegene Aksum und bat um Schutz (siehe dazu das Kapitel zum äthiopischen Islam). Einen Auslieferungsantrag der Mekkaner, die Mohammed bekämpften, lehnte Armaḥ, der König von Aksum zu dieser Zeit, mit der Begründung, die Flüchtlinge glaubten wie er selber an nur einen einzigen Gott, ab. Später, als diese Gruppe von Muslimen zum mittlerweile erfolgreichen Mohammed zurückkehrte und ihrem Propheten erzählte, wie der äthiopische König sie freundlich aufgenommen und vor ihren Verfolgern beschützt habe, bedankte sich Mohammed, indem er verkündete, Äthiopien sei vom Dschihad ausgenommen, d. h. dieses Land unterliege nicht der religiösen Pflicht aller Muslime, ihre Umgebung zu unterwerfen und eine islamische Herrschaft einzurichten. Dieser Umstand hinderte allerdings in der weiteren Geschichte immer wieder muslimische Herrscher nicht, ihren Einfluss auf Kosten des christlichen Äthiopien ausdehnen zu wollen, zumal sich im Süden von Äthiopien in Richtung Somalia bald muslimische Emirate (Fürstentümer) herausbildeten.
Durch die folgende, schrittweise Vernichtung der drei christlichen Königreiche in Nubien durch die von Ägypten aus vorstoßenden Muslime wurde Äthiopien mit der Zeit vollends zu „einer christlichen Insel im muslimischen Meer". In dieser Form ist ein Ausdruck von Kaiser Menelik II. (1889 – 1913) allgemein bekannt geworden. Tatsächlich hatte Menelik II. jedoch von einem „heidnischen Meer" gesprochen, womit er sowohl die Anhänger indigener Religionen als

---

[40] Salzblöcke („amole" genannt) mit genau festgelegtem Gewicht blieben bis 1930 offizielles Zahlungsmittel in Äthiopien und waren in der Bevölkerung sogar bis 1945 in Gebrauch, obwohl später daneben durchaus andere Münzen, vor allem der österreichische Maria-Theresia-Taler, neu eingeführt wurden. Einen solchen Salzblock kann man z. B. im Stadtmuseum von Addis Abeba bewundern.

auch die Muslime meinte.[41] Vor allem die arabische Eroberung des bedeutenden Hafens Adulis am Roten Meer brachte den Außenhandel des Reiches von Aksum und damit zugleich einen Großteil der heimischen Wirtschaft fast völlig zum Erliegen. Der aufgrund der geographischen Entfernung ohnehin nur noch schwer zu haltende Kontakt mit dem Mittelmeerraum brach, von wenigen Ausnahmen abgesehen, mit der Zeit fast völlig ab, so dass man gesagt hat, dass Äthiopien in eine Art tausendjährigen Schlaf verfallen sei, während sich der Rest der christlichen Welt weiterentwickelt habe. Auch wenn dieses Urteil ein wenig zu pauschal ist und in dieser Ausdrucksweise nicht zutrifft, haben wir aufgrund dieser weitgehenden Isolation dennoch – zusammen mit dem typisch äthiopischen Traditionalismus – bis heute ein Christentum vor uns, das in vielen Facetten wie zu biblischen Zeiten anmutet.

Die Dynastie der Zag^{w}e

Diese fortschreitende Schwächung des Reiches von Aksum nutzten lokale Fürsten aus, um nun ihrerseits ihre Macht auszubauen. Vor allem das Königreich Lasta erstarkte zusehends. Ihr Herrscherhaus, die Dynastie der Agäw oder Zag^{w}e, sollte bald ganz Äthiopien regieren.
Zum endgültigen Vernichtungsschlag holte Ende des 9. Jahrhunderts eine Fürstin vom Volk der Agäw namens Judith (Yodit) aus.[42] Ihr Ziel war ein jüdisches Reich, so dass sie versuchte, jeden christlichen Einfluss auszurotten. Sie rühmte sich nicht nur, das gesamte Königshaus von Aksum getötet zu haben, sie brannte auch Kirchen und Klöster nieder. Die originale Bundeslade wurde während dieser Zeit aus Aksum weggeschafft, bevor sie Judith in die Hände fallen konnte und auf einer Insel im Z^{w}ay-See versteckt. Die äthiopische Tradition in Təgray gab dieser fanatischen Jüdin später einen Beinamen, der „Judith“ sehr ähnlich klang. Man nannte sie nämlich „Gudit“, was man mit moderner Wortwahl sinngemäß mit „Monster“ übersetzen könnte. Die Amharen bezeichneten sie auch als „Əsato“ (= Feuer). Sie soll vierzig Jahre lang über Äthiopien geherrscht haben. Obwohl sie letztlich nicht erfolgreich war und am Ende von anderen, christlichen Fürsten wieder besiegt und verjagt wurde, setzte sie doch einen gewalttätigen Schlusspunkt unter das Reich von Aksum, das ohnehin nur noch ein Schatten seiner einstigen Macht gewesen war, und bereitete die Übernahme der

---

[41] Erlich, Islam, S. 44f.

[42] Allerdings diskutiert die Äthiopistik kontrovers, ob Judith tatsächlich gelebt hat oder ob sie eher legendär ist: Ullendorff, Hebraic-Jewish Elements, S. 227; Baum, Äthiopien, S. 86 – 88. Altheim / Stiehl, Christentum, S. 458f. 471 und Baum, Äthiopien, S. 88 erwähnen Quellen aus dem 10. Jahrhundert, in denen von einer Königin die Rede ist, die Aksum erobert, den dortigen König getötet und zahlreiche Kirchen zerstört habe. Diese Königin war jedoch keine Agäw, sondern gehörte zu dem aus Südarabien eingewanderten Stamm der Hamwīya. Aus äthiopischer Sicht vgl. u. a. Belai Giday, Ethiopian Civilization, S. 132 – 135.

Herrschaft durch die Dynastie der Zag^{w}e vor, die spätestens ab dem Jahr 1137 über Äthiopien herrschte. Allerdings ist das genaue Datum des Beginns dieser Dynastie umstritten. Vor allem äthiopische Historiker verlegen es oft bereits ins 10. Jahrhundert.[43] Eine weitere, vor allem in Äthiopien selbst diskutierte, noch nicht abgeschlossene Frage der Wissenschaft ist, unter welchen Umständen die Zag^{w}e-Könige an die Macht kamen. Waren es Usurpatoren, die sich mit Gewalt des Throns bemächtigten, oder gab es einen friedlichen Übergang? Meistens wird Ersteres behauptet, doch diese Sicht der Dinge könnte auch im Nachhinein von der im 13. Jahrhundert wieder erstarkten Salomonischen Dynastie aus politischen Gründen formuliert worden sein, um die Zag^{w}e rückblickend als illegitime Thronräuber herabzusetzen. Wahrscheinlicher ist daher, laut den äthiopischen Historikern, eine Verlagerung der Macht durch Einheirat der Zag^{w}e in die Königsfamilie von Aksum, die nicht vollständig ausgerottet worden war. Mehrere Gründe sprechen dafür. So waren die Agäw schon vorher Teil des Reiches von Aksum gewesen. Sie führten auch nach ihrer Machtübernahme die politische und religiöse Ausrichtung des Reiches von Aksum ungebrochen weiter. Sowohl in der Religion als auch in der Kunst und in der Architektur als auch in der Sprache (Gə‘əz) blieben sie in der bewährten Tradition. Keinesfalls waren die Zag^{w}e-Könige weniger christlich als ihre aksumitischen Vorgänger. Vier von ihnen sind später von der äthiopischen Kirche als Heilige kanonisiert worden, was eher unwahrscheinlich wäre, hätte man sie vom Klerus als Usurpatoren angesehen.[44] Sie einten das Land wieder und brachten es zu neuer Blüte, ja, sie dehnten sogar ihren Machtbereich gegenüber dem Reich von Aksum erheblich aus.

Lediglich die Hauptstadt verlegten sie von Aksum ins südlich davon gelegene Roḥa, der bisherigen Hauptstadt ihres alten Fürstentums Lasta. Trotzdem blieb Aksum als Heimstätte der Bundeslade für die äthiopische Christenheit bis heute der zentrale Ort. So sind z. B. auch die späteren äthiopischen Herrscher weiter dort gekrönt worden, obwohl die Machtzentren des Landes längst woanders lagen. Darüber hinaus hielten sie trotz aller Schwierigkeiten den Kontakt zum koptischen Patriarchat, so gut es ging, wobei sie schon damals in den Verhandlungen mit den Muslimen den Nil als Argument einbrachten. Der Blaue Nil, dessen Quelle im äthiopischen Hochland liegt, garantierte mit seinen regelmäßigen Überschwemmungen, die den fruchtbaren Schlamm aus den äthiopischen Bergen auswusch, seit jeher die Existenz Ägyptens als eines Lebensraumes inmitten der Wüste. Darauf angewiesen, mussten die Herrscher Ägyptens auf äthiopische Wünsche Rücksicht nehmen. Außerdem blieb Äthiopien der Zufluchtsort verfolgter Christen aus dem Vorderen Orient, wie es schon bei den Neun

---

[43] Mengistu Gobezie, Lalibela, S. 105; Baye Felleke, Lalibela, S. 1 – 9; Belai Giday, Ethiopian Civilization, S. 136.
[44] Mengistu Gobezie, Lalibela, S. 4 – 10.

Heiligen der Fall gewesen war. Unter dem geistig verwirrten Herrscher al-Hakim in Kairo, dem eine der blutigsten Christenmassaker der Geschichte zuzurechnen ist, flohen viele Kopten südwärts. Auch die Gründung eines äthiopischen Klosters in Jerusalem geht auf die Dynastie der Zag^{w}e zurück, nachdem der ägyptische Sultan Saladin im Jahr 1189 die Kreuzritter aus der heiligen Stadt vertrieben hatte, zugleich aber den orientalischen Christen Zugeständnisse gemacht hatte und daher auch den Äthiopiern eine Niederlassung in Jerusalem erlaubt hatte.

Der berühmteste König der Zag^{w}e war Gäbrä Mäsqäl oder Lalibela (Lalibäla) (vermutlich um das Jahr 1200 herum, seine genaue Datierung ist umstritten) (siehe auch das Kapitel zur Heiligenverehrung). In der Stadt Roḥa, die später nach seinem Namen in Lalibela umbenannt wurde, schuf er elf Felsenkirchen,[45] die den Vergleich mit den antiken Weltwundern nicht zu scheuen brauchen. Als der Portugiese Alvarez zwischen 1521 und 1525 wohl als erster Europäer den Ort Lalibela betrat, fügte er seinem Reisebericht die Bemerkung hinzu, man werde ihm zuhause sicherlich nicht glauben, was er schreibe, zu wundersam sei, was die Äthiopier hier geschaffen hätten. Einige dieser Kirchen sind monolithisch in den Felsen hinein oder aus ihm herausgehauen worden, andere wiederum sind in eine Höhle hineingebaut. Welchen Eindruck diese Gotteshäuser gemacht haben müssen, belegt auch der Umstand, dass Aḥmad Grañ, der muslimische Fürst, der im 16. Jahrhundert im ganzen Land zahllose Kirchen und Klöster plünderte und zerstörte (s. u.), die Felsenkirchen von Lalibela unberührt ließ, obwohl er sie nachweislich gesehen hat.[46]

Die Salomonische Dynastie

Es dauerte jedoch noch weitere rund hundert Jahre, bis – zumindest dem Anspruch nach – die alte Dynastie des Königreiches Aksum wieder an die Macht gelangen konnte. In dieser Zeit erwies sich zum wiederholten Mal das muslimische Umfeld als bedeutsamer Faktor. Südlich von Äthiopien waren seither mehrere islamische Reiche entstanden, die auch nach Äthiopien hinein wirkten, vor allem durch muslimische Kaufleute auf den äthiopischen Märkten. Die Zag^{w}e vermochten wenig dagegen zu tun, da sie zum einen mittlerweile militärisch und wirtschaftlich zu schwach waren, um das Problem auf diese Art zu „lösen", und da sie zum anderen genötigt waren, den Muslimen Religionsfreiheit zu gewähren. Dies hing mit ihrer kirchlichen Abhängigkeit vom koptischen Patriarchen zusammen, der mittlerweile in Kairo, der von den Muslimen im Jahr 969 ge-

---

[45] Manche Autoren sprechen auch von zehn oder zwölf oder sogar nur von sieben Kirchen. Die Problematik liegt darin, inwiefern man kleinere Kapellen als Kirchen ansieht oder nur als Gebetsstätten: Baye Felleke, Lalibela, S. 51f.

[46] Mengistu Gobezie, Lalibela, S. 84.

gründeten Hauptstadt Ägyptens, residierte und auf seine neuen Herrscher Rücksicht nehmen musste. Daher standen die kleinen islamischen Staaten in Afrika unter dem besonderen Schutz Ägyptens, das seine Christen anwies, den Islam auch in diesen Gebieten nicht zu unterbinden. Zugleich schürte dieser Umstand die Unzufriedenheit unter der christlichen Bevölkerung Äthiopiens, die ihren Blick nun vermehrt auf das Volk der Amhara richtete, die ihrerseits begonnen hatten, mit neuer Kraft im Namen des aksumitischen Königshauses Ansprüche anzumelden.
Die Machtübernahme war Yəkunno Amlak (1270 – 85), einem Fürsten von Däse (meist Dessie geschrieben) in der früheren Region Wällo (heute Region Amhara), vergönnt, der im Jahr 1270 den letzten Herrscher der Zag^{w}e vom Thron stieß und als erster König der sogenannten Salomonischen Dynastie sein Amt antrat. Auch in diesem Fall lässt es sich allerdings historisch nicht vollends klären, ob der Übergang gewaltsam oder nicht doch eher friedlich vor sich ging.[47] Der Name, den sich die neuen Herrscher beilegten, Salomonische Dynastie, bezeichnet dabei die Idee ihrer Herkunft und damit zugleich ihre Legitimation. Yəkunno Amlak selber behauptete, der Nachfahre eines Prinzen von Aksum, der im letzten Moment heimlich den Häschern der mordenden Judith entkommen sei, und daher der legitime Nachfolger des Reiches von Aksum zu sein. Es ist kein Zufall, dass das äthiopische Nationalepos, das Kəbrä Nägäśt (= Die Herrlichkeit der Könige), im 14. Jahrhundert (vermutlich 1314 – 21) aufgeschrieben worden sein soll. Es diente den neuen Herrschern vermutlich als nachträgliche Begründung, warum sie – und nur sie – berechtigt waren, Äthiopien zu regieren. Nach dieser Idee sollten ausschließlich die Nachfahren von König Salomo und der Königin von Saba bzw. von deren gemeinsamem Sohn Menelik I. das Land beherrschen. Die Könige von Aksum hatten im Verständnis der neuen Herrscher diesen Anspruch erfüllt, die Dynastie der Zag^{w}e jedoch nicht.[48] Deshalb galten die Zag^{w}e der späteren äthiopischen Geschichtsschreibung im Rückblick als illegitime Usurpatoren. Einzig Lalibela ragt aufgrund seiner Verdienste um die Kirche als frommer König aus der Reihe derer, die sich nicht auf Menelik I. berufen konnten, positiv heraus. Zugleich war Yəkunno Amlak der erste äthiopische Herrscher, der sich den Titel „Kaiser“, eigentlich „König der Könige“ (nəguśä nägäśt), zulegte. Diese Selbstbezeichnung taucht zwar zum ersten Mal schon in einer Inschrift bei König ‘Ezana in Aksum auf. Dabei ist es aber noch ungeklärt, ob sich der Titel auf seine tatsächliche Herrschaft über lokale Fürsten (Könige) bezieht oder einfach einen universalen

---

[47] Mengistu Gobezie, Lalibela, S. 32
[48] Ob sich die Herrscher von Aksum auch selber als Nachfahren Salomos ansahen, ist historisch nicht mehr zu klären: Baum, Äthiopien, S. 130.

Machtanspruch erhebt. In den späteren äthiopischen Chroniken ist allerdings meist nur vom König (nəguś) die Rede.[49]
In dieser Epoche begann auch, parallel zum Selbstverständnis der Salomonischen Dynastie, die verstärkte Identifizierung der Äthiopier mit dem „wahren Israel". So wie sie die wahre Bundeslade ihr Eigen nennen durften, bildeten sie ihrer Überzeugung nach nun auch das wahre und erwählte Gottesvolk. Bis heute erkennt man dieses Bewusstsein u. a. an den zahllosen biblischen Orts- und Personennamen, die einem in Äthiopien begegnen; und der äthiopischen Landbevölkerung wird nachgesagt, dass sie mit dem Gefühl der eigenen Überlegenheit auf Anhänger anderer christlichen Konfessionen sowie anderer Religionen herabschaue, weil sie alleine das wahre Christentum und das erwählte Volk Gottes darstellten. Donald N. Levine schreibt dazu: „Das ist nicht einfach Ethnozentrismus; es zeigt vielmehr eine fundamental aristokratische Einstellung, die sich unter den Amharen ständig wiederholt."[50]
Aus Dank dafür, dass ihn der äthiopische Klerus, vor allem der damalige Abt des bedeutenden Klosters Däbrä Libanos, Täklä Haymanot, bei seiner Thronbesteigung unterstützt hatte, soll Yəkunno Amlak außerdem der Kirche rund ein Drittel des Landes überlassen haben. Diese äußerst großzügige Schenkung sicherte der Kirche bis zur Enteignung nach der Machtübernahme durch die Kommunisten im Jahr 1974 ihr finanzielles Auskommen, indem sie den Grundbesitz selber bewirtschaftete oder ihn an Bauern verpachtete. Darüber hinaus hatte der Klerus dadurch natürlich nun einen umso größeren Einfluss auf die Politik. George A. Lipsky fasst diese Zusammenarbeit von Kirche und Kaiser folgendermaßen zusammen: „Die Kirche hat der Monarchie in vielerlei Hinsicht gedient – als Bindeglied zwischen dem Volk und dem König, indem sie lehrte, ihm zu gehorchen, indem sie ihn weihte und seine Feinde exkommunizierte und indem sie die Person und die Institution des Königtums mit der Aura der Göttlichkeit versah. Im Gegenzug erhielt die Kirche die Zusage von der Steuer befreiten Landes und anderer Gaben sowie die königliche Unterstützung bei der Errichtung neuer Kirchen in eroberten Gebieten."[51]
Um eine Katastrophe wie den Überfall Judiths in Zukunft zu vermeiden, ließ Yəkunno Amlak alle seine männlichen Nachkommen auf einem Berg verstecken und bewachen, um aus ihnen später seinen Nachfolger auszuwählen. Seine erste Hauptstadt wurde Däbrä Bərhan; doch die Salomonische Dynastie bevorzugte es, keine ständige Residenz zu haben, sondern vielmehr in der Art der kaiserlichen Pfalzen im deutschen Mittelalter ständig im eigenen Reich umherzureisen und die Regierungsgeschäfte gleichsam vor Ort zu erledigen. Vermutlich wollte

---

[49] Hammerschmidt, Äthiopien, S. 151; Baum, Äthiopien, S. 130.
[50] Levine, Wax & Gold, S. 78.
[51] Lipsky, Ethiopia, S. 101.

man auf diese Art vermeiden, dass Intrigen am Hof Staatsstreiche auslösen könnten.[52]
Mit allen diesen Maßnahmen erzielte er immerhin stabile politische Zustände für die nächsten 300 Jahre.
Der nächste bedeutende König war Yəkunno Amlaks Enkel ʻAmdä Ṣəyon mit dem Thronnamen Gäbrä Mäsqäl (1314 – 44). Er wurde dadurch bekannt, dass er die muslimischen Emirate, die mit der Zeit jenseits der südlichen Grenze seines Reiches entstanden waren, erfolgreich bekämpfte und vor allem den Küstenstrich am Roten Meer mit seinen Häfen zurückerobern und Äthiopien so wieder zu einer bedeutenden Handelsnation machen konnte. Besonders in diesen seinem Reich neu einverleibten Gebieten ließ er zur Konsolidierung des Christentums viele Kirchen und Klöster bauen. Vermutlich ist seiner Initiative auch die Zusammenstellung und Niederschrift des Kəbrä Nägäśt zu verdanken. Edward Ullendorff zitiert zu ihm seinen Kollegen Conti Rossini: „Wenn Yakuno Amlak der Begründer der neuen Dynastie war, dann war sein Enkelsohn Amda Tsion (regierte 1314 – 44) der Begründer deren Macht und Kraft."[53]

Unter Zär'a Yaʻəqob (1434 – 68) erhielt die äthiopische Kirche schließlich ihre endgültige Gestalt, die sie im Wesentlichen bis heute hat. Ullendorff urteilt über ihn: „Er war vielleicht der größte Herrscher, den Äthiopien seit ʻEzana während des Höhepunktes der Macht des Reiches von Aksum gesehen hat, und wenige seiner Nachfolger auf dem Thron können sich mit ihm vergleichen."[54] Zär'a Yaʻəqob legte den kirchlichen Festkalender fest, indem er neue Festtage zu Ehren der Gottesmutter, der Engel und der Heiligen hinzufügte. Seither hat der äthiopische Festkreis im Kirchenjahr im Wesentlichen seine Form beibehalten. Auch die Liturgie wurde bis in jede Einzelheit durchstrukturiert. Vor allem lag dem frommen König aber am Herzen, den Aberglauben zu unterbinden, den er vielerorts noch blühen sah, da neben den christlichen Riten oft auch noch vorchristliche, heidnische Praktiken ausgeübt wurden. Zär'a Yaʻəqob wollte dagegen unter der Bevölkerung ein starkes Bewusstsein des christlichen Glaubens schaffen, das eine solche Vermischung der Religionen nicht mehr erlaubte. Bekannt wurde er daher nicht nur durch die Reform des Festkalenders, sondern auch durch den Erlass, der es jedem christlichen Äthiopier vorschrieb, ein Kreuz um den Hals zu tragen oder sich sogar ein Kreuz eintätowieren zu lassen. Auch diese beiden Bräuche haben sich zum großen Teil – vor allem unter den Frauen der Landbevölkerung – bis in die heutige Zeit gehalten. Zugleich förderte er die Missionierung aus seiner Sicht bisher noch heidnischer Stämme, zu denen er speziell dafür ausgebildete Mönche schickte. Darüber hinaus übernahm er von

---

[52] Trimingham, Islam, S. 104; Levine, Wax & Gold, S. 43.
[53] Ullendorff, Ethiopians, S. 64.
[54] Ullendorff, Ethiopians. S. 65f.

Ewosṭatewos die Einhaltung der „beiden Sabbate“ (siehe dazu das Kapitel zum Einfluss des Alten Testaments), d. h. sowohl der Samstag als jüdischer Sabbat gemäß der biblischen Schöpfungsgeschichte als auch der Sonntag als Tag der Auferstehung Jesu galten fortan als Feiertage. Schließlich führte er das Fəhta Nägäśt, ein aus mehreren Quellen zusammengestelltes Gesetzbuch, ein, das offiziell bis 1930 in Kraft war.

Mittlerweile war allerdings auch der Islam an den Grenzen Äthiopiens wieder erstarkt. Besonders machte sich dieses Mal die Nähe des Osmanischen Reiches bemerkbar, dem es im 16. Jahrhundert nicht nur gelungen war, große Teile der arabischen Halbinsel einschließlich deren gesamter Ostküste zu erobern, sondern das sich auch ein kleines Stück der afrikanischen Küste nördlich des äthiopischen Reiches sichern konnte. Zu diesem osmanischen Eyālet (Provinz) Ḥabeš (Abessinien) gehörte seit 1557 auch der wichtige Hafen Massawa im Norden des heutigen Eritrea. Dadurch waren Äthiopien und das Osmanische Reich, geographisch gesehen, direkte Nachbarn geworden, wobei sich die äthiopische Seite durchaus bewusst war, dass die Osmanen weiter vorzudringen beabsichtigten.
Schon Zär'a Ya'əqob hatte sich ab und zu muslimischer Überfälle erwehren müssen. In der folgenden Zeit nahmen diese Angriffe, unterstützt von den immer weiter nach Süden vordringenden Osmanen, an Zahl und Intensität weiter zu. Theologisch verteidigte ein standhafter Apologet den christlichen Glauben gegen die Lehren des Korans: ein ehemaliger arabischer Muslim aus dem Gebiet des heutigen Irak namens ʻƎnbaqom (= Habakuk) (gest. um 1565).[55] Doch militärisch konnten die Äthiopier wenig ausrichten. In ihrer Not bat die Königinmutter Ǝleni (= Helena), die für ihren noch unmündigen Sohn Ləbnä Dəngəl (mit dem Thronnamen Dawit) (1508 – 40) die Regierung führte, schließlich im Jahr 1509 erstmals die Portugiesen um militärische Hilfe. Wie sehr Ǝleni ein Bündnis mit der damals berühmtesten Seefahrernation anstrebte, wird daran deutlich, dass sie sogar einen Teil des wahren Kreuzes Jesu opferte, das die äthiopischen Kaiser zuvor aus der heiligen Stadt erhalten hatten (siehe dazu das Kapitel zum Festkalender). In ihrem Schreiben an den portugiesischen König Manoel I. erklärte sie: „Mit unserem Abgesandten Matthäus schicken wir Euch gleichzeitig ein Stück des Kreuzes mit, an dem unser Herr gekreuzigt worden ist. Dieses Stück wurde aus Jerusalem gebracht, woraus ich zwei Kreuze habe arbeiten lassen – eins für uns und eins für Euch. Das besagte Stück ist schwarz und hängt an einem kleinen Silberring. Wir hätten Euch auch viel Gold zuschicken können, aber wir fürchten, die Muslime werden es unterwegs rauben. Und wenn ihr wollt, wären wir sehr froh, wenn unsere Söhne Eure Töchter und unsere Töchter Eure Söhne heiraten würden.“[56] Der gemeinsame christliche

---

[55] Vgl. dazu Ethiopian Orthodox Tewahedo Church, S. 49f.
[56] Kefelew Zelleke / Heyer, Orthodoxes Äthiopien, S. 181.

Glaube in der Abwehr des Islam stand also im Vordergrund dieses Begehrens, so dass Ǝleni sogar daran dachte, die beiden Völker miteinander zu vermischen und gleichsam zu einem Volk zu machen. Die unterschiedliche christliche Konfession schien ihr in diesem Moment der äußeren Not dafür kein Hinderungsgrund zu sein. Erst das intolerante Verhalten der jesuitischen Missionare sollte diese Einstellung der Äthiopier in den folgenden Jahrzehnten nachhaltig verändern.

Portugal hatte sich zu diesem Zeitpunkt bereits den Seeweg um das Kap der Guten Hoffnung herum nach Indien gesichert und sowohl an der afrikanischen als auch an der indischen Küste befestigte Handelsniederlassungen errichtet. Ihnen lag vor allem an der Vorherrschaft zur See, die im Indischen Ozean noch immer von muslimischen Piraten bedroht war, die vom südlichen Arabien (Oman) und von Ostafrika aus die portugiesischen Schiffe angriffen. Außerdem ging in Europa seit dem 12. Jahrhundert die Legende von einem sagenumwobenen Priesterkönig Johannes um. Erstmal schriftlich nachweisbar ist sie in der Chronik des Bischofs Otto von Freising aus dem Jahr 1144. Sie spricht von einem mächtigen christlichen Königreich in Indien, das mit unvorstellbaren Reichtümern gesegnet sei. Für das christliche Abendland des 12. Jahrhunderts, d. h. in der Zeit der Kreuzzüge, lag es also jenseits des vom Islam beherrschten Gebietes. Historisch gesehen, geht diese Legende vermutlich auf den in etwa gleichzeitigen Sieg des mongolischen Stammes der Kerait über die Muslime zurück. Die Kerait – aus Zentralasien kommend – waren zu einem großen Teil Christen der Apostolischen Kirche des Ostens. Diese sogenannten Nestorianer bildeten eine im 5. Jahrhundert von der Kirche des Römischen Reiches abgespaltene Kirche, die sich in östlicher Richtung bis nach China und in die Mongolei hinein ausgebreitet hatte. Aus römisch-katholischer Sicht waren diese Nestorianer zwar Häretiker, man ging aber dennoch auf die Suche nach diesem sagenhaften Land, um sich mit dem geheimnisvollen Priesterkönig gegen die Muslime zu verbünden. Nachdem man sein Reich zuerst im Fernen Osten gesucht, aber nicht gefunden hatte, richtete sich nun die europäische Aufmerksamkeit auf Afrika.[57] Die Kunde von dem mutig gegen den Islam kämpfenden, christlichen Äthiopien passte in dieses Bild, das man sich damals machte, zumal damals der geographische Begriff „Indien“ noch sehr vage anmutete und die Europäer des 12. Jahrhunderts keine genaue Kenntnis besaßen, wo denn dieses Indien nun tatsächlich lag. Ein im Jahr 1577 herausgegebener Reisebericht geht deshalb noch selbstverständlich davon aus, Äthiopien mit dem Reich dieses geheimnisvollen Priesterkönigs zu identifizieren.[58] Das war auch noch beim

---

[57] Zu dieser Legende und ihrer Wirkungsgeschichte in Bezug auf Äthiopien vgl. Barner, Äthiopien-Bild; vgl. auch Loth, Afrika, S. 54 – 57; Baum, Äthiopien, S. 126 – 142.

[58] The History of Trauayle, S. 338.

Reisebericht von Fernand Mendez Pinto aus der Mitte des 17. Jahrhunderts so.[59] Erst der große Äthiopienforscher Hiob Ludolph erkannte und veröffentlichte dann einige Jahrzehnte später, dass Äthiopien fälschlicherweise mit dem Priesterkönig Johannes in Verbindung gebracht worden war.[60] In der entsprechenden Zeit regierte in Äthiopien die oben erwähnte Zag^{w}e-Dynastie. Tatsächlich waren zwei ihrer Könige zugleich Priester: Yəmraḥannä Krəstos (um 1110 – 50) und der berühmte Lalibela (um 1200). Doch keiner der Zag^{w}e-Herrscher trug den Namen Johannes. Allerdings könnte es dafür eine einfache Erklärung geben: Äthiopische Historiker haben darauf hingewiesen, dass der Ausdruck „žan“ oder „žanhoy“ als allgemein gebräuchliche Anrede für den König galt. Er rührt von dem Begriff „žano“ für den purpurfarbenen Mantel her. Von daher könnte eine Verwechslung mit „Johannes“ herkommen.[61]

Jedenfalls erklärte sich Portugal grundsätzlich bereit, dem gleichfalls christlichen Land in Afrika zu Hilfe zu kommen, um gemeinsam mit den Äthiopiern den Islam zu bekämpfen und damit zugleich eigene koloniale Interessen zu verfolgen. Allerdings schickte der portugiesische König zunächst eine diplomatische Delegation nach Äthiopien, um die Situation und die genaueren Bedingungen eines militärischen Bündnisses der beiden christlichen Länder zu erkunden. Sie blieb von 1520 bis 1526.

Ləbnä Dəngəl wiederum, als Regent noch jung und unerfahren, hatte mittlerweile kurz zuvor in einer Schlacht die Muslime vorübergehend besiegt. Er baute deshalb auf seine eigene Kraft und wies in unkluger Art und Weise das Angebot eines militärischen Bündnisses des portugiesischen Königs zurück, dessen Abgesandten er freundlich, aber bestimmt im Jahr 1521 mitteilte: „Zur Zeit herrschen Ruhe und Frieden in meinem Reich. Die Muslime, die in den Nachbargebieten wohnen, wagen nicht einmal, ihr Gesicht zu erheben, um mich anzusehen. Meine Kriegsführer erzielen überall dort, wo sie hingehen, nur Siege. Gott hat seine Barmherzigkeit nicht von mir abgewendet.“[62] Manoels I. Nachfolger Johann III. versicherte Ləbnä Dəngəl daher im Jahr 1524 lediglich seine unverbrüchliche Freundschaft als christlicher Monarch.

Doch die Muslime hatten offenbar nur auf diese Unvorsichtigkeit des äthiopischen Kaisers gewartet. Kurz nach der Abreise der Europäer im Jahr 1526 vereinigte ein in osmanischen Diensten ausgebildeter Soldat namens Aḥmad b. Ibrāhīm al-Ġāzī, genannt Grañ (= der Linkshänder), als Emir mehrere muslimische Fürstentümer unter seiner Vorherrschaft und fiel von seiner Hauptstadt Harär aus im Jahr 1527 mit einer großen Armee ins christliche Äthiopien ein, um es zu einem islamischen Staat zu machen. Rund 15 Jahre lang wüteten diese

[59] Mendez Pinto, Voyages, S. 5.
[60] Ludolphus, New History, Titelseite.
[61] Baye Felleke, Lalibela, S. 10f.
[62] Kefelew Zelleke / Heyer, Orthodoxes Äthiopien, S. 182.

Kämpfer fast ungestört. In einer großen Schlacht im Jahr 1529 schlug das muslimische Heer die christlichen Äthiopier entscheidend. Sie plünderten und mordeten, brannten Kirchen und Klöster nieder und vernichteten einen großen Teil der dort lagernden, literarischen Schätze. 1533 fielen sie über Lalibela her, 1535 über Aksum. Ləbnä Dəngəl sah sich gezwungen, einen verzweifelten Hilferuf an die gesamte Christenheit des Abendlandes zu verfassen. Er schickte ihn 1533 an Papst Clemens VII. (1523 – 34): „Ich bitte Euch, Heiliger Vater, die christlichen Könige, Eure Kinder, zu ermahnen, ihre Waffen beiseite zu legen und friedlich wie Brüder zusammenzuleben, da sie Eure Herde sind und Ihr ihr Hirte ... Ich flehe Euch an, Frieden unter ihnen zu stiften und sie zu bitten, mir Hilfe zukommen zu lassen, weil ich von allen Seiten meines Reiches von Feinden meines Glaubens umgeben bin. [...] Ich ärgere mich täglich, wenn ich die Feinde des christlichen Glaubens sehe, wie sie in brüderlicher Liebe zusammenleben und sich gegenseitig erfreuen, während die christlichen Könige, meine Brüder, sich nicht einigen können, mir Hilfe zu gewähren, die Christen einander schuldig sind. Und ich bitte Euch ja nicht um Hilfe von Kriegern. Ich habe genug Männer ... Was ich brauche, sind Eure Gebete und Euer Flehen, daß ich bei Euch und den anderen christlichen Königen, meinen Brüdern, Gefallen finde. Ich versichere Euch, ich würde deren Hilfe nicht erbeten haben, ginge es nicht darum, im Angesicht der türkischen (sprich: islamischen) Gefahr gut mit Waffen ausgestattet zu sein, damit meine Nachbarn, die Feinde des christlichen Namens sind, wissen können, wie tatkräftig mich meine christlichen Brüder unterstützen."[63]

Nach seinen großen Siegen begann Aḥmad Grañ, muslimische Statthalter einzusetzen, und verlangte für sich selber die Tochter Ləbnä Dəngəls, um als König von Äthiopien den Thron zu besteigen. Doch Ləbnä Dəngəl lehnte ab, obwohl Aḥmad Grañ seinen Sohn Minas gefangen hielt. Der König selber floh in eine uneinnehmbare Klosterburg, wo er vereinsamt starb. Diese Jahre der Herrschaft Aḥmad Grañs (1531 – 43) waren für die christliche Bevölkerung insgesamt eine Zeit der grausamen und blutigen Unterdrückung.

Erst im Jahr 1540 nahte Hilfe. Nun endlich landeten 400 portugiesische Musketiere unter dem Befehl von Cristovão (= Christopher) da Gama, dem Sohn des berühmten Entdeckers Vasco da Gama, in Äthiopien und nahmen den Kampf gegen Aḥmad Grañ auf. In zwei entscheidenden Schlachten in den Jahren 1542/43 konnten die verbündeten Portugiesen und Äthiopier die Muslime besiegen, obwohl Cristovão da Gama zuvor 1541 etwa die Hälfte seiner Männer verloren hatte und selber schwer verletzt in Gefangenschaft geraten war, in der er später hingerichtet wurde.

Ein Teil der überlebenden Portugiesen, deren moderne Feuerwaffen beide Seiten beeindruckt hatten, blieben auf Einladung des äthiopischen Kaisers Gälawdewos

---

[63] Kefelew Zelleke / Heyer, Orthodoxes Äthiopien, S. 185f.

(= Claudius) (1540 – 59), eines Sohnes von Ləbnä Dəngəl, im Land, um die einheimische Armee auszubilden und auch sonst ihre Kenntnisse und Fähigkeiten auf technischem und handwerklichem Gebiet zu vermitteln. Die restlichen portugiesischen Soldaten kehrten in die Kolonie Goa in Indien zurück, wo sie auch vor dem Feldzug stationiert gewesen waren. In einem Schreiben von 1543 dankte Gälawdewos João (= Johann) III. von Portugal ausdrücklich für seine rettende Unterstützung.

Anfangs war das Verhältnis der beiden Länder sehr freundschaftlich und gut, bis Portugal seinen Soldaten jesuitische Missionare hinterherschickte, die begannen, im katholischen Sinne zu predigen und für eine Union mit Rom zu werben. Dieses Ziel verfolgte die römische Kirche, seitdem sie sich im großen Schisma von 1054 von der byzantinischen Ostkirche getrennt hatte und von beiden Seiten gegenseitige Verfluchungen ausgesprochen worden waren. Eine Union mit Rom zu schließen, bedeutete für die orientalischen Christen, sich dem Papst zu unterstellen und ihn als Stellvertreter Christi auf Erden und als alleiniges Oberhaupt der gesamten Christenheit anzuerkennen. Solange man das tat, durfte man sogar weiter seinen eigenen Ritus feiern und weiter seine eigenen Gebräuche (z. B. verheiratete Priester) pflegen. In der Regel folgte erst allmählich eine schrittweise Latinisierung bzw. Angleichung an die römisch-katholische Theologie und an das römisch-katholische Kirchenrecht sowie an den römisch-katholischen Ritus. Auch in Äthiopien sollten die Jesuiten mit dieser Methode einen kurzzeitigen Erfolg verzeichnen können. Um sich des militärischen Beistands und des westeuropäischen Wissens zu versichern, war Kaiser Susənyos (1607 – 32) am Ende sogar bereit, im Jahr 1626 eine Unionsurkunde zu unterschreiben, mit der die äthiopische Kirche als Ganzes den universalen Anspruch des Papstes als für sich gültig anerkannte. Bereits zuvor, im Jahr 1595, hatte eine illegitime „Pseudo-Synode“ (Kefelew Zelleke / Heyer) auf Drängen der Jesuiten eine Kirchenunion mit dem Papst abgeschlossen und damit unrechtmäßig einen Teil der Gläubigen aus der äthiopischen Kirche herausgelöst. Der griechisch-orthodoxe Patriarch von Alexandrien, seit jeher der Gegenspieler des koptischen Patriarchen, nutzte diese Gelegenheit, um den Äthiopiern nun seinerseits eine Wiedervereinigung mit der griechischen Kirche anzubieten. Er argumentierte, dadurch seien die Äthiopier weder auf die Hilfe der Lateiner noch auf das Wohlwollen der Kopten angewiesen.[64]

Susənyos hatte bei diesem weitreichenden Schritt jedoch nicht mit dem erbitterten Widerstand des äthiopischen Klerus und des Mönchtums gerechnet. Es kam deswegen zu derartigen Unruhen, dass der Kaiser schließlich abdanken musste. Sein Nachfolger Fasilädäs (1632 – 67) machte die Union mit Rom sofort rückgängig und verwies alle Portugiesen des Landes. Schließlich musste auch Papst

---

[64] Kefelew Zelleke / Heyer, Orthodoxes Äthiopien, S. 190.

Pius V. (1566 – 72) erkennen, dass die Mission der Jesuiten gescheitert war. Er befahl ihnen, in Richtung Goa abzureisen.
Zur Stärkung der eigenen Macht beendete Fasilädäs auch die bisher seit einigen Jahrhunderten ausgeübte Praxis, keine feste Residenz zu besitzen, und wählte die Stadt Gondär im Norden des Landes als neue Hauptstadt und befestigte sie mit einer Burganlage, die die Besucher noch heute beeindruckt.
Trotzdem blieb die Episode der jesuitischen Mission in Äthiopien nicht ohne Folgen. Man misstraute danach umso mehr ausländischem Einfluss und blieb lieber für sich, nachdem man hatte erfahren müssen, wie die Europäer nach außen hin uneigennützige Hilfe unter Glaubensgeschwistern insgeheim dazu genutzt hatten, eminent eigene Ziele durchzusetzen und die eigene Macht und die eigene Religion zu verbreiten. Auch die äthiopische Kirche ließen sie mit ungelösten, theologischen Fragen zurück (siehe das Kapitel zum Glauben).

Erneute Einfälle anderer Stämme und Völker, vor allem der Oromo, in das Reich sowie die stets unruhige Grenze zum Osmanischen Reich läuteten in den folgenden Jahrzehnten den langsamen Niedergang des äthiopischen Reiches ein. Ein weiteres Anzeichen der schwindenden Macht war die große Zahl an Kaisern, die im 18. Jahrhundert jeweils nur kurze Zeit regierten und unter den verschiedensten Umständen ermordet wurden.
Die sogenannte „Ära der Prinzen“ von 1755 bis 1855 war dann eine erneute Epoche der Schwäche des Kaisertums und der Stärke der einzelnen Fürstentümer. Äthiopien zerfiel für hundert Jahre in zahlreiche Kleinstaaten, ohne dass ein gemeinsames Reich erkennbar gewesen wäre. In Anspielung auf die Zustände im alten Israel vor Errichtung des Königtums sprach man auch von der „Zeit der Richter“, in der „jeder tat, was ihn recht dünkte“ (Ri. 21, 25).

Erst der starke Kaiser Tewodros (= Theodor) II. (1855 – 68) vermochte es, Äthiopien wieder zu einen, weshalb man ihm auch den Beinamen „Napoleon Äthiopiens“ gab. Während europäische Reisende eher den außerordentlich ehrgeizigen und eitlen, sowohl ausgewählt höflichen als auch grausam-jähzornigen Charakter des Kaisers betonen,[65] ergeht sich eine zeitgenössische äthiopische Chronik über diesen Kaiser in einem an den biblischen Tugenden ausgerichteten, umfassenden Lob: „Gott setzte den König[66] über Äthiopien, der Unzucht verabscheute, nicht am Geld hing, weder Lüge noch Raub, noch irgendeine Unehrenhaftigkeit liebte, der Gott fürchtete, freizügig Spenden gab, den Fremden liebte, mit dem Kranken mitfühlte und mit nur einer Frau die kanonische sakra-

---

[65] R. Pankhurst, Travellers, S. 103 – 108; vgl. auch Arén, Evangelical Pioneers, S. 93.
[66] Während die Herrscher sich selbst als Kaiser zu bezeichnen pflegten, schrieben die meisten Chroniken „nur“ von Königen.

mentale Ehe[67] einging."[68] Doch dies war nicht nur die Schmeichelei eines Untertanen, Tewodros II. schickte u. a. Mönche als Missionare zur Bekehrung von Muslimen und „Heiden". Umgekehrt verbot er jede Art katholischer Mission, um sich bei seiner Thronbesteigung der Unterstützung der äthiopischen Kirche zu versichern. Gleichzeitig erlaubte er jedoch den evangelischen Missionaren sogar am eigenen Hof die Erziehung adliger Kinder, was zeigt, wie sehr sich die Ereignisse des 17. Jahrhunderts noch immer auswirkten. Doch als er zu stark in die Macht des Klerus eingriff, wandte sich dieser gegen ihn. Tewodros II. hatte einen kleinen Teil der kirchlichen Ländereien enteignet und verfügt, dass es pro Kirche nur zwei diensthabende Priester mit drei Diakonen geben dürfe, die von der Kirche bezahlt werden müssten, um nicht die Bevölkerung anzubetteln. Der restliche Klerus müsse für den eigenen Lebensunterhalt arbeiten und damit natürlich auch Steuern zahlen. Diese Maßnahme, gegen eine auswuchernde Flut von Priestern und Diakonen gerichtet, die keinem anderen Beruf nachgingen und gleichsam von der gesamten Gesellschaft getragen werden mussten, stieß natürlich bei der betroffenen Gruppe auf keine Gegenliebe. Hinzu kam, dass er mit Gesetzen gegen die Polygamie und gegen die Sklaverei den feudalen Adel gegen sich aufbrachte. Auch außenpolitisch zeigte der Kaiser am Ende wenig diplomatisches Geschick. Er hatte 1862 zwei Schreiben an die englische Königin Victoria I. verfasst, die er dem britischen Generalkonsul in Äthiopien übergab. Tewodros II. fühlte sich jedoch außerordentlich in seinem Stolz verletzt, als der Generalkonsul beide Depeschen lediglich mit der diplomatischen Post nach London sandte und sie nicht als Angelegenheit von größter Wichtigkeit persönlich Victoria I. überreichte. Als die englische Königin darüber hinaus auf seinen Wunsch, die beiden Länder freundschaftlich enger aneinander zu binden, auch nach zwei Jahren noch nicht geantwortet hatte, sah sich Tewodros II. endgültig ungerecht behandelt. Nach einer weiteren Verstimmung, weil die europäischen Mächte eine Ausbreitung der Ägypter nach Süden unterstützen, ließ er kurzerhand den britischen und den französischen Generalkonsul sowie 65 weitere Europäer einsperren, um seinen Forderungen Nachdruck zu verleihen. Doch die Folge war nicht das erhoffte Einlenken der Regierung in London, sondern eine britische Strafexpedition mit über 13.000 Soldaten bzw. insgesamt (einschließlich Tross) über 62.000 Mann, die bis in die äthiopische Hauptstadt vordrang und die beiden gefangenen Diplomaten und die anderen Ausländer befreite. Tewodros II. selber beging in seiner Bergfestung Magdala Selbstmord, bevor die Briten seiner habhaft werden konnten.[69]
Sein Nachfolger Yoḥannəs IV. (1872 – 89) war in religiöser Hinsicht noch eifriger. Zeitweise hatte er sogar überlegt, abzudanken und ins Kloster zu gehen;

---

[67] Siehe dazu das Kapitel zum Glauben.
[68] Zitiert nach Kefelew Zelleke / Heyer, Orthodoxes Äthiopien, S. 1.
[69] Vgl. dazu vor allem Matthies, Unternehmen Magdala.

doch die Kirche lehnte seinen Wunsch ab, weil er von Gott zum Regenten bestimmt sei. Yoḥannəs IV. entschied im theologischen Streit um die Salbung Christi, der seit der Zeit der jesuitischen Mission Jahrhunderten geschwelt hatte, zugunsten der noch heute offiziellen Linie der äthiopischen Kirche (siehe dazu das Kapitel zum Glauben). Außerdem ließ er alle, die nicht der äthiopisch-orthodoxen Kirche angehörten, verfolgen, sowohl die Muslime und die Anhänger der indigenen Religionen (der „Heiden“) als auch die Juden und die wenigen evangelischen und katholischen Christen. Zur Begründung hatte er mit einer nicht ganz unberechtigten Logik zwei britischen Reisenden gesagt: „Ich kann nicht sagen, dass ich Ausländer mag oder ihnen vertraue, aber ich verdanke den Engländern viel, und eure Königin ist eine ernsthafte Christin, wie ich weiß. Warum kommen fremde Nationen hierher, um Christen zu christianisieren? Sie verursachen Unruhen in meinem Land, und sie sind nicht willkommen. Gibt es (hier) keine Heiden, die bekehrt werden können? In der Geschichte meiner Nation haben die Prediger anderer Religionen viel Blutvergießen und Unheil angerichtet. Wir sind Christen wie ihr selber, nur in einer anderen Art; ihr (aber) repräsentiert eine muslimische Regierung, und ich habe herausgefunden, dass die westlichen Nationen großes Interesse an Ägypten zeigen. Warum bekehren eure europäischen Missionare dann nicht diese eure Freunde zum Christentum?“[70]
Yoḥannəs IV. wollte deswegen alle seine Untertanen per Gesetz zwingen, zum orthodoxen Glauben überzutreten. Natürlich ließen sich das vor allem die zahlreichen und teilweise örtlich recht mächtigen Muslime im Land nur ungern gefallen. Unterstützt vom Osmanischen Reich, das sich noch immer an der nördlichen Küste festgesetzt hatte, und zusammen mit dem Regenten Ägyptens zettelten sie einen Aufstand an, der von Norden her über das christliche Äthiopien hereinbrach. Yoḥannəs IV. konnte die Eindringlinge zwar abwehren, wurde aber im Verlauf einer Schlacht gegen die muslimischen Aufständischen getötet.
In seine Regierungszeit fällt zudem der erste Vorstoß der Italiener auf äthiopisches Gebiet. Ein italienischer Missionar hatte bereits Anfang 1882 bei einem Verkauf der Hafenstadt Assab im heutigen Eritrea von einem lokalen Fürsten an eine italienische Reederei, die den Ort als Handelsplatz zu nutzen beabsichtigte, vermittelt. Kurz darauf, im Jahr 1885, übernahm die Regierung in Rom die Stadt, erklärte den gesamten Küstenstreifen zum „italienischen Afrika“ und landete Truppen in der größten Stadt der Region, in Massawa. Kefelew Zelleke / Heyer sprechen deshalb von einer „heute als peinlich empfundenen Weise“ der Hilfe der katholischen Missionare.[71] Da die anderen europäischen Mächte tatenlos zusahen, konnte auch Yoḥannəs IV. letztlich nichts gegen die Italiener unternehmen, was sie wieder von der Küste vertrieben hätte, obwohl er die auslän-

---

[70] R. Pankhurst, Travellers, S. 118.
[71] Kefelew Zelleke / Heyer, Orthodoxes Äthiopien, S. 156; vgl. auch Heyer, Kirche Äthiopiens, S. 298; Abebe Hailemelekot, Victory, S. 24 – 26.

dischen Invasoren im Jahr 1887 bei dem Ort Dog'ali nahe der Hafenstadt Massawa militärisch geschlagen hatte.[72]
Ein äthiopischer Historiker beurteilt die Herrschaft dieses frommen Kaisers trotz der außenpolitischen Wirren dennoch als für das äthiopische Volk durchweg positiv: „Seine Regentschaft bescherte Äthiopien im Inneren eine der sichersten und friedlichsten Perioden, die das Land je kennengelernt hat. Seiner Ausgleichspolitik ist zu verdanken, dass die traditionellen Spaltungstendenzen der Regionen nicht wie weiland vor dem Aufstieg Theodoros' [Tewodros II., der Vf.] zu mehr oder weniger eigenständigen politischen Gebilden auswachsen konnten, sondern die von seinem Amtsvorgänger geerbte Einheit des Staates letztlich aufrechterhalten blieb. [...] Das Bild Yohannes' als gütigen Vaters der Nation hat seine Zeit überdauert. Die Bevorzugung seines christlichen Glaubens gegenüber dem Islam erweist ihn eben als Kind seiner Zeit."[73]
Menelik II. (1889 – 1913), ohnehin von Anfang an ein Konkurrent von Yoḥannəs IV., der seit langem ein Auge auf den Thron geworfen hatte, schaffte es, wieder Ruhe unter die Bevölkerung zu bringen, indem er die radikale Gesetzgebung seines Vorgängers rückgängig machte. Er ließ sich dabei von den Italienern helfen, mit denen er am 2. Mai 1889 einen Freundschaftsvertrag, den sogenannten Wucciale-Vertrag[74], geschlossen hatte. Leider erwies sich wie schon vier Jahrhunderte zuvor bei den Portugiesen die scheinbare Hilfsbereitschaft der Europäer erneut als ein Trugschluss. Während die Äthiopier lediglich von einem Freundschaftsvertrag ausgingen, interpretierte Rom die italienische Fassung des Dokuments als Einrichtung eines Protektorats über Äthiopien, mit dem die Italiener – im Wettlauf um Afrika ohnehin sehr spät gestartet – ihr ostafrikanisches Kolonialreich, zu dem bereits etwa die Hälfte des heutigen Somalia gehörte, abzurunden gedachten.[75] In Artikel 17 der amharischen Version dieses Vertrages stand, Äthiopien *könne* sich bei Verhandlungen mit anderen Staaten der Vermittlung Italiens bedienen, aber die italienische Fassung besagte, Äthiopien *müsse* das tun. Daher erklärte Rom am 11. Oktober 1889 ganz Äthiopien zum italienischen Schutzgebiet und am 1. Januar 1890 zur italienischen Kolonie. Das ließ sich Menelik II. nicht gefallen und kündigte nach jahrelangen, erfolglosen diplomatischen Verhandlungen mit Italien und anderen europäischen Mächten am 27. Februar 1893 den Wucciale-Vertrag. So kam es im Oktober

[72] Völlig gegensätzliche und aus zeitgeschichtlichen Gründen interessante Beurteilungen der italienischen Kolonialpolitik und der Reaktion Äthiopiens darauf finden sich zum einen aus nationalsozialistischer Sicht zur Zeit Hitler-Deutschlands in Zischka, Abessinien und zum anderen aus der Perspektive des sozialistischen Äthiopiens in dem Aufsatzband zu einem Symposium in Taddesse Beyene et al., Centenary of Dogali.
[73] Kefelew Zelleke / Heyer, Orthodoxes Äthiopien, S. 22. 26.
[74] Wəčale ist eine Stadt in der früheren Provinz Wällo (heute Region Amhara).
[75] Im Jahr 1911 kam noch das nordafrikanische Libyen dazu.

1895 zum Krieg.[76] Die Italiener versuchten anfangs, vor allem islamische lokale Herrscher zum Aufstand gegen die Zentralregierung zu bewegen, indem sie sie mit Waffen versorgten und gegen Menelik II. aufstachelten. Der äthiopische Kaiser wiederum scheute sich vor einem Waffengang und bemühte sich noch um eine friedliche Beilegung des Konflikts. Doch beide Strategien gingen nicht auf. Die Italiener wollten ihren Eroberungskrieg um jeden Preis. Sie hatten nur nach einem Vorwand gesucht, um losschlagen zu können. Die lokalen muslimischen Fürsten wiederum nahmen zwar die italienischen Waffen an, unterstützen aber keineswegs den Vorstoß der Europäer und teilten ihrem Kaiser vielmehr den Bestechungsversuch mit. Nachdem die Kampfhandlungen begonnen hatten, überrannten die Äthiopier zunächst zwei wichtige Stellungen der Italiener beim Berg Amba Alage und bei der wichtigen Stadt Mäqälä. Kurz darauf kam es nach ersten Gefechten am 29. Februar am 1. März 1896 bei der Stadt Adwa zum denkwürdigen Sieg der kaiserlichen äthiopischen Armee über die mit modernen Waffen ausgerüstete europäische Invasionsarmee aus Italien. Äthiopischer Oberbefehlshaber war Ras Mekonnen (Ras Mäk^{w}ännən), der Vater des späteren Kaisers Haile Selassie I. Die Italiener kapitulierten nach der Niederlage von Adwa am 1. Mai 1896 bedingungslos. Rund 4.000 italienische Soldaten, darunter mehrere Generäle, gerieten in äthiopische Kriegsgefangenschaft. Zum ersten und einzigen Mal in der Kolonialgeschichte dieses Kontinents hatten es Afrikaner vermocht, eine europäische Armee entscheidend zu schlagen. Der äthiopische Historiker Kefelew Zelleke schreibt: „Der Sieg Meneliks ging als der bemerkenswerteste Triumph eines Afrikaners über eine europäische Armee seit Hannibal (147 – 182 v. Chr.) in die Geschichte ein."[77] Nach einer äthiopischen Legende war dieser Erfolg möglich geworden, weil der Hl. Georg persönlich die äthiopischen Soldaten in die Schlacht geführt hatte.[78] Noch hundert Jahre später, im Jahr 1996, feierten die Äthiopier ausgiebig diesen stolzen Jahrestag.

Der italienische Papst Leo XIII. (1878 – 1903) hingegen appellierte nur wenige Monate nach der Schlacht von Adwa an Menelik II., die gefangenen Italiener unverzüglich freizulassen. Der Kaiser solle doch an die Frauen, Mütter und Bräute dieser jungen Männer denken. Die verwundeten und gefallenen Äthiopier sowie deren Familien erwähnte Leo XIII. jedoch mit keinem einzigen Wort, wie er auch seit Beginn der italienischen Aggression zu diesem völkerrechtswidrigen Vorgehen des katholischen Italien beharrlich geschwiegen hatte.[79] Menelik II. beantwortete das Schreiben des Papstes im September 1896 trotzdem in einem

---

[76] Vgl. dazu die ausführliche Darstellung bei Abebe Hailemelekot, Victory.

[77] Kefelew Zelleke / Heyer, Orthodoxes Äthiopien, S. 37; vgl. auch Vestal, Lion of Judah, S. 28; Abebe Hailemelekot, Victory, S. 199. 202.

[78] Vestal, Lion of Judah, S. 42; vgl. auch Abebe Hailemelekot, Victory, S. 148.

[79] Kefelew Zelleke / Heyer, Orthodoxes Äthiopien, S. 217; vgl. auch Abebe Hailemelekot, Victory, S 190.

äußerst versöhnlichen Ton. Er werde alle Kriegsgefangenen nach Hause schicken, sobald Italien ein gültiges Friedensabkommen mit Äthiopien unterzeichnet habe. Bis dahin werde er die Italiener gut behandeln.[80] Am 6. Oktober 1986 vereinbarten Äthiopien und Italien schließlich einen Friedensvertrag, der die Vereinbarungen von Wucciale endgültig für ungültig erklärte und in dem Italien Äthiopien als vollkommen unabhängigen Staat anerkannte. Nach Zahlung einer Reparation in Höhe von zehn Millionen Lire wurden auch alle Kriegsgefangenen im März 1987 nach Hause geschickt.[81]

Die besiegten Italiener mussten sich außerdem hinter die Grenzen ihrer Kolonie an der Küste des Roten Meeres zurückziehen. Das heutige Eritrea ist jenes Gebiet, das Menelik II. der europäischen Kolonialmacht zugestehen musste, zumal sein Vorgänger bereits 1886 einen entsprechenden Vertrag unterzeichnet hatte. Der größte Teil seines Landes jedoch bildete nun das einzige Reich in Afrika, das in seiner gesamten Geschichte nie eine Kolonie der Europäer gewesen war. Dieses Bewusstsein prägt nicht nur den äthiopischen Nationalstolz bis heute, sondern begründete auch Äthiopiens Ansehen im Völkerbund und bei den Vereinten Nationen und später vor allem unter den ab 1960 unabhängig gewordenen Staaten des schwarzen Kontinents. Ein nach der Hundertjahrfeier des Sieges von Adwa in Addis Abeba herausgegebene Darstellung fasst die Bedeutung der damaligen Ereignisse mit den folgenden Worten zusammen: „Die Schlacht von Adwa platzierte Äthiopien auf der diplomatischen Landkarte der Welt. Darüber hinaus wurde Adwa zum Vorläufer der Wünsche und Bestrebungen der Völker Afrikas in ihrem Kampf für nationale Befreiung und Unabhängigkeit.“[82] Nicht ohne Grund wählte die Organisation Afrikanischer Einheit seinerzeit die äthiopische Hauptstadt Addis Abeba als ihren Sitz.

Darüber hinaus trat Menelik II. auch selber als Kriegsherr auf und unterwarf große Gebiete, die im Süden an sein Reich angrenzten, und schuf so die heutigen Grenzen Äthiopiens. Doch er tat dies offenbar nicht allein als ein militärischer Eroberer. Der Ethnologe Eike Haberland hat in diesem Zusammenhang auf Belege aufmerksam gemacht, die darauf hindeuten, dass es in den neu einverleibten Gebieten in früheren Jahrhunderten blühende christliche Reiche gegeben hatte, die jedoch allmählich den Stämmen mit indigenen Religionen hatten weichen müssen. Menelik II. wusste wohl darum und sah diese Gebiete daher als traditionelle Teile des christlichen Äthiopiens und seine Eroberungszüge als eine Art christlicher „Reconquista“ an.[83] Haggai Erlich bestätigt diese Ein-

---

[80] Kefelew Zelleke / Heyer, Orthodoxes Äthiopien, S. 219.
[81] Abebe Hailemelekot, Victory, S. 198f.
[82] Abebe Hailemelekot, Victory, S. 173.
[83] Haberland, Altes Christentum, S. 17 – 21. Schon Mitte des 19. Jahrhunderts erwähnt der evangelische Missionar Johann Ludwig Krapf diese Auffassung der äthiopischen Kaiser: Krapf, Reisen, S. 101.

schätzung, vermutet aber zusätzlich, dass Menelik II. auch den europäischen Kolonialmächten entgegentreten und verhindern wollte, dass sie sich noch mehr Gebiete einverleiben würden. Afrika sollte, so weit es in seiner Macht stand, lieber von einem afrikanischen Herrscher als von Europäern regiert werden.[84] International trat er wesentlich geschickter auf als noch Tewodros II., indem er Verträge mit Großbritannien, Frankreich, Italien und Russland schloss und sein Land der modernen Welt öffnete. Er ließ Schulen und Krankenhäuser einrichten, erlaubte die Rückkehr christlicher Missionare, sofern sie nicht unter den orthodoxen Christen aktiv wurden, etablierte eine eigene Post u. a. m. Außerdem gründete Menelik II. die heutige Hauptstadt Addis Abeba, „die Neue Blume", etwas unterhalb seiner bisherigen Residenz Ǝnṭoṭṭo im geographischen Zentrum seines Reiches. Ausschlaggebend für diesen Schritt war wohl in erster Linie der Wunsch seiner Frau, der Kaiserin Ṭaytu, die den Ort am Fuße des Berges sehr mochte. Zusätzlich wurde die Kaiserin von Mönchen unterstützt, die Prophezeiungen aus dem 16. Jahrhundert gefunden haben wollten, in denen der Erzengel Ragu'el verkündet hatte, dass ein späterer Kaiser namens Menelik diese Stadt bauen werde und dort zu Ehren der Gottesmutter, zu Ehren seiner selbst und zu Ehren des Erzengels Uriel Kirchen errichten werde.[85] In religiöser Hinsicht war Menelik II. wesentlich weniger streng als seine beiden Vorgänger: „Der Schöpfer der neuzeitlichen Einheit Äthiopiens galt als gütiger Vater und toleranter Monarch. Er pflegte zu sagen: 'Laßt den Moslem leben, wie sein Vater vor ihm; und den Galla [die frühere Bezeichnung für die Oromo, der Vf.] auch, so wie es sein Vater tat!'"[86]

Eine kurzzeitige Krise trat nach seinem Tod ein. Zunächst bestieg auf Anordnung des nach langer, schwerer Krankheit sterbenden Kaisers dessen Enkel Ləǧ Iyasu (1913 – 16, gest. 1935) den Thron. Sehr zum Missfallen des größten Teils seiner eigenen Bevölkerung, fühlte sich Iyasu zum Islam hingezogen (er war der Sohn einer unehelichen Tochter Meneliks II., dessen zweite Ehe mit Kaiserin Ṭaytu kinderlos blieb, und eines muslimischen Emirs, den der Kaiser gezwungen hatte, zum Christentum überzutreten), obwohl er sein ganzes Leben lang nie dem Christentum offiziell abgeschworen und seinen Übertritt zum Islam erklärt hat. Man warf ihm vor, seine Abstammung aus dem Stamm Salomos zu verleugnen und es zu bevorzugen, sich als Nachkommen Mohammeds zu bezeichnen. Außerdem soll er für sich selbst die Polygamie nach dem islamischen Gesetz eingeführt haben. In der hauptsächlich von Muslimen bewohnten Stadt Harär soll er sich unter einer äthiopischen, also grün-gelb-roten Flagge, auf deren mittlerem Streifen Koranverse gedruckt waren, gezeigt haben. Außenpolitisch

---

[84] Erlich, Islam, S. 44f.
[85] So zumindest erzählt bei Galperin, Äthiopische Reise; S. 9.
[86] Kefelew Zelleke / Heyer, Orthodoxes Äthiopien, S. 48; vgl. auch Erlich, Islam, S. 46.

sympathisierte Iyasu mit den Mittelmächten, vor allem natürlich mit dem muslimischen Osmanischen Reich und mit den Deutschen, und er soll geplant haben, auf dieser Seite in den Ersten Weltkrieg einzutreten.[87] Bevor er jedoch diesen Schritt vollziehen konnte, wurde er in einer Palastrevolte unter der Führung des Klerus der äthiopischen Kirche mit dem Ruf „Kein Moslem wird uns regieren!" gestürzt. Das Oberhaupt der Kirche exkommunizierte Iyasu und seine Unterstützer als Abtrünnige. Die Tochter des engsten Beraters von Iyasu, des Engländers syrischer Herkunft Hasib Ydlibi, entwirft hingegen ein anderes Bild der Ereignisse. Sie schreibt, Iyasu habe keineswegs den Islam bevorzugt und mehrmals ausdrücklich betont, nie den christlichen Glauben verlassen zu wollen. Er habe lediglich die Gleichberechtigung der Religionen herbeiführen und dafür den besonders privilegierten Status der äthiopischen Kirche beschränken wollen, um allen seinen Untertanen gleichermaßen gerecht zu werden. Er habe zudem zwar die militärische Disziplin und Schlagkraft der Deutschen bewundert, aber im Ersten Weltkrieg streng neutral bleiben wollen. Iyasu stand demnach auf dem Standpunkt, je schwächer sich die Kolonialmächte gegenseitig machten, desto besser sei das für seine eigene Unabhängigkeit. Eine grün-gelb-rote Fahne mit dem Halbmond und dem Stern des Osmanischen Reiches, die man mit Iyasu in Verbindung brachte, sei von einem übereifrigen Äthiopier anlässlich eines offiziellen Besuchs bei der osmanischen Botschaft am Geburtstag des Sultans entworfen worden, doch Iyasu hätte diese Anbiederung sogleich verurteilt und den Mann, der diese Fahne öffentlich gezeigt hatte, verhaften lassen. Ein Foto wiederum, auf dem Iyasu einen osmanischen Turban tragend zu sehen war und das damals in Addis Abeba für viel Aufregung sorgte, entlarvt die Autorin May Ydlibi als eine Fotomontage. Alle Vorwürfe gegen Iyasu beruhten daher auf einer Propaganda der politischen Opposition, die die Gleichstellung der Muslime vor dem Gesetz und die Beschneidung der umfassenden Rechte der Kirche nicht hinzunehmen bereit war.[88]

In jedem Fall zettelte diese Opposition am äthiopischen Mäsqäl-Fest im September 1916 einen Staatsstreich an, als Iyasu gerade fern der Hauptstadt gegen einen aufständischen, ironischerweise muslimischen Stamm kämpfte. Daraufhin ergriff die Tochter Meneliks II. aus erster Ehe, die bisherige Regentin Zäwditu (1916 – 30), die Macht. Sie herrschte zusammen mit Ras Tafari Mekonnen (Ras Täfäri Mäk^{w}ännən), der sich nach Zäwditus Tod im Jahr 1930 als Kaiser Haile Selassie I. krönen ließ. Haile Selassie I. (1930 – 74) modernisierte sein Reich auf vielen Gebieten. Eine von ihm erlassene Verfassung von 1931 schrieb zwar

---

[87] Wie auch den osmanischen Sultan Abdülhamid II. (1876 – 1909) und seinen Nachfolger Mehmed V. (1909 – 18) beeindruckte Ləǧ Iyasu an den Deutschen, dass sie anders als Briten, Franzosen und Italiener keinerlei Gebietsansprüche oder koloniale Interessen geltend machten.

[88] Ydlibi, With Ethiopian Rulers, S. 245 – 258.

die absolute Monarchie fest, sprach aber – anders als die spätere Verfassung von 1955 – mit Rücksicht auf die Muslime nicht vom Christentum als Staatsreligion. Vielmehr war die allgemeine Religionsfreiheit in der Verfassung verankert. Äthiopien war seit 1923 Mitglied des Völkerbunds (eines Vorläufers der nach dem Zweiten Weltkrieg gegründeten Vereinten Nationen); doch das hinderte das faschistische Italien, wie Hitler-Deutschland auch nicht Mitglied im Völkerbund, nicht daran, die nie verwundene Schmach von Adwa zu rächen und die alten Pläne eines italienischen Kolonialreiches wieder aufzugreifen. Am 3. Oktober 1935 überfiel Mussolini Äthiopien ohne Kriegserklärung. Seine übermächtige Armee drang innerhalb kürzester Zeit ins Landesinnere vor. Vor allem aber der skrupellose Angriff seiner Luftwaffe und der Einsatz von chemischen Waffen gegen die Zivilbevölkerung brachen den heftigen äthiopischen Widerstand. Die Regierung in Addis Abeba musste kapitulieren, weil es keine vergleichbare eigene Luftwaffe besaß. Haile Selassie I. ging, als Privatmann und nicht etwa als Gast der britischen Regierung, ins Exil nach London, von wo aus er den Widerstand organisierte. Großbritannien hingegen erkannte das italienische Protektorat über Äthiopien völkerrechtlich an. Haile Selassies I. diplomatischer Protest beim Völkerbund führte zu einem Waffen- und Handelsboykott gegen beide Kriegsparteien. Während Äthiopien dadurch völlig abgeschnitten von ausländischer Hilfe dastand, erhielt Italien von Hitler-Deutschland jede benötigte Unterstützung, so dass die internationale Blockade, ohnehin nur halbherzig bewilligt und verfolgt, von Anfang an zum Scheitern verurteilt war. Erst im Jahr 1941 vermochten es britische Truppen, durchaus aufgrund eigener kolonialer Interessen die italienischen Besatzer aus Äthiopien zu vertreiben und Haile Selassie I. die Rückkehr auf seinen Thron zu ermöglichen. Er dankte es der Regierung in London, indem er die größte Straße Addis Abebas „Churchill-Road“ nannte.

Die fünfjährige italienische Besatzung Äthiopiens (1936 – 41) hatte einen hohen Blutzoll gefordert und großen Schaden im Land angerichtet. Äthiopien hatte über 760.000 Tote und rund 2.000 zerstörte Kirchen zu beklagen, um von den zahllosen Verwundeten und den weiteren Verlusten ganz zu schweigen. Heute ist den Opfern der italienischen Gewaltherrschaft in Addis Abeba ein großes Denkmal gewidmet. Trotzdem verkündete Haile Selassie I. eine Generalamnestie für alle Italiener, die er einlud, als Siedler in Äthiopien zu bleiben und Teil der äthiopischen Gesellschaft zu werden, und für alle Äthiopier, die mit der Besatzungsmacht zusammengearbeitet hatten. Schon im Juli 1940 hatte der Kaiser in der sogenannten „Proklamation der Barmherzigkeit“ angemahnt: „Bitte, behandelt die italienischen Soldaten gut und schützt sie, wenn sie sich Euch mit oder ohne Waffen ergeben [...] Zeigt ihnen, daß Ihr Kämpfer seid, die ein menschliches Gefühl und die ein menschliches Herz haben. [...] Besonders weisen wir Euch an, das Leben ihrer Kinder, ihrer Frauen und alten Menschen zu schützen und zu respektieren. Wenn ich Euch diese Anweisung erteile, so geschieht das aus formalen Gründen; denn ich weiß zu gut, daß das äthiopische

Volk niemals unfair ist gegenüber anderen zivilisierten Völkern, was das (internationale) Kriegsgefangenrecht angeht."[89] Mit derartigen, vom christlichen Geist der Vergebung getragenen Erlassen wollte der Kaiser eine Versöhnung und den Wiederaufbau des zerrissenen Landes ermöglichen, anstatt nur neuen Hass und neue Gewalt zu schüren.

Leider hielt der politische Friede nach der Vertreibung der Italiener nur wenige Jahre. Die ehemalige italienische Kolonie Eritrea, von den Vereinten Nationen im Jahr 1952 in einer föderativen Struktur an Äthiopien zurückgegeben, strebte nach nationaler Unabhängigkeit. Als Haile Selassie I. im Jahr 1960 den Föderalismus aufkündigte und Eritrea zu einer Provinz Äthiopiens erklärte, begann eine Rebellenarmee mit dem gewaltsamen Widerstand gegen die Zentralregierung. Es folgte ein Bürgerkrieg, der bis 1991 andauern sollte und das Land immer wieder an den Rand des Abgrunds trieb. Interessanterweise waren es übrigens zuerst muslimische Verbände aus Westeritrea, die den Kampf gegen die Regierungstruppen aufgenommen hatten. In den ersten Jahren glaubte man noch, den Frieden durch Verhandlungen auf gütlichem Wege wiederherstellen zu können, doch nach der Revolution 1974 zerschlugen sich diese Hoffnungen vollends. Mittlerweile waren es auch vor allem christliche Rebellen, die Eritrea zu befreien versuchten.

Die weitere Regierungszeit Haile Selassies I. war anfangs von großen Erfolgen und einer regelrechten, nationalen wie internationalen Begeisterung für diesen Monarchen getragen. Ihm ist es zu verdanken, dass Äthiopien außenpolitisch eine Stimme erhielt, die gehört wurde.[90] Bemerkenswert ist z. B., dass er einer der treibenden Kräfte bei der Gründung der Organisation für Afrikanische Einheit (OAU) war und er, wie erwähnt, den Sitz der OAU nach Addis Abeba holte. Haile Selassie I. war darüber hinaus sehr aktiv in der Bewegung der blockfreien Staaten. Später jedoch entfremdete sich der Kaiser mehr und mehr von seinem Volk und sah die vielen Nöte der Menschen nicht mehr. Zudem ließ er trotz seines mittlerweile hohen Alters seine Nachfolge ungeregelt und ließ auch keinerlei Anzeichen erkennen, er könnte womöglich abdanken, um die politische Macht an einen Jüngeren abzugeben.

Die neueste Zeit nach dem Ende des Kaiserreiches

Im Jahr 1974 wurde Kaiser Haile Selassie I. daher von revolutionären Kreisen gestürzt und gefangen gehalten. 1975 ermordete man ihn in aller Heimlichkeit. Dadurch änderte sich auch das Verhältnis zwischen Kirche und Staat grundle-

---

[89] Kefelew / Heyer, Orthodoxes Äthiopien, S. 234.
[90] Vgl. dazu z. B. Vestal, Lion of Judah.

gend. Im Kaiserreich war das Christentum Staatsreligion gewesen, und der Kaiser musste der äthiopisch-orthodoxen Kirche angehören (Art. 126 der Verfassung von 1955), wofür er wiederum das Recht bekam, den Patriarchen auszuwählen. Kirchliche Gesetze, die nicht geistliche Angelegenheiten betrafen, mussten vom Kaiser bestätigt werden, bevor sie in Kraft treten duften (beides Art. 127 der Verfassung von 1955). Der Kaiser selber galt als Nachkomme König Salomos und der Königin von Saba als eine heilige Person (Art. 4 der genannten Verfassung). Art. 771 der Verfassung von 1955 stellte blasphemische Äußerungen unter Strafe. Die neue Regierung unter Mengistu Haile Mariam (Mängəstu Haylä Maryam) hingegen war atheistisch ausgerichtet und versuchte, den Einfluss der Religionen insgesamt zurückzudrängen. Zuerst hatte die provisorische Regierung Äthiopiens zwar noch einen ihnen willfährigen Nachfolger Haile Selassies I. bestimmt, Kaiser Amha Śəllase I. (1974 – 75), um nach außen hin den Schein der Kontinuität zu wahren. Doch auch er wurde im März 1975 abgesetzt, und nach der Ausrufung der Kommunistischen Volksrepublik im Jahr 1976 war die Salomonische Dynastie als Herrscherhaus nach etwas mehr als 700 Jahren (1270 – 1975) für immer erloschen. Sie bildet damit (neben dem japanischen Kaiserhaus) eine der am längsten regierenden Erbmonarchien der gesamten Weltgeschichte. Nach äthiopischem Verständnis gilt Kaiser Haile Selassie I. sogar als der 237. Monarch seit Menelik I. im 10. vorchristlichen Jahrhundert, so dass sie von einer rund 3.000 Jahre alten, ununterbrochenen Tradition ausgehen.[91]

Ein bezeichnendes Blitzlicht dieser Zeit fand der Verfasser dieser Zeilen in einem äthiopischen Bildband vom Jahr 1973, den er in einem Antiquariat in Addis Abeba erstanden hatte. Im Vorwort pries der italienische (!) Autor die Liebe des äthiopischen Volkes zu ihrem Kaiser und dessen unerschütterliche Frömmigkeit: „Er ist geliebt in seinem Land, weil jeder Äthiopier in ihm mehr sieht als einen großen Monarchen, nämlich den wohlwollenden und weisen Vater, an den er immer appellieren kann und bei dem er sich sicher sein kann, Nachsicht und Gerechtigkeit zu finden. […] Haile Selassie ist tief religiös. Mehr als einmal habe ich mit eigenen Augen gesehen, wie dieser außerordentlich würdige, angesehene und stolze Monarch demütig seinen Kopf senkte, um ein Kreuz zu küssen, das ihm ein Priester hinstreckte, oder wie er flach auf sein Gesicht fiel, um den Boden einer Kirche zu küssen."[92] Unter das daneben befindliche, ganzseitige Porträt des Kaisers hatte ein Unbekannter (auf Englisch) handschriftlich hinzugefügt: „Die Monarchie ist ein Symbol der Unterdrückung sowie ein Werkzeug

---

[91] Eine vollständige Liste dieser 237 Herrscher von 982 v. Chr. bis 1974 n. Chr. ist abgedruckt bei Belai Giday, Ethiopian Civilization, S. 175 – 181. Allerdings stimmen seine Datierungen häufig nicht mit den Jahreszahlen in anderer wissenschaftlicher Literatur überein.

[92] Rampone, Souvenir Book, S. 8. 10.

des Imperialismus. Der Monarch ist ein Hund, der dem amerikanischen Imperialismus hinterher rennt."
Das Kirchenvolk blieb jedoch trotz der atheistischen Ideologie der neuen Regierung weitgehend seinem Glauben treu. Die Kirchen waren nach wie vor voll. Die Menschen drängten zum Gottesdienst, und man will sogar den einen oder anderen sozialistischen Parteifunktionär heimlich zur Beichte oder zum Gebet in die Kirche schleichen gesehen haben. Deshalb wurde die Kirche auch nie so radikal bekämpft wie in manchen anderen sozialistischen Ländern. „Wir wissen, dass das Volk seine Kirche liebt, und wir sind für das Volk!" hieß es dazu aus Parteikreisen.[93] Der Staat erkannte deshalb trotz seiner erklärten Neutralität in religiösen Dingen in einem Dekret von Januar 1985 fünf christliche Hauptfeste als staatliche Feiertage an, gestand aber – und das war neu – den drei islamischen Hauptfeiertagen das gleiche Recht zu.[94]

Gegenüber der Regierung bemühte sich die Kirche auch ihrerseits um einen ausgleichenden Kurs. Ohne den vom Regime erklärten Atheismus gutzuheißen, versuchte sie, sich so viele Freiheiten wie möglich zu erhalten. Die Ostkirchen suchen ohnehin meist die Nähe zu ihrer jeweiligen weltlichen Herrschaft. Dies tat in den folgenden Jahren auch die äthiopische Kirche. Natürlich machte sich die Regierung umgekehrt den Klerus auch genehm, indem sie Priester und Mönche, die mit ihnen sympathisierten oder die sich ihren Zielen beugten, in kirchenleitende Positionen einsetzten. Andere Kleriker, die unter dem Kaiser Einfluss gehabt hatten, sperrte man ein. Außerdem fielen dem „Roten Terror" von 1977 auch zahlreiche Priester und Mönche zum Opfer. Im Jahr 1976 inhaftierte man Abunä Tewoflos (= Theophilos). Drei Jahre darauf wurde er ermordet. Auch die anderen Religionsoberhäupter von Bedeutung wurden im Laufe des „Roten Terrors" umgebracht. Das betraf sowohl den muslimischen Scheich Seid Budla als auch den evangelischen Pfarrer Gudina Tumsa.
An die Stelle von Abunä Tewoflos trat der „vom Volk gewählte" Abunä Täklä Haymanot, der dem sozialistischen Regime sehr nahestand. Seine Auftritte bei offiziellen Anlässen, wo er sich neben dem Diktator Mengistu Haile Mariam mit zum sozialistischen Gruß erhobener Faust zeigte, wurden von manchen äußerst kritisch beurteilt. Mönche sollen ihm damals zugerufen haben: „Patriarch, ein Priester erhebt nicht die eine Hand, sondern beide Hände, und zwar ausgestreckten Armes zum Segnen!"[95] Auch das koptische Patriarchat, das sich trotz der Autokephalie der äthiopischen Kirche einen Rest an Mitspracherecht vorbehalten hatte, erklärte die Wahl Täklä Haymanots für unrechtmäßig. Andererseits

---

[93] Kefelew Zelleke / Heyer, Orthodoxes Äthiopien, S. 111.
[94] Erlich, Islam, S. 157.
[95] Heyer, Heilige, S. 230; auch zitiert bei Kefelew Zelleke / Heyer, Orthodoxes Äthiopien, S. 119.

sah der Patriarch in dieser äußeren Verstellung vielleicht die einzige Möglichkeit, als Kirche zu überleben, zumal er zugleich als Mönch zwar nicht als Gelehrter hervorgetreten, aber als strenger Asket und treuer Beter bekannt gewesen war. Der Äthiopienkenner und -liebhaber Friedrich Heyer gewährt – in Übereinstimmung mit der äthiopischen Kirche – Abunä Täklä Haymanot sogar einen Platz in seinem Buch „Die Heiligen der äthiopischen Erde", indem er vorsichtig anfragt: „Er schien ganz dem totalitären System des Mengistu Haile Maryam, welches das traditionsbewußte äthiopische Volk 17 Jahre lang (von 1974 bis 1990) in eine fremde Gesellschaftsstruktur preßte, ergeben. [...] Patriarch Täklä Haymanot also ein schwächlicher, der Regierung gegenüber willfähriger Patriarch? [...] Aber dann wäre unterschätzt, welche Macht in der Gebetskraft eines Frommen liegt. Denn: Mußte der Patriarch erkennen, daß parteiergebene Administratoren der Patriarchatsverwaltung kirchenschädigende Maßnahmen nach Regierungswunsch durchsetzten, so zog er sich zur Meditation und zu einem Fasten, das dem Hungerstreik nahekam, zurück und machte seinen Widerspruch geltend. [...] Er betete und fastete bis zu dem Punkt, daß eine Erschütterung das ganze Volk erbeben ließ – und die kommunistische Regierung nachgab. Wie oft erzwang er damit, daß die Kirche Lebensluft erhielt. War Abuna Täklä Haymanot ein geheimer Heiliger?"[96]
Patriarch Täklä Haymanot starb 1988. Sein Nachfolger, auch noch unter der (oder vielmehr von der) sozialistischen Regierung eingesetzt, wurde Abunä Märqorewos.

Nach dem Ende des Kalten Krieges und dem Zusammenbruch der Sowjetunion konnte sich auch das Regime von Mengistu Haile Mariam nicht mehr halten. Als die Rebellenarmee im Mai 1991 Addis Abeba erreichte und eroberte, nahm Zimbabwe den flüchtenden Diktator auf, während in Äthiopien eine neue Verfassung, die das Land zur Demokratischen Bundesrepublik Äthiopien erklärte, ausgearbeitet wurde. Sie verkündete u. a. die Trennung von Staat und Kirche, kehrte also nicht zum Staatskirchentum des kaiserlichen Äthiopiens zurück.
Trotzdem gab die neue Regierung Gebäude, die das sozialistische Regime unrechtmäßig enteignet hatte, an die Kirche zurück. Nur das Kirchenland, das zuvor von den Priestern bewirtschaftet oder verpachtet worden war, blieb verstaatlicht.[97] Insgesamt kann man von einer allgemeinen Neubelebung der Religionen in Äthiopien nach 1991 reden, da die Gleichberechtigung aller Glaubensgemeinschaften vor dem Gesetz und die freie Religionsausübung in der Verfassung verankert wurden.

---

[96] Heyer, Heilige, S. 229 – 231; in gleicher Weise auch Kefelew Zelleke / Heyer, Orthodoxes Äthiopien, S. 119f.
[97] Chaillot, Ethiopian Orthodox Tewahedo Church Tradition, S. 40.

5. Die Glaubensvorstellungen des äthiopisch-orthodoxen Christentums

Bezüglich dessen, was eine Religion an Glaubensvorstellungen enthält, ist als Erstes zwischen der offiziellen Lehre oder „öffentlichen Religion“ und der Volksfrömmigkeit oder „privaten Religion“ zu unterscheiden. In den meisten Fällen ist beides keineswegs deckungsgleich. Die offizielle Lehre ist in der Regel in irgendeiner Art reflektiert und systematisiert und von den religiösen Spezialisten dieser Religion als „rechtgläubig“ autorisiert. Nicht selten zeigt sich auch eine Nähe zur jeweiligen politischen Herrschaft des betreffenden Landes, so dass sich diese Religion z. B. mit königlichen Dekreten verbinden oder als Symbol auf Münzen erscheinen kann. Die Volksreligion hingegen ist meistens gewachsen, ohne dass eine durchdachte Theologie dahinterstünde. Vielmehr äußern sich an dieser Stelle offenbar urmenschliche Bedürfnisse,[98] so dass die Volksreligion, wie ihr Name schon sagt, hauptsächlich bei den einfachen Menschen beheimatet ist und nicht bei Herrschern und religiösen Spezialisten. Zudem wurzelt die Volksreligion häufig in älteren, von einer neuen Religion überlagerten Glaubensvorstellungen, so dass dabei synkretistische Prozesse zumeist noch stärker zum Vorschein kommen als in einer offiziellen Religion. Genau aus diesem Grund wird diese Volksreligion wiederum zu großen Teilen von der offiziellen Religion als eben nicht rechtgläubig bzw. als abergläubisch abgelehnt, wenn nicht gar bekämpft. Trotzdem zeigt die Volksreligion eine große Beharrlichkeit und verändert sich – zumindest in Äthiopien – erst in letzter Zeit mehr aufgrund eines höheren Bildungsstandes der Menschen als aufgrund kirchlichen Drucks. Beide Phänomene, die offizielle Religion und die Volksreligion, sind daher getrennt zu betrachten.

Darüber hinaus kommt keine Religion ohne Mythen aus, die von ihrem Selbstverständnis her zumeist aus vorhistorischer Zeit stammen und – ganz einfach gesagt – erzählend erklären möchten, warum die Welt ist, wie sie ist, woher sie kommt und wohin sie geht. Viele Mythen beschäftigen sich mit dem Ursprung der Welt und der Menschheit oder mit den Phänomenen von Werden und Vergehen bzw. von Leiden, Sterben und Tod. Andere sind in dem Sinne zeitlos, dass sie nicht in einer bestimmten Epoche angesiedelt sind, sondern dass das, was sie erzählen, im Grunde jederzeit, auch in der Gegenwart, geschehen sein könnte. Man könnte daher sagen, Mythen gehören zum Wesensbestand aller Religionen hinzu, wobei sie nicht notwendigerweise eine übernatürliche Macht einbeziehen müssen. Die jüdisch-christliche Tradition macht da keine Ausnahme. Der Religionswissenschaftler Hubertus Halbfas kann sogar formulieren:

---

[98] Halbfas, Religion, S.107.

„Alle Religionen der Welt sind ursprünglich Erzählgemeinschaften."[99] Auf den christlichen Glauben bezogen fährt er fort: „Die zentrale Gestalt des Christentums, Jesus von Nazareth, war weder Philosoph noch Schriftsteller, sondern Erzähler."[100]
Was in der Einleitung über die Wahrheitsfrage erläutert wurde, gilt nun auch von den Mythen und Legenden, die an dieser Stelle mit einbezogen werden sollen. Als Legenden sind dabei Erzählungen zu bezeichnen, die in historischer Zeit angesiedelt werden und historische Ereignisse auf ihre Art erzählen und deuten möchten, ohne zugleich ein Interesse in der Art einer Chronik oder einer Geschichtsschreibung zu haben. Vielmehr liegt auch hier ein eigenes, nicht selten religiöses Interesse dahinter, geschehene Wirklichkeit für die Gegenwart auszulegen. Aus religionswissenschaftlicher Perspektive spielt es dabei eine geringe Rolle, ob das, was in den Mythen und Legenden erzählt wird, tatsächlich bzw. so und nicht anders geschehen ist, sondern es ist von viel größerer Bedeutung, dass die Menschen, die die Mythen und Legenden überliefern, daran glauben, dass sie eine Wahrheit wiedergeben, die vielleicht nicht allein mit dem Verstand zu begreifen ist und die deshalb nur auf diese Art ausgedrückt und an die nächste Generation weitergegeben werden kann.[101] Vor allem aber sind Mythen und Legenden oft ein wesentlicher Bestandteil des Fundamentes, auf dem das religiöse Selbstverständnis der Menschen beruht, und sie sind von daher äußerst wertvoll.
Die äthiopisch-orthodoxe Kirche teilt die biblischen Mythen mit der gesamten jüdisch-christlichen Tradition. Doch darüber hinaus beruft sie sich auf ganz eigene Überlieferungen, die sich in außeräthiopischen Quellen nur ansatzweise oder gar nicht finden. Aus der Fülle solcher Literatur in Äthiopien sind im Weiteren die zwei vielleicht wichtigsten herausgegriffen worden, die vermutlich die größte Wirkungsgeschichte hinsichtlich des Selbstverständnisses des äthiopischen Christentums haben.
Vor allem das Kəbrä Nägäśt bildet nach einem mythischen Vorspann die Nationallegende und begründete spätestens seit dem 14. Jahrhundert nicht nur das Selbstbewusstsein des äthiopischen Kaiserhauses, sondern ist zudem das Fundament ganz wesentlicher Aspekte des Glaubens der äthiopischen Kirche, vor allem das Selbstverständnis, das auserwählte Volk Gottes zu sein. Zudem hilft es, die starke Bindung der äthiopischen Kirche an das Alte Testament und andere Besonderheiten dieser Konfession zu erklären.
Das äthiopische Henoch-Buch wiederum, wieder eher mythisch angelegt, hat in keiner anderen Kirche eine derart bedeutende Rolle gespielt. Auf Marien- und Heiligenlegenden, die man daneben keinesfalls vergessen darf, wird an anderer

---

[99] Halbfas, Religion, S. 42.
[100] Halbfas, Religion, S. 43.
[101] Smart, Phenomenon, S. 83; vgl. auch Bartels, Oromo, S. 29 – 31.

Stelle, im Kapitel zur Heiligenverehrung, näher eingegangen, so dass bezüglich des Kapitels zu den Mythen und Legenden ein kurzer Hinweis genügen möge.
„Der christliche Glaube besitzt eine außerweltliche und eine innerweltliche Dimension."[102] Insofern ist er ohne eine an der Lehre ausgerichtete Ethik nicht zu denken. Die kirchliche Sozialethik und die allgemeine Ethik bilden deswegen einen integralen Bestandteil der Glaubensvorstellungen, sowohl in Form von offiziellen Verlautbarungen der Kirche als auch als theoretischer Hintergrund der gelebten Frömmigkeit im Alltag, obwohl sie von ihrem Selbstverständnis her natürlich gar nicht anders können, als in gleicher Weise auch zum Glaubensleben zu gehören. Auch Ninian Smart siedelt die Ethik bei der ersten Gruppe von Dimensionen von Religion an, so dass seine Einteilung in diesem Buch beibehalten wird.

---

[102] Nowak, Christentum, S. 93.

5.1. Die Lehre

5.1.1. Der Glaube[103]

Der Glaube an Jesus Christus und an den dreieinigen Gott

Die äthiopische Kirche gehört zu den sogenannten monophysitischen oder (alt-) orientalischen Kirchen. Zusammen mit der Koptischen Orthodoxen Kirche, der Syrischen Orthodoxen Kirche, der Armenischen Apostolischen Kirche, der Malankarischen Orthodoxen Syrischen Kirche in Indien und jüngst der Eritreischen Orthodoxen Kirche bildet sie somit eine Konfessionsfamilie innerhalb der Gruppe der Ostkirchen. Von den orthodoxen Kirchen, die man geographisch vielleicht etwas unscharf als europäisch bezeichnen könnte[104] und die auf der byzantinischen (griechisch-orthodoxen) Reichskirche fußen, trennte sich diese orientalische Christenheit im Anschluss an das Konzil von Chalcedon im Jahr 451.

Damals stand die Bestimmung des Verhältnisses von göttlicher und menschlicher Natur in Jesus Christus zur Debatte. Bereits das Konzil von Nicaea hatte im Jahr 325 festgelegt, dass Jesus Christus als Gottes Sohn „wahrer Gott und wahrer Mensch" sei. Doch wie war das zu denken? In den dazwischen liegenden Jahrzehnten hatte der Patriarch von Konstantinopel Nestorius (428 – 431) den Vorschlag unterbreitet, Maria habe Jesus als Mensch geboren und Gott habe ihn erst im Laufe seines Lebens als seinen Sohn angenommen. Jesu Göttlichkeit sei demnach erst bei seiner Auferweckung am Ostermorgen endgültig von seinem himmlischen Vater bestätigt worden. Vor diesem Hintergrund war es notwendig, von zwei auf Dauer deutlich unterschiedenen Naturen in Jesus zu reden. Nestorius blieb mit diesen Gedanken durchaus noch im Rahmen des mit dem Bekenntnis von Nicaea Vertretbaren. Doch er hatte es zusätzlich gewagt, Maria daraufhin den Titel „Gottesmutter" abzusprechen. Anstatt von der „Gottesgebärerin" zu reden, wie es im orientalischen Raum schon damals üblich geworden war, gestand er Maria lediglich den Titel „Christusgebärerin" zu. Damit hatte er jedoch einen empfindlichen Nerv gerade der Volksfrömmigkeit getroffen, unter der die Verehrung Marias bereits blühte. Zu deren Fürsprecher machte sich daraufhin der selbstbewusste Patriarch Kyrill von Alexandrien (412 – 444), der bezüglich der Naturen in Jesus die Formel „Aus Zweien Eine" prägte. Hinter der Behauptung von bleibenden zwei Naturen in Jesus Christus argwöhnte Kyrill

---

[103] Vgl. vor allem Samuel, Faith; Malaty, Christologie; Heyer, Kirche Äthiopiens, S. 249 – 266; http://www.ethiopianorthodox.org/english/faith.html (07.02.12); Ethiopian Orthodox Tewahedo Church, S. 53 – 63; als frühe Darstellung und Einschätzung von evangelischer Seite aus vgl .Krapf, Reisen, S. 64 – 69.

[104] Natürlich gibt es auch kleinere orthodoxe Kirchen im Vorderen Orient und in Übersee.

stets die rund hundert Jahre zuvor ebenfalls in Ägypten aufgekommene Häresie des Arianismus, die Jesus die Göttlichkeit gänzlich abgesprochen und nur vom Menschen Jesus gesprochen hatte. Aus diesem Grund hielt Kyrill nun umso entschlossener an seiner Theologie einer gottmenschlichen Natur in Jesus Christus fest.

Zur Diskussion und Beilegung des Streits lud der römische Kaiser schließlich im Jahr 431 zu einem Konzil nach Ephesus ein. Der schlaue Kyrill reiste wenige Tage früher an, eröffnete eigenmächtig die Sitzung und ließ von seinen Anhängern Nestorius verurteilen, bevor dieser vor dem Konzil erscheinen und seine Position verteidigen konnte. Trotz dieser ungesetzlichen Vorgehensweise blieb die Verurteilung gültig, und das Konzil von Ephesus ging als das 3. Ökumenische Konzil in die Kirchengeschichte ein. Die Anhänger des Nestorius zogen sich später ins Persische Reich zurück, wo sie jenseits der Grenzen des Römischen Reiches, das sie zu Ketzern erklärt hatte, ihre eigene Kirche gründeten: die Apostolische Kirche des Ostens, heute oft auch Assyrische Kirche genannt, die im Mittelalter enorme Ausmaße mit Gemeinden bis hin nach Indien, Ceylon, China und in die Mongolei annehmen sollte.

Doch das Verhältnis von göttlicher und menschlicher Natur in Christus blieb letztlich weiter ungeklärt. Lediglich darüber, dass Christus vor aller Zeit als Mensch gewordener Gott gezeugt wurde und Maria deshalb als Mutter Gottes zu gelten hatte, war entschieden worden. Das Konzil von Chalcedon, nach offizieller Zählung das 4. Ökumenische Konzil, beendete nun auch diesen Streit um die Naturen, indem es im Jahr 451 den Monophysitismus (Lehre von der *einen* Natur), den Kyrills Nachfolger Dioskor (444 – 451) dort verteidigt hatte, verurteilte und die von Papst Leo dem Großen (440 – 461) vorgeschlagene Formel von zwei Naturen in Jesus Christus (Dyophysitismus genannt) zum Dogma der Reichskirche erklärte. Diesem Konzilsbeschluss folgen seither sowohl die orthodoxen Ostkirchen als auch die römisch-katholische Kirche und die aus ihr hervorgegangenen Kirchen.[105]

Manchen heutigen Beobachtern mögen derartige dogmatische Streitigkeiten als überbewertete Spitzfindigkeiten erscheinen, doch wir dürfen nicht vergessen, dass damals weit mehr daran hing als philosophische Spekulationen und ein kirchenpolitischer Machtkampf zwischen den großen christlichen Zentren Konstantinopel und Alexandrien, obwohl man bestimmt nicht leugnen kann, dass auch diese Aspekte ihre Rolle gespielt haben. Tatsächlich jedoch standen bei dieser Frage das Erlösungsverständnis und damit die eigentliche Mitte des christlichen Glaubens auf dem Spiel. Nestorius hatte ein eher ethisches Christentum vor Augen. Jesus hatte sich in seinem Leben, mit seiner völligen Ergebung in den Willen des Vaters und mit seinem freiwilligen Gang zum Tod am Kreuz bewährt, so dass ihn Gott dafür erhöhte. Auch der Weg der Gläubigen zur

---

[105] Vgl. dazu vor allem Winkelmann, Östliche Kirchen; Grillmeier, Jesus der Christus.

Erlösung führte deshalb in die Nachfolge hinter diesem Vorbild Christus über die Bewährung im Alltag, im Gehorsam und im selbstlosen Leiden um des anderen willen. Kyrill hingegen folgte einer anderen Theologie, die die Erlösung fast physisch verstand. Dadurch, dass Jesus als ewiger Sohn Gottes Mensch wurde und die menschliche Natur annahm, vergöttlichte er diese gleichsam. Als Glieder am Leib Christi, der Kirche, hatten dann die Gläubigen Anteil an dieser Erlösung. Um dieses Ziel zu erreichen, war es für Kyrill unabdingbar, dass beide Naturen sich vereinigten, um einen Austausch der Eigenschaften zu ermöglichen, damit auch die menschliche Natur instandgesetzt wurde, den Tod zu überwinden und das ewige Leben zu erben. Es ging also um nichts weniger als um das ewige Heil!
In eher populärwissenschaftlichen Büchern kann man trotzdem nicht selten lesen, die sogenannten monophysitischen Kirchen würden behaupten, die göttliche Natur Jesu habe die menschliche Natur aufgesogen, so dass Jesus Christus „nur" noch wahrer Gott sei. Das ist schlicht falsch. Um derartigen Missverständnissen vorzubeugen, lehnen die betroffenen Kirchen auch die Bezeichnung „monophysitisch" als unzutreffend ab, weil sie eine einzige Natur in Jesus Christus suggeriere. Sie möchten lieber „miaphysitisch" genannt werden; denn das griechische Wort „monos" meint so viel wie „einzig/einzeln" als Gegenteil von zusammengesetzt, während „mia" das griechische Zahlwort für „eins" ist, durchaus aber etwas Zusammengesetztes meinen kann, in diesem Fall eben eine vereinigte gottmenschliche Natur.

Die damals gerade erst im Entstehen begriffene, äthiopische Kirche war als Metropolie der koptischen Kirche nicht eigens am Konzil von Chalcedon vertreten. Aber durch die enge Verbindung nach Alexandrien und nicht zuletzt durch den Einfluss der Neun Heiligen, einer Gruppe von Mönchen, die vor der Verfolgung durch die Byzantiner bzw. Chalcedonenser, die ihr neues Bekenntnis auch gewaltsam durchzusetzen versuchten, um 480 in Äthiopien Zuflucht gesucht hatten, bestand von Anfang an kein Zweifel, welche Richtung das äthiopische Christentum einschlagen würde.
Allerdings war dies wohl zunächst mehr eine kirchenpolitische Entscheidung als eine Frage der inneren Überzeugung. Ohnehin existierten im Gəʿəz keine Begriffe, die die griechische Terminologie der Christologie adäquat wiedergegeben hätten, so dass jede Übersetzung zugleich eine Interpretation bedeutete. Daher verwundert es kaum, wenn in äthiopischer Literatur auch Aussagen auftauchen, die sich mit dem Bekenntnis von Chalcedon durchaus vereinbaren lassen würden, so dass man auch von einem „Verbal-Monophysitismus" der äthiopischen Kirche gesprochen hat.[106]

---

[106] Vgl. u. a. Grillmeier, Jesus der Christus, S. 380 – 386.

Auch der tatsächliche Zeitpunkt, wann sich die äthiopische Kirche in ihrer Geschichte endgültig dem miaphysitischen Bekenntnis zuwandte, ist in der Wissenschaft umstritten. Die Äthiopier selber sind natürlich überzeugt, dass dies bereits unter Frumentius, dem ersten Metropoliten von Aksum, der Fall war. Andere sprechen von der Zeit der Neun Heiligen oder gar erst von der Epoche nach dem Auftreten des Islam. Literarisch eindeutig belegt ist die Betonung der miaphysitischen Christologie erst im 17. Jahrhundert anlässlich der Auseinandersetzung mit den römisch-katholischen Jesuiten.[107]

Denn in dieser Zeit griffen jesuitische Missionare, die ab dem 16. Jahrhundert im Land weilten, die miaphysitische Lehre mit ausgefeilten theologischen Argumenten an, so dass der äthiopische Klerus gezwungen war, seine Lehre neu zu durchdenken, um die eigene Theologie in gleicher Weise fundiert verteidigen zu können.[108] Die Katholiken hatten argumentiert, die in Apg. 4, 27 und 10, 38 erwähnte Salbung Christi bei seiner Taufe bestätige ihre dyophysitische Lehre, da offensichtlich nur die menschliche Natur Jesu dieser Salbung bedurft habe. Diese Anfrage löste eine heftige Diskussion unter den Äthiopiern aus. Eine Richtung versuchte, dieses Gegenargument zu entkräften, indem sie lehrte, die Vereinigung der beiden Naturen zu einer Natur in Jesus Christus habe eben erst bei dieser erwähnten Salbung (also bei seiner Taufe) stattgefunden. Vor allem der Mönch Ewoṣtatewos und seine Klöster vertraten diese Auffassung, deren Anhänger man später (auf amharisch) als Qəbatočč oder (auf lateinisch) als Unktionisten bezeichnete.[109] Daneben sprach eine kleinere Gruppe namens „Ṣäga Ləǧ" („Kind der Gnade") von einer dreifachen Geburt Christi: der ewigen Geburt aus dem Vater, der leiblichen Geburt aus der Jungfrau Maria und der Geburt aus dem Heiligen Geist in der Menschwerdung. Die theologische Folge daraus war, dass Jesus lediglich als „Kind der Gnade" aus Maria geboren wurde, während er seine Göttlichkeit erst später erhielt. Dadurch verehrte diese Richtung Maria nicht mehr als „Gottesgebärerin", sondern nur noch als Christusgebärerin. Dieser Umstand lief jedoch – wie einst in Ägypten und Syrien im 4. und 5. Jahrhundert – nicht nur der traditionellen äthiopischen Marienfrömmigkeit zuwider, er rückte diese Lehre auch gefährlich nahe an die Aussagen des von den miaphysitischen Kirchen als „Erzketzer" verurteilten Nestorius heran. Die Theologen, die die Lehre von den drei Geburten Jesu vertrat, schlossen sich daher in einem Konzil vom Jahr 1763 den Qəbatočč an. Es war jedoch von Anfang an klar, dass beide Lehren in der äthiopischen Kirche kaum mehrheitsfähig waren, zumal sie im Grunde nur versuchten, die römisch-katholische Kritik zu ent-

---

[107] Heyer, Kirche Äthiopiens, S. 257f.

[108] Vgl. dazu u. a. Heyer, Kirche Äthiopiens, S. 266 – 274.

[109] Grillmeier führt diese Betonung der Bedeutung der Salbung Jesu auf den starken alttestamentlich-jüdischen Einfluss innerhalb der äthiopischen Kirche zurück: Grillmeier, Jesus der Christus, S. 352.

kräften und den Lateinern gegenüber die eigene Rechtgläubigkeit zu beweisen. Die Mönche des bedeutendsten Klosters, Däbrä Libanos, hatten das erkannt und blieben – unbeeindruckt von den theologischen Angriffen der Jesuiten – bei der ursprünglichen Lehre, Jesus Christus habe bereits seit seiner Menschwerdung diese eine gottmenschliche Natur angenommen. Ihnen folgte der weitaus größte Teil des äthiopischen Klerus; und Kaiser Tewodros II. (1855 – 68) bestimmte diese letztere Lehre im Jahr 1855 auch als offizielles Bekenntnis der äthiopischen Kirche. Seither nennt sie sich Äthiopische Orthodoxe Tewahedo Kirche. Dieser Begriff „Tewahedo" (täwaḥədo) bedeutet übersetzt „eins gemacht" und meint gemäß der alten Formel von Kyrill von Alexandrien „Aus Zweien Eine" die Einheit der Naturen in Jesus Christus und betont somit das miaphysitische Bekenntnis, ungeachtet der römisch-katholischen Einwände.[110] Kaiser Yoḥannəs IV. (1871 – 89) ließ zusätzlich die Lehre von den drei Geburten Jesu von einer Synode im Jahr 1878 verbieten. Nur die ewige Geburt Jesu vor aller Zeit und die leibliche Geburt aus der Gottesmutter Maria blieben Teil der offiziellen Lehre. Alle anderen Lehren waren fortan verboten, bestanden gleichwohl in geringem Umfang weiter. Die Qəbatočč des Ewosṭatewos gibt es in den von dieser Richtung geprägten Klöstern noch heute. Sie werden – obwohl der Lehre der Tewahedo-Kirche widersprechend – geduldet, um einen Glaubenskonflikt zu vermeiden. Außerdem betont die äthiopische Kirche die große Vielfalt ihres monastischen Lebens, die durch die relative Eigenständigkeit aller Klöster ermöglicht werde.
Aufgrund solcher Vorkommnisse verwundert es kaum, dass die äthiopische Kirche im 19. Jahrhundert alle chalcedonensischen Kirchen, gleich welcher Konfession (orthodox, katholisch oder evangelisch) als aus ihrer Sicht häretisch verurteilte und deshalb sogar russisch-orthodoxe Freundschaftsbekundungen ablehnte.[111] Noch heute sollten sich Theologen, die Äthiopien bereisen und das Gespräch mit äthiopischen Priestern suchen, darauf gefasst machen, auf diesen Punkt angesprochen zu werden.

Im 20. Jahrhundert führten panorthodoxe Konsultationen und Dialoge, die sich seit den 1960er Jahren unregelmäßig trafen, zu einer Gemeinsamen Erklärung, die im Jahr 1990 erklärte, die damaligen Streitpunkte um die Naturen in Jesus Christus beruhten auf einer unterschiedlichen Tradition der Begrifflichkeit. Der gemeinsame Glaube an den Erlöser als „wahren Gott und wahren Menschen" sei aber dadurch nicht beeinträchtigt. Obwohl seitdem noch nicht alle gegenseitigen

---

[110] Ethiopian Orthodox Tewahedo Church, S. 14 macht darauf aufmerksam, dass das Wort „täwaḥədo" sprachgeschichtlich von derselben Wurzel stammt wie der arabische Begriff „tawḥīd", den die Muslime verwenden, um die absolute Einheit, das absolute Einssein Gottes zu betonen.
[111] Chernetsov, Ethiopian Theological Response, S. 57.

Verfluchungen aufgehoben sind, markiert dieses Dokument von historischer Bedeutung doch einen Wendepunkt in der Ostkirchengeschichte, weil nun beide orthodoxen Kirchenfamilien ungeachtet der Zustimmung zum Konzil von Chalcedon oder seiner Ablehnung ihr gemeinsames Fundament in der Lehre von Jesus Christus betonen (siehe dazu auch das Kapitel zur ökumenischen Bewegung).

Die äthiopische Kirche erkennt folglich die ersten drei Ökumenischen Konzilien von Nicaea, Konstantinopel und Ephesus an. Gemeinsam mit der gesamten Christenheit ist daher das sogenannte Nicaeno-Constantinopolitanum (oft auch kurz Nicaenum genannt) das grundlegende Glaubensbekenntnis. Es legt die Einheit Gottes in drei Personen fest. Gott ist der Schöpfer der sichtbaren und der unsichtbaren Welt. Der Sohn ist vor aller Zeit aus dem Vater geboren, und ihm gebührt die gleiche Ehre wie dem Vater. Er nahm das Fleisch der Jungfrau Maria an und wuchs als Mensch auf, jedoch ohne Sünde. Er litt und starb im Fleisch und stand am dritten Tag von den Toten auf, um zum Vater in den Himmel aufzufahren. Er schickte uns den Heiligen Geist, der vom Vater ausgeht und gleicher Würde mit dem Vater und dem Sohn ist. Das von der römisch-katholischen Kirche im Jahr 1054 verbindlich in das Glaubensbekenntnis eingefügte „Filioque“, das besagt, dass der Heilige Geist vom Vater „und vom Sohn“ ausgeht, und das zum großen Schisma zwischen der Ost- und der Westkirche führte, ist natürlich kein Teil ihres Bekenntnisses, da das Patriarchat von Alexandrien und mit ihm die äthiopische Kirche im 11. Jahrhundert längst nicht mehr zur Reichkirche zählten.

Das trinitarische Grundbekenntnis des Konzils von Nicaea ist auch den einfachen Gläubigen in Äthiopien so wichtig,[112] dass sie ihr „Im Namen des Vaters, des Sohnes und des Heiligen Geistes, des einen Gottes“, verbunden mit dem Kreuzzeichen, bei allen wichtigen Verrichtungen des Alltags sprechen, sei es beim Beginn einer Arbeit, sei es, bevor man die Bibel liest, sei es über dem Backen eines Brotes oder dem Schlachten eines Tieres, sei es vor einer Mahlzeit, sei es bei Gewittern oder sei es als Segenshandlung für jede nur denkbare Gelegenheit. Religiöses Schrifttum ist ohne diese Formel überhaupt nicht vorzustellen. Man darf diese alltäglichen Gesten nicht vorschnell als Brauchtum abtun, als wüssten die Menschen nicht wirklich, was sie da tun, oder als ob sie das nur aus Gewohnheit täten. Natürlich geschieht vieles dieser Art einfach, weil man es so gelernt hat und schon immer so tat, aber bei ganz vielen Äthiopiern verbirgt

---

[112] Überhaupt gilt die Lehre von der Trinität, der Dreieinigkeit Gottes, als das Zentrum des Glaubens, das – so Felmy – fast noch wichtiger als die Lehre von der Erlösung in Jesus Christus ist: Felmy, Orthodoxe Theologie, S. 40; Ethiopian Orthodox Tewahedo Church, S. 19.

sich hinter diesen Äußerlichkeiten zugleich eine tiefe Frömmigkeit, die den Glauben ganz bewusst in das Leben einbezieht und den Alltag nicht ohne den Glauben gestalten möchte. Friedrich Heyer schreibt dazu: „In der äthiopischen Orthodoxie spricht sich ein Bewußtsein aus, in die Geborgenheit eingekehrt zu sein. Das wird als ein Wohnen im Haus der Trinität beschrieben."[113] Die 318 Väter des Konzils von Nicaea, die die Trinitätslehre verbindlich festlegten, werden in der äthiopischen Kirche deswegen bis heute in Ehren gehalten. Man stellt sie bildlich dar und erwähnt sie in Legenden und Erzählungen. Auch das Kəbrä Nägäśt beginnt mit der Darstellung dieses Konzils.

Die Lehre von der Erlösung der Menschen und die Lehre von der Kirche

Die äthiopische Kirche glaubt an die Unsterblichkeit der menschlichen Seele, an die Auferstehung der Toten und an das Jüngste Gericht, das uns gemäß unserer Taten in Gerechte und Sünder einteilt (siehe dazu das Kapitel zu Tod und Bestattung).

Der Mensch ist als Krone der Schöpfung als Ebenbild Gottes geschaffen (Gen. 1, 27). Er erhielt die Freiheit, Gott zu suchen und über sein eigenes Handeln nachzudenken und zu bestimmen. Die gesamte Schöpfung war anfangs gut. Die Sünde und das Böse kamen erst in die Welt, als der Mensch seinen freien Willen dazu nutzte, sich gegen Gottes Willen zu entscheiden. Deshalb erfordert eine Erlösung des Menschen eine Heilung dieser durch die Sünde zerstörten Gottebenbildlichkeit. Dazu war es nötig, dass Gott selber Mensch wurde, indem er die menschliche Natur annahm und in Jesus Christus mit der göttlichen Natur „ungetrennt und unvermischt" zu einer Natur verband, um auch die Menschheit zu vergöttlichen und ihr Unsterblichkeit zu verleihen. Diese heilsame Menschwerdung geschah, als die Jungfrau Maria ihren Sohn vom Heiligen Geist empfing, ohne dass ein Mann zu ihr eingegangen wäre. Jesus lebte auf Erden in der ungebrochenen Gemeinschaft mit seinem himmlischen Vater, ohne je eine Sünde zu begehen. Mit seinem freiwilligen Leiden und seinem Opfertod am Kreuz um der Menschen willen errang er den Sieg über das Böse und über den Tod, den Gott-Vater in der Auferweckung seines Sohnes am Ostermorgen bestätigte. In Jesus Christus haben die Menschen daher ihren göttlichen Erlöser und ihren menschlichen Bruder zugleich.

Allerdings gilt dies nur für diejenigen, die auch an Jesus Christus glauben: „Wir müssen mit ganzem Herzen glauben, wir dürfen von seinem Weg nicht nach rechts oder links abschweifen, wir müssen ihm mit unserem Lebenswandel und unseren Taten gefallen. Wir haben keine Macht, das aus uns selbst zu tun, und deshalb, wenn wir im Glauben, in Reinheit und in Demut zu ihm beten, wird er

---

[113] Heyer, Kirche Äthiopiens, S. 250.

uns diesen Segen, den er mit seinem Tod für uns erworben hat, aus seiner Güte heraus ohne jedes Zutun von uns geben."[114]
Ein dazugehöriger, in der Orthodoxie verbreiteter Gedanke ist, dass Jesus den Teufel und damit die Macht des Bösen und des Todes am Kreuz überlistet hat, indem er sich scheinbar ohnmächtig in dessen Hand gab und sich widerstandslos töten ließ. Erst am Ostermorgen erkannte der Teufel, dass dies nur eine Art Falle war und dass am Ende er es war, der verloren hatte und der sich dem Stärkeren beugen musste (siehe dazu auch das Kapitel zur Volksreligion). In einem wunderschönen Hymnus der äthiopischen Kirche wird beschrieben, wie der Teufel Jesus Christus im Tod begegnet und wie er seine Niederlage eingestehen muss:

„Nachdem unser Herr Jesus Christus gelitten hatte, stieg er hinab in die Hölle zu den Seelen der Verstorbenen, um das Leben von dort als sein Eigentum zu erretten.
Da sah ihn der Tod leiblich herabsteigen.
Als er die göttliche Erscheinung wahrnahm,
schrie er mit lauter Stimme:
Wer ist dieser, der mit Schmerzen geboren worden ist,
während er leidensfrei ist?
Wer ist dieser, der irdisch aussieht,
während er himmlischen Ursprungs ist?
Wer ist dieser, dessen Licht überschwenglich scheint
und der die Finsternis überwindet?
Wer ist dieser, der sich meine Macht anmaßt
und mir meine Weide entreißt?
Wer ist diese Majestät, die verbietet,
daß der Mensch leidet?
Wer ist dieser, dem keiner ähnlich ist?
Er zieht alle Seelen gen Himmel,
die mir gehören.
Ich habe nichts, womit ich ihm und den Seelen
schaden könnte.
Wer ist dieser, der ohne Sünde starb?
Dieser ist Jesus Christus, der für uns gestorben ist.
Er ist von den Toten auferstanden und hat die Macht der Hölle überwunden."[115]

Die Kirche ist der Ort auf Erden, in der dieses Heil Wirklichkeit wird. Die Kirche ist durch den Heiligen Geist der lebendige Leib Christi, und nur wer Anteil an diesem Leib hat, wird auch der Erlösung teilhaftig. Der Heilige Geist wirkt

---

[114] The Teaching, S. 18.
[115] Zitiert nach Kefelew Zelleke, Die Freude Äthiopiens, S. 69.

dabei sowohl durch einzelne Personen als auch durch „die Gemeinschaft der Heiligen“ insgesamt. Dies geschieht u. a. durch die verschiedenen Sakramente (s. u.), durch die Verkündigung des Wortes Gottes und durch die Gebete. Auf diese Art ist jeder Gläubige gehalten, sein Leben Jesus Christus zu übergeben und entsprechend seinem Willen zu leben und zu handeln und ihm in allen Dingen zu dienen. Die Kirche als solche arbeitet für das Wohlergehen aller Menschen in der Welt, aber ihr Werk erschöpft sich nicht darin, da diese Welt und unser irdisches Leben einen Anfang haben und ein Ende haben werden. Vielmehr richtet die Kirche ihren Blick nicht minder auf das ewige Leben in der kommenden Welt.

Gemäß der Aussage des oben erwähnten Nicaeno-Constantinopolitanums ist die Kirche selber Eine, weil unser Herr Jesus Christus nur eine Kirche gegründet hat. Sie ist heilig, weil sie durch Jesus Christus und vom Heiligen Geist geheiligt ist. Sie ist katholisch im Sinne von allgemein oder universell (nicht im Sinne von römisch-katholisch), weil sie für die ganze Welt und alle Menschen geschaffen wurde. Sie ist schließlich apostolisch, weil sie von Anbeginn von den Aposteln geleitet wurde und seither auf eine ununterbrochene Abfolge der Weitergabe der apostolischen Weihe verweisen kann (zur Apostolischen Sukzession siehe das Kapitel zum organisatorischen Aufbau).

Der Glaube an Engel

Darüber hinaus ist es für die äthiopische Kirche selbstverständlich, mit Engeln zu rechnen, da sie von der Heiligen Schrift eindeutig bezeugt sind.[116] Wie Gott neben der Erde den sichtbaren Himmel schuf, so nach orthodoxer Überzeugung auch den unsichtbaren Himmel, den Wohnort der unsichtbaren Mächte, der Engel und Geistwesen, die vor dem Angesicht Gottes stehen und ihm dienen. Die Engel sind daher fester Bestandteil sowohl der äthiopischen Legenden als auch der Bilder. Ihnen sind zahlreiche Kirchen (Tabots, siehe dazu die Kapitel zum Kəbrä Nägäśt und zu den Gotteshäusern) geweiht und Feste im Kirchenjahr gewidmet. Sicher hat an dieser Stelle auch das äthiopische Henoch-Buch, das ausführlich von Engeln spricht, eine große Rolle gespielt. Mit der jüdischen Tradition verbindet die Äthiopier, dass sie den sieben Erzengeln Namen geben, obwohl in der Bibel nur Gabriel (Gäbrə'el) und Michael (Mika'el) namentlich erwähnt sind. Sie kennen darüber hinaus Uriel ('Ura'el), Raphael (Rufa'el), Phanuel (Fanu'el), Raguel (Ragu'el) und Remiel (Ramu'el).

Entsprechend gelten der Teufel und seine Dämonen als gefallene Engel. Es wird erzählt, der oberste Engel Satna'el habe beansprucht, die anderen Engel geschaffen zu haben. Daraufhin hätten ihn Michael und Gabriel zur Rechenschaft gezo-

---

[116] Schon Hiob Ludolph im 17. Jahrhundert betont die große Bedeutung der Engel für äthiopischen Christen: Ludolphus, New History, S. 279.

gen. Michael habe gefragt: „Wer ist wie Gott?“ Gabriel habe bekannt: „Wir sind Gottes Diener!“ Beide Sätze sind die wörtlichen Bedeutungen der Namen Michael und Gabriel. Satna’el und die Engel, die ihm folgten, seien nach dieser Auseinandersetzung aus dem Himmel auf die Erde verstoßen worden. Die Luft zwischen Himmel und Erde jedoch sei von denjenigen Engeln erfüllt, die sich nicht entscheiden könnten, ob sie Gott oder Satna’el folgen sollten. Das Böse ist demnach keine Gegenmacht gegen Gott, sondern geht auf Engel zurück, die das Gute hätten wählen können und es dennoch ablehnten. Daher wurde es für Christus auch notwendig, diese unsichtbaren Mächte und Gewalten zu erlösen. Nachdem er am Ostermorgen den Tod und das Böse auf Erden besiegt hatte, nutzte er die zehn Tage, die zwischen seiner Himmelfahrt und der Ausgießung des Heiligen Geistes am Pfingstmontag liegen, um am ersten Tag zum Vater aufzufahren und sich in der restlichen Zeit in den unterschiedlichen Himmelssphären die Engel untertan zu machen. Die Äthiopier leiten daraus außerdem eine Neunzahl von Himmeln und für sie zuständigen Erzengeln ab, während die übrige jüdisch-christliche Tradition nur sieben Erzengel kennt, also zwei mehr über die oben Genannten hinaus. Sie nennen sie Sura’el und Saqu’el.[117] Auch die symbolische Zahl Neun lässt sich biblisch begründen: Nach der Teilung Israels in ein Nord- und ein Südreich unter dem Sohn König Salomos verblieben nach äthiopischer Überlieferung neun Stämme im Nordreich Israel (1. Kön. 12. 1 – 19).[118] Außerdem formuliert Jesus in seiner Bergpredigt neun Seligpreisungen (Mt. 5, 3 – 12). Vor diesem Hintergrund gilt die Neun als heilige Zahl der Vollkommenheit (drei mal drei).[119] Hinzu kommt, dass der griechische Kirchenvater Dionysios Areopagita, dessen Schrift „Die himmlische Hierarchie“ in Äthiopien bekannt ist,[120] mit verschiedenen Graden von Vollkommenheit unter den Engeln rechnet, was zunächst schlicht der Überlegung entsprang, dass es bei der endlosen Zahl von Engeln eine Abstufung geben müsse. Dionysius Areopagita unterscheidet deshalb neun Chöre oder Ränge von Engeln, die wiederum in drei Hierarchien mit jeweils drei Rängen eingeteilt sind und kommt auf diesem Weg wieder zur Vollkommenheit in Form der Formel „drei mal drei“. Zur ersten Hierarchie gehören die, die Gott am nächsten stehen, nämlich die Seraphim, die Cherubim und die Throne. In der mittleren Hierarchie sind die Gewalten, die Herrschaften und die Mächte angesiedelt. In der dritten Hierarchie finden sich die Engel, die den Menschen am nächsten stehen, nämlich die Fürstentümer, die

---

[117] Raineri, Angels, S. 265.
[118] In der Bibel steht lediglich, dass die Stämme Juda und Benjamin das Südreich bildeten, während das Nordreich aus „ganz Israel“ bestand. Ob das nun neun oder zehn Stämme waren, hängt wohl davon ab, welche Rolle man dem Stamm Levi zubilligt, der keinen Landbesitz sein Eigen nannte.
[119] Heyer, Kirche Äthiopiens, S. 274 – 276.
[120] Aymro Wondmagegnehu / Motovu, Ethiopian Orthodox Church, S. 85.

Erzengel und die Engel. Natürlich sind die Bezeichnungen der einzelnen Ränge biblischen Aussagen entlehnt, vor allem Gen. 3, 24; Jes. 6, 1 – 6; Eph. 1, 21; Kol. 1, 16 und 1. Thess. 4, 16. Im Gebet, sowohl im Rahmen der Göttlichen Liturgie während des Gottesdienstes als auch im privaten Gebet des einzelnen Gläubigen, verbinden sich die Engel mit uns Menschen, um aneinander Anteil zu nehmen und um gemeinsam mit uns Gott zu loben und seine Ehre zu verkünden.

Interessanterweise kennt übrigens auch bereits das Alte Ägypten die Neun als eine heilige Zahl. In der altägyptischen Religion bezeichnete man eine Neunheit als eine vollkommene Einheit. Eine „Neunheit an Göttern" an einem bestimmten Ort meinte die vollständige Anzahl an Göttern, obwohl nicht immer exakt neun Götter zu ihr gehören mussten. Ob hier eine zusammenhängende Traditionslinie besteht, könnte man vermuten, ist aber bislang nicht erwiesen.

Die Aufgabe der Engel, die nach äthiopischer Lehre aus Feuer und Luft bestehen, ist es, jeden zu bestrafen, der sich am Heiligen vergeht. Darüber hinaus ist jedem Erzengel und jedem Engel ein bestimmter Zuständigkeitsbereich zugewiesen. Michael verkündet den Frieden, Gabriel droht Strafen an. Daher binden Gelübde, die Gabriel geschworen werden, die Gläubigen stärker als andere Versprechen. Raphael soll vor Unwettern schützen. Raguel gilt als Beschützer der Blinden. Phanuel soll Maria, als sie ein kleines Kind in der Obhut des Priesters Zacharias (des späteren Vaters von Johannes dem Täufer) war, im Tempel mit heiligem Brot und heiligem Wein versorgt haben. Andere Engel dienen als Führer für die Heiligen oder auch für die Herrscher Äthiopiens. Schließlich haben die Engel die Aufgabe, zum Zeitpunkt des Todes die Seele eines Gerechten sicher ins Paradies zu geleiten.[121] Darüber hinaus soll Gott jedem Menschen bei seiner Geburt zwei persönliche Schutzengel zuteilen, einen für tagsüber und einen für nachts.[122] Auch der äthiopische Theologe Haddis Yeshanew spricht von zwei Engeln für jeden Menschen, doch er bezeichnet sie nicht als Schutzengel, sondern als „Engel der Rechtschaffenheit" und als „Engel der Unrechtschaffenheit", die miteinander die guten bzw. schlechten Gedanken in unserem Herzen hervorbringen.[123]

---

[121] Heyer, Kirche Äthiopiens, S. 277f; Haddis Yeshanew, Course on Dogmatic Theology, S. 43 – 47.

[122] Levine, Wax & Gold, S. 68. Raineri, Angels, S. 265 spricht von nur einem Schutzengel für jeden Menschen.

[123] Haddis Yeshanew, Course on Dogmatic Theology, S. 46.

Die Sakramente/Mysterien

Die äthiopische Kirche hat wie alle christlichen Konfessionen mit Ausnahme der in der reformatorischen Tradition stehenden Kirchen sieben Sakramente.[124] Doch sie bezeichnet sie wie die gesamte Orthodoxie mit einem griechischen Ausdruck als „Mysterien“ (məśṭir), also als Geheimnisse des Glaubens, während das aus dem Lateinischen stammende „Sakrament“ eher einen Rechtscharakter hat, ja, von der eigentlichen Bedeutung her eine Art militärischen Fahneneid meint. Im Unterschied zum westlich-lateinischen Denken, das alle Inhalte des Glaubens gedanklich erfassen und in rechtsverbindliche Dogmen gießen möchte, sind derartige Kategorien der östlichen Theologie fremd. Sie betont lieber das Unhinterfragbare, das Erhabene, das Heilige, das der Gläubige nicht logisch durchdenken, sondern staunend anbeten soll. Fragt man etwa einfache äthiopische Gläubige, warum ihr Glaube so und nicht anders aussehe, zitieren sie nicht selten ihren Priester, der immer sage, man solle nicht zu viel zu wissen versuchen, man solle nicht hinterfragen, sondern glauben und beten. Der Begriff „Mysterium“ bezieht sich dabei biblisch hauptsächlich auf Eph. 5, 32, wo Paulus zur Gemeinschaft von Mann und Frau, die Gott in der Schöpfungsgeschichte festgelegt hat (Gen. 2, 24), schreibt: „Dies Geheimnis ist groß; ich deute es aber auf Christus und die Gemeinde.“
Die Siebenzahl wiederum, die in der orthodoxen Theologie keine ganz so große Rolle spielt wie in der römisch-katholischen Kirche, bezieht sich natürlich auf die Sieben als heilige Zahl in der Bibel, insbesondere aber auf Jes. 11, 2, wo von sieben Gaben des Geistes Gottes an den kommenden Messias die Rede ist, und auf die „sieben Säulen“ im Haus der Weisheit in Spr. 9, 1.
Zu den Sakramenten oder Mysterien erklärt nun ein Lehrbuch der äthiopischen Kirche für ihre Theologiestudenten: „Sakramente sind religiöse Zeichen oder Symbole, von denen wir glauben, dass ihnen eine geheiligte, geistliche Kraft innewohnt, die durch materielle Elemente als Kanäle göttlicher Gnade sichtbar wird, damit die Gläubigen dadurch eine unsichtbare Gnade in der Form eines weltlichen Zeichens sichtbar und hörbar empfangen.“[125]

Die ersten vier Mysterien benötigt jeder Gläubige für sein Heil.
1) „Die Heilige Taufe ist das Fundament des ganzen christlichen Lebens, das Tor zum Leben im Geist und die Tür zu den anderen Sakramenten. Durch die Taufe werden wir frei von Sünde und als Kinder Gottes wiedergeboren; wir werden Glieder am Leib Christi, hineingenommen in die Kirche und an ihrer

---

[124] Vgl. dazu vor allem The Teaching; Aymro Wondmagegnehu / Motovu, Ethiopian Orthodox Church, S. 31 – 40; Haddis Tikuneh, Liturgy II, S. 3 – 45; Heyer, Kirche Äthiopiens, S. 101 – 107.
[125] Haddis Tikuneh, Liturgy II, S. 3f.

Mission beteiligt. Die Taufe ist ein Gleichnis vom Tod und vom Begräbnis mit Christus (Kol. 2, 12).“[126] Natürlich ist die Taufe auch in der äthiopischen Kirche heilsnotwendig, einmalig, unwiederholbar und unzerstörbar. Jede Taufe, die nach dem Gesetz der Kirche vollzogen wurde, wird anerkannt. Die sichtbaren Zeichen der Taufe sind das dreimalige Untertauchen des ganzen Körpers im Wasser und die Taufformel des Priesters: „Ich taufe dich im Namen des Vaters, des Sohnes und des Heiligen Geistes.“ Die unsichtbaren Zeichen sind die Reinigung von den Sünden und die Wiedergeburt im Heiligen Geist.[127]

Die Taufe erfolgt immer am 40. Lebenstag bei Jungen und am 80. Lebenstag bei Mädchen.[128] Man begründet das mit der Aussage, Adam sei erst 40 Tage nach seiner Erschaffung in das Paradies gelassen worden, und Eva sei wiederum 40 Tage nach ihm dorthin gekommen.[129] Vor allem in früheren Zeiten und auf dem Land, wo die staatliche Erfassung der Geburten noch nicht flächendeckend erfolgte, waren bzw. sind die Kirchenbücher damit eine äußerst zuverlässige Grundlage zur Errechnung der Geburtstage, z. B. bei der Ausstellung von staatlichen Geburtsurkunden oder Ausweisen.

Nach der eigentlichen Taufe, bei der der Priester das Kind dreimal vollständig untertaucht, salbt er es mit zuvor speziell für diesen Anlass konsekriertem (geweihtem) Öl an dreißig verschiedenen Körperteilen und haucht es als Symbol für die Vermittlung des Heiligen Geistes in der Taufe an.

Paten sind üblich, wobei der Pate das gleiche Geschlecht wie der Täufling haben muss und kein Blutsverwandter sein darf. Durch die Übernahme der Patenschaft ergibt sich aber umgekehrt ein Verwandtschaftsverhältnis, was sich auf das Verbot, innerhalb der Familie zu heiraten, auswirkt. So dürfte etwa ein Patenonkel nicht die Cousine seines Patenkindes heiraten, auch wenn sie biologisch nicht miteinander verwandt sind. Manchmal wählt man auch die Dreieinigkeit, bestimmte Heilige oder den Tabot für das Patenamt, was nach äthiopischem Glauben einen besonders starken Schutz bedeutet. Außerdem erhält das Kind bei der Taufe einen „geheimen“ Taufnamen, der sich wiederum meist auf den dreieinigen Gott, einen Erzengel oder einen Heiligen bezieht. Ob man hinter diesem Brauch frühere magische Vorstellungen zur Abwehr böser Dämonen vermuten darf, ist nicht mehr zu klären. Dieser Name ist jedenfalls nur zweimal im Leben eines Menschen von Bedeutung, hier bei der Taufe und dann erst wieder bei seiner Beerdigung, so dass manche Äthiopier ihren Taufnamen gar nicht mehr wissen.

---

[126] Haddis Tikuneh, Liturgy II, S. 4.

[127] Haddis Tikuneh, Liturgy II, S. 5.

[128] Für die ersten Tage nach der Geburt kennt die äthiopische Kirche eine „Bad“ genannte Kindersegnung: Haddis Tikuneh, Liturgy II, S. 6.

[129] Heyer, Kirche Äthiopiens, S. 103; Bantalem Tadesse, Guide, S. 85.

2) Das Mysterium der Firmung als „Siegel des Heiligen Geistes“ (nach Mt. 10, 1), das wiederum als „Symbol einer Person, als Zeichen persönlicher Autorität oder der Eigentümerschaft an einem Objekt“ definiert wird,[130] schließt sich direkt an die Taufe an. Dabei salbt der Priester erneut das frisch getaufte Kind, dieses Mal aber mit einem Chrisma genannten, heiligen Öl, das nur der Patriarch selbst konsekrieren darf, nacheinander an 36 Körperteilen, indem er auf diesen das Kreuzzeichen macht: auf dem Kopf (Gehirn), den beiden Nasenlöchern, dem Mund, dem rechten Ohr, dem rechten Auge, dem linken Ohr, dem linken Auge, dem Herz, dem Bauchnabel, dem Rücken, den Lenden, dem rechten Schultergelenk von oben, dem rechten Schultergelenk in der Achselhöhle, dem rechten Ellbogengelenk (von außen und von innen), dem rechten Handgelenk, dem linken Schultergelenk von oben, dem linken Schultergelenk in der Achselhöhle, dem linken Ellbogengelenk (von außen und von innen), dem linken Handgelenk, dem rechten Oberschenkel, dem rechten Nierenbecken, dem rechten Knie (von vorne und von hinten), dem rechten Fußgelenk, der rechten Wade, dem linken Oberschenkel, dem linken Nierenbecken, dem linken Knie (von vorne und von hinten), dem linken Fußgelenk und der linken Wade.[131] Erst danach bekommt das Kind das weiße Taufkleid angezogen und wird vom Priester per Elevation (Hochheben) der Gemeinde gezeigt. Diese Firmung ist wie die Taufe einmalig und unwiederholbar.

Nun ist das Kind bereit, nach der Anrufung des Heiligen Geistes zum ersten Mal an der Eucharistie (s. u.) teilzunehmen, wobei der Priester ihm ein Stückchen Brot und seinen Finger, den er vorher in den Wein getaucht hat, in den Mund steckt. Als Zeichen des christlichen Glaubens bindet man dem Kind zum Schluss ein blaues (heute oft ein schwarzes) Seidenband, das Matäb, um den Hals, das es nach Möglichkeit immer tragen soll. Manchmal ist es auch nur ein aus drei verschiedenfarbigen Fäden (heute meistens rot, weiß und blau für die Dreieinigkeit) gedrehte Schnur, die erst bei den Heranwachsenden durch das eben erwähnte Seidenband ersetzt wird. Die Äthiopier legen Wert darauf, auch diesen Brauch nicht etwa magisch-abergläubisch zu deuten. Sie sehen es vielmehr schlicht als Bekenntnis zum christlichen Glauben an. Wer dieses Zeichen nicht tragen möchte, distanziert sich damit vom Christentum.[132] Manchmal hängt man auch ein silbernes Kreuz an dieses Band.

Den Ursprung dieses Brauchs betreffend, sind mehrere Überlieferungen im Umlauf. Die eine besagt, dass die Sitte des Matäb auf den syrisch-orthodoxen Bischof Jakob von Sarug (519 – 21) zurückgeht, der bei der Taufe einer großen Kinderschar unterscheiden wollte, wen er bereits getauft hatte und wen noch nicht. Daher soll er die bereits getauften Kinder mit einer aus schwarzen, roten

---

[130] Haddis Tikuneh, Liturgy II, S. 23.
[131] Haddis Tikuneh, Liturgy II, S. 24f.
[132] Vgl. Hammerschmidt, Äthiopien, S. 140; Krapf, Reisen, S. 101.

und gelben Bändern gedrehten Schnur gekennzeichnet haben. Die drei Farben sollen nach einer späteren, äthiopischen Auslegung die Dreieinigkeit symbolisieren: schwarz Gott-Vater, rot den Sohn und gelb den Heiligen Geist, die zusammen die Trinität des einen Gottes ergeben.
Eine andere Überlieferung erklärt das Band mit einer Geschichte aus dem Alten Testament. Als Tamar die Zwillinge Serach und Perez gebar, kam Serachs Arm als erstes aus dem Bauch der Mutter heraus. Schnell band die Hebamme eine rote Schnur um das Handgelenk, um später beweisen zu können, dass Serach der Erstgeborene war (Gen. 38, 26 – 30), obwohl er seinen Arm danach wieder zurückzog und Perez als Erster auf die Welt kam. Im übertragenen Sinn sieht die äthiopische Kirche in Serach das symbolische Vorbild der Getauften, die als Erstgeborene das Reich Gottes erben werden, und in Perez die Ungläubigen.[133]
Eine dritte Herleitung beruft sich auf den koptischen Patriarchen Dioskor (444 – 451), der nach dem Streit um die Naturen Christi auf dem Konzil von Chalcedon (s. o.) mit dem Matäb seine eigenen, miaphysitischen Anhänger kennzeichnen ließ, um sie von den Anhängern der dyophysitischen byzantinischen Reichskirche zu unterscheiden.[134]
Auch in der Geschichte der äthiopischen Kirche soll das Matäb vor allem in Kriegs- und Verfolgungszeiten als Unterscheidungsmerkmal zwischen äthiopischen Christen und Juden, Muslimen oder Katholiken gedient haben.[135] Heutzutage ist das Tragen des Matäb auf dem Land und unter der einfachen Bevölkerung weiter allgemein üblich, in den Städten jedoch nicht mehr unbedingt.

3) „Die Buße ist das Sakrament, in dem ein Christ durch die Vermittlung des Priesters und durch Reue und Beichte Vergebung der Sünden empfängt."[136] „Versöhnung mit Gott ist daher das Ziel und die Wirkung dieses Sakraments für diejenigen, die das Sakrament der Buße mit zerknirschtem Herzen und mit religiöser Bereitschaft empfangen; auf diese Vorbedingung folgt üblicherweise Frieden und Ruhe im Gewissen, verbunden mit starkem geistlichen Trost."[137]
Die Buße ist wie die vorherige Beichte und die erkennbare Reue für alle Gläubigen unabdingbare Voraussetzung für die Teilnahme an der Eucharistie. Zu den möglichen Bußleistungen gehören Fasten, Gebete, Almosen, Verbeugungen in der Kirche oder auch Wallfahrten. Natürlich sollte man auch eventuelle Geschädigte um Vergebung bitten und ihnen, wenn angebracht und möglich, eine Wiedergutmachung leisten. Diese Strafen dienen jedoch weniger der Sühne, theologisch gesprochen der „Satisfaktion", als vielmehr dem pädagogischen Ziel, dem

---

133 Bantalem Tadesse, Guide, S. 86f; Heyer, Kirche Äthiopiens, S. 59 Anm. 87.
134 Taddesse Tamrat, Matäb, S. 354.
135 Taddesse Tamrat, Matäb, S. 355.
136 Haddis Tikuneh, Liturgy II, S. 43.
137 Haddis Tikuneh, Liturgy II, S. 44.

Beichtenden die Folgen seiner Schuld vor Augen zu führen. Entsprechend wird ein Beichtvater auch immer dazu mahnen, in Zukunft mehr auf den eigenen Lebenswandel zu achten.
Die anschließende Absolution (Lossprechung von der Last der Sünden) geht mit einem Schlag mit einem Olivenzweig über die Schulter des Büßenden einher, der die Vertreibung des Teufels symbolisiert. Im Unterschied zur römisch-katholischen Kirche, in der der Priester den reuigen Sünder von seinen Sünden losspricht, überlässt der äthiopische Priester diese Aufgabe Gott, indem er sagt: „Gott möge dich lossprechen."
Jede Familie hat dabei ihren besonderen Beichtvater, der sie als Seelsorger begleitet und sie regelmäßig (der Regel nach eigentlich einmal im Monat) und zu besonderen Gedenktagen besucht. Einen besonderen Ort, der für die Beichte reserviert wäre, gibt es nicht. Üblicherweise findet sie in oder bei der Kirche statt, in jedem Fall aber unter vier Augen. Selbstverständlich ist auch in der äthiopischen Kirche das Beichtgeheimnis unverbrüchlich.

4) „Die Heilige Kommunion meint das Darbringen eines Opfers oder ein Sakrament und Opfer für unsere Erlösung. Man nennt sie auch Eucharistie. Die Eucharistie ist die Quelle und der Gipfel christlichen Lebens. Mit der Feier der Eucharistie vereinigen wir uns mit der himmlischen Liturgie und haben teil am eigentlichen Leben, wenn Gott alles in allem sein wird. Kurz, die Eucharistie ist die Summe und die Zusammenfassung unseres Glaubens."[138] Die äthiopische Kirche reicht die Heilige Kommunion zum Gedenken an den Tod Christi, zur Vergebung der Sünden, zur Stärkung des Glaubens und zum ewigen Leben. Dies geschieht, indem der Gläubige durch die Einnahme der „geistlichen Speise" mit Jesus Christus selber sowie mit der ganzen Kirche auf Erden und mit den Heiligen und den himmlischen Heerscharen, die um den Thron Gottes herum stehen, vereinigt wird.[139]
Im Mysterium der Eucharistie werden Brot und Wein nach äthiopischem Glauben wahrhaft zu Leib und Blut Christi gewandelt. Insofern verwirft die äthiopische Kirche sowohl die lutherische Lehre von der Realpräsenz Christi als auch die reformierte Theologie, die von einem reinen Gedächtnismahl spricht, als unzureichend. Allerdings folgt sie genauso wenig der römisch-katholischen Transsubstantiationslehre; denn man spricht nicht davon, dass sich die Substanz von Brot und Wein zu Leib und Blut wandeln. Anstatt das, was in der Wandlung geschieht, mit der menschlichen Vernunft ergründen zu wollen, behauptet sie schlicht die anbetungswürdige Realität der Wandlung. Deshalb legt sich der äthiopische Glaube auch nicht fest, in welchem Moment der Liturgie die Wandlung vor sich geht, sondern wahrt erneut das Geheimnis, da Jesus Christus

[138] Haddis Tikuneh, Liturgy II, S. 27.
[139] Haddis Tikuneh, Liturgy II, S. 28f.

selber als derjenige, der Brot und Wein wandelt, gedacht wird und man ihm keinesfalls vorschreiben dürfte, wann genau er das tut. Üblicherweise spricht die orthodoxe Theologie vom Gebet der Herabrufung des Heiligen Geistes als Zeitraum der Wandlung.[140] Schon in der Kirchengeschichte von Michael Geddes aus dem Jahr 1696 ist dazu die Stellungnahme eines äthiopischen Gewährsmannes zu lesen: „Er antwortete, dass keine Art von Transsubstantiation von seinen Landsleuten vertreten oder verstanden würde, weil sie nicht so skrupellos wären, mit derartig dornigen Fragen zu beginnen. Trotzdem erschien es ihm wahrscheinlich, dass das Brot und der Wein bei der Kommunion in die geheimnisvolle Gegenwart von Leib und Blut Jesu Christi gewandelt werden."[141] Ein italienischer Zeitgenosse fügt sogar anerkennend hinzu, wie viel wichtiger den Äthiopiern – anders als im Westen – die Tatsache ihrer Sündenvergebung sei als deren theologische Durchdringung: „Sie belasten ihre Köpfe weder persönlich noch gedanklich, weder körperlich noch geistlich. Christus ist in seinem Befehl gegenwärtig. Sie hoffen auf die Erlösung ohne Kenntnis dieser Merkwürdigkeiten. [...] Wir in Europa wären sehr froh, wenn uns diese Freiheit zu glauben geblieben wäre, aber der Teufel kann nur in unruhigen Gewässern fischen und ruhelose Männer haben diese Diskussionen aus ihrem eigenen Interesse aufgebracht, aber sie konnten damit der Öffentlichkeit nie nutzen, sondern sie nur ruinieren und zerstören. [...] Bei der Feier des Sakraments vollführen sie keine Zeremonien oder unwichtige Handbewegungen bei der Wandlung, sondern sie praktizieren nur, was Christus befohlen hat."[142]

Leib und Blut Christi sind heilig und dürfen weder verschüttet noch ausgespuckt oder weggeworfen noch auf andere Art respektlos behandelt werden. Sie müssen noch am selben Tag, an dem sie gewandelt wurden, aufgebraucht werden. Eine Aufbewahrung der „Hostie" für die nächsten Tage, wie es in der römisch-katholischen Kirche üblich ist, ist verboten. Die Teilnahme an der Eucharistie „in beiderlei Gestalt" (in Brot und Wein) setzt bei jedem Gläubigen nicht nur den Glauben an die Wandlung von Brot und Wein in Leib und Blut Christi, die Buße/Beichte (s. o.) und die Reinheit eines demütigen Herzens voraus, sondern ab Mitternacht dieses anbrechenden Tages auch ein absolutes Fasten (weder Essen noch Trinken jeglicher Art). Direkt nach dem Empfang von Brot und Wein ein Glas Wasser zu trinken, ist hingegen üblich, um sicherzustellen, dass auch wirklich alles aus dem Mund hinunterspült wurde und nicht eventuell später doch ausgespuckt werden könnte.

Für Kranke, denen es körperlich unmöglich ist, in die Kirche zu kommen, besteht das Angebot, dass ein Priester sie in ihrem Haus besucht und ihnen dort die eucharistischen Gaben reicht.

---

[140] Felmy, Orthodoxe Theologie, S. 199 – 209.
[141] Geddes, Church-History, S. 34; auch zitiert in Ludolphus, New History, S. 276.
[142] Baratti, Late Travels, S. 143f.

Aus Ehrfurcht vor dem Mysterium und aus Furcht, den wahren Leib und das wahre Blut Christi unwürdig und damit zum Gericht (1. Kor. 11, 27 – 29) einzunehmen, nimmt der einfache Gläubige die Gaben der Eucharistie nur selten in Empfang.
Tut er es dennoch, soll er sich den ganzen restlichen Tag nicht waschen, keine schwere Arbeit verrichten und nur wenig sprechen, damit ja kein Teil vom Blut und Leib Christi verloren geht. Auch aus blutenden Wunden könnte etwas davon herausfließen, so dass dieses Blut aufgefangen und wieder verschluckt werden muss.[143] Böse Worte oder gar Streit sowie der Genuss von Alkohol u. ä. m. sind vollkommen undenkbar.
Geistliche hingegen sollten die Eucharistie täglich feiern.

5) „Die Krankensalbung wird den Kranken gespendet. Der Priester salbt den Körper der Kranken, um damit um die göttliche Gnade zur Heilung von Körper und Seele zu bitten."[144]
Das Mysterium der Krankensalbung kommt nur bei genau bestimmten Situationen zur Anwendung und wird deshalb nicht als verbindlich für alle Gläubigen angesehen. Es dient vielmehr der allgemeinen Stärkung von Leib und Seele in körperlicher oder geistlicher Not. „Die Gnadengaben dieses Sakraments sind Kraft, Frieden und Mut, um die Schwierigkeiten, die mit schweren Krankheiten oder mit hohem Alter zusammenhängen, zu überwinden."[145] Die Salbung soll aber den Menschen auch vor Augen führen, dass sie durch ihr Schicksal enger mit den Leiden Christi verbunden werden. Dieses Mysterium ist deshalb bei einer schweren Krankheit, bei großer Sündenlast und entsprechender Reue sowie in Todesgefahr vorgesehen und kann darüber hinaus auch den betroffenen Angehörigen gewährt werden, um auch ihnen beizustehen. Die Feier beginnt mit der Bereitung des Zimmers mit dem heiligen Öl, mit sieben Kerzen, einem Kreuz, einem Evangeliar, sieben Pinseln und einigen Weizenkörnern (als Symbol des Lebens), die man auf dem Boden verstreut. Nach der Beichte des oder der zu Salbenden folgt eine kurze Liturgie mit Psalmlesungen und Gebeten sowie eine Beweihräucherung der auf dem Tisch stehenden Gegenstände mit der Segnung des Heiligen Öls. Der Priester vollzieht die eigentliche Salbung an sieben verschiedenen Stellen des Kranken (Stirn, Nasenflügel, Wangen, Lippen, Brust und beide Seiten der Hände). Zur Schlussliturgie gehören auch ein Bußgebet des Kranken mit (soweit körperlich möglich) Verbeugungen und eine Lossprechung durch den Priester. Daran kann sich eine Eucharistiefeier anschließen. Dieses Sakrament kann bei Bedarf, z. B. bei erneuter schwerer Krankheit nach

---

[143] Heyer, Kirche Äthiopiens, S. 68.
[144] Haddis Tikuneh, Liturgy II, S. 44.
[145] Haddis Tikuneh, Liturgy II, S. 45.

einer Genesung oder bei einer erheblichen Verschlechterung des Gesundheitszustandes während einer längeren Krankheit, öfters gespendet werden.

Zwei weitere Mysterien sind nicht für das Seelenheil des Einzelnen, sondern für den Fortbestand der Kirche wichtig.
6) „Die Ordination ist das Sakrament, durch das der Klerus der Kirche benannt und ordiniert wird, um die verschiedenen Dienste der Kirche auszuüben."[146] Jede Weihe kann für einen bestimmten Rang der kirchlichen Hierarchie immer nur einmal in Leben erteilt werden. Die obere Ordnung der Ränge sind in absteigender Abfolge der Bischof, der Priester und der Diakon (siehe dazu auch das Kapitel zum organisatorischen Aufbau). Die niedere Ordnung besteht aus dem Subdiakon, dem Diakonsdiener, dem Lektor, dem Sänger, dem Türhüter u. a. m. Die sichtbaren Zeichen sind das Auflegen der Hände, das Gebet, die Einsegnung und die Salbung. Die unsichtbaren Gaben sind die Einwohnung des Heiligen Geistes und die Vollmacht, über die Vergebung von Sünden zu entscheiden.[147]
Zum Mysterium der Priesterweihe ist ein Theologiestudium erlaubt oder wünschenswert, aber nicht unbedingt nötig. Stattdessen hat der Kandidat die Kirchenschule zu durchlaufen, in der er das Lesen der Bibel in der Kirchensprache Gəʿəz, die rechte Verwaltung der Mysterien sowie die verschiedenen Liturgien und Riten für die unterschiedlichsten Anlässe lernt.
Ein Priesteramt für Frauen ist wie in der gesamten Orthodoxie nicht vorgesehen. Außerdem müssen Priester verheiratet sein, dürfen aber nicht heiraten, d. h. der Kandidat, der zum Zeitpunkt seiner Priesterweihe nicht verheiratet ist, wird automatisch zum Mönchspriester, und eine Wiederverheiratung eines verwitweten Priesters ist nicht möglich.
Ein bestimmtes Mindestalter ist nicht vorgeschrieben, ergibt sich aber zwangsläufig aus den eben beschriebenen Regelungen.

7) „Das Sakrament der Ehe ist eines der sieben Sakramente und ist der Heilige Dienst, durch den ein Mann und eine Frau (Bräutigam und Braut) miteinander vereint werden und der die göttliche Gnade schenkt, die ihre eheliche Verbindung heiligt und vollkommen und geistlich macht, ähnlich der Einheit von Christus und der Kirche."[148] Voraussetzung einer kirchlichen Trauung ist, dass beide Partner Christen sind. Sie sollten der orthodoxen Kirche angehören. Voreehelicher Geschlechtsverkehr ist verboten, und Braut und Bräutigam dürfen in den letzten sieben Generationen nicht miteinander verwandt sein.[149]

---

[146] Haddis Tikuneh, Liturgy II, S. 30.
[147] Haddis Tikuneh, Liturgy II, S. 30f.
[148] Haddis Tikuneh, Liturgy II, S. 31.
[149] Haddis Tikuneh, Liturgy II, S. 31f.

Die kirchliche Eheschließung (orthodox auch „Krönung" genannt), die die gemeinsame Teilnahme des frisch getrauten Ehepaares an der Eucharistie vorsieht, erlaubt eine Scheidung unter keinen Umständen. Das Gut der Ehe als Mysterium wird in der äthiopischen Kirche noch höher geachtet als in allen anderen christlichen Konfessionen. Daher vollziehen nur sehr wenige Paare in Äthiopien diesen Schritt, in der Regel miteinander alt gewordene Paare, nachdem in ihnen jeder Trieb und jede Begierde, die zur Sünde des Ehebruchs führen könnte, abgestorben ist. Die Kirche ist sich dessen bewusst und erkennt aus diesem Grund die zivile Eheschließung als gültige Verheiratung an, so dass nur auf diese Art Verheiratete auch in der Kirche nicht als in wilder Ehe oder in Unzucht Lebende gelten. Diese Eheschließung wird heutzutage – zumindest in den Städten – vor dem Standesamt vollzogen, ansonsten vor dem Dorfoberhaupt. Diese Ehe kann grundsätzlich geschieden werden. Daneben existiert im ländlichen Äthiopien eine Art Ehe auf Zeit, die das Einverständnis beider Partner voraussetzt, in der die Frau regelrecht bezahlt wird und deren Kinder sowohl als eheliche Kinder gelten als auch vom Vater her erbberechtigt sind.[150]
Ein gemeinäthiopischer Brauch ist es – wie bei der Taufe, hier aber ohne geistliche Bedeutung –, dass die Braut auf der Hochzeitsfeier einen neuen Namen erhält, der dann zwar nicht im Alltag benutzt wird, der aber im Gedächtnis bleibt und den die Verwandten – besonders der Ehemann – nicht vergessen sollten. Dieser Name wird im Rahmen der Feierlichkeiten zu fortgeschrittener Stunde von der Festgesellschaft ausgesucht, die auf Zuruf von Vorschlägen aus der Menge bestimmt, welcher Name am Ende die größte (lautstärkste) Zustimmung bekommen hat. Die Vorschläge der Brauteltern mögen dabei besonders berücksichtigt werden, obwohl das keine Voraussetzung ist.[151]

Von den sieben Mysterien kann die Priesterweihe (Ordination) nur von Bischöfen gespendet werden, die anderen Mysterien von allen Priestern.

Die „Sakramentalien"

Hinzu kommen einige „Sakramentalien"[152] als eine Art Hilfsmittel, die zwar nicht den Rang eines das Heil vermittelnden Sakraments haben, aber den Menschen doch von der Kirche zur Verfügung gestellt werden, um ihnen die sichtbare, im wahren Sinne des Wortes handgreifliche Ausübung ihres Glaubens zu

---

[150] Im Kaiserreich galten alle drei Formen der Ehe als legitim und alle daraus hervorgegangenen Kinder als ehelich (Art. 577 des Bürgerlichen Gesetzbuches von damals), vgl. auch Messing, Changing Ethiopia, S. 428; Ullendorff, Ethiopians, S. 172f; Kifle Wodajo, Wedding Customs, S. 27; Hartlmaier, Amba Ras, S. 40.
[151] Levine, Greater Ethiopia, S. 58.
[152] Vgl. Aymro Wondmagegnehu / Motovu, Ethiopian Orthodox Church, S. 69 – 76.

erleichtern. Sie finden sich zum Teil bzw. in ähnlicher Form auch in der römisch-katholischen Kirche und sind dort wie auch in den Ostkirchen ein selbstverständlicher Teil der praktizierten Frömmigkeit. Der Begriff „Sakramentalien“ stammt dabei ursprünglich aus der römisch-katholischen Theologie. In den Ostkirchen ist die Abgrenzung zwischen Sakramenten und Sakramentalien nicht ganz so strikt wie in der katholischen Kirche. Es wird vielmehr alles als Mysterium bezeichnet, was ein göttliches Geheimnis birgt und für die Menschen eine geheimnisvolle und unsichtbare, von Gott bewirkte Kraft entfaltet.

Die äthiopischen Christen sehen als diese „Sakramentalien“ vor allem vier solcher „Hilfsmittel“ an, von denen sie glauben, dass diese ihnen den Segen Gottes vermitteln: das heilige Kreuz Jesu, heiliges Wasser, heiligen Staub sowie heilige Schriften.

Die Verehrung des Kreuzes ist vielleicht die im Glauben wie im Alltag am stärksten zu beobachtende Eigenart des äthiopischen Christentums. In einem Buch, das von der äthiopisch-orthodoxen Kirche selbst in Auftrag gegeben wurde, steht zur Bedeutung des Kreuzes: „Wann immer wir das Kreuz benutzen, erinnert es uns an die Leiden und den Tod unseres gesegneten Heilands. Es ist das Symbol unserer Befreiung und das Kennzeichen der Gnade Gottes, die die sündige Menschheit erlöst. [...] Die Kirche lehrt, dass es eine Zusammenfassung des Glaubens und des Heils ist, die uns unsere wahre Würde zeigt und uns daran erinnert, dass wir Brüder von Jesus Christus sind.“[153]
Jeder Priester hat ein Handkreuz zu tragen, das er immer mit sich führt. Er hält es so in der rechten Hand, dass oben das Geviert der Kreuzbalken und unten ein kleines Viereck, das das untere Ende des senkrechten Kreuzbalkens bildet, aus seiner Faust herausragt. Dieses kleine Viereck stellt das Grab Adams dar, da mit dem Ungehorsam Adams der Tod in die Welt kam, aber mit dem Gehorsam Jesu Christi der Tod besiegt wurde.
Er benutzt es, um Personen, Gegenstände, Häuser und Orte zu segnen. Gläubige, die einem Priester begegnen, küssen das Kreuz, um anschließend mit dem Kreuzzeichen gesegnet zu werden. Schon Hiob Ludolph aus dem 17. Jahrhundert und James Bruce aus dem 18. Jahrhundert beschreiben diesen Brauch.[154]
Diese Kreuze können aus den unterschiedlichsten Materialien bestehen und weisen die verschiedensten Formen auf (siehe dazu das Kapitel zur Kunst). Die Vielfalt ist hier unübersehbar. Dabei hat jedes Material seine jeweils eigene symbolische Bedeutung: Ist das Kreuz aus Holz, erinnert es natürlich an das wahre Kreuz Jesu Christi, ist es aus Eisen oder Messing, steht es für die Nägel, mit denen Jesus Christus gekreuzigt wurde. Die rote Farbe von Kupfer meint das

---

[153] Aymro Wondmagegnehu / Motovu, Ethiopian Orthodox Church, S. 69.
[154] Ludolphus, New History, S. 288; J. Bruce, Quellen, S. 348.

Blut Jesu, Bronze die Herrlichkeit Jesu. Leder ist das Material, aus dem die Peitschen gemacht waren, mit denen man Jesus vor seiner Kreuzigung gequält hat. Silber symbolisiert die Münzen, die Judas für seinen Verrat bekam, Gold wiederum erinnert an die Göttlichkeit der Liebe Jesu.[155]

Als der Verfasser zum ersten Mal in Äthiopien einen Abt traf und dieser erfuhr, dass er einen evangelischen Pfarrer vor sich habe, fragte er sofort, wo denn dessen Handkreuz sei. Ohne Handkreuz kein Geistlicher! Auf die Erwiderung des Verfassers, er trüge das Kreuz im Herzen und der Glaube an Jesus Christus sei wichtiger als äußere Formen, gab der Abt zu bedenken, andere Menschen könnten nicht in ein Herz hineinschauen und ein Priester müsse seinen Glauben immer sichtbar bekennen. Er fragte schließlich, ob sich ein evangelischer Pfarrer etwa des Evangeliums schämen würde, weil er ohne ein Handkreuz herumlaufen würde.

Auch in der Kirche werden die Kreuze zur Ehrerbietung geküsst (mit Ausnahme der „Stillen Woche“ von Palmsonntag bis Karsamstag, in der an Leiden und Tod Jesu Christi erinnert wird).

Darüber hinaus bekreuzigt sich jeder einfache Gläubige bei allen möglichen Gelegenheiten und bezeichnet auch Gegenstände, mit denen er zu tun hat, z. B. ein Brot, mit dem Kreuz. Kaiser Zär'a Ya'əqob (1434 – 68) führte im Kampf gegen vorchristliche Bräuche, die sich im Land erhalten hatten, die Sitte ein, sich das Kreuz auf die Stirn zu tätowieren. Bis heute wird dieser Brauch von vielen Frauen auf dem Land praktiziert. Aufgestickte Kreuze finden sich häufig auch als Schmuck auf der Nationaltracht oder etwa auf Kissenbezügen und anderen Textilien, so dass dieses Zeichen des christlichen Glaubens allgegenwärtig ist.

Schließlich schreibt man Kreuzen eine Unheil abwehrende und schützende bzw. eine heilende und segnende Wirkung zu,[156] so dass man sie z. B. auch einem Kranken unter das Kopfkissen legt oder an das Bett bindet.

Im Gegensatz zur römisch-katholischen Kirche verwendet die äthiopische Kirche kein Kruzifix, d. h. keinen Corpus des Gekreuzigten. Zum einen liegt das daran, dass die gesamte Ostkirche keine dreidimensionalen Abbildungen kennt, deren Verehrung man als Anbetung von Götzen auffassen würde; zum anderen betont die orthodoxe Theologie den auferstandenen Herrn, der zur Rechten des Vaters sitzt und als Pantokrator über die sichtbare und die unsichtbare Welt herrscht. Das Kreuz von Golgatha ist seit dem Ostergruß „Der Herr ist auferstanden! Er ist wahrhaftig auferstanden!“ leer. Gemalte Bilder der Kreuzigungsszene vergegenwärtigen lediglich die biblische Geschichte. Finden sich dennoch Kruzifixe in Äthiopien, gehen sie mit Sicherheit auf europäischen Einfluss zurück.

---

[155] Batalem Tadesse, Guide, S. 135f.
[156] Heyer, Crosses, S. 816.

Eine darüber hinausgehende Verehrung von Reliquien, wie sie sich in manchen anderen Ostkirchen herausgebildet hat, gibt es in der äthiopischen Kirche hingegen in dieser Form nicht. Christine Chaillot erwähnt als Reliquien zwar neben dem Teil des wahren Kreuzes Christi (s. o.) z. B. Knochen von Aposteln und Märtyrern sowie den Schwamm, mit dem die römischen Wachen Jesus am Kreuz getränkt haben, und Jesu Mantel. Sie sollen vor allem von Kaiser Zär'a Ya'əqob (1434 – 68) ins Land gebracht worden sein.[157] Aber Friedrich Heyer schreibt, allein der Teil des wahren Kreuzes Jesu sei die einzige, in der äthiopischen Kirche wirklich allgemein verehrte Reliquie,[158] der auch ein eigenes Fest (das Mäsqäl-Fest) gewidmet ist. Er fügt die Vermutung hinzu, dieser Umstand könne auch daran liegen, dass es in Äthiopien durch die meist christliche Herrschaft kaum Märtyrer gegeben habe. Die Äthiopier selber hingegen begründeten ihre weitgehende Ablehnung eines Reliquienkults damit, dass Gott selbst Moses Leichnam nach dessen Tod auf dem Berg Nebo (im heutigen Jordanien) verborgen und der Erzengel Michael nach einer äthiopischen Legende verhindert habe, dass der Teufel das Grab von Mose finden könne (vgl. Jud. 9).[159] Andererseits geht die äthiopische Kirche selbstverständlich davon aus, dass an den Gräbern der Heiligen Wunder gewirkt werden. Zur Begründung beruft sie sich auf das Neue Testament, vor allem auf die Apostelgeschichte, die von Wundern erzählt, die die Apostel vollbracht haben, sowie auf die Geschichte in Mt. 9, 20 – 22, wo eine Frau allein durch das Berühren des Mantels Jesu geheilt wurde. Was damals möglich war, sollte nach der äthiopischen Vorstellung heute nicht unmöglich sein. Die äthiopische Kirche selber steht demnach auf dem Standpunkt, die Reliquienverehrung einfach zu erlauben, d. h. sie weder zu verhindern noch zu fördern. Sie legt aber Wert darauf, dass die Körper der Heiligen als Ganzes am Ort ihres Grabes verehrt werden. Den Brauch, einzelne Körperteile an andere Orte zu bringen, kennt sie nicht.[160]

„Weihwasser heiligt jeden, der mit ihm in Berührung kommt, es befreit ihn von Unreinheit und von den Angriffen dunkler Mächte. Es schützt alles, was mit ihm besprengt wird, so dass es frei von der Pestilenz und den Ränken Satans ist."[161] Anders als in der römisch-katholischen Kirche verwenden die äthiopischen Christen das heilige Wasser (ṣäbäl) jedoch auch „inwendig". Sie trinken es, um

---

[157] Chaillot, Ethiopian Orthodox Tewahedo Church Tradition, S. 138. Ähnlich auch http://www.ethiopianorthodox.org/english/miscellaneous/devotion.html#relics (07.02.12).

[158] Heyer, Kirche Äthiopiens, S. 31.

[159] Heyer, Kirche Äthiopiens, S. 31.

[160] Aymro Wondmagegnehu / Motovu, Ethiopian Orthodox Church, S. 86; Kaplan, Relics, S. 356f.

[161] Aymro Wondmagegnehu / Motovu, Ethiopian Orthodox Church, S. 72; vgl. dazu auch Heyer, Kirche Äthiopiens, S. 192 – 196.

eine Krankheit zu heilen oder um sich vor einer bösen Macht zu schützen. Dieses heilige Wasser stammt aus besonderen Quellen nahe einer Kirche oder einem Kloster und wird gerne in Flaschen gefüllt und mit nach Hause genommen, um es für den Notfall vorrätig zu haben. Meistens erzählt dabei eine Legende von der wunderbaren Auffindung der Quelle durch den Traum eines Heiligen, oder der Heilige segnete eine bereits bekannte Quelle, wodurch sie Heilkraft erhielt. Die Marienquelle bei dem Kloster Däbrä Libanos, die als kleiner Wasserfall über einen Felsen fließt, ist ein ständiger Anziehungspunkt für Kranke, die darauf warten, in dem Wasser zu „duschen", um Heilung zu erfahren. Dabei gilt die Quelle vor Sonnenaufgang am wirkkräftigsten, was man mit der neutestamentlichen Geschichte von der Heilung am Teich Betesda (Joh. 5, 1 – 18) begründet. Auch dort wurde immer nur derjenige gesund, der morgens als erster in das Wasser stieg, nachdem sich die Oberfläche des Sees im Morgenwind gekräuselt hatte.
Der Missionar Johan Ludwig Krapf schreibt zu dieser Quelle aus seiner evangelischen Sicht des 19. Jahrhunderts: „Dieser Brunnen heißt Tabele oder Zabele; sein Wasser soll Kranke heilen und Vergebung der Sünden auf sieben Jahre verschaffen. Da im Mai der Todestag des Tekla Haimanot [des berühmten Abtes des Klosters Däbrä Libanos, der Vf.] gefeiert wird, so begeben sich viele Abessinier dahin, um zu baden und das Wasser zu trinken, wobei freilich schon manche Heilungen vorgekommen sind, weil das eisenhaltige Mineralwasser allerdings Heilkräfte enthält, die aber der Aberglaube dem Heiligen zuschreibt."[162]
Auch ein neu errichtetes Gebäude hat ein Priester genauso mit Ṣäbäl zu segnen wie ein Haus, in dem vor kurzem ein Kind geboren wurde oder nach anderen Ereignissen, die einen solchen Ritus nahezulegen scheinen, um Unglück von den Menschen, die dort wohnen werden, abzuwenden. Besondere Heilwasser sollen zudem bei Unfruchtbarkeit helfen oder die Geburtswehen lindern.

Daneben kennen die Äthiopier zusätzlich „heiligen Staub" (əmnät), der in gleicher Weise „gefunden" wird und dem gleichen Zweck dient und äußerlich wie (in Wasser aufgelöst) inwendig verabreicht wird.
Heiliges Wasser wie heiliger Staub werden von der Kirche (Priestern und Diakonen) verwaltet, aber nicht verkauft. Gläubige erhalten es, wenn sie demütig darum bitten. Manche Quellen werden inzwischen allerdings auch industriell vermarktet. Am bekanntesten ist das Ambo-Mineralwasser, das in dieser Form allerdings zwar als gesund, nicht jedoch als heilig angesehen wird. Außerdem streichen die Gläubigen auch den Staub, der sich in den Kirchen auf den Kreuzen, den Bildern oder auf dem Fußboden ablagert, mit der Hand ab und bekreuzigen sich damit. Auch dieser durch den Tabot der Kirche gleichsam geheiligte Staub wird als segensmächtig angesehen.

---

[162] Krapf, Reisen, S. 54.

Darüber hinaus sind den äthiopischen Christen für ihren Alltag heilige Schriften gegeben, die sie ständig mit sich herumtragen und bei jeder Gelegenheit lesen, vor allem aber in Zeiten persönlicher oder allgemeiner Not.[163] Bei diesen Schriften, von der äthiopischen Kirche autorisiert und von den Äthiopiern auch „kleine Bibeln" genannt, handelt es sich sowohl um Gebetbücher wie dem „Yäzäwätər Ṣälut" (= Gebet für jeden Tag) als auch um apokryphe oder mittelalterliche Wundergeschichten wie dem „Tä'ammərä Maryam" (= Die Wunder Marias)[164]. Vor allem aber ist das Büchlein „Yäsäne Golgota" (= Golgatha des [Monats] Säne) von Bedeutung. Es erzählt von dem Versprechen, das Jesus seiner Mutter Maria gab. Nach dieser Legende soll der auferstandene und bereits gen Himmel aufgefahrene Jesus an einem Säne 21 seiner Mutter noch einmal erschienen sein, als sie an den Ort seines Todes, den Hügel Golgatha, zurückgekehrt war und voller Inbrunst zu ihm betete. Um sie zu trösten, war er in seiner Herrlichkeit und umgeben von einer Schar von Engeln vom Himmel herabgestiegen. Sie durfte ihn nicht berühren, weil er schon verherrlicht war, aber er sagte ihr zu, dass er ihr alles erfüllen werde, worum sie ihn bitten würde, weil sie ihn neun Monate im Bauch getragen, unter Schmerzen zur Welt gebracht und auch später seinetwegen viele seelische Schmerzen erlitten habe.

Der innere Zusammenhang dieser vier „Sakramentalien" geht dabei immer von der Bedeutung des Kreuzes Jesu als dem Ort und dem Zeichen der Erlösung der Menschheit aus und erweist sich dadurch im äthiopischen Verständnis als durch und durch christlich. Nur durch den gekreuzigten und auferstandenen Christus, d. h. durch seine Macht, die er diesen „Hilfsmitteln" verliehen hat, erhalten sie ihre Wirkmächtigkeit für die heutigen Gläubigen. Mit dem Kreuzzeichen im Namen Christi gesegnetes Wasser und gesegneter Staub werden so selber zu Trägern dieses Segens. Durch die zusätzliche Verbindung mit dem äußeren Wort aus den erwähnten heiligen Schriften, das die äthiopischen Christen als echtes, gültiges Versprechen Jesu empfinden, erhalten diese vier „Hilfsmittel" tatsächlich einen fast sakramentalen Charakter.

Äthiopien ist zudem (neben Eritrea und dem Jemen) die Heimat des Weihrauchs (ʿəṭan). Bereits im Alten Testament ist bei einer Beschreibung der zukünftigen Herrlichkeit Zions (des Gottesbergs, auf dem Jerusalem erbaut ist) davon die

---

[163] Vgl. dazu z. B. die von G. Georgieff erzählte Anekdote im Kapitel zur Heiligenverehrung.
[164] Diese Schrift stammt ursprünglich aus dem mittelalterlichen Frankreich. Sie erreichte Äthiopien in einer arabischen Version, die dann ins Gəʿəz übersetzt und mit Geschichten aus dem christlichen Orient erweitert und ausgeschmückt bzw. örtlichen Bedürfnissen angepasst wurde: Pinggéra, Äthiopisch-Orthodoxe Kirche, S. 39f.
Siehe dazu auch das Kapitel zum Festkalender.

Rede (Jes. 60, 6b): „Sie werden aus Saba alle kommen, Gold und Weihrauch bringen und des HERRN Lob verkündigen.“[165] Andere Stellen sprechen von der Verwendung des Weihrauchs im alttestamentlichen Kult.[166] Außerdem erzählt eine äthiopische Legende, dass, wann immer Jesus in den Jerusalemer Tempel kam, dort Weihrauch angezündet wurde. Daher benutzt man diesen auch in Äthiopien in außerordentlichem Maße. Die beste Qualität ist stets der Kirche für die Gottesdienste und Amtshandlungen vorbehalten.
Die Bedeutung dieses angenehmen Geruchs mag ein Stück aus einer äthiopischen Liturgie wiedergeben. Dort heißt es:

„Dies ist die Zeit des Segens.
Dies ist die Zeit des auserwählten Weihrauchs.
Dies ist die Zeit, unserem menschenfreundlichen Retter, Christus, zu danken.
Maria ist wie Weihrauch.
Ihr Sohn ist wie Weihrauch.
Der, der in ihrem Leibe seine Wohnung nahm, ist wohlriechender als jeder Weihrauch.
Er wurde von ihr geboren, kam als Mensch und rettete uns.
Jesus Christus ist wie ein wohlriechendes Nardenöl.
Kommt, laßt uns ihn anbeten und seine Gebote halten.
So werden wir Erlösung von unseren Sünden erhalten.“[167]

Darüber hinaus erfreut sich der Weihrauch aber auch im Alltag großer Beliebtheit. Doch für den privaten Gebrauch ist nur die zweite oder dritte Wahl erlaubt, die auf den Straßen frei verkauft wird; denn in diesem Fall gilt der Weihrauch nicht unbedingt als Vermittler von Gottes Segen wie die vier weiter oben beschriebenen „Sakramentalien“. Die Äthiopier genießen einfach den Wohlgeruch z. B. bei der Kaffeezeremonie in der Familie oder im Freundeskreis oder auch bei anderen Gelegenheiten, die ihnen passend erscheinen.
Weihrauch ist außerdem ein wichtiger Exportartikel. So unterhält etwa das russisch-orthodoxe Kloster in München eine eigene Weihrauch-Werkstatt, die Rohweihrauch aus Äthiopien importiert, ihn reinigt und mit verschiedenen Aromen versieht, um ihn dann an andere orthodoxe Klöster in Europa zu verschicken oder an Gläubige zu verkaufen.

---

[165] Sowohl Äthiopien als auch der Jemen beanspruchen, das frühere Reich Saba gewesen zu sein. Letztgültig ist diese Frage wohl nicht zu entscheiden. Jedoch ist zu bedenken, dass Äthiopien zeitweise auch über den Jemen herrschte.
[166] Lev. 2, 1; Jer. 17, 26 u. a. m.
[167] Zitiert nach Kefelew Zelleke, Die Freude Äthiopiens, S. 66.

Interessanterweise gilt übrigens umgekehrt der Konsum von Tabak als sündhaft und unchristlich, so dass es jemandem, der gerade geraucht hat, nicht erlaubt ist, ein Kreuz zu küssen. Eine Legende besagt, dass die ersten Tabakpflanzen aus den Eingeweiden des Erzketzers Arius herauswuchsen, eine andere Überlieferung erklärt, dass bei der Kreuzigung Jesu alle Pflanzen auf der Erde aus Trauer über den Tod des Heilands vertrockneten – außer dem Tabak.[168]

Ein fast in der gesamten Religionsgeschichte verbreiteter Brauch ist schließlich der des Pilgerns zu heiligen Orten. Wallfahrten mögen die Erfüllung eines Gelübdes sein oder mit einer großen Bitte – z. B. um Heilung von einer schweren Krankheit, um Nachkommenschaft bei ungewollter Kinderlosigkeit oder um Hilfe in einer seelischen Not – zusammenhängen.
Wallfahrtszentren entstehen dabei nach äthiopischem Verständnis dort, wo Gott dem an diesem Ort verehrten Heiligen das Versprechen gab, denen, die zu ihm pilgern, ihre Sünden zu erlassen. Diese Versprechen, qal kidan genannt, entsprechen dem Kidanä Məhrät, das Jesus der Legende nach mit Maria abschloss (siehe dazu das Kapitel zur Heiligenverehrung). Eines der wichtigsten Wallfahrtzentren in Äthiopien ist die Kirche des Erzengels Gabriel in dem Ort Qulləbi zwischen den Großstädten Dərre Dawa und Harär im eigentlich eher islamisch geprägten Teil Äthiopiens. Dort wird vor allem am Tahśaś 19 (= 28./29. Dezember) sowie am Ḥamle 19 (= 26. Juli) der Bewahrung der drei Männer im Feuerofen durch den Erzengel Gabriel (Dan. 3, 22 – 25) sowie der Errettung einer christlichen Mutter mit ihrem Sohn in der Zeit der ersten Christenverfolgungen, die mithilfe des Erzengels Gabriel eine Folter in kochendem Wasser ohne Verletzungen überstanden, gedacht. Man glaubt, dass Gelübde, an diesen Ort zu pilgern, besonders segensreich sind und dass diese Kirche besonders wunderwirksam ist. Allerdings ist das Heiligtum für äthiopische Verhältnisse nicht alt; denn der Hügel von Qulləbi wurde erst zu einem heiligen Ort, nachdem dort der Tabot des Erzengels Gabriel auf wundersame Art bewahrt wurde. In einer Schlacht, in der der spätere Kaiser Menelik II. gegen den muslimischen Emir Abdullah von Harär im Jahr 1886 kämpfte, verbrannte zwar die Hütte, in der der Tabot lagerte, um den äthiopischen Soldaten den göttlichen Beistand zu gewähren, aber dem Tabot selber konnten die Flammen nichts anhaben. Er blieb unversehrt. Eine erste Kirche wurde daher erst von Ras Mekonnen, dem Vater des späteren Kaisers Haile Selassie I., Ende des 19. Jahrhunderts errichtet. Das heutige Gotteshaus stammt von Kaiser Haile Selassie I. (1930 – 74). Zu diesem an sich christlichen Wallfahrtsort pilgern übrigens auch viele Muslime, da auch sie den Erzengel Gabriel verehren.
Es haben sich auch Traditionen herausgebildet, die verschiedene Orte mit bestimmten Zeiten und Festen im Jahreskreis verbinden. So besucht man die Kir-

---

[168] Levine, Wax & Gold, S. 232. Arius leugnete im 3. Jahrhundert die Gottessohnschaft Jesu.

che Maryam Ṣəyon in Aksum gerne im Monat Hədar und das Kloster Maryam Gəšän, in dem ein Teil des wahren Kreuzes Christi aufbewahrt wird, zum Mäsqäl-Fest.[169] Zum Ṭəmqät-Fest fährt man am liebsten nach Gondär und an Weihnachten nach Lalibela (Weihnachten ist der Gedenktag des Hl. Lalibela). Am verdienstvollsten ist natürlich eine Pilgerfahrt nach Jerusalem; doch vermutlich genau aus diesem Grund hat König Lalibela in seiner gleichnamigen Hauptstadt ein zweites Jerusalem geschaffen, um den Gläubigen den weiten und oft nicht ungefährlichen Weg ins Heilige Land zu ersparen (siehe dazu das Kapitel zu den Gotteshäusern).

---

[169] Bantalem Tadesse, Guide, S. 73 – 78; Heyer, Kirche Äthiopiens, S. 187 – 190; Chaillot, Ethiopian Orthodox Tewahedo Church Tradition, S. 143 – 146; Levine, Greater Ethiopia, S. 51.

5.1.2. Der Einfluss des Alten Testaments[170]

Die Salomonische Dynastie (1270 – 1975) war der Überzeugung, sich auf jüdische Ursprünge berufen zu dürfen. In gleicher Weise ist das äthiopische Christentum von dem Selbstbewusstsein getragen, Israel als das erwählte Volk Gottes abgelöst zu haben, seit die echte Bundeslade in ihrem Besitz ist.[171] Der Ethnologe Eike Haberland schreibt sogar dazu: „Das Bewußtsein, das neue auserwählte Volk zu sein, war eine der Kraftquellen, die dem noch im Hohen Mittelalter kleinen äthiopischen Reiche die ungeheure Kraft verlieh, seinen Herrschaftsanspruch über große Teile Nordostafrikas auszudehnen und dem gesamten Subkontinent den entscheidenden Stempel aufzudrücken."[172]
Inwieweit die im Kəbrä Nägäśt ausgeführten Herleitungen tatsächlich zutreffen, ist historisch nicht nachzuweisen. Sicher ist, dass es schon in vorchristlicher Zeit jüdische Gemeinden in diesem geographischen Raum gegeben hat. So wissen wir z .B. von einer jüdischen Kolonie auf der Nil-Insel Elephantine in der Nähe der oberägyptischen Stadt Assuan, die der griechische Historiker Herodot bereits im 5. vorchristlichen Jahrhundert beschreibt. Für das äthiopische Judentum ist allerdings ein Eindringen von der südlichen arabischen Halbinsel her wahrscheinlicher; denn aus dem Jemen des 2. nachchristlichen Jahrhunderts hat man archäologische Hinweise auf Kontakte zwischen Juden und Äthiopiern gefunden. Es ist gut möglich, dass schon viel früher jüdische Kaufleute und auch Siedler ins Reich von Aksum einwanderten, da die Länder zu beiden Seiten des Roten Meers seit jeher ein gemeinsamer Kultur- und Handelsraum gewesen sind, doch in Äthiopien selber lässt sich dieser frühe jüdische Einfluss archäologisch kaum nachweisen. Nur sprachlich finden sich im Gəʻəz einige Worte, die eindeutig aus dem Hebräischen entlehnt sind (z. B. „gähännäm" für „Hölle") und die weder linguistisch noch historisch vom Syrisch-Aramäischen stammen können, dessen sprachlicher Einfluss später in Äthiopien zu spüren ist. Auch die Legende vom Raub der Bundeslade in Jerusalem und von ihrem Transport nach Aksum geht vermutlich auf die Zeit vor der Christianisierung Äthiopiens im 4. Jahrhundert zurück,[173] selbst wenn sie uns erst aus dem Kəbrä Nägäśt im 14. Jahrhundert bekannt ist; denn das Kəbrä Nägäśt weist auch andere Quellen jüdischer Herkunft auf. So findet sich die Erzählung von Abraham, der die Götzen

---

[170] Vgl. dazu vor allem Ullendorff, Hebraic-Jewish Elements; Hammerschmidt, Stellung und Bedeutung des Sabbats; Grillmeier, Jesus der Christus, S. 331 – 339; Pawlikowski, Judaic Spirit; Ethiopian Orthodox Tewahedo Church, S. 22.
[171] Vgl. dazu z. B. Levine, Greater Ethiopia, S. 105; Grillmeier, Jesus der Christus, S. 375.
[172] Haberland, Altes Christentum, S. 6.
[173] So vermutet zumindest Ullendorff, Hebraic-Jewish Elements, S. 227; vgl. auch Ullendorff, Ethiopians, S. 50. 94; Kawerau, Ostkirchengeschichte, S. 96; Baye Felleke, Questions.

seines Vaters lächerlich machte und zerstörte, in dieser Form in einem jüdischen Midrasch, aber nicht in christlichen Schriften.

Außerdem scheinen auf den ersten Blick zahlreiche Tatbestände innerhalb der äthiopischen Kirche zu belegen, dass in ihr der jüdische Einfluss weit stärker vorhanden ist als in irgendeiner anderen christlichen Kirche. Bei genauerem Hinschauen stellt sich jedoch heraus, dass es nicht unbedingt das Judentum als solches gewesen sein muss, das seine Spuren in Äthiopien hinterlassen hat. Vielmehr dürften manche Bräuche auf eine eigene äthiopische Interpretation des Alten Testaments zurückgehen oder anderen Traditionslinien zuzurechnen sein, die nicht ausschließlich zur jüdisch-christlichen Überlieferung gehören müssen.[174] Beweisbar ist somit nicht in erster Linie ein direkter jüdischer Einfluss auf das äthiopische Christentum, wohl aber der *Glaube* der Äthiopier, dass ihr Christentum auf einem Judentum beruht, das schon vor der Christianisierung im Reich von Aksum anzutreffen war, und dass dieser Glaube eine Menge Anhaltspunkte hat, die ihn als gut begründet erscheinen lassen.[175] Insofern ist das oben erwähnte Selbstverständnis der äthiopischen Christen, das wahre Volk Gottes zu sein, bis heute ungebrochen.

Die wichtigste Parallele zwischen Judentum und äthiopischem Christentum ist wohl die bereits erwähnte Verehrung der Bundeslade, in der man die Tafeln mit den Zehn Geboten aufbewahrt hat. Für das alte Israel verkörperte sie seit der Wanderung durch die Wüste vom Berg Sinai in das Gelobte Land die Gegenwart Gottes. Sie fand schließlich ihren Platz im Allerheiligsten des Tempels, den Salomo in Jerusalem errichten ließ. Dieses Allerheiligste war durch einen Vorhang vom Rest des Tempels getrennt. Allein der Hohepriester durfte diesen Raum an einem einzigen Tag im Jahr, am Versöhnungstag (Jom Kippur), betreten, um für sich und für das Volk um Vergebung aller Sünden zu bitten. Die Juden sind davon überzeugt, dass die Bundeslade zusammen mit dem Tempel vom babylonischen Großkönig Nebukadnezar II. bei dessen Eroberung Jerusalems 587/86 v. Chr. zerstört wurde. Daher bildete sich im anschließenden Babyloni-

---

[174] Schon im 17. Jahrhundert äußerte Hiob Ludolph diese Vermutung: Ludolphus, New History, S. 162. 240f.

[175] Vgl. dazu vor allem Ullendorff, Hebraic-Jewish Elements; Hammerschmidt, Äthiopien, S. 101; Pawlikowski, Judaic Spirit, S. 186 – 194; vgl. auch Belai Giday, Ethiopian Civilization, S. 15.
Ullendorff zählt weit mehr religiöse Tatbestände als die im Folgenden Genannten auf, die er auf jüdischen Ursprung zurückführen möchte, doch erscheinen seine Herleitung nicht immer als stimmig, sei es, dass er allgemeine religiöse Phänomene beschreibt, die nicht ausdrücklich vom Judentum herkommen müssen (z. B. bei magischen Praktiken), sei es, dass seine Begründungen allzu konstruiert wirken (z. B. beim äthiopischen Neujahrsfest und beim Mäsqäl-Fest).

schen Exil und nach der Rückkehr nach Israel in den Jahren nach 538 v. Chr. der jüdische Gottesdienst in den Synagogen heraus, weil der vorherige Kultzentralismus, der einen Gottesdienst nur im Tempel erlaubte, unmöglich geworden war. Der Zweite Tempel, der in den Jahrzehnten nach dem Babylonischen Exil erbaut wurde und den die Römer im Jüdischen Krieg im Jahr 70 n. Chr. endgültig zerstörten, besaß demnach zwar ein Allerheiligstes, aber keine Bundeslade mehr. Die Äthiopier hingegen glauben, wie gesagt, die echte Bundeslade nach Aksum gebracht zu haben, so dass Nebukadnezar II. nur eine originalgetreue Kopie in die Hände fiel. Eine Nachbildung der Gesetzestafel aus der Bundeslade befindet sich seit der Christianisierung des Landes in jeder äthiopischen Kirche, und dieser „Tabot" ist es, der den Raum zu einem heiligen Ort macht. In ähnlicher Weise genießen die Schriftrollen der Thora, der jüdischen Bibel mit dem Gesetz des Mose, in den Synagogen die höchste Ehre. Sie werden wie die Tabots in kostbare Stoffe gekleidet und ab und zu in Prozessionen herumgetragen. Wie ein äthiopischer Gottesdienst nicht ohne Tabot stattfinden kann, so ist auch ein jüdischer Gottesdienst ohne Thora unmöglich. Wollte ein Patriarch etwa ein Kloster, das er der Häresie verdächtigte, bestrafen, so nahm er ihm seinen Tabot; denn diese Maßnahme kommt einem Verbot, Gottesdienst zu feiern, gleich. Darüber hinaus werden dem Tabot wundersame Taten zugeschrieben; er wurde – wie die Bundeslade im Alten Testament – mit in den Krieg genommen (so etwa auch noch im Jahr 1896 in die Schlacht von Adwa gegen die Italiener); und ein Tabot, der an die Feinde verloren ging, musste unter allen Umständen zurückerobert werden. Tabots, die in neu errichtete Kirchen einzogen, sollten in der Vergangenheit die Herrschaft Christi über eroberte Gebiete des äthiopischen Reiches, vor allem im „heidnischen" Süden, versinnbildlichen. Der Äthiopienreisende Giacomo Baratti erwähnt im Jahr 1670, dass einem äthiopischen Kaiser grundsätzlich ein Priester, der einen Tabot auf seinem Kopf trug, voranschritt, sobald der Herrscher seinen Palast verließ.[176]
Historisch gesehen, ist allerdings mit großer Wahrscheinlichkeit anzunehmen, dass der Bezug des Tabot zur Bundeslade erst nachträglich hergestellt wurde, als zu Beginn der Salomonischen Dynastie Ende des 13./Anfang des 14. Jahrhunderts die Rückbesinnung auf Ursprünge im alten Israel zur Legitimation des Anspruches auf den Thron an Bedeutung gewann. Zuvor war der Tabot möglicherweise lediglich eine auch im restlichen Orient zu findende Art tragbarer Altar gewesen.[177]

Dann weisen die äthiopischen Gotteshäuser, sofern sie nicht dem Grundriss einer Basilika folgen, den dreigliedrigen Aufbau auf, der aus dem Jerusalemer

---

[176] Baratti, Late Travels, S. 71
[177] Hammerschmidt, Äthiopien, S. 127; Gerster, Kirchen im Fels, S. 46.

Tempel bekannt ist.[178] Wie der Tempel besitzen sie ein Allerheiligstes, in dem der jeweilige Tabot auf dem Altar liegt und das nur geweihte Priester betreten dürfen. Archäologische Untersuchungen belegen jedoch, dass diese Raumgliederung nicht zwingend auf jüdischen Einfluss zurückzuführen ist, da er sich im Ansatz auch in frühchristlichen Kirchen im Stil einer Basilika findet. Vor allem in Ägypten ist dies nachzuweisen.[179]

Darüber hinaus ist die äthiopische Kirche die einzige Ostkirche, die Musikinstrumente in ihrer Liturgie verwendet. Das gleiche gilt für den liturgischen Tanz. Beide Phänomene gehen mit großer Wahrscheinlichkeit auf das Alte Testament (vor allem auf die Psalmen und auf den Tanz Davids vor der Bundeslade in 2. Sam. 6) zurück, da das Neue Testament und die anderen Schriften der ersten Christen weder den Gebrauch von Musikinstrumenten noch den religiösen Tanz kennen. Der Religionswissenschaftler Hubertus Halbfas vermutet allerdings, dass der liturgische Tanz der Alten Kirche allgemein vertraut gewesen sei.[180]

Der Freudenruf der äthiopischen Frauen, der üblicherweise Prozessionen mit dem Tabot sowie andere festliche Anlässe im religiösen wie im profanen Bereich begleitet, das trillernde „Elelelelel“, das in gleicher Art vor allem unter den Koptinnen gebräuchlich ist, könnte sich zudem von dem jüdischen „Hallel“ herleiten, dem Jubelruf aus den Psalmen, der eine Kurzform des bekannten Halleluja („Lobt den Herrn!“) darstellt und in der Zeit des alten Israel wohl kaum von Feiern und Wallfahrten wegzudenken war.[181]

Auch der in den christlichen Kirchen sonst unbekannte Stand der äthiopischen Däbtäras könnte sein Vorbild in den Leviten, den Tempeldienern am Jerusalemer Tempel, haben.

Eine weitere Parallele zum Judentum findet sich in den Speisevorschriften der äthiopischen Kirche, die auch die Äthiopier – wenn auch nicht mit voller Konsequenz – aus dem mosaischen Gesetz ableiten.[182] So ist es u. a. verboten, Schweinefleisch und andere „unreine“ Säugetiere und Vögel zu essen. Bezüglich der Fische kennen die Äthiopier hingegen keine Einschränkungen, weil sie ohnehin kaum Fisch essen, sofern sie nicht am Ufer einer der Seen leben. Auch die jüdische Vorschrift, keinesfalls Fleisch- und Milchprodukte gemeinsam zu

---

[178] Schon im Jahr 1670 hatte das der Äthiopienreisende Giacomo Baratti angemerkt: Baratti, Late Travels, S. 90.

[179] Hammerschmidt, Äthiopien, S. 126; Gerster, Kirchen im Fels, S. 45.

[180] Halbfas, Religion, S. 72.

[181] So vermutet z. B. Galperin, Äthiopische Reise, S. 131.

[182] So auch schon im 17. Jahrhundert Ludolphus, New History, S. 243f; vgl. u. a. auch Ullendorff, Ethiopians, S. 100.

lagern und zu kochen, ist in Äthiopien unbekannt. Auf der anderen Seite werden die Tiere geschächtet, weil man sie laut den alttestamentlichen Vorschriften so schlachten soll, dass sie vollständig ausbluten, obwohl der christliche Metzger über dem Schlachttier immer das Kreuz schlagen und das Bekenntnis „Im Namen des Vaters und des Sohnes und die Heiligen Geistes, ein Gott" aussprechen wird.
Auf das Alte Testament beziehen sich zudem andere Reinheitsgebote. Besonders sexuelle Enthaltsamkeit gehört selbstverständlich zur Fastenzeit sowie zur Zeit der weiblichen Menstruation dazu und ist für die Nacht vor dem Besuch einer Kirche oder eines Gottesdienstes unbedingt vorgeschrieben, und Frauen dürfen während der Periode ihrer Menstruation oder während ihrer Blutung im Kindbett nicht am Gottesdienst teilnehmen.

Des Weiteren hat die Beachtung des Sabbats (Samstags) als zusätzlichem Ruhetag neben dem Sonntag sicherlich seine Ursache in dem Gebot der Heiligung des Sabbats, wie er im Alten Testament vorgeschrieben ist. Auch in diesem Fall ist kaum jüdischer Einfluss ausschlaggebend gewesen, weil die Äthiopier die umfassenden, alles bis ins Kleinste regelnden Vorschriften, die den Sabbat im Judentum umgeben, in dieser Form nicht beachten. Vor allem die Regelungen, was am Sabbat alles nicht getan werden darf, finden in Äthiopien keine Anwendung. Im Gegenteil mahnt die äthiopische Kirchenordnung des Königs Zär'a Yaʿəqob aus dem 15. Jahrhundert sogar, am Sabbat Tiere zu schlachten und gutes Essen zu kochen und zu braten, um diesen Anlass zu einem Freudentag zu machen.[183] Vielmehr war es wohl vornehmlich der strenge Biblizismus des Mönches Ewosṭatewos im 14. Jahrhundert, der ihn dazu brachte, die Beachtung des Sabbats zu fordern. Um einen länger andauernden Streit, der im schlimmsten Fall zu einer Spaltung der Kirche hätte führen können, zu vermeiden, beschloss man am Ende, sowohl die im Alten Testament geforderte Sabbatruhe als auch die im Neuen Testament praktizierte Sonntagsfeier für verpflichtend zu erklären. In die Literatur eingegangen ist dieser Brauch als „die Observanz der zwei Sabbate". Im Amharischen spricht man auch von „kleinem Sabbat" (Samstag) und „großem Sabbat" (Sonntag).[184]

---

[183] Hammerschmidt, Stellung und Bedeutung des Sabbats, S. 28f; vgl. auch schon Baratti, Late Travels, S. 136; Geddes, Church-History, S. 35.
[184] Hammerschmidt, Stellung und Bedeutung des Sabbats, S. 17.
Wie weit sich diese Ausdrücke verbreitet haben, belegt eine Notiz des Afrikareisenden Dr. Richard Brenner aus den 1860er Jahren über die in dem Zitat noch Galla genannten Oromo (Pless, Baron Carl Claus von der Decken's Reisen, S. 375): „Merkwürdiger Weise halten manche Galla-Stämme den Sonntag und den Sonnabend heilig; diesen nennen sie Sanbata Tena, den kleinen, jenen Sanbata Gudda, den großen Sabbat. Wahrscheinlich findet sich dieser Brauch nur bei den ansässigen Stämmen der nördlichen Galla, welche viel mit abyssinischen Christen zusammengekommen sind."

Die portugiesischen Jesuiten, die im 16. Jahrhundert nach Äthiopien kamen, bekämpften die Sabbat-Observanz trotzdem mit großer Vehemenz. Er sei kein Ruhetag, und am Samstag müsse jeder arbeiten, und es dürften (!) keine Gottesdienste stattfinden. Daher ist es nur zu verständlich, dass sich das äthiopische Glaubensbekenntnis des Gälawdewos (1540 – 59), das an die römischen Katholiken gerichtet war und die Rechtmäßigkeit des Glaubens der äthiopischen Kirche beweisen sollte, sowohl vom Judentum als auch vom Islam klar abgrenzen wollte. Es besagt: „Was aber unsere Feier des Sabbattages angeht, so feiern wir ihn nicht wie die Juden, die Christus gekreuzigt haben, wobei sie sprachen: Sein Blut (komme) über uns und unsere Kinder. Denn diese Juden schöpfen weder Wasser, noch zünden sie ein Feuer an, noch kochen sie eine Speise, noch backen sie Brot, noch gehen sie von Haus zu Haus. Wir aber feiern ihn, indem wir an ihm das Opfer darbringen[185] und die Agape[186] halten, wie uns unsere Väter, die Apostel, in der Didaskalie[187] geboten haben."[188] Doch obwohl Kaiser Gälawdewos hier eindeutig feststellt, dass die Beachtung des Sabbats zwar alttestamentlich, aber nicht jüdisch begründet ist, scheint den Jesuiten diese Aussage nicht genügt zu haben, und es ist gut möglich, dass die mit dem Papst in Rom im Jahr 1626 geschlossene Union kurze Zeit später auch an dieser Frage gescheitert ist, weil die Äthiopier sich den Sabbat als Feiertag neben dem Sonntag nicht nehmen lassen wollten. Die wörtliche Beachtung des Feiertagsgebotes aus den Zehn Geboten war bereits zu sehr im Volk verankert, so dass es sich gegen diese und andere Neuerungen, die die römisch-katholische Kirche forderte, wehrte.
Allerdings wird die Sabbatheiligung (abgesehen von den Klöstern, die weiter der Regel des Ewosṭatewos folgen) heute nicht mehr in dieser Form eingehalten. In den 1920er Jahren zählte eine offizielle Kommission der äthiopischen Kirche den Sabbat zwar noch zu den wichtigen Feiertagen,[189] aber schon im Jahr 1971, also noch zur Zeit von Kaiser Haile Selassie I. (1930 – 75), schrieb Friedrich Heyer: „Die Regierung hat die traditionelle Sabbatfeier aufgehoben und hält die Ämter geöffnet. Doch die Gelehrten der Kirche stehen dazu in Opposition. Der Gelehrtenkonvent von Debra Marqos sucht einen Konflikt zu vermeiden, indem er erklärt, die Beamten leisteten am Sabbat in den Büros keine Arbeit, sondern bereiteten nur künftige Arbeit vor."[190] Heutzutage ist der Samstag kein normaler Werktag und gehört zum Wochenende, doch die Sabbat-Beachtung ist kein offizieller Bestandteil der kirchlichen Lehre mehr.

---

[185] D. h. die Eucharistie feiern.
[186] Ein urchristliches Liebesmahl.
[187] Eine altkirchliche Gemeindeordnung.
[188] Hammerschmidt, Stellung und Bedeutung des Sabbats, S. 51; vgl. zu dieser Thematik auch S. 56. 72.
[189] The Teaching, S. 60.
[190] Heyer, Kirche Äthiopiens, S. 83.

Schließlich ist der Brauch der Beschneidung am achten Lebenstag[191] (es sei denn, dieser Tag fällt auf einen Mittwoch oder einen Freitag, an denen gefastet wird) eine sichtbare Parallele zum jüdischen Glauben.[192] Obwohl in Äthiopien nach der Christianisierung die Taufe als Zeichen des Bundes Gottes mit den Menschen üblich geworden war, hatte sich die Beschneidung daneben dennoch über die Jahrhunderte hinweg erhalten. Sie wurde im 16. Jahrhundert wie die Sabbatheiligung von den portugiesischen Theologen als schwerwiegender und unter allen Umständen zu bekämpfender Irrtum der äthiopischen Kirche angesehen. Dazu muss man jedoch bedenken, dass die Portugiesen aufgrund der Konflikte mit den Mauren in ihrer Heimat alles ablehnten, was irgendwie islamisch zu sein schien.[193]

Kaiser Gälawdewos (1540 – 59) wiederum betont in seiner Beschreibung des christlichen Glaubens ausdrücklich, dass die Beschneidung zwar ein in Äthiopien üblicher Brauch sei, dass er aber keinesfalls heilsnotwendig sei oder auch nur zum Bestand der christlichen Lehre gehören würde. Deshalb schreibt schon Michael Geddes im Jahr 1696 in seiner Kirchengeschichte: „Die Abessinier begründen ihren Brauch der Beschneidung niemals mit dem jüdischen Gesetz, weil nichts sicherer ist als das, dass dieser Ritus bereits von den alten Äthiopiern praktiziert wurde.“[194] Allerdings müssen wir beachten, dass Gälawdewos mit dieser Formulierung in erster Linie auf das Befremden der Katholiken reagierte, die sich darüber wunderten, hier Christen zu finden, die dennoch wie die Muslime beschnitten waren.

Doch auch das zeitlich frühere Fətha Nägäśt, das kirchliche Gesetzbuch, gesteht in Kap. 51 der Beschneidung lediglich den Status eines „Brauchs der Väter“ zu. Darüber hinaus darf man nicht vergessen, dass auch andere afrikanische Völker, die weder christlich noch muslimisch sind, die Beschneidung (vor allem die im Alten Testament nicht vorgesehene Beschneidung von Mädchen) praktizieren, so dass auch ein Einfluss aus dieser Richtung nicht auszuschließen ist.[195]

Die äthiopische Kirche verlangt aus diesen Gründen die Beschneidung nicht, verurteilt sie aber auch nicht. In jedem Fall ist die Beschneidung kein Teil der

---

[191] Terrefe Ras-work, Birth Customs, S. 222. Vgl. dazu schon aus dem 18. Jahrhundert J. Bruce, Quellen, S. 195. Hammerschmidt, Äthiopien, S. 140 sagt allerdings, der achte Lebenstag diene in Äthiopien nur der Namensgebung, die Beschneidung folge „zu irgendeinem gelegenen Zeitpunkt“. Auch ein Geistlicher bestätigte dem Verfasser gegenüber, dass der Zeitpunkt der Beschneidung von den Eltern des Kindes frei gewählt werden könne.

[192] Der Festkalender der römisch-katholischen wie der evangelischen Kirche sieht den 1. Januar, also den achten Tag nach Jesu Geburt, als den Tag der Beschneidung Jesu an, auch wenn dieser Anlass heutzutage weithin in Vergessenheit geraten ist.

[193] Martínez d'Alòs-Moner, Paul and the Other, S. 35. 42.

[194] Geddes, Church-History, S. 9; vgl. auch Ludolphus, New History, S. 241f.

[195] Levine, Greater Ethiopia, S. 58.

kirchlichen Riten. Gleichwohl gilt sie in der Bevölkerung weiterhin als religiöse Pflicht und sogar als ein Kennzeichen des Christentums überhaupt, obwohl auch unter den Ostkirchen nur die Kopten, die Äthiopier und die Eritreer die Beschneidung vollziehen.[196] Vermutlich hängt das mit dem eingangs erwähnten Bewusstsein, das erwählte Volk zu sein, zusammen. Vielleicht kann man sagen, dass die Beschneidung seit den Jahren nach der Revolution von 1974 und der Machtübernahme der Kommunisten nicht mehr ganz so konsequent wie früher gehandhabt wird. Auch Personen, die der äthiopischen Kirche erst als Erwachsene beitreten, beschneidet man nicht mehr.
Die Beschneidung von Mädchen am siebten Lebenstag[197], die bis vor wenigen Jahrzehnten in Äthiopien noch allgemein durchgeführt wurde, ist eindeutig afrikanischen Ursprungs.[198] Religionsgeschichtlich beruht sie auf der in vielen indigenen Religionen Afrikas verbreiteten Vorstellung, jeder Mensch habe anfangs eine „bisexuelle" Seele, die sowohl männliche als auch weibliche Elemente in sich trage. Um die geschlechtliche Zuordnung eindeutig zu machen, bevor die Kinder ihre Rolle in der Gesellschaft einnehmen, schneidet man bei Jungen bzw. Mädchen jeweils das „Stück" weg, in dem man das andere Geschlecht repräsentiert sieht.[199] Von dem frommen König Zär'a Yaʿəqob (1434 – 68) war die Bescheidung von Mädchen zunächst gutgeheißen worden. Zur Begründung verwies er auf Bibelstellen, wo Gott beim Bundesschluss mit Abraham die Beschneidung von „dir und deinem Geschlecht nach dir" (d. h. den Nachkommen) gefordert hatte (Gen. 17, 10 – 13), wozu laut Zär'a Yaʿəqob nun einmal auch die Frauen gehörten.[200] Die heutige äthiopische Kirche verurteilt allerdings diese Praxis als „gesundheitsgefährdend",[201] und das kommunistische Regime hat die Beschneidung von Mädchen auch gesetzlich verboten. Dieses Verbot gilt weiterhin, so dass diese Art der Beschneidung zumindest in den Städten mittlerweile nicht mehr üblich ist.

Weitere mögliche jüdische Einflüsse innerhalb des äthiopischen Christentums lassen sich zumindest benennen. Die Gelehrten an den Kirchenschulen geben in

---

[196] Z. B. lehnt die syrisch-orthodoxe Schwesterkirche die Beschneidung als äußeres Zeichen des Übertritts zum Islam ab und wehrt sich heftig gegen von Muslimen vollzogene Zwangsbeschneidungen ihrer Gläubigen: Merten, Syrisch-orthodoxe Christen, S. 53.
[197] Terrefe Ras-work, Birth Customs, S. 222.
[198] Schon der Äthiopienreisende James Bruce im 18. Jahrhundert merkte dies an: J. Bruce, Quellen, S. 195f.
Die radikalste und grausamste Form der Beschneidung der weiblichen Genitalien (Schamlippen und Klitoris) findet sich unter den muslimischen ʿAfar im Nordosten Äthiopiens und in Dschibuti: Ehlert, Bildungschancen, S. 77.
[199] Meinardus, Christian Egypt, S. 321.
[200] Vgl. Ullendorff, Hebraic-Jewish Elements, S. 249 Anm. 1.
[201] Kessis Kefyalew Merahi, Spiritual and Social Life, S. 68.

der Regel ihren „Gelehrtenstammbaum" (Heyer) an, der bis zum Begründer ihrer Kunst bzw. ihrer Wissenschaft zurückreicht, um ihre Kenntnisse zu untermauern und ihren Ruf zu begründen sowie die unverfälschte Tradition der Lehre zu belegen. Möglicherweise stammen diese Gelehrtenketten aus der jüdischen Tradition.[202] Im christlichen Festkalender könnten das Neujahrsfest und das Mäsqäl-Fest auf früheren jüdischen Festen beruhen. Nicht nur, dass die Juden ihr Neujahr auch im September der westlichen Rechnung begehen, legt diese Vermutung nahe, sondern das Mäsqäl-Fest zur Auffindung des wahren Kreuzes Jesu trägt wie das jüdische Versöhnungsfest zum gleichen Zeitpunkt den Gedanken der inneren Reinigung in sich.[203] Darüber hinaus verweist man auf die Kleidung der äthiopischen Mönche, die sich direkt von den alttestamentlichen Vorschriften aus Ex. 28 ableiten würden.[204]

Die für die äthiopischen Kaiser übliche Bezeichnung „Löwe von Juda" geht dagegen mit Sicherheit nicht auf jüdische Ursprünge zurück. Erstens war sie nie ein offizieller Titel, obwohl dieses Symbol die kaiserliche Staatsflagge zierte. Sie ist aus einer Bibelstelle im Neuen Testament abgeleitet: „Und einer von den Ältesten spricht zu mir: Weine nicht! Siehe, es hat überwunden der Löwe aus dem Stamm Juda, die Wurzel Davids, aufzutun das Buch und seine sieben Siegel." (Offb. 5, 5) In diesem Vers ist mit dem Löwen eindeutig Jesus Christus gemeint, doch das äthiopische Kaiserhaus sah sich in dieser Traditionslinie und vereinnahmte allmählich auch diesen Ehrentitel. Zweitens ist der Löwe als Symbol für die äthiopischen Herrscher erst seit dem 16. Jahrhundert nachweisbar. Vielleicht waren es sogar die Portugiesen, die diese Verbindung zu Offb. 5, 5 herstellten. Der Äthiopienkenner Hiob Ludolph beschreibt jedenfalls im 17. Jahrhundert das Siegel des Kaisers mit dem Löwen, der ein Kreuz hält, und mit der Umschrift „Der König der Stämme von Juda hat gewonnen".[205] Aber erst Kaiser Menelik II. (1889 – 1913) übernahm diesen Titel auf sein kaiserliches Siegel und in seinen offiziellen Schreiben. Noch sein frommer Vorgänger Yoḥannəs IV. (1872 – 89) hatte sich lediglich „König der Könige von Äthiopien, König von Zion von Äthiopien" genannt. Meneliks II. Bibelzitat „Gesiegt hat der Löwe aus dem Stamm Juda" übersetzten die Briten dann ungenau mit „The Conquering Lion of the Tribe of Judah". Erst diese Version erhielt in Europa allgemeine Popularität, während Kaiser Haile Selassie I. (1930 – 75) zunächst mehr Gewicht auf den Bibelvers Ps. 68, 32b legte: „Mohrenland [Äthiopien] wird seine Hände ausstrecken zu Gott." Erst während des Exils in London stellte er im Jahr 1942 das „Gesiegt hat der Löwe aus dem Stamm Juda" seiner

---

[202] Heyer, Kirche Äthiopiens, S. 111.
[203] Ullendorff, Ethiopians, S. 101f; Pawlikowski, Judaic Spirit, S. 192.
[204] Pawlikowski, Judaic Spirit, S. 190.
[205] Ludolphus, New History, S. 105. 161.

Titulatur voran, wobei er das kaiserliche „Wir“ (Pluralis Majestatis) hinter das Bibelzitat setzte, um es von den eigentlichen, offiziellen Thronnamen abzugrenzen. In der englischen Version jedoch ist diese Trennung durch die Auslassung des „Wir“ an dieser Stelle aufgehoben und das „The Conquering Lion of the Tribe of Judah“ damit zum offiziellen Attribut des kaiserlichen Namens geworden.[206] Der ehemalige Nəburä əd von Aksum Ermias Kebede Wolde-Yesus legt zudem nochmals größten Wert darauf festzustellen, dass mit dieser Titulatur stets Jesus Christus und nie der jeweilige Kaiser gemeint gewesen war.[207]

Obwohl ein direkter jüdischer Einfluss insgesamt wohl eher auszuschließen ist und man vielmehr von starken alttestamentlichen Elementen sprechen muss, die sich im äthiopischen Christentum parallel zum Judentum ausgebildet haben, so ist, wie eingangs erwähnt, dennoch das Bewusstsein der Äthiopier, das „wahre Israel“ zu sein, auch für ausländische Besucher unübersehbar; denn „die orthodoxen Äthiopier haben aus ihrem Land ein ‘Heiliges Land’ gemacht,“ wie Friedrich Heyer schreibt.[208] Sie tun dies, indem sie Orte in Israel, die für die Geschichte Gottes mit seinem Volk von Bedeutung sind, mit Orten in Äthiopien gleichsetzen. Friedrich Heyer spricht diesbezüglich von einer „sakralen Geographie“.[209] Der Religionswissenschaftler Ninian Smart wiederum stellt zu diesem Phänomen grundsätzliche Überlegungen an, wobei er die Auferstehung Jesu mit der späteren Vergegenwärtigung in den weltweiten Ostergottesdiensten vergleicht: „Die Auferstehung fand in Palästina statt, aber sie wird in Rom, Athen und London repräsentiert. Trotzdem herrscht eine noch höhere Macht am ursprünglichen Ort, und das ist ein Hauptmotiv für Wallfahrten.“[210] Genau dieser Gedanke liegt auch der sakralen Geographie in Äthiopien zugrunde, die sich bemüht, diese „höhere Macht“ in ihre Nähe zu holen, indem sie in ihrer Überzeugung den ursprünglichen Ort geographisch verlegt.
In diesem Sinne vermutet der Volksglaube, dass sich das Paradies in der früheren Provinz Goǧǧam (heute Region Oromia) befunden habe, auch wenn keine offizielle kirchliche Lehre dies behauptet. Dass Maria mit Josef und dem Jesuskind bis nach Äthiopien gelangt sein sollen, ist hingegen Teil der allgemein anerkannten Legenden. In Lalibela zeigt man sogar die Stelle am Fluss Jordan, wo Jesus getauft worden sein soll,[211] und in der dortigen Golgatha-Kirche befinden sich das symbolische Felsengrab Jesu, während das Grab Adams ein wenig

---

[206] Hammerschmidt, Äthiopien, S. 152f.
[207] Ermias Kebede Wolde-Yesus, Ethiopia, S. 57 u. a. m.
[208] Heyer, Kirche Äthiopiens, S. 211.
[209] Heyer, Kirche Äthiopiens, S. 211; vgl. auch Hasselblatt, Äthiopien, S. 38.
[210] Smart, Phenomenon, S. 93.
[211] Gerster, Kirchen, S. 90; Hage, Orientalisches Christentum, S. 221f; Baye Felleke, Lalibela, S. 163.

außerhalb liegt.[212] Auch biblische Städtenamen wie Bethlehem, Nazareth und Betanien überträgt man selbstverständlich nach Äthiopien, und natürlich gibt es hier auch den Berg Tabor (Däbrä Tabor), den Berg der Verklärung Jesu, den Ölberg (Däbrä Zäyt), auf dem Jesus vor seiner Kreuzigung gebetet hat und wo er gefangen genommen wurde, und den Berg des Libanon (Däbrä Libanos), der der Tradition als Geburtsort Marias gilt. Auch manche Städte aus Syrien und Ägypten, denen sich die Äthiopier aufgrund des gemeinsamen Bekenntnisses verbunden fühlten, wurden in Äthiopien „wiederaufgebaut", nachdem sie von den vordrängenden Muslimen erobert oder gar zerstört worden waren. Andere Orte erhielten symbolische Namen wie „Thron unserer Herrin Maria" oder „Heimat des Lebens".[213]

---

[212] Mengistu Gobezie, Lalibela, S. 68; Baye Felleke, Lalibela, S. 162.

[213] Heyer, Kirche Äthiopiens S. 211 – 214. Nach Phillipson, Ancient Churches, S. 67 zählt der Däbrä Libanos hingegen nicht zu dieser Gruppe, obwohl die Ähnlichkeit zum „Libanon" dazu verführen mag, auch ihn als „sakrale Geographie" zu sehen. Dieser Name geht nach Phillipson vielmehr auf einen der Neun Heiligen, Abba Libanos, zurück.

5.1.3. Die Heiligenverehrung

Nach allgemeinem christlichem Verständnis sind alle Getauften heilig, da sie dieser Welt entnommen sind und zu Jesus Christus gehören (1. Kor. 1, 2 u. a. m.). Diese Heiligkeit ist nicht im ethischen Sinne gemeint. Sie bezieht sich in keiner Weise auf die Taten und den Lebenswandel der Menschen, sondern liegt allein in dem Umstand begründet, von Gott erwählt zu sein. Wer auf den Namen des dreieinigen Gottes getauft ist, hat damit an Gottes Heiligkeit Anteil.
Doch darüber hinaus ehrt die Orthodoxie Menschen, die mit ihrem Leben und/oder mit ihrem Sterben in besonderer Weise Jesus Christus nachgefolgt sind. Mit Hinweis auf Mt. 5, 15[214] erkennen die orthodoxen Kirchen die Kämpfe des oder der Heiligen in Christus an, um auch für uns zum Vorbild zu werden, in diese Nachfolge einzutreten. „Für den orthodoxen Christen sind die Heiligen geistliche Väter und Brüder, Mütter und Schwestern. Ohne sie auskommen zu müssen, würde bedeuten, den Weg des Heils allein zu suchen, ohne Vorbilder, Helfer und Beschützer. Der Gläubige weiß sich in der Gemeinschaft der Heiligen geborgen und von ihnen geleitet. [...] Die Heiligen werden auch nicht als Mittler zwischen Gott und den Menschen verstanden, sondern sie sind Freunde und Helfer der Gläubigen, die mit ihnen zu dem wahren und einzigen Erlöser beten.“[215] Mit einem Satz fasst Erzpriester Merawi Tebege in Köln diesen Umstand zusammen: „Äthiopische orthodoxe Christen lieben ihre Heiligen.“[216]
Theologisch begründet man die Anrufung der Heiligen mit Bibelstellen wie 2. Kor. 13, 9; Eph. 1, 16 – 18 und 3, 14 – 21; Phil. 1, 3 – 4; 1. Thess. 1, 2 – 3; 2. Thess. 1, 1 – 11 und 2. Tim. 1 – 3, in denen sämtlich davon die Rede ist, dass der Apostel Paulus und seine Gefährten für die Gemeinden Gott danken und ihn für die Gläubigen bitten. Diese Aussagen werden dann auf den Hl. Paulus und andere Heilige übertragen.[217] Nach dem Glauben der äthiopischen Kirche schließt Gott zudem mit jedem Menschen, der ein besonders gottgefälliges Leben geführt hat und/oder den Märtyrertod für Jesus Christus gestorben ist, einen Bund (kidan), in dem Gott ihm zusichert, dass diejenigen, die ihn später verehren sollten, bestimmte Gnadengaben gewährt bekommen.
Der wichtigste und zugleich volkstümlichste dieser Verträge ist der Kidanä Məhrät, der Bund, den Gott mit der Jungfrau Maria schloss. Er ist im Büchlein „Yäsäne Golgota“ (= Golgatha des [Monats] Säne) niedergeschrieben (siehe dazu auch das Kapitel zum Glauben) und besagt, dass Jesus seiner Mutter alle Bitten erfüllen werde.

---

[214] „Man zündet auch nicht ein Licht an und setzt es unter einen Scheffel, sondern auf einen Leuchter; so leuchtet es allen, die im Hause sind.“
[215] Diedrich, Glaubensleben, S. 126f; vgl. dazu auch Heyer, Heilige, S 12.
[216] Grußwort in Heyer, Heilige, S. 4.
[217] Haddis Yeshanew, Course on Dogmatic Theology, S. 126.

als sie unter dem Kreuz Jesu stand und ihr sterbender Sohn ihr zusagte, ihr keine Bitte abschlagen zu können. Eine andere Überlieferung erzählt dazu, dass Maria von den Juden verfolgt worden sei, als sie am Grab Jesu für die Sünder in der Welt gebetet habe. Daher habe Gott sie für die jüdischen Wachen unsichtbar gemacht, so dass sie weiter unbehelligt habe beten können. In dieser Zeit sei sie zudem oft von Engeln besucht worden, die sie immer wieder in den Himmel entrückt hätten. Dort habe Gott selbst ihr zugesagt, alle Gebete zu erhören, die Menschen in ihrem Namen sprechen würden.[218]

Viele Gläubige lesen die kleine Schrift, die dieses Ereignis wiedergibt, bei jeder Gelegenheit im Alltag, z. B. im Wartezimmer einer Klinik. Daher verschwimmt in der Volksreligion oft der feine, aber theologisch klar betonte Unterschied zwischen der offiziellen Lehre der Kirche, *mit* den Heiligen zu Gott beten, und dem Glauben der Menschen, *zu* den Heiligen zu beten, um ihre Fürbitte vor Gott zu erflehen.

Ein gutes Beispiel der äthiopischen Frömmigkeit, die man so oder auf ähnliche Art und Weise bis heute im ganzen Land beobachten kann, ist ein nettes Erlebnis, das der Arzt und Äthiopienreisende Dr. Georgi Georgieff im Jahr 1963 hatte: „Ich wartete also weiter auf die Ankunft meines Flugzeuges, welches aus Djibuti kommen musste. Eine Gruppe Äthiopier stand nicht weit von mir. In der Mitte eine ältere Frau in typischer Landestracht, […] Endlich näherte sich das Flugzeug, eine DC 3, 'Lastesel der Dritten Welt', beste Konstruktion der amerikanischen Flugzeugindustrie des 2. Weltkrieges, ähnlich der JU 52. […] Ich stieg ebenfalls ein und der Zufall wollte es, dass mein Platz neben ihr war. […] Unsere DC 3 nahm langsam die Höhe und flog in Richtung West, den Shoa-Bergen zu. Alle Passagiere saßen ruhig und erwartungsvoll in ihren Sitzen. Die äthiopische Woizero [Dame, der Vf.] schaute vergnügt und lächelte zufrieden. Sie hielt ihr Gebetbuch in den Händen und eine große schwarze Lederhandtasche. Wir flogen allmählich steigend der Eisenbahnlinie entlang. Der Himmel war klar und man hatte eine gute Sicht. Als wir über den Awash-River kamen fing das Flugzeug etwas zu tänzeln an. Das sind die bekannten Luftlöcher auf dieser Strecke, die durch die aufsteigenden Thermen des Flusses verursacht werden. In diesem Augenblick sah ich, wie meine Nachbarin geschäftig in ihrer Handtasche kramte und einen Geldschein herausholte, den sie murmelnd in ihr Gebetbuch legte. Dies wiederholte sich mehrere Male, immer wenn das Flugzeug tänzelte. Ich wurde neugierig und fragte sie, als das Flugzeug sich wieder beruhigt hatte, was ihr Tun für eine Bedeutung habe. Sie antwortete: 'Ja, wissen Sie, ich gebe bei jedem Absacken der Maschine ein Opfer der Heiligen Maria, dem Heiligen Georg, dem Heiligen Mikael und dem Heiligen Tekle Haimanot, damit wir heil über die gefährlichen Stellen kommen und wir sicher in Addis

---

[218] Bantalem Tadesse, Guide, S. 92f.

Abeba landen.' Sie lächelte, steckte ihr Gebetbuch wieder zurück in ihre Handtasche und murmelte weiter ihre Gebete."[219]
Der Arzt, der diese Anekdote erzählte, schmunzelte versöhnlich darüber und meinte, ihm seien Menschen, die nicht allein den Künsten der Piloten vertrauten, lieber als andere. Die Schwierigkeiten, die andere Menschen, die selber keine Heiligen anrufen, möglicherweise mit dem ausgeprägten Wunderglauben der Äthiopier haben, spiegelt sich bereits in einem kurzen Wortwechsel wieder, von der der schottische Reisende James Bruce, der Ende des 18. Jahrhunderts die Quelle des Blauen Nils im Ṭana-See entdeckte, erzählt. Die äthiopische Kaiserin in Gondär befragte ihn über seine Religion. Zuerst war sie erstaunt zu hören, dass es in Europa neben den Katholiken noch andere Christen gibt. Wenn dem so sei, argumentierte sie weiter, sei es doch verwunderlich, dass er nicht wie die Äthiopier an Wunder glaube. Er glaube, so Bruce, durchaus an die Wunder, die Jesus Christus vollbracht habe, jedoch nicht an solche, die von Heiligen in späteren Zeiten erzählt würden oder die z. B. nur durch Auflegen eines Bildes zustande gekommen sein sollen. Die Kaiserin erwiderte lächelnd: „Aber was schadet es, zu viel zu glauben? Ist es nicht viel gefährlicher, zu wenig zu glauben?" Sie fügte abschließend hinzu: „Bei Gott war doch kein Ding unmöglich."[220]

Um den eingangs genannten Zweck der Heiligenverehrung zu erfüllen, muss der Gläubige das Leben des oder der Heiligen in schriftlicher oder bildlicher Form stets vor Augen haben. Sich betend und meditierend in die jeweilige Vita zu versenken, ist der Beginn dieser Gemeinschaft mit den Heiligen im Glauben und im Alltag, wie auch die Anekdote von der äthiopischen Dame im Flugzeug veranschaulicht hat. Vor allem der fromme Kaiser Zär'a Ya'əqob (1434 – 68) hat deshalb zur Eindämmung vorchristlicher Praktiken im Volk diese Viten der Heiligen (gädl) sammeln und aufschreiben lassen und ordnete an, das jede Kirche ihrem Schutzheiligen einen monatlich zu begehenden Feiertag widmen soll. Dazu sind die Heiligenlegenden im Synaxar (sənkəssar) aufgezeichnet, das der Kirche an den jeweiligen Gedenktagen zur Verlesung im Gottesdienst dient. Dieses Synaxar geht in seinem Ursprung auf die koptische Kirche zurück, so dass ein Großteil der dort verzeichneten Heiligen gemeinsam mit der koptischen Kirche verehrt wird.
Die äthiopische Kirche kennt demnach sowohl Heilige, die die gesamte Ostkirche bzw. die Gruppe der orientalischen (nicht-chalcedonensischen) Kirchen gemeinsam verehrt, als auch Heilige, die aus ihrer eigenen Geschichte stammen und im Besonderen ein äthiopisches Gepräge tragen. Mit der koptischen Kirche scheinen sie die Vorliebe für berittene Erzengel und Heilige zu teilen. Vor allem

---

[219] G. Georgieff, Und die Heiligen fliegen mit, S. 59f.
[220] J. Bruce, Quellen, S. 145; vgl. auch R. Pankhurst, Travellers, S. 75.

dem Hl. Michael und dem Hl. Georg, dem Drachentöter, sind zahllose Kirchen geweiht.
Einen im Kirchengesetz geregelten Prozess der Kanonisierung (Heiligsprechung) wie in der römisch-katholischen Kirche gibt es in der äthiopischen Kirche nicht. Eine Heiligsprechung beginnt in der Regel damit, dass Angehörige, Freunde und Nachbarn eines Verstorbenen auch nach der vorgeschriebenen Trauerzeit nicht aufhören, das Totengedenken zu zelebrieren. Sobald dann von dem Verstorbenen bewirkte Gnadengaben (z. B. wunderbare Heilungen) sichtbar werden, kann die Kirche die offizielle Erlaubnis erteilen, zunächst die Ereignisse des Lebens und die nach seinem Tod verübten Wunder eines Verstorbenen zu sammeln und aufzuschreiben und diese schließlich in das Synaxar aufzunehmen. Mit diesem Schritt gilt die betreffende Person als zur Gruppe der Heiligen gehörig.
Aus dem 20. Jahrhundert erreichten bisher die früheren Patriarchen P̣eṭros (von den Italienern ermordet), Basəlyos, Tewoflos (von den Kommunisten ermordet) und Täklä Haymanot diese Anerkennung. Die Opfer von Grazianis Massaker im Februar 1937 nennt man Märtyrer.[221] Damals hatten die Italiener nach einem fehlgeschlagenen Attentat auf den Vizekönig Rodolfo Graziani in Addis Abeba innerhalb von drei Tagen Tausende von Äthiopiern, darunter zahlreiche Mönche, in Massenexekutionen hingerichtet und Hunderte von Äthiopiern inhaftiert.[222]

In Äthiopien hat jede Kirche einen oder mehrere Heilige, denen ihr Tabot bzw. ihre Tabots geweiht sind, sofern sie nicht der Dreieinigkeit, Jesus Christus oder einem der Erzengel gewidmet ist. Auch Klöster und heilige Quellen haben ihre jeweiligen Heiligen. Oft sind das die Personen, die den jeweiligen heiligen Ort auf wunderbare Art und Weise aufgefunden oder bestimmt haben und die Kirche später heilig gesprochen hat. Darüber hinaus sucht sich jede äthiopische Familie in der Regel einen Erzengel oder einen Heiligen als himmlischen Beschützer aus, zu dessen Fest sie dann die entsprechende Kirche oder das entsprechende Kloster besucht. Meistens ist dies der Engel oder Heilige, der schon die Familie, aus der die Ehefrau stammt, gewidmet ist.

Eine unübersehbare Stellung in der gesamten Orthodoxie hat jedoch Maria. Trotzdem hat sich nie eine eigene Mariologie wie in der römisch-katholischen Kirche herausgebildet. Zumindest gilt das für die herrschenden theologischen Strömungen. Sowohl einzelne Gelehrte als auch die Volksreligion mögen von diesem Eindruck abweichen. Aus diesem Grund lehnen die Ostkirchen auch eine dogmatische Festlegung der Rolle Marias ab, wie es die römisch-katholische

---

[221] Nosnitsin, Saints, S. 480.
[222] Del Boca, Graziani Massacre, S. 878.

Kirche in den Dogmen von der unbefleckten Empfängnis Marias von 1854 und von der leiblichen Aufnahme Marias in den Himmel von 1950 vorgenommen hat.[223] Trotz weitgehender inhaltlicher Übereinstimmung in diesen Lehren beließ es die Orthodoxie immer bei einer hymnischen Verehrung Marias im Gottesdienst, ohne dies theologisch als heilsnotwendigen Teil des Glaubens festzulegen. Vielmehr ehrt man Maria ausschließlich als „Gottesgebärerin“ (griechisch theotokos), so dass Marienhymnen in Wahrheit als Christushymnen gemeint sind. Ihre besondere Stellung erhält die Gottesmutter einzig und allein in ihrer Beziehung zu ihrem Sohn, und eine eventuelle Mariologie wäre in der orthodoxen Theologie nur als Teil der Christologie denkbar.
Für die orthodoxen Kirchen ist es deshalb von großer Wichtigkeit, dass die Maria einerseits vor, bei und nach der Geburt Jesu Jungfrau ist; denn dann bleibt ihr Schoß allein Gott zugänglich, und nur dann ist sie würdig, den Sohn als wahren Gott in sich zu tragen und zu gebären. Andererseits ist die Menschwerdung Gottes in Jesus Christus dadurch gewahrt, dass er sein Fleisch von Maria hat. Es ist wahrer Mensch geworden und ist nicht nur ein Geistwesen, das vorübergehend in einen menschlichen Körper schlüpfte. Auf diese Art wird Gottesmutter zur Brücke zwischen Himmel und Erde, zu deren symbolischer Veranschaulichung man unterschiedliche biblische Bilder heranzieht. Am bekanntesten sind die Vergleiche mit dem brennenden Dornbusch, in dem Gott Mose begegnete (Ex. 3, 1 – 6) sowie mit der Himmelsleiter von Bethel (Gen. 28, 10 – 22), von der Jakob auf der Flucht vor seinem wütenden Bruder Esau träumte und auf der er Engel zwischen Himmel und Erde hinauf- und herabsteigen sah. Hinter dem ersten Bild steht der Gedanke, dass auch der Leib Marias nicht verbrannte, obwohl er das göttliche Kind in sich trug, hinter dem zweiten Bild die Vorstellung, dass Gott Maria wie eine Leiter benutzte, um vom Himmel zur Erde herabzukommen.[224] Ein Hymnus aus dem Großen Gebetbuch der äthiopischen Kirche mag dafür als Beispiel dienen:

„O Maria!
Weil du vollkommen bist,
hast du Gnade vor Gott gefunden.
Du bist die Leiter,
von der Jakob einst träumte,
die von der Erde bis zum Himmel reichte.

---

[223] Ohnehin wird der in der römisch-katholischen Kirche notwendige, theologische Hintergrund der Sündlosigkeit Marias von der Orthodoxie nicht geteilt. Auch Maria gehört zur sündigen Menschheit, die von Jesus Christus erlöst werden musste. Ihr besonderer Stand ist reine Gnadengabe und Mysterium/Geheimnis, ohne einen Anhalt in einer besonderen ethischen Reinheit Marias zu haben.
[224] Vgl. Felmy, Orthodoxe Theologie, S. 82 – 91; Grillmeier, Jesus der Christus, S. 373.

Und da gingen Engel hinauf und hinunter.
Du bist der Dornbusch,
den Mose einst brennen sah,
ohne zu verbrennen.
So kam auch das Wort Gottes zu dir
und wohnte in deinem Leib.
Und seine feurige Gottheit hat dich nicht verbrannt.
Du bist das Feld,
in das keine Saat gesät worden ist.
Und dennoch ist aus dir
die Frucht des Lebens hervorgegangen.“[225]

Diese ganze theologische Grundlegung schmälert dennoch nicht die enorme Bedeutung Marias für die Gläubigen. Gerade weil Maria als Gottesgebärerin Mutter ist und ein Sohn seiner Mutter keine Bitte abschlagen kann, misst man ihrer Fürbitte große Wirkung bei. Wiederum ist allerdings zu betonen, dass diese Rolle, die Maria im äthiopischen Christentum einnimmt, nicht auf einer irgendwie gearteten, ethischen Makellosigkeit Marias beruht und dass die eben im Hymnus erwähnte Vollkommenheit eine Gabe Gottes und kein Verdienst Marias ist.[226]

Darüber hinaus soll nun im Folgenden den „Heiligen der äthiopischen Erde“ (Heyer) das eigentliche Augenmerk geschenkt werden, wobei aus der großen Zahl einige wenige Heilige ausgesucht sind, die zum einen vielleicht in einem besonderen Maße „typisch äthiopisch“ sind und die zum anderen jeweils für eine bestimmte Epoche in der äthiopischen Geschichte stehen.
Ein Wort sei zuvor noch zu den oft ausufernden Wundergeschichten in den Heiligenlegenden gesagt, die möglicherweise nicht-äthiopischen Ohren ziemlich fremdartig anmuten mögen und die dazu führen könnten, die ganzen Heiligenlegenden als „Ammenmärchen“ einer „primitiven“ Volksreligion abzutun, zumal in diesen Geschichten nicht nur Menschen, sondern sogar auch die hölzernen Tabots in den Kirchen – wie die biblische Bundeslade – Wunder vollbringen können.[227] Doch westliche Aufklärung und Wunderkritik ist bei dieser literarischen Gattung schlicht nicht angebracht; denn sie werden der Zielsetzung der Viten nicht gerecht und gehen an der intendierten Bedeutung dieser Schriften vorbei. Vielmehr liegt den Legenden ein einsichtiger, in sich logischer Schluss zugrunde, der auch an dieser Stelle die Nähe des äthiopischen Christentums zu den Tagen der Bibel verdeutlicht: Warum sollte das, was in den biblischen Ge-

---

[225] Zitiert nach Kefelew Zelleke, Die Freude Äthiopiens, S. 84.
[226] Vgl. Felmy, Orthodoxe Theologie, S. 95.
[227] Vgl. dazu Heyer, Heilige, S. 16f.

schichten aus der Gnade Gottes heraus möglich war, nicht auch in späterer Zeit bei den Heiligen möglich sein? Wenn die Propheten im Alten Testament und Jesus und die Apostel im Neuen Testament im Namen Gottes Wunder erlebten und vollbrachten, sollte es Gott nicht unmöglich sein, derartige Phänomene auch in Äthiopien und an anderen Orten und zu anderen Zeiten zu bewirken, zumal sich in den äthiopischen Heiligenlegenden keine Wunder finden, die nicht einen Anklang an die eine oder andere Begebenheit in der Bibel hätten. Allerdings sind dabei häufig Motive aus ganz unterschiedlichen biblischen Geschichten miteinander verbunden oder gar vermischt. Die dort geschilderten Wunder anzuzweifeln, ist dem äthiopischen Gläubigen so gut wie unvorstellbar. Nicht der aufgeklärte Geist, der aus der kritischen Distanz heraus zuschaut und sich seine angeblich überlegenen Gedanken macht, ist darum die angemessene Haltung, sondern der ehrfürchtig staunende Gläubige, der Geheimnisse und Wunder gelten lässt, weil Gott selber geheimnisvoll und wunderbar ist und sich unserem forschenden Geist immer wieder entzieht. Nicht die Kritik, sondern die Anbetung ist gefragt; und wer sich dazu nicht in der Lage fühlt, sollte zumindest diejenigen achten, denen die Heiligenlegenden zum Zeugnis eines gelebten und noch immer lebendigen Glaubens geworden sind.

Neben Frumentius und Aidesios und den Neun Heiligen, denen die Christianisierung Äthiopiens zu verdanken ist, ist vermutlich der Hl. Yared (Gedenktag: Gənbot 11 = 19. Mai) der bekannteste Heilige aus der Zeit des Reiches von Aksum.[228] Er stammte aus einer christlichen Familie und war ein Schüler der Neun Heiligen, unter denen er zum Priester geweiht wurde. Schon als junger Mann sprach er fließend Hebräisch und Griechisch und beeindruckte seine Lehrer mit seinen umfassenden Kenntnissen zur Heiligen Schrift. Der Hl. Yared gilt als eigentlicher Vater der äthiopischen Kirchenmusik mit ihren drei Singweisen Gəʿəz, ʿƎzəl und Araray. Wie es dazu kam, erzählt die Legende: „Der Priester Yared wurde in einer verfänglichen Situation von seiner göttlichen Berufung erreicht. Er lauerte dem Verführer seiner Frau – den Bogen in der Hand – mit Mordabsichten auf, als Gott drei Paradiesvögel, die die Trinität darstellen sollten, zu ihm entsandte. Einer der Vögel redete Yared mit menschlicher Stimme an: ‘Warum sinnst du in deinem Herzen auf Mord? Ist nicht das Priesteramt selbst dem Königreich und allen Dingen, die auf Erden sind, überlegen?’ Yared wurde in den Himmel entrückt, hörte die Serafim und ließ sich von den 24 himmlischen Priestern ihre Sangesweisen übermitteln.“[229] Daher betont eine Homilie (Predigt) zum Hl. Yared, dass die äthiopische Kirchenmusik – anders als in allen anderen christlichen Ländern der Erde – nicht aus der Welt, sondern aus

[228] Vgl. u. a. Belai Giday, Ethiopian Civilization, S. 112 – 123.
[229] Heyer, Heilige, S. 37.

den Himmeln stamme.[230] Auch die von den Äthiopiern bis heute im Gottesdienst verwendeten Musikinstrumente sowie die Gebetsstäbe der Däbtäras gehen dieser Legende nach auf den Hl. Yared zurück, der ihren Gebrauch im Himmel beobachtet haben soll. Als Yared von seiner Entrückung in die Königsstadt Aksum zurückkehrte und zu singen begann, kamen alle, um „diesen süßesten und erhabensten Gesang" zu hören, der König und seine Familie, Bischöfe, Priester und andere Leute und sogar die zahmen und die wilden Tiere.[231]
Eine andere wundersame Begebenheit erzählt die Homilie auch: „Einmal stütze der König seinen Eisenstab auf des Priesters Yared Fuß und dieser merkte dies wegen der Süßigkeit der Melodie des Gesangs nicht. Er wurde Märtyrer um des Gesangs des Herrn willen. Sein Blut floß wie Wasser aus der Kirche heraus. Wir aber können nicht einmal den Stich eines einzigen Flohs, der in unseren Kleidern sitzt, ertragen, wenn wir zur Zeit des Gebetes oder der Eucharistie dabei sind. Wir zappeln [...], fahren mit den Händen hin und forschen dem Biß, mit dem (der Floh) uns gebissen hat, nach. Aber Yared harrte, als seine Fußsohle mit der eisernen Spitze durchbohrt war, in seiner Durchhaltekraft aus, damit das Gotteslob nicht unterbrochen werde. [...] Von Bewunderung bei diesem Anblick bewegt, sagte der König dem Heiligen Yared, dem großen Priester: 'Verlange von mir, was du willst, als Preis für dein Blut.' Nachdem das Versprechen besiegelt war, verlangte Yared vom König: 'Entlaß mich, damit ich weggehe und Mönch werde.' Nichts hätte tiefere Erschütterung am Königshof hervorrufen können."[232]
Daraufhin verabschiedete sich Yared vom Königshof und ging in die Einöde, wo er nach vielen Jahren des Gebetes und der Andacht starb. Seine Vita sagt: „Des Yared Leichnam ruht noch heutzutage in der Landschaft des östlichen Semien, niemand weiß wo... Am jüngsten Tage aber wird Yared dastehen und mit den Priestern dem Herrn zu Dank in den Modi der Musik, die er empfing, singen. Die Mönche und die Gerechten und die unschuldigen Kindlein, deren Blut vergossen ward, loben dann mit dem Priester Yared auf dem Sion-Berg, das heißt im Reiche des Herrn, im Tempel seiner Heiligkeit, Ihn – den Herrn. Wenn die Erde wieder herausgeben muß, was in ihr ruht, wenn Sonne und Mond sich verdunkeln, wenn der Sohn Sein Reich vom Vater erbt, dann wird der Herr alle, die reinen Herzens sind, und die Priester niederfallen lassen. Der Priester Yared aber wird vor Ihm stehen und singen."[233]

Aus der Zeit der Dynastie der Zag^{w}e sei – natürlich – der Hl. Lalibela (Gedenktag: Tahśaś 28/29 = 5./6. oder 6./7. Januar) herausgegriffen. Zunächst war noch

---

[230] Heyer, Heilige, S. 38. Die ostkirchliche Theologie redet von einer Mehrzahl von Himmeln.
[231] Heyer, Heilige, S. 38.
[232] Heyer, Heilige, S. 38.
[233] Heyer, Heilige, S. 39.

sein Bruder Ḥarbay König von Äthiopien gewesen. Obwohl Lalibela selbst nie nach dem Thron gegriffen hatte, befürchtete Ḥarbay ständig eine Rebellion. Auch deren Schwester war zu Lalibela „so bösartig wie Kain, der Brudermörder“. Sie „ließ ihm tödliches Gift bringen, das sie selbst zubereitet und dem T'alla-Bier beigemischt hatte, damit Lalibela nur ja nicht König werde. Lalibela, der gerade Durst hatte und eilig davon trinken wollte, ließ einen Palast-Diakon zuerst von dem Trank kosten, wie es seine Gewohnheit war. Der hatte kaum wenige Tropfen davon genippt, als er ein Zittern durch seinen ganzen Körper gehen spürte, von einem Würgeanfall erfaßt wurde, zur Erde stürzte und starb. Ein Hund, der das Ausgespeite aufleckte, starb auch sofort. Als Lalibela sie sah, stutzte er. Von tiefer Trauer erfaßt, schlug er sich an die Brust: War der Gifttrank doch für mich bestimmt! Diese sterben an meiner Statt. Er ergriff den Becher, der des Diakons und des Hundes Tod verursacht hatte, trank aus und rief: Daß ich doch wie sie sterbe möge, der ich die Ursache ihres Hinscheidens bin. [...] Aber das Gift tötete nur einen Wurm in seinem Leibe, den Lalibela nun mitsamt dem Gift herauswürgte. So erfüllte sich an Lalibela das Wort Christi: 'Wenn sie etwas Schädliches trinken werden, wird es ihnen nicht schaden...'.“[234]

Kurz darauf wurde Lalibela von einem Engel bis in den dritten Himmel entrückt. „Dort zeigte Gott dem Lalibela die großen Bauten, geschaffen aus einem einzigen Stein, ganz monolithisch. Die Zahl der Kirchenräume war zehn, und jeder zeigt einen anderen Entwurf und eine andere Farbe. Bei der einen Kirche war der Zugang eng und der Innenraum weit, bei der anderen das Portal breit und das Innere eng. Einige Kirchen waren höher als die anderen. Die einen waren rötlich, die anderen basaltfarben. Gott sprach nun zum seligen Lalibela: Sei ohne Sorge um Dein Königtum, denn ich erhebe Dich auf den Thron nicht um irgendeiner vergänglichen irdischen Glorie wegen, sondern damit Du Kirchen errichtest, denen gleich, die Du hier gesehen hast. Deswegen lasse ich Dich zum König salben und gebe Dir Deinen Platz als Gesalbter des Herrn über meinem Volk, bis daß Du meine Heiligtümer vollendest hast. Du bist würdig, sie aus dem Eingeweide der Erde mit der Kraft, die ich Dir verleihe, herauszuschneiden, nicht kraft der Kunstfertigkeit der Menschen.“[235]

Aus der Regierungszeit Lalibelas werden weitere Wunder dieser Art erzählt: Sein Sohn hatte im Zweikampf gegen den Sohn des Anführers einer Rebellion antreten müssen. Der König, obwohl weit entfernt in der Hauptstadt wartend, sah „gleichsam mit geistlichen Augen“, was geschah und betete, Gott möge seinen Sohn schützen. Daraufhin verfehlte der Speer des Rebellen sein Ziel, während die Waffe von Lalibelas Sohn den Gegner durchbohrte und tötete. Als der gefangene Anführer später vor dem König stand, ließ er ihn dennoch frei, weil

---

[234] Heyer, Heilige, S. 46.

[235] Heyer, Heilige, S. 46f.

er ihm verziehen hatte. Der Rebell „aber mokierte sich über den König und seine Hofhaltung: Die Leute müssen verrückt sein, sonst hätten sie mich doch jetzt umgebracht! Er sprang auf sein Pferd und machte sich davon, doch er kam nicht weit. Beim Sturz zerschlug er sich den Kopf an einem Baum."[236] Dieser sogenannte Tun-Ergehen-Zusammenhang, der aus dem gesamten Vorderen Orient bekannt ist, begegnet uns auch an dieser Stelle: Gott selber garantiert die Weltordnung und befriedigt das Gerechtigkeitsempfinden der Frommen.
Von dem Bau der zehn Felsenkirchen berichtet die Legende: „Da ließ Lalibela eine Vielzahl von eisernen Werkzeugen schmieden, das Felsgestein zu schneiden und zu bearbeiten. Von diesem Augenblick an dachte Lalibela nicht mehr an seine eigenen Angelegenheiten. Zum versammelten Volk sprach er: Gebt mir die Höhe des Lohnes an, den ihr fordern wollt für die Mitarbeit an der Schaffung dieser Kirchen, die Gott selbst angeordnet hat. Sowohl Ihr, die Ihr die Erde weggrabt, wie auch Ihr, die Ihr den Stein zurechtmeißelt. Was Ihr verlangen werdet, will ich Euch zahlen, damit keiner sagen kann, ich hätte Euch gegen Euren Willen zur Arbeit gepreßt. [...] Es gab zum Glück sehr geschickte Leute im Volk. Die Engel begleiteten den König beim Abstecken des Terrains entsprechend dem Maß, das die einzelnen Kirchen haben sollten. Die Arbeiter waren sich sicher, daß es Engelsarbeit gewesen war, obgleich sie die Engel nicht hatten sehen können. Anders Lalibela. Denn die Engel blieben vor ihm nicht unsichtbar. Es war ein wahrhaftes Wunderwerk, das Lalibela vollendete. Diese Kirchen werden nicht zerstört werden, ja nicht einmal erschüttert werden, bis auf Erden das himmlische Jerusalem erscheinen wird. [...] Als der heilige Lalibela diese Kirchen vollendet hatte, wollte er nicht länger die Amtslast des Königtums tragen. [...] So verteilte Lalibela alle seine Besitztümer als Almosen, daß ihm nichts blieb als ein paar Sandalen an seinen Füßen. Allen Schmuck widmete er den Kirchen. [...] Erzengel Gabriel trug seine Seele auf Flügeln zum Himmel, von Engelscharen begleitet."[237]

Über die Geburt des Hl. Täklä Haymanot (1215 – um 1313) (Gedenktag: Näḥase 24 = 30. August) aus den ersten Jahren der Salomonischen Dynastie schreibt die Legende: „Der Vater Säga Zä'ab, einem alten Priestergeschlecht entstammend, hatte die schöne Egzi Haräya ('Gott hat sie gewählt') geehelicht. Sie waren gewohnt, das Fest des Erzengels Michael mit reichlicher Speisung der Armen zu begehen. Aber ihr Gebet um einen Sohn blieb unbeantwortet. Der heidnische König Mätälome, Herrscher von Damot (Provinz Sidamo), verbreitete damals seine Schreckensherrschaft. Die Kirchen wurden niedergebrannt. Auf seinen Feldzügen stieß Mätälome bis in die Heimat des Säga Zä'ab, Zoräre vor. Säga Zä'ab rettete sich auf der Flucht in einen See. Kaum untergetaucht fand er sich

---

[236] Heyer, Heilige, S. 48.
[237] Heyer, Heilige, S. 49.

in einem zeltartigen Raum vor, dem Erzengel gegenüber, der ihn ermutigte und die Geburt eines Sohnes verhieß. Als Säga Zä'ab heimkehrte, fand er die Stadt niedergebrannt. Mätälome hatte die Gattin entführt. Als deren Ehe mit dem König besiegelt werden sollte, schossen Blitze vom Himmel und bebte die Erde. Michael entrückte Egzi Haräya und setzte sie vor der Tür einer Kirche nieder, in welcher ihr Gatte eben die Göttliche Liturgie zelebrierte. Dreihundert Zauberer starben vor Schrecken dahin und Mätälome verfiel dem Wahnsinn. Säga Zä'ab erkannte in der fremdartigen, in ein Gewand von Goldfäden und gefärbter Wolle gehüllten Frau sein Eheweib. Nach neun Monaten wurde der verheißene Sohn zur Welt gebracht, wunderbar anzusehen. Am dritten Lebenstag stieg der Heilige Geist auf ihn herab. Als eine Hungersnot den Säga Zä'ab fürchten ließ, er werde nicht genug besitzen, um das Michaelsfest würdig zu begehen, berührte das Kind einen Mehlkorb mit der Folge, daß sich der Korb über und über mit Mehl füllte, bis 12 Körbe angefüllt waren. Nicht anders geschah es mit einem Ölkrug, aus dem, eben von Kindeshand berührt, das Öl heraussprudelte, als ob es koche. So sorgte das Kind für Fleisch, Trank und Kleidung in den bitteren Notzeiten. Kam ein Adelsherr zu Besuch, schlug das Kind ein Kreuzeszeichen übers Waschbecken und verwandelte damit das Wasser in Wein, von dem die Männer der Stadt 40 Tage lang tranken."[238]

Aus seinem späteren Leben wird erzählt, er sei zum Kloster auf der Insel im Ṭana-See quer über das Wasser gelaufen, wo er Mönchspriester wurde und die neue Salomonische Dynastie zu achten und zu unterstützen lernte. Nach weiteren Reisen zu Klöstern im Norden Äthiopiens sowie einer Tätigkeit als Wanderprediger gründete er schließlich seine eigene Mönchsgemeinschaft in der Siedlung Däbrä 'Asbo, später Däbrä Libanos genannt.

In seinem Alter gibt Täklä Haymanot ein Beispiel für auch im syrischen und koptischen Bereich zu beobachtende, äußerst strenge Askese um Christi und des eigenen Seelenheils willen, wobei er sich das Prophetenwort „Du sollst Deinen Augen keinen Schlummer geben und deine Augenlider nicht zur Ruhe schließen, sodaß (sic!) deine Seele erlöst werden kann wie ein Lamm aus der Falle oder wie ein Vogel aus dem Netz des Voglers."[239] vor Augen hielt: „Und er machte sich selbst mitten in der Wüste eine Zelle, groß genug, ihm zu erlauben, aufrecht zu stehen und seine Hände nach rechts und links auszustrecken. Darinnen befestigte er acht scharfe eiserne Spitzstäbe, die seinen Körper beim etwaigen Anlehnen durchbohren sollten, und zwar zwei vor ihm, zwei hinter ihm, zwei zu seiner Rechten und zwei zu seiner Linken. Nun war sein Körper schwach und gebrechlich. Er hatte ein hohes Alter erreicht und konnte nicht weiter wie früher auf dem Pfade des Predigens laufen. So begann er eine Art neuer asketischer Übung, welche überaus hart war, so daß er Kenntnis von dem

---

[238] Heyer, Heilige, S. 57.
[239] Heyer, Heilige, S. 60.

Geschmack richtigen Kampfes haben möge. Und er stand aufrecht wie eine Säule, die an ihrer Stelle errichtet worden ist. Er hielt keinen Stock in seiner Hand und sagte: 'Ich werde nicht zu Bett gehen und ich werde meinen Augen keinen Schlaf und meinen Augenlidern keinen Schlummer gönnen noch meinem Kiefer Ruhe, bis ich den Platz Gottes und die Wohnstätte des Gottes Jakobs finde.' Und er stand dort aufrecht, ohne bei Tage oder bei Nacht aus seiner Zelle zu gehen. Und er setzte sich nicht hin noch wandte sich nach rechts oder links, und er kostete während jener Tage keine Nahrung irgendwelcher Art, weder grüne Kräuter noch Wasser, außer am Sabbat. Und was das gewöhnliche Essen eines Mönchs betrifft, so kostete er es nie bis zum Tage seines Todes. Er schaute weder Sonne noch Mond noch die Sterne, weder im Sommer noch im Winter, und er sah nicht das Getreide wachsen, die Blumen oder die Früchte. Obwohl er Augen besaß, war er ein blinder Mann, und obwohl er Ohren hatte, war er wie einer, der taub ist. Und obwohl er eine süße klangvolle Stimme hatte, wurde er wie ein stummes Tier. Und er sprach nie irgend ein Wort aus, außer dem, das er zum Lobpreis Gottes benutzte, den er Tag und Nacht lobte. Die Welt erschien ihm wie etwas Flüchtiges und Schmutziges, und er wurde mit Christus gekreuzigt, und sein Geist wurde entrückt und in die Höhen des Himmels gebracht, und auf diese Weise lebte er vier Jahre. Da er nun eine so lange Zeit aufrecht stehen geblieben war, brach einer seiner Schenkelknochen und fiel vom Körper herunter. Seine Jünger wickelten den in Tuchstreifen und begruben ihn."[240] Danach soll Täklä Haymanot weitere sieben Jahre auf einem Bein gestanden haben. Eine andere Version der Legende besagt, das der Heilige das eine Bein absichtlich immer hochgezogen habe, um als Askese einbeinig dazustehen, bis das unbenutzte Bein nach sieben Jahren abgestorben wäre. Engel hätten es daraufhin vor Gott getragen, und Gott habe dem Heiligen im Gegenzug drei Flügelpaare geschenkt, um ihm das Stehen zu erleichtern.
Nach weiteren sieben Jahren noch strengerer Askese starb Täklä Haymanot. „Als seine Seele den Körper verließ, wurde sie von Christus empfangen, der sie mit himmlischem Schmuck behing und mit sieben Lichtkronen krönte, die alle mit einem Kreuz versehen waren."[241]

Ein weiterer, sehr volkstümlicher Heiliger ist der ursprünglich ägyptische heilige Abbo oder Gäbrä Mänfäs Qəddus, dessen Fest am Mäggabit 5 (= 14. März) gefeiert wird.[242] Schon um seine Geburt ranken sich wunderbare Geschichten. Später soll er als Einsiedler nackt und nur mit seinen Haaren bekleidet 300 Jahre lang in der Wüste gelebt haben, zusammen mit Löwen und Panthern, die – so

---

[240] Heyer, Heilige, S. 60.
[241] Heyer, Heilige, S. 61.
[242] Laut Hiob Ludolph im 17. Jahrhundert war er – zusammen mit Täklä Haymanot – der beliebteste Heilige unter den Äthiopiern: Ludolphus, New History, S. 256f.

Gott selber zu dem Heiligen – „den Staub von Deinen Füßen lecken und daran werden sie genug haben.“[243] In einer Vision wurde Gäbrä Mänfäs Qəddus in den Himmel entrückt, wo er den himmlischen Gottesdienst vor dem Thron Gottes schauen durfte. Danach schickte Gott ihn nach Äthiopien, um die Menschen dort vor dem Gericht zu erretten; denn „Gäbrä Manfas Qeddus kannte sie Mysterien des Himmels und auch, was auf Erden war, und konnte wissen, ob ein Priester rein war, und war fähig zu sehen, wenn der Heilige Geist sich auf die Erde herabneigte. Die Taten der Sünder lagen offen vor ihm, gerade als ob sie sich in seinen Augen spiegelten.“[244] „Auf! Ich habe Dir Äthiopien gegeben.“ sagte der Herr zu ihm.[245]

[243] Heyer, Heilige, S. 165.
[244] Heyer, Heilige, S. 166.
[245] Heyer, Heilige, S. 167.

5.1.4. Die Volksreligion

Der Religionswissenschaftler Jacques Waardenburg beschreibt die Volksreligion als Formen, „die von der offiziellen Religion zwar überlagert worden sind, aber dennoch weiterleben.“[246] Er fügt erklärend hinzu: „Sie können mit Bedürfnissen eines der Geschlechter (etwa aller Frauen auf der Welt) oder einer Berufsgruppe (etwa aller Bauern auf der Welt) zusammenhängen. Hier wäre auch die allgemein verbreitete Erwartung von Wundern zu nennen, die in verschiedenen Krisensituationen eine Lösung bringen sollen und die oft mit dem Glauben an charismatische Personen in Gestalt von Heiligen einhergehen, oder verschiedene Formen des Aberglaubens, die häufig mit Glückshoffnungen und Unglückserwartungen verbunden sind.“[247]
Derartige Phänomene sind auch in Äthiopien zu beobachten. Trotz der recht frühen und seit dem 5. Jahrhundert vermutlich einigermaßen flächendeckenden Christianisierung des damaligen Königreiches von Aksum haben sich in den Glaubensvorstellungen der Menschen viele Praktiken erhalten, die die Kirche aus ihrer Sicht als Magie oder Aberglauben ablehnt.[248] Zum Teil wurden sie aber auch synkretistisch in den christlichen Glauben aufgenommen und so umgeformt, dass man meinte, sie mit der Botschaft der Bibel vereinbaren zu können. Beide Entwicklungen sind allgemein zu beobachtende Phänomene der Religionsgeschichte in aller Welt, die auf ganz unterschiedlichen Ursachen beruhen. In Äthiopien lässt sich z. B. nachweisen, dass die Agäw, aus denen später die Zag^{W}e-Dynastie hervorgegangen ist, vor ihrer Christianisierung sowohl dem jüdischen Glauben als auch indigenen Religionen anhingen und die Bekehrung zum Christentum für sie keinen endgültigen Bruch mit manchen Vorstellungen aus den abgelösten Religionen bedeutete, so dass die Agäw etwa heilige Sykomoren statt früheren Geistern nun der Jungfrau Maria weihten.[249] Vielleicht könnte man sogar das Phänomen der Marienverehrung überhaupt zur Volksreligion hinzurechnen, obwohl sie von der Kirche derart in den neuen Glauben integriert wurde, dass sie sie zur offiziellen Lehre erklärte.[250] Oder im Königreich Kaffa, das erst unter Kaiser Menelik II. (1889 – 1913) Äthiopien einverleibt

---

[246] Waardenburg, Religionen, S. 87.
[247] Waardenburg, Religionen, S. 87; ähnlich auch Halbfas, Religion, S. 143 – 145.
[248] Vgl.dazu Kebbede Tiku, Pilot Study, S. 11 – 13; Levine, Greater Ethiopia, S. 66; Ethiopian Orthodox Tewahedo Church, S. 19; Pawlikowski, Judaic Spirit, S. 186; Abebe Ambatchew et al., Field Trip, S. 141; Loth, Afrika, S. 67f; schon im 18. Jahrhundert J. Bruce, Quellen, S. 265; vgl. dazu als gesamtafrikanischem Phänomen Mbiti, Introduction, S. 190.
[249] Trimingham, Islam in Ethiopia, S. 54; Kebbede Tiku, Pilot Study, S. 13, vgl. zu diesem religionsgeschichtlich allgemein zu beobachtenden Phänomen auch Halbfas, Religion, S. 146. Von einem solchen, auch von Christen verehrten, heiligen Baum, in dem ein Schutzgeist wohnen soll, berichtet z. B. Paulos Asrat, God.
[250] Vgl. dazu Halbfas, Religion, S. 146.

wurde, war die Christianisierung ein über Jahrhunderte andauernder Prozess, bei dem sich christenfeindliche und christenfreundliche Herrscher abwechselten;[251] und selbst Könige, die offiziell das Christentum angenommen hatten, praktizierten dennoch ihren früheren, indigenen Glauben weiter oder vollzogen z. B. Opferriten für eine gute Ernte, die nur oberflächlich an die kirchlichen Feste angeglichen wurden.[252]

Auch unter den Juden[253] und den Muslimen[254] Äthiopiens sind ganz ähnliche religiöse Phänomene zu beobachten. Unter den Christen stehen die äthiopischen Juden sogar nicht selten unter dem Generalverdacht, Schadenzauber ausüben zu können oder „Budas“ zu sein, also Geister oder Dämonen mit dem Aussehen von Hyänen, die sich tagsüber in Menschen verwandeln, nachts jedoch in ihrer wahren, tierischen Gestalt herumlaufen und zum Teil sogar Menschenfleisch fressen.[255] Und unter den Oromo, insbesondere den Boorana, ist es gar nicht unüblich, dass sich die Männer als Muslime bezeichnen, ihre Ehefrauen hingegen weiter der alten, indigenen Religion angehören. Dies wird auch offen zugegeben. Da die Kinder aber meist in der Obhut ihrer Mütter aufwachsen, werden die vorislamischen, religiösen Glaubensvorstellungen und Praktiken von Generation zu Generation weitergegeben.[256]

Einen ersten religionsphänomenologischen Zugang zu diesen synkretistischen Entwicklungen bieten, wie bereits angedeutet, einige der großen kirchlichen Feste, in denen sich vorchristliche Traditionen erhalten haben. Ein Beispiel ist das Mäsqäl-Fest zur Erinnerung an die Auffindung des wahren Kreuzes Jesu, bei dem ein Holzhaufen angezündet wird, der dann langsam niederbrennt. Nicht nur die verbleibende Asche soll für Menschen, Vieh und Felder segensreich wirken, auch die Richtung, in die die halb verbrannte Pyramide aus Holzstäben am Ende fällt, entscheidet nach der äthiopischen Volksreligion über die Zukunft der Men-

---

[251] Bekele Woldemariam, History of the Kingdom of Kaffa, S. 92. 134. 140. 155.

[252] Bekele Woldemariam, History of the Kingdom of Kaffa, S. 75. 80 – 85. J. Bruce schreibt im 18. Jahrhundert, die Agäw hätten dem Nil und insbesondere der Quelle des Nils göttliche Ehren erwiesen und ihm viel Vieh geopfert, um die Gunst des Flussgottes zu erwirken: J. Bruce, Quellen, S. 291 – 296.

[253] Pawlikowski, Judaic Spirit, S. 186f. 197; zu jüdischen Heilern (s. u.) vgl. Nudelman / Yaacov, Aleka Yaacov, S. 103 – 105.

[254] Aguilar, Politics, S. 43. 67; Abbink, Historical-Anthropological Approach, S. 119. Tubiana, Zar, S. 25 vergleicht die Budas mit den europäischen Vorstellungen von Werwölfen.

[255] Salamon, Hyena People, S. 35 – 39; Salamon, Buda, S. 633. Vor allem Schmiede und andere Metallarbeiter standen unter diesem Verdacht, und zu ihnen zählten eben viele Juden und Muslime: R. Pankhurst, Status, S. 434. 439; Tubiana, Zar, S. 24. 32 Anm. 19. 20. Schon J. Bruce, Quellen, S. 337 erwähnt im 18. Jahrhundert dieses Gerücht.

[256] Aguilar, Politics, S. 103. 155.

schen. Man meint, wenn die Hölzer zum Westen hin in sich zusammenfallen, wird das nächste Jahr trocken. Dürre und Hungersnot drohen. Der Osten hingegen steht für Krieg, der Norden für Frieden und der Süden für Wohlstand.[257]

Daneben existiert auch im durchweg christlich geprägten Teil Äthiopiens (aber auch unter Muslimen) vor allem auf dem Land der Geister- und Dämonenglaube weiter, der mit guten wie bösen Mächten, die das Leben der Menschen beeinflussen können, als auch mit Personen, die mit übernatürlichen Kräften ausgestattet sind, rechnet.[258] An bestimmten Orten meint man bestimmte Geister noch immer als wirksam zu erleben, die man für Krankheiten und alle möglichen anderen Übel verantwortlich macht. Wahrscheinlich befanden sich an diesen Orten vorchristliche Heiligtümer, deren Andenken trotz der Christianisierung die Jahrhunderte überdauert hat. Auch altägyptische, jüdische und hellenistische Einflüsse sind nicht auszuschließen.
Besonders vor hohen kirchlichen Feiertagen treten von einem Geist („zar" genannt)[259] besessene Frauen auf, die wie in Trance schreien, sich zu Boden werfen und sich selber schlagen, heiße Kohle essen und andere selbstzerstörerische Dinge unternehmen. Manchmal reden sie auch mit Männerstimmen. Mit besonderem Erstaunen beobachten die anderen nachher, dass die betroffenen Frauen am nächsten Morgen keinerlei Wunden und Verletzungen von der Nacht, in der der Geist von ihnen Besitz ergriffen hatte, davongetragen haben. Dieser „Zar-Kult" (Lipsky) ist – trotz seiner strengen Verurteilung durch die Kirche – nicht nur unter Christen, sondern insgesamt im größten Teil des Landes verbreitet, auch unter Muslimen und Anhängern anderer Religionen.[260] Allerdings ist anzumerken, dass diese Zar-Geister nicht nur böse, sondern durchaus auch wohlwollend sein können. Herbert S. Lewis beschreibt diese Geister folgendermaßen: „In der Zar-Besessenheit ist in der Theorie ein Individuum von einem Geist besessen, der nicht ausgetrieben werden kann, soll oder muss, der aber be-

---

[257] Walelign Emiru, Ethiopian Orthodox Church Festivals, S. 63f; Bantalem Tadesse, Guide, S. 54; vgl. auch Kebbede Tiku, Pilot Study, S. 19.

[258] Levine, Wax & Gold, S. 68; Bakke, Christian Ministry, S. 30f; Lewis, Spirit Possession, S. 466; Kebbede Tiku, Pilot Study, S. 13f. 19. 36; Yoftahie Kebede, Genbot Ledäta, S. 309; Yilma Workneh, Essay, S. 483; zum Geist „Atete", der ausschließlich von Frauen verehrt wird, vgl. Abebe Ambatchew et al., Field Trip, S. 143; Fisseha H. Maskal, Atete; zu diesen Praktiken und Glaubensvorstellungen im äthiopischen Islam vgl. auch Abbink, Historical-Anthropological Approach, S. 119. Dazu, dass dies ein religiöses Phänomen in ganz Afrika ist, vgl. Mbiti, Introduction, S. 37.

[259] Die Agäw nannten ihren obersten Gott „zar". Von ihm leitet sich vermutlich dieser Geisterglaube ab: Lipsky, Ethiopia, S. 119; vgl. auch Bakke, Christian Ministry, S. 30.

[260] Heyer, Kirche Äthiopiens, S. 202f; Lipsky, Ethiopia, S. 111f; Levine, Wax & Gold, S. 70; Aguilar, Politics, S. 117.
Das Phänomen der Besessenheit von einem Zar-Geist findet sich auch in Ägypten und im Sudan sowie in ähnlicher Art auch in anderen Teilen Afrikas: Tubiana, Zar, S. 29.

sänftigt und gelockt und mit dem vernünftig geredet werden darf und muss, um ihm seine Zeit zu gewähren. Geister wie der Zar mögen regelmäßig zurückkehren, bei Zeremonien mit [= in Form von, der Vf.] Besessenheit, vielleicht jährlich, und sie holen Versprechen und materielle Belohnungen aus ihren menschlichen 'Pferden' heraus. Der Geist wird normalerweise nicht als böse angesehen, aber mag in gleicher Weise auch nicht zu gut sein. In manchen Fällen der Zar-Besessenheit benimmt sich der Geist schlecht; in anderen mag der Geist gegen falsches Verhalten auf Seiten des menschlichen 'Pferdes' oder anderer Mitglieder der unmittelbaren Gemeinschaft protestieren. [...] Offenbar kann sich diese Form eines Geistes manchmal auch zu einem Schutzgeist entwickeln, einem Wuk'abi, wie manche Gruppen ihn nennen. [...] Solch ein Schutzgeist kann ein Individuum oder eine Familie, eine Sippe oder eine Gemeinschaft beschützen."[261] Erweist man jedoch einem Zar-Geist nicht den Respekt, den er erwartet, so soll er nach dieser Glaubensvorstellung auch Krankheiten hervorrufen, das Vieh des Betroffenen eingehen lassen oder ihn auf andere Art bestrafen.[262]

Zur Erklärung, warum solche Zar-Geister existieren, tradiert die Volksreligion die biblische Paradiesgeschichte von Adam und Eva, allerdings von der mündlichen Überlieferung folgendermaßen abgewandelt: Eva habe 15 normale und 15 besonders schöne Kinder gehabt. Als Gott zu ihr gekommen sei, um die Kinder zu sehen, habe Eva die schönen Kinder versteckt, weil sie befürchtete, Gott könnte ihr aus Neid diese Kinder nehmen. Der allwissende Gott jedoch durchschaute Evas List und verkündete, dass diese Kinder auf ewig verborgen bleiben sollten. Daher stammten die Menschen von den normalen Kindern Evas ab, die Zar-Geister jedoch von ihren schönen Kindern.

Der Teufel wiederum wird mit schwarzer Hautfarbe gedacht (siehe dazu auch das Kapitel zur Kunst). Er soll in tiefen Wassern, dunklen Wäldern oder Höhlen hausen und ist hauptsächlich mittags und um Mitternacht sowie an schmutzigen Plätzen wirksam. Er versucht dann, den Menschen zu schaden, indem er ihnen epileptische Anfälle aufhalst oder sie ins Feuer oder ins Wasser stürzt. Deshalb versuchen die meisten Äthiopier, derartige Zeiten und Orte zu vermeiden, um nicht in die Gewalt des Bösen zu geraten. Zugleich fürchtet und achtet man den Teufel, da er offensichtlich viel Macht hat. Es soll sogar manche (christliche wie nicht-christliche) Äthiopier geben, die aus diesem Grund zu ihm beten und ihm gegenüber Gelübde ablegen, anstatt sich an Gott und die Heiligen zu wenden, um Unheil abzuwenden oder von einer Krankheit geheilt zu werden.[263]

Auch die allgemein verbreitete Angst vor dem bösen Blick gehört in diesen Bereich der Volksreligion. Daher bemüht man sich z. B., Säuglinge und kleine oder

---

261 Lewis, Spirit Possession, S. 469f; ähnlich auch Tubiana, Zar, S. 26.

262 Tubiana, Zar, S. 21. 27.

263 Levine, Wax & Gold, S. 69; Bakke, Christian Ministry, S. 53; Hasselblatt, Äthiopien, S. 88.

besonders hübsche Kinder, aber auch außerordentlich talentierte oder reiche Menschen, die den Neid der anderen hervorrufen könnten, vor den Augen von Fremden zu verbergen. Außerdem holt man sich von bestimmten Däbtäras geschriebene Zaubertexte (s. u.) oder von ihnen hergestellte Amulette, die man sich umhängt oder im Haus aufhängt. Interessanterweise soll auch der Verzehr von Schweinefleisch, das von kirchlicher Seite aus als unrein verboten ist, vor dem bösen Blick schützen, indem es in den Menschen eine Art Antikörper gegen das Böse aufbaut. Auch als Zauberer bekannte Menschen und sogar christliche Priester werden hinzugezogen, um einen Fluch abzuwenden oder einen bösen Geist (zar oder buda) auszutreiben.[264] Ist es ein Priester, wird er in der Regel den christlichen Gott zu Hilfe rufen („Im Namen des Vaters, des Sohnes und des heiligen Geistes, des einen Gottes"), indem er dem Geist vorhält, er sei wie die Menschen von Gott geschaffen und habe daher Gott zu gehorchen.[265]
Außerdem beschützen nach äthiopischem Volksglauben Engel die Menschen vor Unheil, Krankheiten und Feinden. Jeder Mensch hat demnach zwei persönliche Schutzengel, die ihm von Geburt an zur Seite stehen, und ab seiner Taufe einen Schutzheiligen. Geschieht ihm trotzdem etwas Schlimmes, hat Gott – aus welchen Gründen auch immer – seinen Engeln befohlen, dies zuzulassen.[266] Vor allem unter den Oromo werden kleinen Kindern bis auf einen kleinen Schopf in der Mitte alle Haare abrasiert, damit der zuständige Schutzengel das Kind, sollte es sterben, daran in den Himmel ziehen kann.[267]

Darüber hinaus verbindet man mit natürlichen Phänomenen wie Blitz und Donner oder Regen und Dürre übernatürliche Mächte, die die Menschen damit belohnen oder bestrafen wollen.[268] So kann Gott z. B. einen Dämon, der unter einem Baum wohnt, vertreiben, indem er einen Blitz in diesen Baum schickt, oder er kann damit Menschen warnen, die vielleicht in der Nähe dieses Baumes wohnen und die einen bestimmten Heiligentag missachtet haben. Auf der anderen Seite sehen manche Äthiopier auf dem Land moderne Maschinen und Geräte wie z. B. Flugzeuge und Fernseher als mysteriöse Zauberei an, mit der sie nichts zu tun haben möchten.[269] Für die einfache Landbevölkerung ist dies vollkommen einsichtig, ist Gott doch allmächtig, allwissend und allgegenwärtig und

---

[264] Levine, Wax & Gold, S. 70f; Ethiopian Orthodox Tewahedo Church, S. 20; Mercier, Zauberrollen, S. 12; Salamon, Buda, S. 634.
[265] Tubiana, Zar, S. 22f.
[266] Levine, Wax & Gold, S. 68.
[267] Hartlmaier, Amba Ras, S. 22.
[268] Dieser Glaube stammt wahrscheinlich aus den indigenen Religionen der Oromo und der Somali: Lipsky, Ethiopia, S. 119.
[269] Kebbede Tiku, Pilot Study, S. 48f; vgl. zu diesen Vorstellungen auch Mbiti, Introduction, S. 41.

steht als Ursache hinter allem.[270] Eine in den 1980er Jahren in Äthiopien durchgeführte Pilotstudie zu traditionellen Glaubensvorstellungen und Praktiken ergab dabei einen eindeutigen Zusammenhang zum Bildungsstand: Jemand, der einen höheren Schulabschluss besitzt, zeigt viel weniger Neigung zu derartigen religiösen Vorstellungen als ein Analphabet, der nie eine Schule besucht hat.[271]

Obwohl die offizielle Lehre der äthiopischen Kirche jede Art von vorchristlicher Volksreligion verurteilt, zeigt es sich doch im Alltag, dass manche der religiösen Spezialisten der Kirche (Priester und Däbtäras) vor allem in ländlichen Gegenden häufig nicht abgeneigt sind, in der Volksreligion verwurzelten Bedürfnissen der Menschen entgegenzukommen.

Ein Beispiel für diese „Zusammenarbeit" von Kirchenleuten und vor- oder unchristlichen Praktiken sind die Heiler oder „äthiopischen Heilpraktiker" (D. Georgieff).[272] Oft sind es nämlich Däbtäras, die sich in diesem „Beruf" betätigen, zumal viele Äthiopier annehmen, diese Däbtäras besäßen übernatürliche Kräfte bzw. Fähigkeiten.[273] Donald N. Levine erwähnt eine Erhebung aus den Jahren 1956/57, nach der immerhin 16 % von 500 befragten äthiopischen Oberschülern und 7 % von 200 befragten äthiopischen Studenten angaben, sie glaubten, dass einige Däbtäras in der Lage seien, Regen oder Dürre zu bewirken.[274] Manche dieser Däbtäras stehen der Kirche näher und verwenden zumindest christliche Gebete in Verbindung mit den Heilmitteln. Andere vertrauen eher auf die Magie.

Hintergrund ist der oben erwähnte Glaube, dass Krankheiten oder Unfruchtbarkeit auf böse Geister, den bösen Blick, Verfluchungen oder andere übernatürliche Ursachen zurückgehen. So sieht man etwa die Herkunft der Gelbsucht in bestimmten Vögeln oder Fledermäusen, die über einem kreisen. Man nennt sie deshalb „Yäwofbašta", Vogelkrankheit. Auch deutliche Symptome von Unterernährung sollen nach dieser Überzeugung in Wahrheit von einem bösen Geist verursacht sein; oder schon die Berührung eines verhexten Gegenstandes und das Trinken verfluchten Wassers sollen krank machen können, so dass Krankheitserreger, die naturwissenschaftlich nicht zu leugnen sein mögen, jedoch nicht als Bakterien oder Viren erkannt werden, sondern mit vorchristlichem

---

270 Levine, Wax & Gold, S. 67.

271 Kebbede Tiku, Pilot Study, S. 51 – 53.

272 Vgl. hierzu Otto, Arbeitsalltag; D. Georgieff, „Wof baschta"; Heyer, Kirche Äthiopiens, S. 196 – 211; Mercier, Zauberrollen, S. 14f; Kawerau, Ostkirchengeschichte, S. 98; Kebbede Tiku, Pilot Study, S. 48.
Zu diesem Phänomen im ehemaligen Königreich Kaffa auch nach dessen Christianisierung vgl. Bekele Woldemariam, History of the Kingdom of Kaffa, S. 75. 80 – 85.

273 Lipsky, Ethiopia, S. 107; Levine, Wax & Gold, S. 64; Heyer, Kirche Äthiopiens, S. 196f; Kebbede Tiku, Pilot Study, S. 15; Hartlmaier, Amba Ras, S 45.

274 Levine, Wax & Gold, S. 131; vgl. auch Levine, Greater Ethiopia, S. 53.

Glaubensvorstellungen von übernatürlichen Mächten oder magischen Praktiken erklärt werden. Zugleich erscheint der auferstandene Christus, der den Tod bezwang, als Sieger über Geister und Dämonen, der sie unschädlich zu machen weiß. Die genaue Kenntnis dieser geheimen Macht des Heilands ist die Grundlage der Fähigkeiten solcher Heiler, so ihre eigene Argumentation.
Die verabreichten Heilmittel sind in der Regel Kräutertränke, wobei die Heiler sich ungern bei der Arbeit beobachten lassen und ihre „Rezepte" schon gar nicht preisgeben. „Ihr Europäer würdet das Mittel nur verkaufen, um damit Geld zu verdienen. Wir haben aber dieses Mittel von Gott bekommen und geben es nur unseren Schülern weiter."[275] Andere Heiler glauben, das Kraut würde seine Wirkung verlieren, sobald sein Name öffentlich genannt wird; denn sie vertreten die Auffassung, dass die Kräuter allein noch nichts bewirken. Erst die geheimen Namen Gottes, die „Asmat", lassen die Pflanzen ihre Kraft entfalten. Diese Asmat aber finden sich nur in magischen Schriften, deren Studium und Beherrschung den Heilern vorbehalten ist. Trotzdem versuchen die regionalen, äthiopischen Gesundheitsbüros, an das geheime Wissen um die Heilkräuter heranzukommen, um die durchaus oft erwiesene heilende Wirkung auch für die Schulmedizin nutzen zu können.
Diese Verbindung von medizinischem und religiösem Wissen erlaubt es, dass die Heiler mit ihren Therapien tatsächlich Erfolg haben und dass traditionell eingestellte Äthiopier noch heute lieber zu einem solchen Heiler gehen als zu einem Arzt, der Schulmedizin studiert hat.
Diese Heiler stehen aber nicht nur bei körperlichen Krankheiten zur Verfügung, sondern auch bei psychischen Problemen. So versprechen sie z. B. Menschen, die glauben, verhext worden zu sein, die Dämonen mit heiligem Wasser (ṣäbäl), in dem ein Kräuterpulver aufgelöst wurde, zusammen mit magischen Symbolen und Zaubersprüchen auszutreiben. Zusätzlich schlägt der Heiler die verhexte Person mit einem Kreuz, um sie von der Besessenheit zu befreien. Manchmal dauert eine solche „Therapie" stunden- oder gar tagelang, weil die Dämonen sich wehren.

Ein weiterer Teil der äthiopischen Volksreligion besteht in magischen Praktiken im Alltag. In ihr wirken vorchristliche (vor allem altägyptische und jüdische) Vorstellungen mit dem Glauben indigener, afrikanischer Religionen Äthiopiens an Dämonen und andere übernatürliche Mächte zusammen. Auch der fromme Kaiser Zär'a Ya'əqob (1434 – 68) vermochte es trotz zahlreicher von ihm verfasster Schriften über den christlichen Glauben und mehrerer Erlasse gegen den Aberglauben im eigenen Land nicht, derartige religiöse Vorstellungen und Praktiken auszurotten. Im Gegenteil, in seiner Epoche blühte sogar die Zauberliteratur auf, die sich synkretistisch mit der Lehre und den Heiligen der Kirche

---

[275] D. Georgieff, „Wof baschta", S. 23.

vermischte. Argumentiert wurde dabei, Gott selber habe schließlich die Magie geschaffen, um den sichtbaren und den unsichtbaren Mächten befehlen zu können. Freilich mag genau dieser Umstand Zär'a Ya'əqob zu seinem heftigen Durchgreifen motiviert haben, während umgekehrt die zurückgedrängten Zauberer sich ihrerseits bemühten, ihren Einfluss auf die einfache Bevölkerung nicht zu verlieren.

Ähnlich wie in der magischen Heilkunst ziehen sich im Wesentlichen zwei Vorstellungen durch die gesamte Magie Äthiopiens: der Glaube an die Wirkmächtigkeit von Namen und der Glaube, dass alles, was dem Menschen schadet, letztlich auf böse Geister zurückzuführen ist. Ein typisches Phänomen dieser Magie (wie der Magie allgemein) ist nicht nur die Bedeutung, die genauen Namen der Dämonen und Geister zu kennen, um sie beherrschen zu können (wie im deutschen Märchen vom Rumpelstilzchen), sondern auch die absolute Notwendigkeit, diese Namen und damit zusammenhängenden Zaubersprüche in der genau richtigen Betonung, mit dem genau richtigen Sprechtempo und zum genau richtigen Zeitpunkt aufzurufen, damit die beabsichtigte Wirkung eintreten kann. Schlägt der Zauber fehl, liegt es demnach daran, dass der Zaubernde einen auch noch so kleinen Fehler begangen hat. Der wirkmächtigste Name ist natürlich der Name bzw. die Namen Gottes (s. o.) bzw. Jesu Christi, eine Glaubensvorstellung, die sich in ähnlicher Art auch im Islam findet. Im Glauben der Äthiopier soll Jesus Christus dafür seine geheimen Namen seiner Mutter Maria und seinen Jüngern mitgeteilt haben, die diese wiederum in geheimen Zauberbüchern, die Jahrhunderte lang in Äthiopien kursierten, überliefert haben sollen.

Auch an dieser Stelle spielen die Däbtäras eine herausragende Rolle. Man bittet sie wie bei Krankheiten und Verfluchungen in gleicher Weise auch um Beistand bei Dürreperioden oder anderen drohenden Naturkatastrophen oder bei politischen Wirren, oder man kauft von ihnen Ablassbriefe, die dem Adressaten beim Jüngsten Gericht nach seinem Tod das Eingreifen Marias zu seinen Gunsten versichern.

Neben Diensten dieser Art und dem Schreiben von magischen Texten obliegt auch die Herstellung von Amuletten (kətab) den Däbtäras, die sich damit manchmal sogar ihren Lebensunterhalt verdienen.[276] Sie haben Gebete und Amulette für jeden im Alltag der Äthiopier nur erdenklichen Fall in ihrem Repertoire, so z. B. Beschwörungen der unterschiedlichsten Krankheiten und Gebrechen. Zur Begründung, warum manchmal sogar gebildete Äthiopier an die Wirkkraft von Amuletten glauben, schreibt Jacques Mercier: „Talismane sind für sie nicht das Ergebnis menschlicher Fertigkeit, sondern ein 'Geheimnis', das

[276] Vgl. dazu z. B. Heyer, Kirche Äthiopiens, S. 198f; Hartlmaier, Amba Ras, S. 106. Manche Äthiopier tragen diese Amulette sogar an ihrem Seidenband (matäb) um den Hals, das ja eigentlich ein Zeichen ihres christlichen Glaubens sein soll (siehe dazu das Kapitel zum Glauben).

seit seiner Offenbarung immer von neuem, streng dem Vorbild folgend, bildlich dargetan wird."[277] Man verbindet damit entweder die Vorstellung, der gefallene Engel Azazə'el habe, zum Dämon geworden, Gott dieses Geheimnis entlockt und den Menschen gebracht (so erzählt es das äthiopische Henoch-Buch), oder Gott selber habe dieses Wissen Abraham oder Salomo offenbart.

Ein gutes Beispiel dieser Zauberliteratur[278] ist das Ləfafä Ṣädäq oder „Hülle der Gerechtigkeit".[279] Es ist der Überlieferung nach „dazu bestimmt, 'das Heil dessen' zu bewirken, 'der es aufschreibt, liest, erklärt, sich aneignet und bis zur siebten Generation weitergibt'."[280] Dieses äthiopische Totenbuch, das sowohl als Literaturgattung insgesamt als auch in zahlreichen Einzelmotiven wohl auf altägyptischen und koptischen Vorlagen beruht, wurde auf Pergamentstreifen geschrieben und als Rolle einem Verstorbenen um den Hals gehängt oder ihm auf andere Art und Weise mit ins Grab gelegt. Wichtig war dabei, dass das Pergament exakt so lang war wie der Körper des Verstorbenen. Das Buch ist vermutlich zum ersten Mal im 16. Jahrhundert aufgetaucht, obwohl diese Datierung nicht ganz gesichert ist. Wie es auch bei den altägyptischen Totenbüchern der Fall war, hatten Zauberer (in Äthiopien häufig Däbtäras) Exemplare des Ləfafä Ṣädäq vorrätig, die Angehörige von Verstorbenen dann kaufen konnten und in die nur noch der Name des Betroffenen eingetragen wurde. Über den Preis kann man nur Vermutungen anstellen, aber er wird nicht für jede Familie erschwinglich gewesen sein. Einige Wissenschaftler sprechen noch Anfang der 1960er Jahre davon, dass dieser Brauch allgemein üblich war,[281] ein anderer Gewährsmann äußerte dem Verfasser gegenüber, dass das Ləfafä Ṣädäq seit der Zeit um den Zweiten Weltkrieg herum nicht mehr verwendet wird. Allerdings legt eine Notiz im Rahmen eines Berichts über eine Ausstellung solcher Zauberrollen in Hamburg nahe, dass bis heute einige wenige Däbtäras derartige magische Schriften herstellen (heute jedoch aus Kostengründen nur auf Papier statt auf Pergament) und verkaufen.[282]

Zum Inhalt des Ləfafä Ṣädäq ist zu sagen, dass es acht magische Gebete auf Gəʿəz enthält, die dem Toten den Eingang in das Himmelreich sichern sollten. Alle acht Einzelteile des Buches sind mit dazwischen gemalten, kunstvollen Kreuzzeichen voneinander abgesetzt, die wiederum auch als magisch wirksam

---

[277] Mercier, Zauberrollen, S. 7.

[278] Vgl. insgesamt zu diesem Phänomen Mercier, Zauberrollen.

[279] Vgl. dazu vor allem Budge, Bandlet of Righteousness. Die Übersetzung des im Gəʿəz ansonsten unbekannten Wortes „ləfafä" ist unsicher.

[280] Mercier, Zauberrollen, S. 13.

[281] Lipsky, Ethiopia, S. 111; Ullendorff, Ethiopians, S. 99; Hammerschmidt, Kultsymbolik, S. 229 und sogar noch Mercier, Zauberrollen, S. 13.

[282] Otto, Ausstellung, S. 18.

gelten. Alle Gebete beginnen mit der allgemein üblichen Formel „Im Namen des Vaters, des Sohnes und des Heiligen Geistes, ein Gott".

Das Gebet im ersten Kapitel des Buches, das die Errettung des Verstorbenen vor dem Höllenfeuer zum Ziel hat, stammt angeblich von Gott-Vater selbst. Er hat es nach der Menschwerdung Jesu Christi diesem offenbart, der es wiederum Maria vermittelte. Sogar das genaue Datum dieses Ereignisses ist überliefert, was erneut die Wichtigkeit jedes kleinsten Details für das Denken in magischen Kategorien verdeutlicht: Am Tag des Yäkkatit 16 (= 23./24. Februar) soll es geschehen sein. An diesem Tag soll Jesus seine Mutter durch den Himmel und die Hölle geführt haben und ihr den Lohn für die Gerechten und die Strafen für die Sünder erklärt haben. Dass Maria die Menschen, die in der Hölle große Qualen zu erleiden hatten, so leid taten, berührte ihren Sohn sehr, so dass er ihr mit einem goldenen Stift das Mäṣḥafä Ḥəywät, das „Buch des Lebens", aufschrieb, das er selbst von seinem himmlischen Vater diktiert bekommen hatte. In diesem Werk teilte er seiner Mutter alle geheimen Namen mit ihren Eigenschaften mit. Er übergab es Maria, indem er sie ermahnte, es nur den Gläubigen zum Gebrauch zu überlassen, weil sonst alle Menschen unabhängig von ihrem Glauben an Gott den Himmel betreten könnten; denn derjenige, der das Buch besitze oder der es beim Eintritt in das Totenreich bei sich trage, sollten alle seine Sünden erlassen werden.

Im zweiten Kapitel werden magische Namen aufgelistet und zwar mit den Anfangsbuchstaben und in der Reihenfolge des hebräischen (also nicht des äthiopischen) Alphabets von Alef bis Taw.

Das dritte Kapitel enthält ein Gebet, das man auf dem Weg zum Grab aufsagen soll. Danach wird von einem Gespräch zwischen Gott und dem Erzengel Michael berichtet. Darin offenbart der Allerhöchste seinem Engel seine sieben großen Namen, die seine sieben Grundeigenschaften repräsentieren. Gott versichert Michael, dass jeder, der Vertrauen in diese sieben Namen habe, dem ewigen Höllenfeuer und „dem Wurm, der niemals schläft" entkommen solle. Er solle sogar in der Lage sein, sich zwischen den sieben Himmeln und der Erde hin- und herzubewegen, durch die sieben Tore und die sieben Lichträume der Himmel zu gehen und bis zu den sieben Trägern des Thrones Gottes vorzudringen. Allein die vier Evangelisten waren berechtigt, dieses Buch, das im Himmel versiegelt worden war, auf Erden zu öffnen und es für die Menschen zu gebrauchen. Dieses Ereignis soll am Tag des Mäskäräm 16 (= 26./27. September) stattgefunden haben, dem Tag, der zugleich der Auffindung des wahren Kreuzes Jesu geweiht ist.

Das vierte Kapitel erzählt von einem Gespräch zwischen Jesus und Maria, nachdem er ihr das Ləfafä Ṣädäq übergeben hatte. Auf Drängen Marias, die sich mit den bisher mitgeteilten Namen nicht zufriedengab, offenbarte ihr Jesus schließlich zusätzlich die drei geheimsten und zugleich mächtigsten Namen Gottes, des Vaters, des Sohnes und des Heiligen Geistes, damit Maria diese wirkungsvollsten Namen verwenden konnte, um gläubige Menschen zu heilen und vor dem ewigen Tod zu retten. Zuvor warnte Jesus sie, dass diese Namen „schwer zu hören" seien und nicht für die Hände von Ungläubigen gedacht seien. Schließlich offenbarte Jesus ihr, auf einer Wolkensäule inmitten eines Feuers stehend, die drei dreifachen Namen.

Im fünften Kapitel steht ein Gebet, dass dazu dienen soll, dass ein Verstorbener ohne irgendein Hindernis direkt in den Himmel kommt.

Im sechsten Kapitel offenbart Jesus das Ləfafä Ṣädäq, das bisher nur im Himmel und Maria bekannt gewesen war, auch seinen Jüngern, nachdem sie ihn darum gebeten hatten.

Das siebte Kapitel ist eine Anspielung auf eine alte Legende, nach der Gott den Apostel Andreas in die Stadt der Kannibalen schickte, wo Matthias, der für Judas nachgewählte, zwölfte Apostel (Apg. 1, 26) gefangen lag, um diesen zu befreien. Die sechs dreifachen Namen Gottes, die Gott benutzt hatte, bevor er Himmel und Erde schuf, seine eigenen acht Namen und die sieben Namen des Heiligen Geistes sollten Andreas dabei helfen. So ausgerüstet, war der Apostel natürlich am Ende erfolgreich. Zum Schluss werden weitere acht Namen genannt, die vor dem bösen Blick und den Machenschaften des Teufels schützen sollen.

Das achte Kapitel enthält nochmals 34 magische Namen, die Namen von Alpha bis Omega, d. h. nun nach dem griechischen Alphabet geordnet, sowie sieben siebenfache magische Namen und weitere 141 magische Namen, die die Menschen vor dem Teufel schützen sollen.

Eine andere Schrift, die ursprünglich im Gottesdienst Verwendung fand, sich aber mit der Zeit auch zu einem magischen Text für den privaten Gebrauch wandelte, ist die „Die Lehre der Geheimnisse".[283] Dieses Werk war ursprünglich das 28. Kapitel des 1. Buches des apokryphen „Testamentum Domini", wurde aber in Äthiopien auch selbständig überliefert. Die Überschrift „Lehre der Geheimnisse" meint dabei die Einweihung von Katechumenen (Anwärtern auf die Taufe) in die Geheimnisse der Eucharistie, die ihnen bisher verborgen gewesen waren, durch einen Mystagogen. Wieder taucht die Bedeutung des Namens auf: Der Name dessen, um den sich die Feier dreht (Jesus Christus), wird zunächst nicht genannt. Die Eingeweihten wissen ja, um wen es geht, die anderen sollen abwarten.

Der Text enthält zwei Themenkomplexe: die Verherrlichung des Kreuzes und des Gekreuzigten (Kap. 1 – 3) und den Sieg Christi über den Tod in seiner Höllenfahrt (Kap. 4 – 5). Die Quellen sind gnostische Petrusakten aus der Alten Kirche. Ob sie im Original auf syrisch, auf koptisch oder auf arabisch vorlagen, lässt sich nicht mehr eindeutig entscheiden. Aber die äthiopische Version hat sich mit der Zeit ohnehin in sich verändert und gilt als eigenständiges Werk. Die Entstehungszeit setzt man im 14. – 16. Jahrhundert an.

---

[283] Vgl. Hammerschmidt, Äthiopische Liturgische Texte, S. 39 – 72.

In der äthiopischen Liturgie wurde der Text anfangs vor allem in der Passions- und Osterzeit verlesen, da man Neuaufnahmen in die Gemeinde üblicherweise in der Osternacht getauft hat. Aber, wie gesagt, später galt die „Lehre der Geheimnisse" verstärkt als Zaubertext zur Abwehr von bösen Mächten. Man schrieb ihm auch fürbittende Kraft vor Gott zu. Insbesondere sollte er vor Krankheit und Tod bewahren. Oft wurde er in kleinen Kodices (gebundenen Büchlein) als Amulett auf der Brust getragen. Das kleinste bekannte Exemplar ist nur 2,5 x 3,3 cm groß und enthält 33 Blätter.
Eine aus der Zeit der Alten Kirche stammende Vorstellung, die im zweiten Kapitel auftaucht, ist der bis heute in den orientalischen Kirchen vertretene Gedanke, dass der Teufel von Jesus Christus überlistet wurde (siehe auch das Kapitel zum Glauben). Dass in dem Jesuskind Gott selber Mensch geworden war, musste dem Bösen verborgen bleiben, sonst hätte er den Kampf gar nicht erst aufgenommen, weil er von Anfang an gemerkt hätte, dass ein Sieg über Jesus ausgeschlossen war. Dann aber hätte Jesus seinerseits keine Gelegenheit bekommen, den Teufel zu überwinden. So aber glaubte Satan tatsächlich, gewonnen zu haben, als Jesus am Kreuz starb. Er merkte erst, als es zu spät war, nämlich am Ostermorgen, dass Jesus als wahrer Mensch und wahrer Gott den Tod und damit das Böse besiegt hatte. Er war von Gott überlistet worden.
Verwundert fragt der Tod im vierten Kapitel: „Wer ist dieser, der aus meiner Herrschaft das dem Verderben übergebene Fleisch mir entreißt? Wer ist dieser, der Erde anzog, aber doch himmlisch ist? Wer ist dieser, der in Vergänglichkeit geboren wurde, der aber nicht vergeht? Wer ist dieser, der meinem Gesetz entzogen ist? Wer ist dieser, der von den Meinigen (welche) wegführt) […] Wer ist dieser ohne Sünde, der gestorben ist? Wer ist dieser, dessen Lichtvielheit die Finsternis blind gemacht hat? Der mir nicht erlaubt hat, daß ich die Meinigen beherrsche, sondern alle die Seelen in den Himmel schleppt, die mir übergeben worden sind? […] Dieser ist Jesus Christus, der gekreuzigt wurde."[284]
Der dahinter stehende Gedanke von der Höllenfahrt Jesu ist im Glauben der Ostkirche ein ganz wichtiges Element. Im Neuen Testament kann sie sich nur auf eine einzige Stelle berufen (1. Petr. 3, 19) und gilt daher vielen Theologen nicht als ausreichende Grundlage für einen Glaubenssatz. Auch im Apostolischen Glaubensbekenntnis steht zwar „Hinabgefahren in das Reich des Todes"; dass Christus aber dort den Toten wirklich gepredigt hat und diejenigen, die sich in der Hölle daraufhin zum Glauben an ihn bekehrten, dort herausholte und mit sich in den Himmel zog, wird nicht ausdrücklich behauptet. Die orientalischen Christen halten aber bis heute unvermindert daran fest; denn ihnen kommt es darauf an, dass die Menschen, die zeitlich vor Jesus Christus lebten und starben, die also gar keine Möglichkeit hatten, das Evangelium vom Kreuz Christi zu erfahren, von Gott nicht einfach ihrem Schicksal überlassen werden, sondern

[284] Hammerschmidt, Äthiopische Liturgische Texte, S. 63. 65.

dass auch sie bei jener Höllenfahrt Christi zwischen seinem Tod und seiner Auferstehung eine Gelegenheit bekamen, ihre Sünden zu bereuen, sich zu Jesus Christus zu bekennen und auf diesem Weg doch noch zum ewigen Leben zu gelangen.

Natürlich ist die äthiopische Kirche, wie bereits mehrfach erwähnt, strikt und vorbehaltlos gegen alle genannten vor- und außerchristlichen, religiösen Vorstellungen und die damit verbundenen Praktiken. Auch diejenigen Däbtäras, die ja eigentlich im Dienst der Kirche stehen und sich trotzdem als Magier, Zauberer oder Heiler verdingen, werden stark kritisiert. Nach dem Kirchenrecht stehen hohe Strafen auf derartige Vergehen gegen den christlichen Glauben. Zusätzlich bemühen sich die Priester, im Volk umgehende Legenden und Zaubergeschichten von den magischen Vorstellungen weg auf den biblisch fundierten Wunderglauben hin umzudeuten, zumal gerade äthiopische Heilige immer wieder mit dem Anspruch auftraten, gegen den Einfluss der Dämonen auf die Menschen einzuschreiten und mit ihren Gebeten jede Art von Magie zu bekämpfen. Bis heute leben in Äthiopien charismatische Priester, die im Namen Jesu und allein mit ihren Gebeten Dämonenaustreibungen vornehmen und Wunderheilungen bewirken. Sie benutzen ganz demonstrativ weder irgendwelche Texte noch geheime göttliche Namen, die auch nur im Entferntesten magisch verstanden werden könnten, um dem einfachen Volk zu zeigen, dass sie die unchristlichen Praktiken nicht brauchen, um gesund zu werden und Unheil abzuwehren, und sich allein Gott anvertrauen sollen. Zugleich werden diese Priester und die Menschen, die sie um Hilfe bitten, von der Kirche streng überwacht, damit dort tatsächlich „alles mit rechten Dingen zugeht“.[285] Dem Verfasser gegenüber wurde versichert, dass die Zahl der Däbtäras, die sich in dieser von der Kirche verbotenen Volksreligion betätigen, durch die erwähnten Maßnahmen mittlerweile verschwindend gering geworden sei. Außerdem solle man nicht zu stark auf derartige Phänomene schauen und ihnen nicht zu viel Aufmerksamkeit schenken, sondern stattdessen den Glauben an Jesus Christus ins Zentrum rücken. Die äthiopische Kirche ist sich demnach dieser Volksreligion durchaus bewusst, sieht deren Überwindung aber hauptsächlich im strikten Festhalten am Fundament des christlichen Glaubens.
All das verhindert jedoch nicht, dass es noch einige Äthiopier gibt, die sich nicht „vorsichtshalber“ dennoch in jeder Hinsicht absichern wollen und bei einer Krankheit etwa sowohl zum in der modernen Schulmedizin ausgebildeten Arzt gehen als auch sich vom Priester segnen lassen und sein Ṣäbäl (heiliges Wasser) trinken als auch einen Heiler aufsuchen.

---

[285] Heyer, Kirche Äthiopiens, S. 204f; vgl. auch Fisseha H. Maskal, Atete, S. 364.

Ein Urteil über die angeblich so primitiven Glaubensvorstellungen der äthiopischen Christen, Juden und Muslime ist aus aufgeklärter, abendländischer Sicht schnell gefällt. Doch ist es auch angebracht? Ist es auch berechtigt? Der Äthiopienkenner Friedrich Heyer gibt zu bedenken: „Protestantische und katholische Christen des Westens sollten bei der Beurteilung der Azmat [der geheimen, magischen Namen Gottes, der Vf.] nicht übersehen, in welchen Krankheitsängsten die äthiopischen Christen angesichts des Fehlens der modernen Medizin leben. Auch fehlt ihnen die rationalistische Überprüfung ihrer Praktiken, die das Europa des 18. Jahrhunderts vollzogen hat. Äthiopische Gläubige kennen nicht den Unterschied zwischen Magie und Glaube. Übergangslos gelangen sie von der Verehrung des Mysteriums, das der Kirche durch die göttliche Offenbarung innewohnt, zum Respekt vor der Geheimniskrämerei der Azmat."[286] Man sollte überdies nicht vergessen, wie verwirrend es auf die einfachen Gläubigen wirken muss, wenn sie auf Priester und Debteras treffen, die doch eigentlich die offizielle Lehre der Kirche vertreten sollten, die sich aber zugleich auf magische Praktiken der Volksreligion berufen.

An anderer Stelle fügt Heyer hinzu: „Damit, daß wir das Vorhandensein von Geistern leugneten, wäre in Äthiopien niemandem geholfen." Und er zitiert dazu einen Äthiopier, der sagte: „Mag auch Europa ohne Dämonen sein, Afrika ist voll von bösen Geistern."[287] Schließlich sollten wir – mit aller gebotenen Vorsicht – nicht vergessen, dass die Bibel selbst ganz unbefangen von der Macht Jesu über die Dämonen redet und dass sich das äthiopische Christentum im Vollsinn des Wortes als das Volk Gottes ansieht, in dem die biblischen Zeiten nicht seit langem vergangen, sondern allseits gegenwärtig sind. Das Vertrauen in die Allmacht Gottes wäre also zu betonen, wie es die äthiopische Kirche auch tut, anstatt die Menschen, die es nicht anders kennen, als an Dämonen zu glauben, zu verurteilen.

---

[286] Heyer, Kirche Äthiopiens, S. 199.
[287] Beide Zitate: Heyer, Kirche Äthiopiens, S. 211.

5.2. Die Mythen und Legenden

5.2.1. Das Kəbrä Nägäśt

Das äthiopische Nationalepos Kəbrä Nägäśt (= Die Herrlichkeit der Könige) entstand vermutlich Anfang des 14. Jahrhunderts. Es geht auf biblische Erzählungen zurück sowie auf apokryphe Schriften und syrische und koptische Quellen. Als Verfasser ist ein arabischsprachiger Christ namens Yəsḥaq (= Isaak) in Aksum angegeben. Er behauptet in einem persönlichen Anhang an den arabischen Text (Kolophon), diese Schrift in der Regierungszeit des Königs Lalibela aus dem Koptischen übertragen zu haben; denn zunächst „unterließ es Gott, dass sie übersetzt und in abessinischer Sprache erklärt wurde".[288]
In seiner Entstehungszeit diente das Kəbrä Nägäśt wahrscheinlich in erster Linie als religiöse Legitimation der sogenannten Salomonischen Dynastie, die ab 1270 über Äthiopien herrschte und deren Kaiser sich als Nachfolger der Könige von Aksum ansahen, während sie die nicht von Salomo abstammenden Könige der Zag^{w}e-Dynastie, deren Herrschaft sie beendet hatten, als unrechtmäßige Thronräuber bezeichneten (siehe den geschichtlichen Überblick). Wilhelm Baum nennt das Kəbrä Nägäśt in diesem Sinne „die Kanonisierung des kulturellen Gedächtnisses".[289] Eine abweichende Meinung vertritt Beya Felleke. Er vermutet hinter dem Grundbestand des Kəbrä Nägäśt keine koptische Vorlage, sondern eine auf Gə'əz geschriebene, vorchristliche, jüdisch beeinflusste Legende der Agaw, die ursprünglich dazu gedient habe, gerade den Herrschaftsanspruch der Zag^{w}e (d. h. nicht der Salomonischen Dynastie) zu legitimieren.[290] Erst eine spätere Redaktion habe die Schrift in ein Dokument der Salomonischen Dynastie umgewandelt.[291]
Wie dem auch sei, die weitere Wirkungsgeschichte des Kəbrä Nägäśt ist in keinem Fall zu unterschätzen. In Äthiopien übt dieses Werk bis heute einen großen Einfluss auf die Literatur und auf das Bewusstsein der Menschen aus. Schon die Kirchengeschichte von Michael Geddes aus dem Jahr 1696 beginnt ihr Kapitel zur Religion der Äthiopier: „Es ist eine fortwährende Tradition unter den Abessiniern, dass die Königin von Saba Salomo besuchen ging."[292] Hiob Ludolph hatte kurz zuvor geschrieben: „Das Buch, in dem diese Dinge aufgeschrieben waren, wird die Herrlichkeit der Könige genannt, und hatte große Autorität unter

---

[288] Bezold, Kebra Nagast, S. 138; vgl. auch Baye Felleke, Questions, S. XIf.
[289] Baum, Äthiopien, S. 79.
[290] Baye Felleke, Questions, S. 5. 11. 22. 38. 42.
[291] Baye Felleke, Questions, S. 33.
[292] Geddes, Church-History, S. 8; vgl. auch Baratti, Late Travels, S. 103; J. Bruce, Quellen, S. 114.

ihnen, niemand in Äthiopien zweifelte an der Wahrheit."[293] Noch die äthiopische Verfassung von 1955 leitete den kaiserlichen Anspruch Haile Selassies I. von König Salomo und der Königin von Saba (s. u.) als seinen Vorfahren ab.[294] Auch Teile der Heiligenlegenden beruhen auf den Angaben im Kəbrä Nägäśt. Darüber hinaus kann man dieses Epos mit gutem Recht als Teil der Weltliteratur bezeichnen; denn es verbindet in wunderbarer Weise biblische Erzählstränge mit äthiopischen Legenden und lässt auch zutiefst menschliche Regungen nicht außer Acht, so dass vor dem Leser nicht nur eine großartige Szenerie auftaucht, sondern die beteiligten Personen erscheinen vor dem inneren Auge weniger als ferne Helden als vielmehr als Menschen wie du und ich, so lebendig ist das Geschehen geschildert.

Ins Deutsche ist es bisher nur einmal in einer Ausgabe von Carl Bezold aus dem Jahr 1905 übertragen worden.[295] Das erklärt manche sprachlichen Altertümlichkeiten in den wörtlichen Zitaten. Heute unübliche Schreibweisen sind jedoch um der flüssigeren Lesbarkeit geglättet. Vor allem wurde das „ss" durch das heute richtige „ß" ersetzt und der Apostroph vor dem Genetiv-s und bei Wendungen wie „fürs" oder „ins" gestrichen. Die ursprüngliche Schreibweise anderer angeglichener Ausdrücke ist jeweils als Anmerkung in den Fußnoten beigefügt.

Stilisiert ist das ganze Buch als eine Erklärung der sogenannten 318 Väter „von der Herrlichkeit und der Größe und der Wonne, die der Herr den Kindern Adams zu teil werden ließ, und insbesondere von der Größe und Herrlichkeit Zions, der Gesetzeslade Gottes, die er selbst geschaffen und gebildet hat in dem Gelasse seines Heiligtums vor aller Creatur[296], Engeln und Menschen."[297] Die 318 Väter waren diejenigen Bischöfe, die am 1. Ökumenischen Konzil von Nicaea im Jahr 325 teilgenommen haben. Das Werk wird also ins 4. Jahrhundert zurückdatiert, als ob es bereits damals geschrieben worden sei. Man muss allerdings hinzufügen, dass solche Konstruktionen früher nicht unüblich waren und keinesfalls als historische Unredlichkeit angesehen wurden. Vielmehr beabsichtigte man mit einem derartigen Stilmittel, solchen Veröffentlichungen größeres Ansehen und größere Autorität zu verleihen.

In 117 Kapiteln wird die Geschichte ab Erschaffung der Welt bis zur (damaligen) Gegenwart wiedergegeben.[298] Die recht kurzen Kap. 1 – 18 behandeln die Zeit von der Schöpfung bis König Salomo, wobei das Hauptgewicht auf Adam

---

[293] Ludolphus, New History, S. 161; vgl. auch Kawerau, Ostkirchengeschichte S. 96.

[294] Hammerschmidt, Äthiopien, S. 47; Levine, Greater Ethiopia, S. 92f.

[295] Diese Ausgabe war die erste vollständige Übertragung in eine europäische Sprache überhaupt: vgl. Levine, Greater Ethiopia, S. 95.

[296] Bei Bezold steht hier „Creatur".

[297] Bezold, Kebra Nagast, S. 1.

[298] Vgl. zum Inhalt und Charakter des Werkes neben Bezold, Kebra Nagast auch die Ausführungen bei Baum, Äthiopien, S. 79 – 83; Levine, Greater Ethiopia, S. 94 – 106; Ethiopian Orthodox Tewahedo Church, S. 31 – 34.

und Eva und ihre Söhne Kain und Abel, auf die Geschichte von Noah und der Sintflut, auf Abraham sowie auf die Herstellung der Bundeslade gelegt wird.
Diese Bundeslade wurde von Mose auf Geheiß Gottes am Berg Sinai gebaut. Im Alten Testament ist in Ex. 25, 10 – 22 ausführlich geschildert, wie die Lade nach Gottes Willen aussehen sollte. Diese Stelle ist auch im Kəbrä Nägäśt zitiert, das hinzufügt, es gebe ein himmlisches Urbild, das das Vorbild der irdischen Lade sei. In die Bundeslade sollte Mose die beiden Tafeln des Bundes, auf die die Zehn Gebote geschrieben waren, legen. „Er selbst hat sie zum Wohnsitz seiner Herrlichkeit geschaffen. Geistig ist sie und voller Barmherzigkeit; himmlisch ist sie und voll von Licht; frei ist sie und Wohnstätte der Gottheit, im Himmel wohnend und auf Erden wandelnd."[299] Diese Bundeslade begleitete fortan das wandernde Gottesvolk durch die Wüste und über den Jordan ins Gelobte Land. Sie war bei den Kriegszügen der Israeliten dabei und repräsentierte dabei stets die Gegenwart Gottes bei seinem Volk. König David, der Jerusalem eroberte und zu seiner neuen Hauptstadt machte, brachte schließlich auch die Bundeslade dorthin, wobei er ihr singend und tanzend vorauslief. Salomo nun baute um die Bundeslade herum seinen Tempel, der die Lade Gottes im Allerheiligsten verwahrte.

Die nur wenige Sätze umfassenden Kap. 19 und 20 erwähnen eine merkwürdige Teilung der gesamten Welt unter die Herrschaft des Königs von Rom und des Königs von Äthiopien, die beide Nachfahren König Salomos seien. Mit Rom ist dabei wahrscheinlich Ostrom, d. h. Byzanz bzw. Konstantinopel, das heutige Istanbul, gemeint. Die Grenze der beiden Machtbereiche verlaufe in ost-westlicher Richtung quer durch Jerusalem hindurch. Die südliche Hälfte der Heiligen Stadt sowie alle Gebiete, die südlich dieser gedachten Linie lägen, gehörten dem König von Äthiopien, alle Länder nördlich davon dem König von Rom.

Als Hauptteil erzählen die Kap. 21 – 69 die eigentliche Geschichte um Salomo und Makədda, die Königin von Saba (im Alten Testament: 1. Kön. 10, 1 – 3; 2. Chr. 9, 1 – 12). Zunächst hatte die im Neuen Testament erwähnte „Königin vom Süden" (Mt. 12, 42; Lk. 11, 31), die man mit der Königin von Saba bzw. der Königin von Äthiopien identifizierte, über einen äthiopischen Kaufmann, der König Salomo Baumaterial für seinen geplanten Tempel in Jerusalem geliefert hatte, von der Weisheit Salomos gehört. Sie war davon so beeindruckt, dass sie den weisen Herrscher persönlich zu begegnen wünschte.
Als die Königin von Saba bei Salomo eintraf, stellte er ihr und ihrem Gefolge einen eigenen Palast zur Verfügung. Sie besuchten einander und unterhielten sich, und die Königin fand das Urteil ihres Kaufmanns, der ihr von Salomo erzählt hatte, bestätigt; denn sie hatte ihrem Gastgeber zuvor ein Rätsel gestellt,

---

[299] Bezold, Kebra Nagast, S. 8.

um seine Weisheit zu prüfen. In der Bibel heißt es dazu schlicht: „Und Salomo gab ihr Antwort auf alles, und es war dem König nichts verborgen, was er ihr nicht hätte sagen können.“ (1. Kön. 10, 3) Auch im Kəbrä Nägäśt steht nur, die Königin von Saba „gewahrte seine Weisheit, sein Urteil, seine Herrlichkeit und Huld und die Süßigkeit seiner Rede.“[300]

Erst an dieser Stelle führt das Kəbrä Nägäśt den eigentlichen Namen der Königin von Saba ein: Makədda. Makədda lobt ihren Gesprächspartner wegen seiner großen Weisheit, worauf er bescheiden antwortet, sie sei nicht sein Verdienst, sondern ihm von Gott geschenkt. Er sei auch nur ein Sterblicher aus Staub und Asche und kein besserer Mensch als die Arbeiter, die seinen Tempel bauen würden. Als er das gesagt hatte, bekehrte er die Königin zum Glauben an den *einen* Gott, den Schöpfer des Himmels und der Erde. Makədda erwiderte: „Von jetzt an will ich nicht mehr die Sonne anbeten, sondern ich will den Schöpfer der Sonne anbeten, den Gott Israels; jene Lade des Gottes Israels sei meine Herrin, für mich und meine Nachkommen und das ganze mir untertänige Reich!“[301]

Nach sechs Monaten in Jerusalem kündigte Makədda Salomo ihren Wunsch an, nun in ihre Heimat zurückzukehren, an. Der König, der, wie das Kəbrä Nägäśt bemerkt, „ein Liebhaber der Weiber“ war, überlegte jedoch: „Eine so schöne Frau ist von den Enden der Erde zu mir gekommen: was weiß ich, vielleicht gibt mir Gott Samen in ihr.“[302] In Hinsicht auf Salomos Harem von tausend Frauen merkt der Verfasser außerdem mit Blick auf die späteren Leser des Kəbrä Nägäśt vorsorglich an: „Jene aber, das frühere Volk, lebten nach dem Gesetz des Fleisches; denn es war ihnen noch nicht die Gnade des Heiligen Geistes zu teil geworden; denen nach Christo aber ward es gegeben, dass sie mit einer einzigen Frau lebten nach dem Gesetz der Ehe.“[303]

Nach diesen Gedanken lud Salomo Makədda ein letztes Mal zu einem festlichen Abschiedsmahl ein, bei der er ihr „dursterregende Speisen, mit List und Weisheit, und sauere Getränke, Fische und Pfeffer als Zubehör“[304] schickte. Als ihr Salomo nach dem Essen anbot, mit ihm zu „kosen“, wies sie ihn zunächst zurück. Sie wolle als Jungfrau in ihr Reich zurückkehren. Salomo aber drängte sie, diese letzte Nacht in seinem Palast zu schlafen, und schwor ihr, ihr keine Gewalt anzutun, solange auch sie keinem Gegenstand in seinem Hause Gewalt antue. Sie wies diesen Vorwurf als töricht zurück, und zog sich in den Raum, der ihr zugewiesen worden war, zurück. Ihr Bett stand an der einen Wand des Zimmers, während Salomo an der gegenüberliegenden Wand schlief. In die Mitte dazwischen hatte aber ein Diener Salomos einen Krug mit Wasser gestellt. Als

[300] Bezold, Kebra Nagast, S. 14.
[301] Bezold, Kebra Nagast, S. 17.
[302] Bezold, Kebra Nagast, S. 18.
[303] Bezold, Kebra Nagast, S. 18.
[304] Bezold, Kebra Nagast, S. 19.

Makədda später mit trockenem Mund aufwachte und nicht genug Speichel sammeln konnte, um ihren Durst zu löschen, wie in liebevollem Detail erwählt wird, trank sie heimlich von dem Wasser, weil sie dachte, Salomo schliefe und merke es nicht. Er hatte sich jedoch nur schlafend gestellt und warf ihr sofort vor, etwas aus seinem Haus gestohlen zu haben. Auf ihre Erwiderung, es sei doch nur ein Schluck Wasser, meinte er: „Hast du etwas unter dem Himmel gesehen, das besser als Wasser ist?“[305] Da musste sie zugeben, ihren Teil des Schwurs gebrochen zu haben. „Da ließ er sie trinken; und nachdem sie getrunken hatte, führte er sein Begehren aus, und sie schliefen zusammen.“[306]
Als die beiden sich am nächsten Morgen voneinander verabschiedeten, gab Salomo Makədda einen Ring und sagte, wenn sie einen Jungen von ihm bekommen sollte, dann solle dieser ihn später besuchen und den Ring als Erkennungszeichen mitbringen.
Die Königin aber gebar neun Monate und fünf Tage später einen Sohn, den sie „Baina-lehkem“ („Sohn des Weisheit“) nannte.[307] Als er heranwuchs, wollte er wissen, wer sein Vater sei. Makədda mochte es ihm anfangs nicht sagen, da sie befürchtete, ihn zu verlieren, doch die Menschen um ihn herum erzählten ihm, sein Vater sei Salomo. Im Alter von 22 Jahren beschloss er, seinen Vater zu besuchen. Mit der Leitung der Reise beauftragte Makədda daraufhin jenen Kaufmann, der ihr vor Jahren zuerst von Salomos Weisheit erzählt hatte.
Die Begegnung von Vater und Sohn in Jerusalem schildert das Kəbrä Nägäśt so: „Joas, der Sohn Jodāhē’s, ging hinaus und führte ihn hinein. Und als der König Salomo ihn sah, stand er auf, umarmte ihn, seine Hände auf der Brust, und küsste ihm Mund, Stirn und Augen. Und er sprach zu ihm: ‘Siehe, mein Vater David ist wieder verjüngt worden und auferstanden von den Toten[308].’ Dann wandte er sich zu jenen, die ihn angekündigt hatten, und sprach zu ihnen: ‘Ihr sagtet mir: er gleiche dir; aber dies ist nicht meine Gestalt, sondern die Gestalt meines Vaters David in den Tagen seiner Jugend; er ist viel schöner als ich.’“[309]
Der Kaufmann, der den Prinzen begleitet hatte, ließ daraufhin dem König von seiner Herrin ausrichten, er möge seinen Sohn salben und segnen und ihn dann als König über Äthiopien zurückschicken. Salomo aber antwortete: „Die Tochter gehört der Mutter, der Sohn aber dem Vater! […] So werde ich diesen meinen Sohn nicht der Königin geben, sondern werde ihn zum König über Israel machen; denn dieser ist mein Erstgeborener, der erste meines Stammes, den mir der

---

[305] Bezold, Kebra Nagast, S. 20.
[306] Bezold, Kebra Nagast, S. 2l.
[307] Der Tradition nach geschah dies noch auf der Rückreise an dem Ort, wo heute Asmara, die Hauptstadt Eritreas, liegt: Belai Giday, Ethiopian Civilization, S. 9. Der spätere Name Menelik, den ihm seine Mutter gegeben haben soll, soll eine Verballhornung des ursprünglichen Ibn al-Malik (= Königssohn) sein: Belai Giday, Ethiopian Civilization, S. 11.
[308] Bei Bezold steht hier „Todten“.
[309] Bezold, Kebra Nagast, S. 26f.

Herr gegeben hat."[310] Zu seinem Sohn gewandt sagte Salomo: „Hier ist der Aufenthalt doch besser, in unserem Lande, wo der Tempel Gottes ist, wo die Gesetzeslade Gottes ist und wo Gott mit uns wohnt!"[311] Dieser aber erwiderte: „Gold und Silber und Gewänder fehlen unserem Lande nicht; ich bin nur deshalb (hierher) gekommen, um deine Weisheit zu hören und dein Antlitz zu sehen, um dich zu grüßen, deiner Herrschaft Ehrfurcht zu bezeugen und dir zu huldigen, auf dass du mich dann zurücksendest zu meiner Mutter und in mein Land. Denn niemand hasst den Ort, da er geboren ist, sondern jeder liebt die Sache seines Landes (d. h. sein Vaterland). Wenn du mir auch süße Speisen gibst, so liebe ich (sie) doch nicht, und sie sagen meinem Körper nicht zu; sondern die Speise ist mir angenehm, mit der ich erzogen[312] und aufgewachsen bin. Wenn mir auch das Land (hier), das einem Garten gleicht, gefällt, mein Herz erfreut es doch nicht; lieber sind mir die Berge des Landes meiner Mutter, da wo ich geboren bin. Und wenn ich die Lade des Gottes Israels anbete, wo ich bin, so wird sie mir Ehre bringen; ich will blicken zum Tempel Gottes, den du erbaut hast, und will Opfer bringen und huldigen, da wo ich sein werde. Von Zion, der Gesetzeslade Gottes, gib mir den Saum ihres Gewandes, und ich will sie anbeten mit meiner Mutter und allen Untertanen unseres Reichs. Denn schon früher hat meine Herrin, die Königin, alle diejenigen ausgerottet, die die Götzen göttlich verehrten."[313]

Nach weiteren erfolglosen Versuchen Salomos, seinen Sohn zum Bleiben zu überreden, entschloss er sich schließlich, ihn doch als König von Äthiopien in seine Heimat zurückkehren zu lassen. Zuvor aber salbte ihn der Hohepriester im Tempel feierlich zum König, und Salomo gab ihm seinen Segen. Als Thronnamen bekam er den Namen seines Großvaters David. Anschließend warnte ihn der Hohepriester davor, dem Willen Gottes ungehorsam zu werden. Dann sei er verflucht. Wenn er aber auf Gott höre und Gott allein anbete, seien er und sein Land über alle Maßen gesegnet.

Die ganze Stadt Jerusalem, so das Kəbrä Nägäśt, freute sich angesichts dieser festlichen Zeremonie. Zugleich aber trauerte sie auch, weil Salomo angeordnet hatte, dass alle erstgeborenen Söhne der Würdenträger mit seinem Sohn nach Äthiopien ziehen sollten, wo ein jeder die Aufgabe erfüllen sollte, die sein Vater in Jerusalem innehätte, um unter Salomos Sohn in Äthiopien zu herrschen. „Heimlich verfluchten und schmähten sie den König darum, dass er ihre Kinder gegen ihren Willen fortführe. Zum König aber sprachen sie: 'Du hast gut daran getan; denn deine Weisheit ist so vorzüglich, dass nach dem Willen Gottes und nach deiner Weisheit das Reich Israel sich bis zum Lande Äthiopien er-

---

[310] Bezold, Kebra Nagast, S. 28.
[311] Bezold, Kebra Nagast, S. 28.
[312] Bei Bezold steht hier „auferzogen".
[313] Bezold, Kebra Nagast, S. 28.

streckt.'"[314] Wieder fühlt sich der Verfasser des Kəbrä Nägäśt gemüßigt, diesen Umstand für seine Leser zu kommentieren: „Es ist nicht gut, dass den König jemand vom Volke seiner Untertanen schmähe, denn die Vergeltung kommt dem Herrn zu. Nur die Priester sind ähnlich den Propheten, nur dass sie noch viel besser sind als die Propheten; denn ihnen sind die Geheimnisse gegeben, dass sie die Sonne der Gerechtigkeit fassen. [...] Du aber, o Priester, sollst deinerseits dich, wenn du eine gewisse Sünde eines Menschen siehst, nicht scheuen, ihn zu vermahnen; Schwert und Exkommunikation soll dich nicht schrecken. [...] Israel pflegte früher seine Könige zu schmähen und seine Propheten zu erzürnen, und später hat es dann seinen Heiland gekreuzigt. Das Volk der gläubigen Christen aber wohnet in Frieden, ohne Krankheit und Leiden, ohne Feindschaft und Beleidigung, mit unserem König Soundso, der Gott lieb hat, der von seinem Herzen nicht verstößt die Sache der Gerechtigkeit und des Glaubens in Betreff der Kirchen und der Gläubigen; seine Feinde sind unterworfen kraft des Kreuzes Christi."[315]
Dann heißt es weiter: „Die Kinder der Würdenträger Israels, die den Befehl erhalten hatten, mit dem Sohne des Königs auszuziehen, berieten nun zusammen, indem sie sprachen: 'Was sollen wir tun? – Wir verlassen ja unser Land und unsere Geburtsstätte, unsere Verwandten und unsere Mitbürger! Jetzt aber lasst uns einen Bund unter uns allein schließen, den unsere Verwandten nicht kennen, dass wir dort einander lieben wollen.'"[316] Außerdem bekannten sie einander, Zion, wo Gott wohnt, nicht verlassen zu wollen. Daraufhin machte Azarya, der Sohn des Hohenpriesters, einen Vorschlag, bei dem alle zu schwören hatten, ihn bis zu ihrem Lebensende niemandem zu verraten. Nachdem sie den Schwur geleistet hatten, fuhr er fort: „Wohlan also! Lasset uns unsere Herrin Zion mitnehmen! Und ich will euch zeigen, wie wir sie mitnehmen."[317] Einer seiner Freunde antwortete: „Du kannst sie wirklich mitnehmen, und es ist keine Lüge (in deinem Vorschlag): du kannst ja (stets) in den Tempel des Herrn gehen anstatt deines Vaters, denn die Schlüssel sind immer in deinen Händen. Vor man nun die Schlüssel aus deinen Händen nimmt, gib acht auf das, was wir dir raten! Du kennst geheime Fenster, die der König Salomo gemacht hat; die Priester aber kommen dort nicht hinein, nur dein Vater einmal in jedem Jahr, um im Allerheiligsten für sich und sein Volk zu opfern."[318] Azarya nahm diesen Rat auf: „Tuet, was ich euch sagen werde, und wir werden erfolgreich sein! Gebt mir jeder 10 Doppeldrachmen, und ich will sie einem Schreiner geben, damit dieser mir eilends gute Bretter anfertige und sie mir – aus Liebe zum Geld – rasch zu-

---

[314] Bezold, Kebra Nagast, S. 37.
[315] Bezold, Kebra Nagast, S. 38.
[316] Bezold, Kebra Nagast, S. 38f.
[317] Bezold, Kebra Nagast, S. 39.
[318] Bezold, Kebra Nagast, S. 39f.

sammenleime in der Höhe, Breite, Länge und dem Maße[319] (?) unserer Herrin. [...] Dann will ich das Werk in einzelnen Teilen, nicht zusammengefügt, forttragen, jene Hölzer erst dort zusammenfügen, sie am Standort von Zion niedersetzen und mit den Gewändern Zions bekleiden, dann Zion nehmen, Erde aufgraben, und sie dort hinbringen, bis wir reisen und sie mit uns nehmen. Aber meinem Herrn König will ich es nicht sagen, bis wir weit weg gereist sind."[320]
In der Nacht vor der geplanten Tat erschien Azarya sogar ein Engel des Herrn im Traum, der ihn beauftragte, zuvor ein Opfer wegen dieser Sünde darzubringen. Dann werde er, der Engel, ihm selber den Weg und die Art zeigen, wie er alles bewerkstelligen und die Lade wegnehmen könne. In der auf das Opfer folgenden Nacht nun weckte der Engel Azarya und drei seiner Freunde. „Sie nahmen jene Bretter und gingen in den Tempel. Sie fanden alle Türen offen, außen und innen, offene Türen bis zu der Stelle, wo er (Azārjās) auf Zion, die Gesetzeslade Gottes traf; und dann wurde diese in einem Augenblick fortgetragen, denn der Engel des Herrn wachte darüber; wenn aber Gott nicht gewollt hätte, dann wäre sie damals nicht fortgetragen worden."[321]
Eine Woche später begab sich der König von Äthiopien mit seinen Gefährten unter dem Segen seines Vaters Salomo auf die Heimreise, wobei sie die echte Bundeslade auf einem Wagen „mit wertlosen Gegenständen und unreinen Kleidern nebst Geräten aller Art"[322] verbargen. Im Allerheiligsten des Tempels in Jerusalem aber sollte von nun an lediglich eine genaue Nachbildung der Lade stehen. Ganz Jerusalem weinte beim Abschied von ihren erstgeborenen Kindern. Als Salomo dies sah, erkannte auch er: „Weh mir! meine Herrlichkeit ist vorübergegangen, und die Krone meines Ruhmes ist gefallen; mein Leib ist verbrannt, darum dass dieser mein Sohn fortgegangen ist und die Würde meiner Stadt und ihres Volkes der Kinder meiner Macht zerstört hat. Denn von nun an ist unsere Herrlichkeit vorübergegangen, und unsere Herrschaft ist an ein fremdes Volk entführt, das den Herrn nicht kennt." Der Verfasser des Kəbrä Nägäśt zitiert jedoch zugleich den Psalmvers: „Äthiopien wird seine Hände dem Herrn hinreichen, er wird es in Ehren aufnehmen, und die Könige der Erde werden den Herrn preisen." (vgl. Ps. 68, 32b)
Die Rückreise der Äthiopier und ihrer israelitischen Begleiter verlief so gut, dass sie sogar auf wundersame Weise den Abschnitt von der Stadt Gaza bis nach Ägypten in nur einem Tag bewältigten, für den man gewöhnlich 13 Tage brauchte, ohne danach müde, hungrig oder durstig zu sein, so dass jeder merkte, „dass dies vom Herrn sei".[323] Nach diesem offensichtlichen Wunder fassten die

---

[319] Bei Bezold steht hier „Maasse".
[320] Bezold, Kebra Nagast, S. 40.
[321] Bezold, Kebra Nagast, S. 42.
[322] Bezold, Kebra Nagast, S. 43.
[323] Bezold, Kebra Nagast, S. 46.

Israeliten Mut und gestanden ihrem König David (d. h. dem Sohn Salomos) die Tat, dass sie die Bundeslade im Tempel ausgetauscht hatten und in dem Moment mit sich führten. Sie erklärten, es sei Gottes Wille gewesen, und verkündeten: „Jetzt aber hat Gott dich auserwählt und deine Stadt gewürdigt, dass du Diener seiest der heiligen himmlischen Zion, der Gesetzeslade Gottes, und sie dir und deinen Nachkommen Führer sei in Ewigkeit, wenn du das Gebot des Herrn, deines Gottes, hältst und seinen Willen tust. Du könntest sie sicher nicht (nach Jerusalem) zurückbringen, wenn du auch wolltest, und (auch) dein Vater sie nicht fortnehmen, wenn er wollte; denn sie selbst geht, wohin sie will, und sie kann von ihrem Wohnsitz nicht weggenommen werden, wenn sie nicht will.“[324] Der König aber lobte und dankte Gott für das Gute, das ihm widerfahren war, und sang und sprang, wie es einst sein Großvater vor der Bundeslade getan hatte.
Auch die restliche Wegstrecke legte die Reisegruppe fliegend, wie das Kəbrä Nägäśt vermerkt, zurück. Alle ägyptischen Götzen seien dabei zerbrochen, sobald die Lade ihr himmlisches Licht ausgestrahlt habe.
Im fernen Jerusalem aber entdeckte der Hohepriester zur gleichen Zeit den Diebstahl. Als er seinem König den Raub meldete, befahl Salomo sofort, die Äthiopier zu verfolgen, um die Bundeslade zurückzuholen. Sogar er selber machte sich schließlich auf nach Ägypten und befragte den Pharao in dieser Angelegenheit, doch auch er erfuhr nur wie seine Soldaten, dass die Äthiopier bereits vor vielen Tagen durch Ägypten gereist seien und bei dieser Geschwindigkeit längst wieder in ihrer Heimat sein müssten.[325] Danach sah Salomo ein, dass er die Bundeslade verloren hatte. Nach einer langen Trauerzeit in Jerusalem beschloss er schließlich zusammen mit den Priestern, den Diebstahl vor der Welt geheim zu halten, um die Feinde Israels nicht triumphieren zu lassen. Deshalb ordnete Salomo an, die Kopie der Lade genauso mit Gold und Edelsteinen zu überziehen, wie es das Original gewesen war, und auch Kopien der Gesetzestafeln in sie hineinzulegen, damit Gott wieder in Jerusalem wohne und die Stadt vor ihren Widersachern beschütze.

In den Kap. 70 – 83 folgen teilweise unzusammenhängend und in historisch falscher Reihenfolge biblische Geschichten von Königen und Propheten aus dem Alten Testament sowie Begebenheiten vom König von Rom (Konstantinopel), die freilich auf verworrene Art mit dem Perserreich und den Königen Darius und Belsazar verquickt werden. Oft nur schwer durchschaubare Ausführungen zu

---

[324] Bezold, Kebra Nagast, S. 47.

[325] Ein Anachronismus, der dem Verfasser des Kəbrä Nägäśt an dieser Stelle – sicherlich unbewusst – unterlaufen ist, ist, dass er Salomo in die „Königsstadt Kairo“ reisen lässt: Bezold, Kebra Nagast, S. 52. Kairo jedoch wurde erst im Jahr 969 n. Chr. unter diesem Namen Residenzstadt.

den Babyloniern, Moabitern, Philistern und anderen Völkern des alten Orients vermischen sich dabei mit biblischen Angaben.

In den Kap. 84 – 93 kehrt das Kəbrä Nägäśt zum eigentlichen Erzählstrang zurück und berichtet von der Ankunft der Reisegruppe in Äthiopien und von dem Wiedersehen mit Königin Makədda. Sowohl sie als auch das ganze Land freute sich über die Ankunft der Bundeslade. Wenige Tage darauf übergab Makədda alle Regierungsgewalt an ihren Sohn und bestimmte, dass in alle Zukunft keine Frau mehr über Äthiopien herrschen solle, sondern nur noch die männlichen Nachkommen Davids, des Sohnes von König Salomo.
Von dem Volk Äthiopiens heißt es: „Die Herzen der Leute aber wurden erleuchtet beim Anblick Zions, der Gesetzeslade des Herrn, die Äthiopier wiesen ihre Götzen zurück[326] und verehrten als Gott ihren Schöpfer, den Herrn, der sie erschaffen hatte; die Leute Athiopiens (sic!) ließen ab von ihren Handlungen und liebten Gerechtigkeit und Rechtlichkeit, die Gott liebt; sie ließen ab von ihrer früheren Hurerei und liebten die Reinheit des Anblicks der himmlischen Zion im Tabernakel; sie ließen ab von den Wahrsagern und der Zauberei und liebten die Reue und die Tränen für Gott; sie verließen die Vogelschau und Zeichendeuterei und kehrten dahin zurück, Gott zu hören und ihm zu opfern; sie verließen die Orgien der Dämonengötter und liebten es, dem Herrn zu huldigen und ihn zu preisen."[327]
Weiter steht geschrieben: „Die Töchter Jerusalems wurden zu schanden, und die Töchter Äthiopiens kamen zu Ehren. [...] Denn der Herr hat aufgenommen das verstoßene Volk und hat verstoßen Israel, darum dass Zion von ihnen gegangen und ins Land Äthiopien gekommen ist."[328]
Nachdem David seiner Mutter erzählt hatte, wie es ihm bei Salomo ergangen war, hieß Makədda auch seine israelitischen Begleiter als „die Wächter des Gesetzes des Herrn und die Führer des Gebotes des Gottes Israels, das Volk des Hauses Gottes und die Hüter von Zion, der Gesetzeslade des Herrn"[329] willkommen und versprach, sich von nun an an die Weisungen Gottes zu halten.
Die folgenden Sätze klingen fast wie ein Schlusswort: „Wir freilich glauben also und huldigen der heiligen Dreieinigkeit. Diejenigen aber, die nicht also glauben, sind exkommuniziert[330] nach dem Worte Gottes, des Königs Himmels und der Erde, in dieser und in der zukünftigen Welt. Wir dagegen sind fest im rechten

---

[326] Offenbar sah es der Verfasser des Kəbrä Nägäśt nicht als Widerspruch an, dass der Sohn Makəddas zuvor Salomo verkündet hatte, seine Mutter habe bereits alle Götzenanbeter in ihrem Reich ausgerottet. Vielmehr möchte er zum wiederholten Male die Kraft Gottes und die Ausstrahlung der Bundeslade demonstrieren.
[327] Bezold, Kebra Nagast, S. 89.
[328] Bezold, Kebra Nagast, S. 89.
[329] Bezold, Kebra Nagast, S. 92.
[330] Bei Bezold steht hier „excommuniziert".

Glauben der Väter, der Apostel; die haben uns den Glauben der christlichen Kirche überliefert. So bleibt Äthiopien in seinem Glauben bis zur Wiederkunft unseres Herrn Jesu Christi, dem Preis sei in Ewigkeit, Amen!“[331]
Doch stattdessen berichtet das Kəbrä Nägäśt im Kap. 94 noch von Kriegszügen, die Makədda und ihr Sohn mitsamt der Bundeslade unternahmen, um benachbarte Fürstentümer zu unterwerfen, bevor der Verfasser den erzählenden Teil tatsächlich abschließt: „Dies habe ich gefunden aus den Schriften der Sophienkirche von Konstantinopel.[332] Da sprachen die dortigen Patriarchen zu ihm: Das ist gewiss wahr, was von den Tagen des Königs Salomo niedergeschrieben ist. Da sprach Domitius von Antiochia: Ja! Was aufgeschrieben wurde bis zum Todestage Salomos, (ist wahr,) und was nach dem Tode Salomos von andren Propheten geschrieben ward, ist ebenso (wahr).“[333]

In den restlichen Kap. 95 – 117 folgen Erörterungen biblischer Geschichten und von Weissagungen der Propheten des Alten Testamentes auf Christus hin, die „in kühner Fiktion“ (Bezold) als Konzilsakten von Nicaea stilisiert sind.

Was über die eindrückliche Erzählung hinaus besonders auffällt, sind zahlreiche judenfeindliche Passagen, die den heutigen Leser mit einem unguten Gefühl zurücklassen. Dennoch sind gerade sie von großer Wichtigkeit; denn sie belegen das bereits eingangs erwähnte Selbstverständnis des äthiopischen Christentums, nicht nur in Jesus Christus neben den Juden in den Bund Gottes aufgenommen worden zu sein, sondern Israel als das erwählte Volk Gottes, quasi als das wahre Israel, abgelöst zu haben. Die Überzeugung der Äthiopier ist, dass sich mit der Bundeslade auch der zugehörige Segen und der Bund Gottes auf sie übertragen haben, so dass nun ihnen statt den Israeliten die besonderen Verheißungen Gottes gelten.[334] Dass die Juden – so das Kəbrä Nägäśt – Jahrhunderte nach Salomo zusätzlich noch zu den Mördern Jesu Christi geworden waren, bestätigte für diese Schrift nur diese bereits vorher gefasste Meinung. Nur in diesem Zusammenhang – und nicht etwa aus einer Art biblischer Nostalgie heraus – sind die zahlreichen biblischen Orts- und Personennamen in Äthiopien zu verstehen (siehe dazu auch das Kapitel zum Einfluss des Alten Testaments).

Die äthiopischen Christen sind fest davon überzeugt, dass sich die echte Bundeslade, die Mose vom Berg Sinai mitbrachte, bis heute in ihrem Besitz befindet. Eine erste schriftliche Niederlegung dieses Glaubens findet sich in einer ar-

---

[331] Bezold, Kebra Nagast, S. 99.
[332] Bei Bezold steht hier „Constantinopel“.
[333] Bezold, Kebra Nagast, S. 100f.
[334] Vgl. dazu u. a. Grillmeier, Jesus der Christus, S. 379 sowie insgesamt Ermias Kebede Wolde-Yesus, Ethiopia.

menischen Quelle aus dem 12. Jahrhundert,[335] zeitlich also noch vor der Zusammenstellung des Kəbrä Nägäśt. Und bereits in der koptischen Chronik des Johannes von Nikiu aus dem 7. Jahrhundert ist von der „Stadt Salomos“ und dem „Volk Salomos“ die Rede, was sich vom Zusammenhang her auf Aksum und die Äthiopier beziehen muss, so dass schon damals die Verbindung Äthiopiens zu Israel bekannt gewesen sein dürfte.[336]

Das Original der Bundeslade lag der Überlieferung nach anfangs für mehrere Jahrhunderte auf der Insel Ṭana Qirqos im Ṭana-See,[337] bevor König ʻEzana es nach der Christianisierung des Landes im 4. Jahrhundert in seine Hauptstadt Aksum holte. Seitdem liegt es nach äthiopischer Überzeugung bis zum heutigen Tag in dieser alten Königsstadt, zuerst in der Kirche Maryam Ṣəyon, die im 16. Jahrhundert von dem muslimischen Eroberer Aḥmad Grañ zerstört wurde (die Bundeslade war zuvor in Sicherheit gebracht worden, s. u.), dann in deren Nachfolgekirche, die Kaiser Fasilädäs im Jahr 1635 errichtet hatte, und schließlich in einer im Jahr 1952 von der Kaiserin Mänän II. gestifteten und im Jahr 1962 fertig gestellten Kapelle neben dieser Kirche. Unmöglich ist das nicht, wissenschaftlich nachprüfen lässt es sich hingegen wohl kaum, zumal niemand diese Kirche mit der Bundeslade betreten darf, nicht einmal der äthiopische Patriarch selber, geschweige denn westliche Forscher. Nur ein einziger Mönch hütet dieses Gotteshaus und sein Geheimnis. Er darf das Gebäude nie verlassen und bestimmt einen Nachfolger, sobald er seinen Tod nahen fühlt. Die Äthiopier sagen freilich, der Tabot wähle sich selber seinen Wächter.

Nur zweimal in der Geschichte verließ dieser „Urtabot“ (Heyer) seine Kirche. Als die Fürstin Judit im 10. Jahrhundert in Äthiopien wütete und das Land mit Zwang zum jüdischen Glauben bekehren wollte, versteckten Mönche den Urtabot auf einer Insel im Z^{w}ay-See; und im 17. Jahrhundert verbarg man den Urtabot 11 ½ Jahre lang vor den katholischen Jesuiten an einem geheimen Ort.[338]

Auch nur zweimal betraten Personen außer dem Wächter die Kirche, die den Urtabot beherbergt – und berichteten darüber.[339] Der damals noch koptische Abunä Sälama betrat im 19. Jahrhundert diesen Raum und erzählte später, er habe darin keinerlei Bundeslade gesehen. Im Jahr 1869 schaffte es auch ein armenischer Erzbischof namens Dimotheos Sapritchian mit seinem Begleiter, durch kluge Verhandlungen, dass ihnen die Tür zur Kirche geöffnet wurde. Ihr Bericht ist das einzige Zeugnis, das wir vom Aussehen der Bundeslade in Ak-

---

[335] Ethiopian Orthodox Tewahedo Church, S. 8.
[336] Altheim / Stiehl, Christentum, S. 454.
[337] Bantalem Tadesse, Guide, S. 31.
[338] Heyer, Kirche Äthiopiens, S. 44; Munro-Hay, Quest, S. 177f.
[339] Munro-Hay, Quest, S. 142 erwähnt darüber hinaus einen armenischen Kaufmann namens Yohannes Tovmacean, der im Jahr 1764 den Urtabot gesehen haben will, wo aber nicht eindeutig zu klären ist, ob das tatsächlich der Fall war oder ob die Äthiopier ihm nicht ein anderes Stück gezeigt haben.

sum besitzen. Die beiden Armenier schreiben, „die Tafel sei aus rötlichem Marmor, wie man ihn in Ägypten findet, rechteckig, 24 cm lang, 22 cm breit und nur 3 mm dick. An den Rändern seien Blumenornamente eingraviert, etwa einen halben Daumen breit. In der Mitte verlaufe eine Teilungslinie mit einem Kettenmuster. Fünf Gebote stünden auf der einen Seite, fünf auf der anderen. Es sei in Kursivschrift geschrieben, nach türkischer Art. Unten auf der Tafel befänden sich die drei Buchstaben PXS, die niemand im äthiopischen Klerus dechiffrieren könne. Zeichen des Alters fehlten. Die Armenier stellten Reflexionen darüber an, ob der Dekalog nach biblischen Angaben nicht auf zwei Tafeln geschrieben gewesen sei. Sie schätzten das Alter auf das 13. oder 14. Jh."[340] Außerdem hätten die Armenier eine Überlieferung gehört, nach der ein Äthiopier diese Tafel Jesus persönlich zu dessen Lebzeiten auf Erden vorgelegt hätte und Jesus in goldenen Buchstaben „Nehmt alles an, was hier geschrieben steht!" hinzugefügt habe.[341] Nach Friedrich Heyer sagen die Äthiopier, auf der Rückseite stünden die sechs neuen Gebote Jesu aus Mt. 25, die Jesus selbst dort aufgeschrieben habe, als äthiopische Boten ihm diese Tafel aus Aksum vorlegten.[342]

Träfe die zeitliche Einschätzung der Armenier zu, wäre diese Gesetzestafel etwa aus der gleichen Zeit, in der auch das Kəbrä Nägäśt insgesamt entstanden ist. Außerdem sprechen sowohl die erwähnte Kursivschrift als auch die Buchstaben PXS, hinter dem sich möglicherweise das griechische Christusmonogramm verbergen könnte, gegen die Originalität. Die bisher nicht zu beantwortende Frage ist jedoch, inwieweit man diesem armenischen Bericht trauen darf. Oder ist die echte Bundeslade etwa auf der Insel im Z^{w}ay-See verloren gegangen, da alle Träger, die sie dorthin gebracht hatten, kurz darauf starben, so dass keiner mehr da war, der den echten Tabot vor seiner Rückführung nach Aksum hätte identifizieren können.[343]

Dies alles bedenkend, muss des Weiteren angemerkt werden, dass es sich in jedem Fall nicht um die eigentliche Bundeslade handeln kann, da die Beschreibungen lediglich den Schluss zulassen, das aufbewahrte Stück könne – wenn überhaupt – nur eine oder die Gesetzestafel, die in der Bundeslade gelegen hatte, sein.[344] Auch die Priester tragen bei ihren Prozessionen höchstens eine Tafel auf ihren Köpfen, keinesfalls einen wie auch immer gearteten Kasten.

---

[340] Heyer, Kirche Äthiopiens, S. 46f; vgl. auch Hammerschmidt, Äthiopien, S. 127; Kawerau, Ostkirchengeschichte, S. 96; Ethiopian Orthodox Tewahedo Church, S. 29.

[341] Kawerau Ostkirchengeschichte, S. 96.

[342] Vgl. Heyer, Kirche Äthiopiens, S. 39. 46; Heyer, Heilige, S. 20; Munro-Hay, Quest, S. 147.

[343] So fragt Heyer vorsichtig an: Heyer, Kirche Äthiopiens, S. 47.

[344] Munro-Hay, Quest, S. 208.

Interessanterweise merkt sogar der Nəburä əd[345] von Aksum, Ermias Kebede Wolde-Yesus, an, dass die ursprüngliche Bundeslade mit den zwei Tafeln aus alttestamentlicher Zeit in nachchristlicher Zeit durch eine einzige Tafel, die dem Original freilich in der Form gleichen würde, aber nun das Bild des Gekreuzigten mit der Jungfrau Maria und dem Jünger Johannes tragen würde, ersetzt worden sei.[346] Leider führt er dies nicht näher aus.
Für die äthiopische Kirche selbst scheinen diese feinen Unterschiede allerdings von nebensächlicher Bedeutung zu sein; denn ihr Wort „Tabot" bezeichnet sowohl die Bundeslade insgesamt als auch die darin enthaltene Gesetzestafel, so dass sprachlich überhaupt nicht differenziert wird.

---

[345] Zu diesem Amt siehe das Kapitel zum organisatorischen Aufbau.
[346] Ermias Kebede Wolde-Yesus, Ethiopia, S. 51.

5.2.2. Das äthiopische Henoch-Buch

Zur biblischen Person des Henoch ist vorauszuschicken: Henoch war der Sohn Jereds und zeugte seinerseits als ersten Sohn Metuschelach, besser bekannt als Metusalem. Er wurde 365 Jahre alt (Gen. 5, 18 – 23). Außerdem zählt ihn der Evangelist Lukas zu den Vorfahren Jesu (Lk. 3, 37). Allein dadurch hätte Henoch aber noch keine große Rolle gespielt, doch ihm wurde etwas zuteil, was Gott außer ihm nur noch dem Propheten Elia gewährte: Henoch starb keines irdischen Todes, sondern er wurde von Gott direkt in den Himmel entrückt (Gen. 5, 24; Hebr. 11, 5). In der jüdischen Literatur galt er deshalb als „Typus des Gerechten" oder auch des Weisen und eines Propheten.[347] Auch dem äthiopischen Christentum galt Henoch dadurch als Mann großer Weisheit, da man annahm, dass er aufgrund seiner Entrückungen und Traumgesichte die göttlichen Geheimnisse geschaut habe. Einen Anklang dieser Tradition findet man im Neuen Testament in Jud. 14 – 15: „14 Es hat aber auch von diesen geweissagt Henoch, der siebente von Adam an, und gesprochen: Siehe, der Herr kommt mit seinen vielen tausend Heiligen, 15 Gericht zu halten über alle und zu strafen alle Menschen für alle Werke ihres gottlosen Wandels, mit denen sie gottlos gewesen sind, und für all das Freche, das die gottlosen Sünder gegen ihn [Jesus Christus, der Vf.] geredet haben."
Bis heute ist Henok ein beliebter Vorname in Äthiopien. Zu bedenken ist dazu, dass die Äthiopier für ihre Kinder in den seltensten Fällen einfach nur schön klingende Namen aussuchen, sondern sich sehr um die Bedeutung dieses Namens bemühen, dass die Assoziationen, die damit verbunden sind, zu dem jeweiligen Kind passen.
Diesem „Patriarchen der Urzeit" (Uhlig) wird das Henoch-Buch zugeschrieben, um der Schrift besondere Autorität zu verleihen.

Das äthiopische Henoch-Buch (Mäṣḥafä Henok) ist die älteste außerbiblische Henoch-Überlieferung, die uns erhalten ist. Die Originalsprache war vermutlich Aramäisch oder Hebräisch. Dieses Werk ist vermutlich über einen längeren Zeitraum hinweg während der letzten drei vorchristlichen Jahrhunderte entstanden. Auch eine abschließende jüdische Zusammenstellung im ersten nachchristlichen Jahrhundert ist möglich. Allerdings ist dieses Original bis auf wenige Reste verloren gegangen. Auch von der griechischen Übersetzung des Urtextes sind heute nur noch die ersten 32 Kapitel und einige Bruchstücke bekannt. Die äthiopische Übersetzung entstand zusammen mit der Übersetzung der gesamten Bibel, weiteren apokryphen Schriften sowie theologischen Büchern vermutlich um 500 n. Chr. (oder, etwas vorsichtiger gesagt, im 4. bis 7. Jahrhundert), ver-

---

347 Uhlig, Äthiopisches Henochbuch, S. 466.

mutlich auf der Grundlage einer griechischen Vorlage aus Ägypten. Dass der vollständige Inhalt des Henoch-Buches erhalten blieb, ist also dem äthiopischen Christentum zu verdanken, da es – wie das zu gleicher Zeit übersetzte Jubiläen-Buch – zum offiziellen Bestand der äthiopischen Bibel dazugehört, während die Schrift im restlichen Christentum als apokryph gilt.[348]

Überhaupt enthält die äthiopische Bibel mit 81 Büchern wesentlich mehr Bücher als die Luther-Bibel mit ihren 66 anerkannten Büchern. Es ist allerdings sogar innerhalb der äthiopischen Kirche nicht unumstritten, welche Bücher genau nun tatsächlich zu der offiziell festgelegten Zahl der 81 dazugehören, da sich in verschiedenen äthiopischen Bibelausgaben unterschiedliche Bücher finden. Auch wissenschaftlich sind der Umfang der äthiopischen Bibel und ihre Entstehungsgeschichte bisher noch nicht ausreichend erforscht. Man nimmt – bei aller Ungewissheit – an, dass die Bibel Ende des 5. Jahrhunderts zunächst aus der griechischen Bibel (bezüglich des Alten Testamentes demnach aus der Septuaginta) ins Gəʿəz übersetzt wurde, wobei manches darauf hindeutet, dass es zuvor Übersetzungen aus dem Syrischen gegeben haben muss.[349] Trotz ab und zu abweichender Zählungen scheinen zum Alten Testament an apokryphen Schriften das Jubiläen-Buch (Mäṣḥafä Kufale), das Buch Henoch, Jesus Sirach (Iyäsus Sirak), 3. und 4. Esra (Ezra), Tobit (Ṭobit) und die Makkabäerbücher (Mäqabəyan) und zum Neuen Testament die Didaskalia (Didəsqəlya), das Testamentum Domini (Kidan Zä'əgzi'ənä Iyäsus Krəstus) und das Synodenbuch (Senodos) zu gehören. Einige dieser Schriften wurden allerdings erst im 14./15. Jahrhundert ins Gəʿəz übersetzt und zählten somit keinesfalls zum ursprünglichen Bestand der äthiopischen Bibel. Andere in Äthiopien durchaus bekannte und beliebte Apokryphen wie z. B. der Hirt des Hermas (Hermas) oder die Apostelakten (Gädlä Ḥawaryat) gelangten hingegen nie in die äthiopische Bibel hinein,[350] werden aber dennoch hoch geachtet. Eine Theologen-Kommission der äthiopischen Kirche führt dazu aus: „Wir denken, dass der Gewinn, den man aus diesen Büchern zieht, dem der Heiligen Bibel gleich ist. Von den Büchern der Gelehrten [der Kirchenväter, der Vf.] sehen und lernen wirt die Auslegung des tiefen Geheimnisses der Heiligen Bibel. In den Büchern der Mönche lernen und bedenken wir Stille, Gelassenheit, Güte, Beschaulichkeit, Geduld, Demut und die Leere und Vergänglichkeit der Freuden dieser Welt. Am Leben und den Wundern der Heiligen sehen wir die Gnade und Ehre, die Gott seinen Freunden gegeben hat, und wir beten, dass er uns an ihrem Segen teilhaben lässt und dass er uns starken Glauben, Geduld, Demut, Liebe und einen aufrechten Sinn geben

[348] Vgl. zur Textgeschichte u. a. Littmann, Geschichte, S. 223 – 227; Uhlig, Äthiopisches Henochbuch, S. 467 – 494.

[349] Altheim / Stiehl, Christentum, S. 435.

[350] Vgl. The Teaching, S. 61; Hammerschmidt, Äthiopien, S. 106f.; Kefelew Zelleke / Heyer, Orthodoxes Äthiopien, S. 130 Anm. 253.

möge. Von den Homilien über die Engel lernen wir, wie Gott in seiner Güte seine Engel schickt und die Gläubigen, die ihn fürchten und an seinen Namen glauben, vor dem Bösen rettet, sie bewahrt und ihnen in der Zeit der Bedrängnis hilft. [...] Diese Bücher zu ehren und zu bewahren, heißt, die Heilige Bibel zu ehren; sie wird deswegen nicht aufgegeben. Wenn man mit einer Fackel fünfzig oder sechzig andere Fackeln anzündet, ist ihr Licht nicht geteilt, so dass es verringert wäre; in derselben Art nimmt die Verehrung und die Bewahrung dieser Bücher nicht die Ehre von der Heiligen Bibel weg, sondern vermehrt sie."[351]

Auch das Henoch-Buch war in der äthiopischen Kirche über lange Zeit hin umstritten und kam erst als letzte Schrift zur äthiopischen Bibel dazu, wahrscheinlich erst unter Zär'a Ya'əqob im 15. Jahrhundert, der das Henoch-Buch für seine Reform der Religion nutzen zu können meinte. Viele jüdische Gelehrte lehnten damals das Buch ab, weil es im Sinne einer Vorhersage Jesu Christi deutbar ist; den Christen wiederum war umgekehrt die jüdische Herkunft des Buches suspekt. Trotzdem scheint letztlich der Inhalt des Buches den äthiopischen Glaubensvorstellungen entgegengekommen zu sein, so dass es sich schließlich durchgesetzt hat. Ein Geistlicher bezeichnete es dem Verfasser gegenüber sogar als „ein Hauptbuch für die äthiopische Spiritualität".
Die Glaubensvorstellungen des äthiopischen Christentums hat das Henoch-Buch vor allem hinsichtlich der Engellehre und hinsichtlich der Endzeit- und der Jenseitsvorstellungen geprägt. So sind etwa die Namen der guten sowie der gefallenen Engel, die – abgesehen von Michael und Gabriel – nicht im Bestand der Luther-Bibel auftauchen, hier überliefert. Aber man sah in ihm auch Jesus Christus als den endzeitlichen Menschensohn geweissagt. Schließlich ermöglichten die astronomischen Angaben im Henoch-Buch die Berechnung des äthiopischen Kalenders.[352]
Zur Textgeschichte bleibt noch zu erwähnen, dass es im Vorderen Orient weitere, etwas abweichende Versionen dieser Schrift gegeben hat, z. B. ein koptisches und ein armenisches Henoch-Buch. In Europa wurde das Henoch-Buch in Auszügen seit dem 17. Jahrhundert und vollständig erst im 18. Jahrhundert bekannt.

Der Inhalt des äthiopischen Henoch-Buches lässt sich gut gliedern:[353]
In der Einleitung in den Kap. 1 – 5 kündigt Henoch an, eine Vision, „die mir die Engel zeigten", über die Zukunft der Menschheit mitzuteilen (Hen. 1, 2). Diese

---

[351] The Teaching, S. 64f.
[352] Uhlig, Äthiopisches Henochbuch, S. 470f.
[353] Deutsche Übersetzungen sind: Flemming / Radermacher, Buch Henoch; Uhlig, Äthiopisches Henochbuch, S. 506 – 763; englische Übersetzungen sind: Knibb, Ethiopic Book of Enoch; Black, Book of Enoch. Die Zitate stammen sämtlich aus der Übersetzung von Uhlig.

kurzen Abschnitte atmen den Geist prophetisch-apokalyptischer Rede. Sie kündigen das Ende der Welt voller Schrecken an, vor denen sich der Gerechte, der die Vorzeichen zu deuten weiß, nicht zu fürchten brauche. Diejenigen aber, die „das Gesetz des Herrn nicht erfüllt, sondern übertreten und mit großen (= hochmütigen) und harten (= trotzigen) Worten aus eurem unreinen Mund gegen seine Majestät geschmäht" hätten, würden „keinen Frieden haben" (Hen. 5, 4).

Der 1. Hauptteil (Kap. 6 – 36) des Buches ist bei Flemming / Radermacher mit „Der Fall der Engel und Henochs Himmelsreisen" und bei Uhlig mit „Das Buch der Wächter" überschrieben. Zunächst wird aus dem Alten Testament (Gen. 6, 1 – 4) die merkwürdige Geschichte von den Engeln (den „Gottessöhnen"), die zur Erde herabstiegen und mit den Menschenfrauen die Riesen zeugten, nacherzählt, allerdings etwas ausgeschmückter als in der Bibel. Die so gefallenen Engel, die zur Erde hinabgestiegen waren, um sich mit den liebreizenden Töchtern der Menschen zu vermischen, brachten – vor allem unter ihrem Anführer Azazə'el – den Menschen so manche Zauberkunst und Sterndeuterei bei, aber auch technische Errungenschaften wie die Metallverarbeitung zur Herstellung von Werkzeugen, Waffen und Schmuck. Auf der anderen Seite fanden die Riesen bald nicht mehr genügend Nahrung vor, so dass sie anfingen, Menschen zu fressen und gegen ihresgleichen vorzugehen. All das führte zu einem außerordentlich gottlosen Lebenswandel auf der ganzen Erde. Die guten Erzengel Michael (Mika'el), Uriel ('Ura'el), Raphael (Rufa'el) und Gabriel (Gäbrə'el) brachten daraufhin das Wehklagen der Menschheit über das Unwesen der Riesen vor Gott und überzeugten den Höchsten, Azazə'el Einhalt zu gebieten. Raphael wurde geschickt, um Azazə'el zu binden und zu bestrafen, und ein weiterer Engel sollte Noah, den Sohn Lamechs, vor einer kommenden Sintflut warnen, die die Erde von den Übeltätern reinigen sollte. Für die Zeit danach kündigte Gott den gerechten Menschen, die gerettet werden sollten, Jahre voller Segen, Fruchtbarkeit und Frieden an (Kap. 6 – 11). Das Kommen der eigentlichen Sintflut jedoch wird nicht berichtet.

Die Überleitung in Kap. 12 enthält die Entrückung Henochs, die ihn – wie bereits erwähnt – so überaus berühmt gemacht hat, weil dieses Vorrecht nur den allerwenigsten Menschen vergönnt war und als größte Gunstbezeugung Gottes gilt. Anschließend soll Henoch den gefallenen Engeln ihr Schicksal verkünden: Auch sie werden keinen Frieden finden und nicht mehr in den Himmel zurückkehren dürfen (Hen. 12 – 13). Im Kap. 14 schildert Henoch ein Traumgesicht, das ihn durch einen wunderbaren Palast bis vor den Thron Gottes führte: „18 Und ich blickte hin und sah darin einen hohen Thron, und sein Aussehen (war) wie Reif, und sein Umkreis (war) wie die Sonne, die leuchtet, und (wie) die Stimme der Kerubim. 19 Und unterhalb des Thrones kamen Ströme flammenden Feuers hervor, und man vermochte ihn nicht anzusehen. 20 Und die große Herrlichkeit saß darauf, und ihr Gewand war strahlender als die Sonne und weißer als aller Schnee. 21 Und keiner von den Engeln konnte eintreten, noch sein Angesicht den Erhabenen und Herrlichen sehen, und keiner, der zum Fleisch gehört, vermag ihn zu sehen. 22 Flammendes Feuer (war) rings um ihn, und großes Feuer stand vor ihm, und niemand von denen, die um ihn waren, nahte sich ihm; zehntausendmal zehntausend (waren) vor ihm, aber er brauchte keinen Rat. 23 Und die Heiligen der Heiligen, die in seiner Nähe waren, entfernten sich nicht bei Nacht und verließen ihn nicht. 24 Und ich hatte bis dahin einen Schleier auf meinem Angesicht, während ich zitterte; und der Herr rief mich mit seinem Mund und sprach zu mir: 'Komm hierher, Henoch, und zu meinem heiligen Wort!'" (Hen. 14, 18 – 24) Gott hält ihm nun noch einmal die Vergehen der gefallenen Engel vor (Hen. 15). Anschließend darf Henoch in Begleitung der Erzengel durch den gesamten Himmel reisen, alle Erdteile bis an die Ränder der Welt schauen und auch die „Schatzkammern aller Winde" sowie die „Grundfesten der Erde" besichtigen (Hen. 16 – 36). Sogar das Chaos und die Hölle als Gefängnis der gefallenen Engel bleiben ihm nicht verborgen. Über das Chaos schreibt er: „Dort sah ich etwas Schreckliches. Ich sah weder oben den Himmel noch den Boden (oder: die Erde) fest gegründet, vielmehr einen Ort, der nicht zubereitet war – er (war) schrecklich." (Hen. 21, 2) Die Hölle erscheint ihm als ein noch schrecklicherer Ort: „Und ich sah schreckliche Dinge: Ein großes Feuer (war) da, das loderte und flammte, und der Ort hatte eine Kluft bis zum Abgrund, voll großer Feuersäulen, die man hinabfallen ließ, und ich konnte weder seine Ausdehnung noch seine Größe sehen, noch konnte ich ihren Ursprung erblicken." (Hen. 21, 7) Danach führte man Henoch zu „vier Hohlräumen", die laut Raphael dazu bestimmt waren, „die Geister der Seelen der Toten" bis zum Tag des Gerichts aufzunehmen. Auf seine Frage, warum ein Raum anders aussehe als die drei anderen, wurde Henoch erklärt: „9 Diese drei (Hohlräume) sind gemacht, um die Geister der Toten zu trennen; und so sind die Seelen der Gerechten getrennt, da, wo die Quelle des Wassers ist, darüber Licht. 10 Und in gleicher Weise wurde (ein Raum) geschaffen für die Frevler, wenn sie sterben und in der Erde begraben werden und das Gericht nicht während ihres Lebens stattfand; 11 dort werden ihre Seelen abgesondert für diese große Qual bis zu dem großen Tag des Gerichtes, der Strafe und der Pein für die Lästerer in Ewigkeit und der Vergeltung für ihre Seelen; dort wird er sie binden bis in Ewigkeit. Tatsächlich besteht er vom Anbeginn der Welt. 12 Und ebenso wurde (ein Raum) geschaffen für die Seelen derer, die klagen, die Einblick geben in die Vernichtung, als sie in den Tagen der Frevler getötet wurden. 13 So ist (dieser Raum) auch für die Seelen der Menschen geschaffen worden, die nicht Gerechte, sondern Frevler waren, Vollkommene der Bosheit – und bei den Bösen, gleich ihnen, werden sie sein; und ihre Seelen werden nicht getötet werden am Tage des Gerichtes, noch werden sie von hier auferstehen." (Hen. 22, 9 – 13) Auf der weiteren Himmelsreise zeigen die Erzengel Henoch verschiedene Orte, an denen die Gerechten in der Ewigkeit weilen werden. Besonders auffällig daran ist die Beschreibung von Bergen, von Bäumen mit wohlschmeckenden und wohlriechenden Früchten einschließlich des Baumes der Erkenntnis des Guten und des Bösen, von dem Adam und Eva im Paradiesgarten gegessen hatten, sowie die Erwähnung von Wasser spendenden Flüssen.

Der 2. Hauptteil (Kap. 37 – 71) enthält „Das Buch der prophetischen Offenbarungen und Mahnreden“ (Flemming / Radermacher) bzw. „Die Bilderreden“ (Uhlig). Diese sogenannten drei Mahnreden beschreiben vor allem die Zukunft, die die Menschen nach dem Ende der Welt erwartet: das Jüngste Gericht sowie die Orte „der Auserwählten“ und die Orte, an die man die Sünder verschleppen wird. Vieles erinnert daran an die apokalyptischen Passagen bei den Propheten im Alten Testament sowie an die Motive, die in der Offenbarung des Johannes im Neuen Testament vorkommen.
Bemerkenswert ist, dass Henoch im Rahmen der 2. Mahnrede einen „Menschensohn“ ankündigt: „Und ich sah dort (einen), der ein Haupt der Tage (= betagtes Haupt) hatte, und sein Haupt (war) wie Wolle so weiß, und bei ihm (war) ein anderer, dessen Gestalt wie das Aussehen eines Menschen (war), und sein Angesicht voller Güte wie (das) von einem der heiligen Engel.“ (Hen. 46, 1) Einen der Engel danach gefragt, erhält Henoch die Auskunft: „3 Dies ist der Menschensohn, der die Gerechtigkeit hat und bei dem die Gerechtigkeit wohnt, der alle Schätze des Verborgenen offenbart, denn der Herr der Geister hat ihn erwählt, und sein Los ist unübertrefflich durch die Gerechtigkeit vor dem Herrn der Geister in Ewigkeit. 4 Und dieser Menschensohn, den du gesehen hast, wird die Könige und die Mächtigen hochreißen von ihren Ruhelagern und die Starken von ihren Thronen; er wird die Zügel der Starken lösen und die Zähne der Sünder zerschlagen.“ (Hen. 46, 3 – 4) Kurz darauf heißt es von diesem Menschensohn: „3 Und bevor die Sonne und die beiden (Tierkreis-)Zeichen geschaffen wurden, bevor die Sterne des Himmels geschaffen wurden, ist sein Name vor dem Herrn der Geister genannt. 4 Und er wird für die Gerechten ein Stab sein, damit sie sich auf ihn stützen und nicht fallen, und er wird das Licht der Völker und die Hoffnung derer sein, die in ihrem Herzen Kummer haben. 5 Alle, die auf dem Festland wohnen, werden vor ihm niederfallen und (ihn) anbeten, und sie werden preisen, rühmen und lobsingen den Namen des Herrn.“ (Hen. 48, 3 – 5)
Allerdings wird im Text nicht ganz klar, wer mit diesem Titel „Menschensohn“ gemeint ist. Ist es ein Hinweis auf Jesus Christus? Oder bezieht sich die Stelle doch eher auf Henoch selbst?

Die Kap. 72 – 82 beinhalten „Das Buch von der Bewegung der Himmelslichter, wie es sich mit jedem einzelnen (von ihnen) verhält je nach ihren Klassen, jedes nach ihrer Herrschaft je nach ihrer Zeit, jedes je nach ihrem Namen und ihren Ursprungsorten und je nach ihren Monaten, die mir Uriel, der heilige Engel, der ihr Führer ist, gezeigt hat.“ (Hen. 72, 1) Es folgen mythische Betrachtungen zum Lauf der Sonne, des Mondes, der Sterne und der Winde im Jahreskreis, vermischt mit mathematischen Erörterungen z. B. zum zu- und abnehmenden Mond und zur unterschiedlichen Länge von Mond- und Sonnenjahr, so dass der Mond „gegenüber der Sonne und nach der Ordnung der Sterne genau fünf Tage in einer Zeit(periode) (= einem Halbjahr)“ zurückbleibt. (Hen. 79, 5)

„Das Buch der Traumgesichte“ (Flemming / Radermacher) bzw. „Das Buch der Traumvisionen“ (Uhlig) (Kap. 83 – 91) enthält zum Teil recht skurrile Traumvisionen, die jedoch zumeist biblische Motive zumindest anklingen lassen. Vielleicht am schönsten ist die Darstellung der alttestamentlichen Josefsgeschichte und der Geschichte von Mose und dem Auszug der Israeliten aus der Knechtschaft in Ägypten bis hin zur Landnahme in Kanaan mithilfe von Tieren. Die Israeliten erscheinen dort als Schafe, die Ägypter als Wölfe und die Männer, die Josef als Sklave mitnahmen und verkauften, als Esel.
Der Anfang der Geschichte mag an dieser Stelle genügen, um einen Eindruck zu vermitteln: „12 Dieses Schaf aber zeugte zwölf Schafe. 13 Und als jene zwölf Schafe herangewachsen waren, lieferten sie eins von ihnen den Eseln aus, und diese Esel wiederum lieferten jenes Schaf den Wölfen aus; und jenes Schaf wuchs unter den Wölfen auf. 14 Und der Herr führte die elf Schafe herbei, damit sie bei ihm wohnten und mit ihm weideten unter den Wölfen; und sie vermehrten sich und wurden zu vielen Schafherden. 15 Und die Wölfe begannen sie zu fürchten, und sie unterdrückten sie, bis sie (die Wölfe) ihre (der Schafe) Jungen ausrotteten, und sie (die Wölfe) warfen ihre Jungen in einen Fluß mit viel Wasser. Und jene Schafe begannen wegen ihrer Jungen zu schreien und zu ihrem Herrn zu klagen. 16 Und ein Schaf, das vor den Wölfen gerettet worden war, floh und entkam zu den Wildeseln...“ (Hen. 89, 12 – 16)

Die Kap. 92 – 105 bilden anschließend „Das Buch der Lehr- und Strafreden“ (Flemming / Radermacher) bzw. „Henochs Epistel“ (Uhlig), die einem „die Wege der Gerechtigkeit“ und „die Wege der Ungerechtigkeit“ (Hen. 91, 18) vor Augen halten und die Menschen entsprechend mahnen und warnen und – der Höllenstrafen für die Sünder und des himmlischen Lohnes für die Gerechten gedenkend – zu einem gottesfürchtigen Leben anleiten.

Ein kurzer Anhang in den Kap. 106 – 108 bietet schließlich einen Rückblick auf das von Henoch Geschaute und Niedergeschriebene und endet mit der ständig wiederholten Mahnung Gottes: „12 Und ich werde die in das helle Licht herausführen, die meinen heiligen Namen geliebt haben, und ich werde jeden einzelnen auf den Thron seiner Herrlichkeit setzen. 13 Und sie werden glänzen in den Zeiten, die zahllos sein werden, denn das Gericht Gottes ist Gerechtigkeit, denn den Treuen wird er Treue erweisen in der Wohnung und (auf) geraden Pfaden. 14 Und sie werden sehen, wie die, die in Finsternis geboren sind, in die Finsternis geführt werden, während die Gerechten glänzen werden. 15 Die Sünder werden schreien und werden sie (= die Gerechten) sehen, während sie glänzen, und auch sie werden dahin gehen, wo ihnen Tage und Zeiten (vor)geschrieben sind.“ (Hen. 108, 12 – 15)

5.3. Die ethischen und sozialen Vorstellungen

5.3.1. Die Sozialethik

Der rumänisch-orthodoxe Theologe Ion Bria hat für die gesamte Orthodoxie formuliert, dass die Sozialethik als notwendige Fortsetzung der gottesdienstlichen Liturgie im Alltag natürlich zum Selbstverständnis der Kirche dazugehöre. Die Anbetung Gottes einerseits und das Zeugnis der christlichen Ethik in der Welt andererseits seien gleichsam untrennbare Äußerungen der christlichen Gemeinschaft.[354] Dies ist vom Neuen Testament her auch nicht anders zu denken und trifft in gleicher Weise auch für die äthiopisch-orthodoxe Kirche zu.[355] Es gilt jedoch zu bedenken, wie dann der konkrete sozialethische Ansatz aussieht bzw. was jeweils unter sozialdiakonischer Arbeit verstanden wird. Hier gehen westliche und östliche Ansichten nicht selten weit auseinander. In der Regel weisen die Ostkirchen – und mit ihnen auch die äthiopische Kirche – auf ihre sozialen Bemühungen seit den Tagen ihrer Gründung hin, die hauptsächlich in der Armenfürsorge und in der sozialen Arbeit von Klöstern stattfand. Die äthiopische Kirche zählt zudem ihre enorme Bildungsarbeit auf, da das gesamte Schulsystem in Äthiopien bis zu Beginn des 20. Jahrhunderts fast ausschließlich in ihren Händen lag.

Eine weitere, besondere Form kirchlicher Sozialfürsorge könnte man vielleicht in dem früheren System der Pächter auf Kirchenland sehen, dass dann von der kommunistischen Regierung im Rahmen ihrer Landreform im Jahr 1975 abgeschafft wurde. Vorher hatte die Kirche ihren Priestern ein Stück Land zugewiesen, um es zu bewirtschaften und so selber für ihren Lebensunterhalt zu sorgen. Äcker und Wiesen, die man nicht für diesen Zweck benötigte, wurde anderen Pächtern überlassen. Auf diese Art hatte sich die Kirche im Wesentlichen finanziert. Zugleich jedoch ermöglichte sie damit vielen Familien ohne eigenen Grundbesitz ein regelmäßiges Einkommen, das sie sonst nicht gehabt hätten.

Die Praxis des Kirchenasyls hingegen, bei dem Beschuldigte oder Angeklagte in einer Kirche oder in einem Kloster Zuflucht vor staatlicher Verfolgung fanden, gibt es heute nicht mehr. Sie wurde bereits in den 1930er Jahren von Kaiser Haile Selassie I. offiziell abgeschafft. Vorher war es üblich gewesen, dass der betroffene Priester bzw. Abt als Vermittler auftrat und so lange mit den Behörden verhandelte, bis eine für beide Seiten zufriedenstellende Lösung gefunden war. Sie konnte z. B. so aussehen, dass der Schuldige zwar nicht vor Gericht zur Rechenschaft gezogen und verurteilt wurde, dass man aber im Gegenzug seinen Besitz bis auf ein notwendiges Existenzminimum beschlagnahmte und ihm auf-

---

[354] Bria, Liturgy, S. 38f.

[355] Wondwoson Sorsa, Social Ethics, S. 46f.

erlegte, sich in Zukunft in einem anderen Landesteil niederzulassen. Doch auch die Gewährung dieses Kirchenasyls war nie bedingungslos gewesen. Der zuständige Priester bzw. Abt hatte dem Flüchtenden gegenüber immer ein Recht gehabt, das Asyl zu verweigern. In der Regel war dabei ausschlaggebend, ob der Asylsuchende seine Tat bereute oder nicht.

Trotz dieser Bemühungen der äthiopischen Kirche kritisieren westliche Beobachter nicht minder die Hindernisse, die die äthiopische Kirche für eine effektive Verbesserung der Lebensqualität der Menschen aufgebaut habe: So trügen z. B. die zahlreichen Feiertage, an denen es verboten sei zu arbeiten, dazu bei, dass notwendige Aufgaben unerledigt blieben. Zudem verleite ein falsch verstandenes Gottvertrauen zu Fatalismus und Untätigkeit, und die religiöse Pflicht, Almosen zu geben, führe dazu, dass andere vom Betteln gut leben könnten und sich nicht genötigt sähen, ihren Lebensunterhalt selber zu verdienen.[356] Zumindest der mittlere Vorwurf ist auch statistisch belegt: Eine in den 1980er Jahren in Addis Abeba durchgeführte Pilotstudie zeigte einen eindeutigen Zusammenhang zwischen einer religiös motivierten, fatalistischen Lebenseinstellung und der jeweiligen Schulbildung auf: Je höher der Schulabschluss der befragten Äthiopier war, desto weniger fatalistisch äußerten sie sich.[357] Allerdings wurde zugleich deutlich, dass der festgestellte religiöse Fatalismus eher auf Phänomen beruht, die man der Volksreligion zurechnen muss, als auf der offiziellen Lehre der äthiopischen Kirche.

Obwohl sich demnach in der äthiopischen Kirche andere Vorstellungen von sozialer Arbeit finden, als wir sie mittlerweile gewohnt sind, dürfen wir nicht vergessen, dass auch in der europäischen Geschichte etwa die Armenfürsorge und die Bildung (die Universitäten!) über lange Zeit hin wesentliche Aspekte kirchlicher Sozialarbeit waren und dass bis heute sozialdiakonische Dienste der Kirchen von ihrem Ursprung her ohne ein grundsätzliches Gottvertrauen nicht zu denken sind.
Außerdem lassen sich – vor allem auf internationale, ökumenische Initiative hin – in den letzten Jahrzehnten Entwicklungen aufzeigen, die auch in der äthiopischen Kirche eine Sozialarbeit entstehen ließen, die der in Westeuropa gleicht. Über die oben genannte, allgemeine Hilfe und Unterstützung für Arme und Be-

---

[356] Reidlinger, Soziale Entwicklungsaktivitäten, S. 37f.

[357] Kebbede Tiku, Pilot Study, S. 37. 47. Diese Pilotstudie ist zwar von der damaligen sozialistischen Regierung Äthiopiens in Auftrag gegeben worden. Sie entspricht aber sowohl in ihrer Durchführung als auch in der Diskussion der Ergebnisse wissenschaftlichem Standard und weist keine „ideologische Verfärbung" auf. Gleichwohl war die Fragestellung interessegeleitet. Man wollte herausfinden, welche religiösen Vorstellungen verhindern, dass Menschen Entwicklungen auf technischem und medizinischem Gebiet offen gegenüberstehen.

dürftige und die weiterhin bestehende Schularbeit, die weiterhin von den einzelnen Kirchengemeinden und Klöstern vor Ort geleistet wird, hinaus unterhält die äthiopische Kirche mittlerweile eigene Organisationen, und mit denen die Kirche ihren sozialethischen Auftrag für die Gesellschaft wahrnimmt.
Ein besonderes Augenmerk verdient dabei das kirchliche Hilfswerk, in dem die äthiopisch-orthodoxe Kirche mit der „Inter-Church Aid Commission" zusammenarbeitet. Dieses Werk, im Jahr 1972 gegründet, untersteht einer eigenen Abteilung in der Verwaltung des Patriarchates. Zu seinen Aufgaben gehören die Unterstützung von Flüchtlingen und Rückkehrern aus dem Ausland, die Hilfe in Notfällen sowie die Kampagnen zur Aufklärung und Vermeidung von AIDS. Aber die Kommission führt z. B. auch Entwicklungsprogramme in der Landwirtschaft, bei der Wasserversorgung oder zur Verbesserung der Situation von Frauen durch. Zugleich sensibilisiert sie Priester und andere kirchliche Mitarbeiter in speziellen Fortbildungskursen für die Bedeutung und Art dieser Arbeit, um diese Personen später als Multiplikatoren in der Gesellschaft zu nutzen. In akuten Notlagen verteilt das Hilfswerk natürlich auch einfach Lebensmittel und Kleidung an die leidende Bevölkerung und sorgt für eine medizinische Betreuung. Sein Ziel ist, ganz allgemein ausgedrückt, die Minderung von Armut mit besonderer Berücksichtigung gefährdeter Gruppen in der Gesellschaft. Finanziert werden die Projekte dieses Hilfswerks im Wesentlichen aus dem Ausland, d. h. von Kirchen in aller Welt, deren Gelder über den Ökumenischen Rat der Kirchen vermittelt werden.[358]
Ein weiteres eigenständiges Werk innerhalb der Kirchenverwaltung ist die „Organisation für Kinder- und Familienangelegenheiten". Sie wurde im Jahr 1973 als Reaktion auf die große Dürre von 1972/73 gegründet, um sich um Waisenkinder und Familien in Not zu kümmern. Mittlerweile hat dieses Werk über das Land verstreut 26 „Child Care Center", die sich vor allem die Hilfe zur Selbsthilfe für Straßenkinder vorgenommen haben. Ihnen soll ein Schulabschluss bzw. eine berufliche Ausbildung ermöglicht werden, und natürlich sind diese Zentren Anlaufpunkte für Kinder und Familien, die in allen möglichen Notlagen sein mögen. Diese Organisation arbeitet u. a. mit der deutschen Kindernothilfe zusammen.[359]
Schließlich wurden nach 1963 nach koptisch-orthodoxem Vorbild einige Nonnenklöster gegründet, die erstmals die Sozialarbeit in ihre Gründungstatuten aufgenommen haben und versuchen, nach diesem Ideal auch tatsächlich zu leben. Ein ähnliches Verständnis des christlichen Lebens entwickelte sich inner-

[358] Eshete Amsalu, Role, S. 148; Reidlinger, Soziale Entwicklungsaktivitäten, S. 41 – 43; vgl. http://www.ethotc.org/dicac/eoc/index.cfm?fuseaction=basic_pages.basic_page&page_name=1 (07.02.12) (die Internetpräsenz dieser Organisation).
[359] Eshete Amsalu, Role, S. 152f; Launhardt, Evangelicals, S. 177 – 179.

halb der Studentenorganisation der äthiopischen Kirche, die daraufhin begann, eigene soziale Projekte durchzuführen.[360]
Als Antwort auf die zahlreichen ausländischen Missionsstationen, die seit dem 19. Jahrhundert im Land tätig sind, eröffnete die äthiopische Kirche zusätzlich, ebenfalls im Jahr 1963, ihr eigenes Missionswerk, das in ganz Äthiopien, vor allem jedoch im Süden unter den Völkern und Stämmen, die indigenen Religionen anhängen, arbeitet. Zu diesem Zweck gründete man in den betreffenden Gebieten neue Klöster und übersetzte das Neue Testament in mehrere weitere Sprachen.[361]

Trotzdem hält ein Kenner der Situation, der katholische Theologe Klemens M. Reidlinger, sein Urteil nicht zurück. Die Soziallehre der äthiopischen Kirche, die hinter dieser Arbeit stehe, sei noch nicht wirklich bis zu den einzelnen Gläubigen durchgedrungen. Ein soziales Bewusstsein, das über das Spenden von Almosen hinausgehe und das „die Wichtigkeit und die Chancen einer kollektiven Antwort auf das Phänomen Armut“ erkenne, sei erst im Entstehen und benötige noch viel Aufbauarbeit.[362] Diese Erkenntnis teilt jedoch auch die äthiopisch-orthodoxe Kirche selber und bemüht sich, dies zu ändern.

---

[360] Reidlinger, Soziale Entwicklungsaktivitäten, S. 40. 44.
[361] Chaillot, Ethiopian Orthodox Tewahedo Church Tradition, S. 53f.
[362] Reidlinger, Soziale Entwicklungsaktivitäten, S. 39; so auch Hammerschmidt, Kirche und Literatur, S. 33.

5.3.2. Die Individualethik

Bezüglich der Ethik der einzelnen Gläubigen für ihren Alltag kommen unterschiedliche Aspekte in anderen Kapiteln dieses Buches zur Sprache, so dass an dieser Stelle einige kurze Hinweise genügen mögen.
Zunächst sei jedoch vorangeschickt, dass die Äthiopier von Natur aus im Sinne der Tradition konservativ sind. Zumeist bemüht man sich, denjenigen Regeln der allgemeinen Höflichkeit und des Anstands Genüge zu tun, die früher bei vornehmen Amhara üblich waren und die nun gleichsam demokratisiert sind. Wer sich nicht an diese Regeln hält, den beschimpfen die anderen halb ernsthaft, halb scherzend als „Bauerntölpel" (balagär). Zu dieser Höflichkeit gehört z. B. der Respekt vor den Frauen, denen man den Vortritt lässt, den Platz im Sammeltaxi anbietet oder die man nichts Schweres tragen lässt, aber auch die ausführliche Begrüßung, bei der die linke Hand den Unterarm der eigenen, dem Gegenüber gereichten rechten Hand hält und bei der es rüpelhaft anmuten würde, weniger als drei- oder viermal nach dem Ergehen des anderen und seiner Familie zu fragen.[363]

In diesem Sinne finden auch die kirchliche Moral und Frömmigkeit überhaupt nach wie vor zahlreiche Befürworter, so etwa hinsichtlich der Speisung von Armen, des Einhaltens der Fastenvorschriften, der Gastfreundschaft und des allgemeinen Respekts vor den anderen Menschen.
In jedem Fall sind die Zehn Gebote von grundsätzlicher Bedeutung. Man sieht das nicht nur an der Rolle, die sie insgesamt in der jüdisch-christlichen Tradition spielen, sondern auch an dem Umstand, dass jeder Tabot die Zehn Gebote symbolisiert, so dass ohne dieses Gesetz Gottes keine Kirche genutzt und kein Gottesdienst gefeiert werden darf und kann. Hinzu kommen die sechs Werke der Barmherzigkeit, von denen Jesus in seiner Ankündigung des Weltgerichts in Mt. 25, 31 – 46 spricht, nämlich die Hungernden zu speisen, den Durstigen zu trinken zu geben, die Fremden aufzunehmen, die Nackten zu kleiden sowie die Kranken zu besuchen und die Gefangenen zu besuchen.[364] Auch sie bezieht man der Legende nach auf den Tabot, da einer Überlieferung zufolge Jesus selbst sie auf die Rückseite des Urtabot geschrieben haben soll. Darüber hinaus sehen die äthiopischen Christen das mehrfach im Neuen Testament auftauchende Doppel-

---

[363] Messing, Changing Ethiopia, S. 421.

[364] Manche Äthiopier zählen nur fünf Werke der Barmherzigkeit auf. Dann verbindet man vermutlich den Besuch von Kranken und Gefangenen miteinander. Die abendländische Tradition wiederum hat das Bestatten der Toten aus dem apokryphen Buch Tobit hinzugefügt, um zur Siebenzahl zu gelangen.

gebot der Gottes- und der Nächstenliebe (Lk. 10, 27) als bindend an. In der Regel zitieren sie dazu als weitere Bibelstellen:[365]
„Geht hinein durch die enge Pforte. Denn die Pforte ist weit, und der Weg ist breit, der zur Verdammnis führt, und viele sind's, die auf ihm hineingehen.“ (Mt. 7, 13)
„Liebt eure Feinde; tut wohl denen, die euch hassen; segnet, die euch verfluchen; bittet für die, die euch beleidigen.“ (Lk. 6, 27f)
„Ein neues Gebot gebe ich euch, daß ihr euch untereinander liebt, wie ich euch geliebt habe, damit auch ihr einander lieb habt.“ (Joh. 13, 34)
Als ergänzende Ermahnungen aus den Paulus-Briefen werden angeführt:[366]
„Denn die er ausersehen hat, die hat er auch vorherbestimmt, daß sie gleich sein sollten dem Bild seines Sohnes, damit dieser der Erstgeborene sei unter vielen Brüdern.“ (Röm. 8, 29)
„Und wenn ich alle meine Habe den Armen gäbe und ließe meinen Leib verbrennen, und hätte die Liebe nicht, so wäre mir's nichts nütze.“ (1. Kor. 13, 3)
„Laßt uns aber wahrhaftig sein in der Liebe und wachsen in allen Stücken zu dem hin, der das Haupt ist, Christus.“ (Eph. 4, 15)

Der Diakon Wondwoson Sorsa fasst das alttestamentliche Gesetz mit dem folgenden Satz zusammen: „Im Allgemeinen gebot Gott, dass die Armen nicht unterdrückt sein sollten und dass ihnen gegeben werden sollte, was sie brauchten, um ihr Leben zu verbessern.“[367] Als ethische Botschaft der gesamten Bibel formuliert er: „Für bibeltreue Christen beinhaltet die Sozialethik sowohl Mitleid als auch Gerechtigkeit. Im Gesetz des Mose und in den Evangelien scheint die Betonung auf dem Mitleid zu liegen. […] Für bibeltreue Christen ist Mitleid daher nicht nur eine Wahlmöglichkeit. Es ist das Gesetz.“[368]

Darüber hinaus sei z. B. auf die Ehemoral verwiesen, die biblische Grundlagen mit ostkirchlichem Pragmatismus verbindet. Demnach ist die kirchlich geschlossene Ehe unauflöslich – mit einer Ausnahme, der „Unzucht“ bzw. des Ehebruchs. Das entspricht dem, was Jesus in Mt. 5, 32 gesagt hat. Weil die Ehe aber derart hoch in Ehren gehalten wird, hat sich im täglichen Leben der Kompromiss durchgesetzt, dass die Kirche auch die zivilrechtliche Ehe, die legal geschieden werden kann, für rechtmäßig erklärt und man sich in der Regel erst in hohem Alter kirchlich trauen lässt (siehe das Kapitel zum Glauben).

---

[365] http://www.dskmariam.org/artsandlitreature/litreature/pdf/doctorinoftheethiopianorthodoxchurch.pdf (07.02.12).
[366] Haddis Yeshanew, Course on Dogmatic Theology, S. 132.
[367] Wondwoson Sorsa, Social Ethics, S. 21.
[368] Wondwoson Sorsa, Social Ethics, S. 46f.

Überdies veranschaulicht die Haltung der orthodoxen Kirchen hinsichtlich der Erlaubnis gleichgeschlechtlicher Partnerschaften bei vielen Kirchen der Reformation die konservative Moral der Ostkirchen (siehe dazu das Kapitel zur ökumenischen Bewegung). Dass ein äthiopischer Theologe die Homosexualität als Todsünde und vom Teufel eingegeben beschreibt, gibt dabei durchaus nicht nur die offizielle Lehrmeinung wieder, sondern diese Auffassung ist in gleicher Weise in der Bevölkerung verankert.

Auch an der Rolle, die die Frauen in Äthiopien spielen, merkt man, dass man sich in einem christlich geprägten Land befindet. Wenn äthiopische Frauen auf einen westlichen Feminismus lächelnd herabschauen mögen, dann liegt das daran, dass sie sich gewürdigt und geachtet fühlen. Schwere Arbeit wird ihnen abgenommen, und Männer sind gleichsam für „das Grobe“ zuständig, doch gleichzeitig ist es selbstverständlich, dass Frauen in allen Berufen arbeiten dürfen, vom Handwerk bis hin zu den Akademikern. In den Straßen von Addis Abeba sieht man z. B. viele Polizistinnen oder (in Äthiopien mit einem Schlagstock bewaffnete) Pförtnerinnen. Insofern genießen äthiopische Frauen „traditionell mehr rechtliche und soziale Freiheiten als die meisten anderen Frauen im Mittleren Osten“.[369] Auch in der Kirche ist das so. Obwohl den Frauen das Priesteramt verschlossen ist, bedeutet das nicht, dass sie keine Ämter in der Kirche übernehmen dürfen. Sie können in die Gemeinde- und Diözesanvorstände gewählt werden und auch auf andere Art aktiv werden. Einzelne Frauen treten sogar als Lehrerinnen in den traditionellen Kirchenschulen auf und bilden zukünftige Priester und Diakone aus. Darüber hinaus verweist die Kirche natürlich auf etliche Frauen aus der Bibel und aus der Kirchengeschichte, die als Heilige verehrt werden, sowie ganz praktisch auf die Frauen, die die Altartücher und die liturgischen Gewänder, ohne die kein Gottesdienst stattfinden kann, herstellen. Außerdem sind sie ganz wesentlich an den Armenspeisungen beteiligt, was als praktische Umsetzung des Evangeliums gilt, weswegen sie die Botschaft Jesu „besser als die Theologen“ verstünden. Darüber hinaus wehrt man sich gegen die automatische Herabsetzung der Kindererziehung, als ob Mütter dadurch weniger gewürdigt seien: „Wenn wir den Beitrag, den Frauen, die Kinder gebären und großziehen, für das öffentliche Leben leisten, sehen und beurteilen, dann müssen wir ihnen die höchste Wertschätzung geben.“[370]

Schließlich erlaubt die Ohrenbeichte der Gläubigen bei ihren Beichtvätern eine umfassende Kontrolle der von der Kirche vertretenen Moral. Zumindest werden die Gläubigen dazu angehalten und ermahnt, was in ihnen das Gewissen und die

---

[369] Messing, Changing Ethiopia, S. 425.
[370] Kessis Kefyalew Merahi, Spiritual and Social Life, S. 55 – 65, beide Zitate auf S. 63.

Sensibilität hinsichtlich dieser Ansprüche wach hält. Natürlich sind die Äthiopier auch nur Menschen, und das sozialistische, atheistische Regime hat zusammen mit einer insgesamt festzustellenden Verwestlichung dazu beigetragen, die Moral der Menschen aufzuweichen. Die im Land herrschende Armut tut zusätzlich das Ihre, so dass heutzutage vieles geschieht, was von der äthiopischen Kirche abgelehnt und angeprangert wird, z. B. vorehelicher Geschlechtsverkehr und Korruption, Diebstahl und Betrug. So kann etwa Yilikal Shiferaw Messelu schreiben: „Ungehorsam gegenüber Gott, Egoismus, fehlendes Vertrauen, fehlende Toleranz und Berechnen des Reichtums führen die Welt in unheilvolle Situationen. All das sind Früchte des Säkularismus.“[371] Stattdessen ruft er zu christlicher Nächsten- und Friedensliebe auf, die er insbesondere in der Toleranz zwischen den verschiedenen Religionen, Völkern und Rassen, die in einem Land miteinander leben, sieht. Was er dabei unter Toleranz versteht, erklärt er folgendermaßen: „Die Aufforderung zur Toleranz kann nicht als Aufforderung, den Glauben oder die Praktiken einer anderen Person gutzuheißen, interpretiert werden. […] Der Glaube, den anderen den gleichen Respekt einzuräumen, ist nicht von dem Glauben, dass deren Werte richtig seien, abhängig, sondern von dem Glauben, dass sie den gleichen Respekt einfordern dürfen, unabhängig davon, ob sie recht haben. […] Einige haben das Gefühl, dass ihre Religion der einzig wahre Glaube ist und dass Anhänger einer anderen Religion zu unterdrücken, den Willen Gottes in einer Gesellschaft voranbringt. Sie haben das Recht, das zu glauben. Aber wir widersprechen ihnen, wenn sie anfangen, andere tatsächlich aktiv zu unterdrücken.“[372]

---

[371] Yilikal Shiferaw Messelu, Role of Religion, S. 52.
[372] Yilikal Shiferaw Messelu, Role of Religion, S. 58f.

6. Das Glaubensleben des äthiopisch-orthodoxen Christentums

Im ersten Hauptteil in Kapitel 5 wurden eher die religiösen Grundlagen und Hintergründe des Glaubens des äthiopischen Christentums dargelegt. In diesem zweiten Hauptteil geht es nun darum darzustellen, wie sich dieser Glaube manifestiert, wie er sich im Leben zeigt und wie man ihm – auch als ausländischer Gast oder Besucher – im Land begegnet.
Dazu gehören natürlich in erster Linie die Riten und Praktiken, die das religiöse Leben bestimmen und die Menschen in ihrem Dasein von Geburt bis Tod begleiten. Ein ganz wichtiger weiterer Teil des Glaubenslebens verwirklicht sich in den Ostkirchen zudem im asketischen Lebensstil der Mönche und Nonnen, der zwar nur einen Teil der Bevölkerung betrifft, aber ohne den orthodoxer Glauben auch für die anderen Menschen, die nicht den asketischen Weg wählen, nicht zu denken ist.
Auch den religiösen Gefühlen und Erfahrungen ist ein Kapitel gewidmet, doch inwieweit, wie von Ninian Smart vorgeschlagen, die Mystik im Fall der äthiopischen Christen tatsächlich als Beispiel dafür dienen kann, wird sich zeigen.
Darüber hinaus äußert sich das äthiopische Christentum neben der Glaubenspraxis im Leben der Gläubigen für alle Menschen deutlich sichtbar in den zahllosen Kirchen und Klöstern im Land sowie in der Institution Kirche mit ihrer Hierarchie und ihrer Verwaltung sowie mit dem ihr eigenen, besonderen Bildungssystem.
Ein weiteres Kapitel widmet sich danach insbesondere der religiösen Symbolik der äthiopischen Kirche. Als Symbole werden dabei Zeichen, Gegenstände, Farben oder auch rituelle Handlungen verstanden, die über sich hinaus auf etwas anderes hinweisen. Symbole sind allerdings meistens nicht nur mehrdeutig, weswegen ihre Interpretation die Kenntnis des jeweiligen religiösen bzw. kulturellen Bezugsrahmens voraussetzt; sie sind für die Menschen, die sie benutzen, oft bereits selber zu einem Teil des an sich nur Dargestellten geworden. Daher vermögen nach diesem Verständnis manche religiöse Symbole z. B. übernatürliche Kräfte herbeizurufen oder zu bewirken. Man kann das im Fall des äthiopischen Christentums u. a. in Bezug auf das Symbol „Kreuz“ beobachten oder beim größten Teil der gesamten Christenheit bezüglich der Sakramentstheologie. Es sollte klar sein, dass sich eine so verstandene religiöse Symbolik in fast allen angesprochenen Dimensionen von Religion findet. Sie kommt z. B. mit Sicherheit bei der Deutung der Mythen oder der Riten und Feste zur Sprache. Vielleicht äußert sich eine religiöse Symbolik dennoch in der religiösen Kunst deutlicher als anderswo. „Architektur, Malerei und Musik treten in der christlichen Kunst in den Vordergrund.“[373] Das trifft auch auf das äthiopische Christen-

---

[373] Nowak, Christentum, S. 92.

tum zu. Insofern wäre zunächst das Kapitel zu den Gotteshäusern in diesem Sinne hinsichtlich der symbolisch begründeten Gestaltung des Kirchenraumes zu lesen. Unter der Überschrift „Die Symbolik“ wird, darin Ninian Smart folgend, darüber hinaus insbesondere auf die kirchliche bildende Kunst und auf die gottesdienstliche Musik eingegangen. Ein kurzer Exkurs zur äthiopischen Nationalflagge innerhalb des Kapitels zur Kunst soll zudem veranschaulichen, wie auch diese an sich rein nationale Symbolik in Äthiopien religiös gedeutet werden kann.
Ein Blick auf das Verhältnis der äthiopischen Kirche zu den anderen Religionen und Konfessionen im Land schließt diesen Hauptteil ab.

Auch an dieser Stelle sei vorsorglich darauf hingewiesen, dass sich in diesem Teil des Buches die strikte wissenschaftliche Trennung in Glauben und Glaubensleben an vielen Punkten noch weniger durchhalten lässt als innerhalb der Darstellung allein des Glaubens. Auch die Kapiteleinteilung wird nicht immer einsichtig erscheinen, zu komplex sind die beschriebenen Tatbestände und Phänomene, als dass sie sich immer eindeutig zuordnen ließen. Deshalb ist schon im ersten Hauptteil bewusst nicht von theoretischen oder theologisch-dogmatischen Grundlagen, sondern von Glaubensvorstellungen die Rede gewesen, weil sich schon dort Bezüge zur Praxis gezeigt haben, u. a. in der Volksreligion oder bei der Verehrung des Kreuzes. Gerade die Volksreligion kennt eine durchdachte Theologie ihrer Vorstellungen nicht. Auch die Taufe und die kirchliche Eheschließung gehören aufgrund ihres sakramentalen Charakters natürlich zu den Mysterien und damit zum dogmatischen Grundbestand des Glaubens. Zugleich stellen sie wichtige Riten im Leben eines äthiopischen Christen dar und könnten in diesem Sinne durchaus auch im zweiten Hauptteil abgehandelt werden. Die Bestattung wiederum gilt nicht als Mysterium, sondern als eine Amtshandlung und ist somit eindeutig zu den Riten zu zählen. Sie kommt aber auch nicht ohne ihr zugrunde liegende Glaubensvorstellungen aus. Trotzdem wird mit der vorliegenden Einteilung ein Mindestmaß an Klarheit und Strukturiertheit angestrebt, wohl wissend, dass sich vieles nur durch Querverweise auf andere Kapitel des Buches erklärt.

6.1. Die Riten und Praktiken

6.1.1. Der Festkalender

Der äthiopische Kalender besteht aus 13 Monaten, weswegen das äthiopische Amt für Tourismus gerne mit dem Slogan „13 Months of Sunshine" wirbt. Diese Einteilung geht auf den altägyptischen Mondkalender zurück, der sich in etwas abgewandelter Form auch im Islam findet. Dort besteht ein Jahr aus zwölf Monaten mit je 30 Tagen, so dass etwa deren Fastenmonat Ramadan im Laufe der Zeit rückwärts durch den westlichen, gregorianischen Kalender wandert. Die Ägypter und mit ihnen die Äthiopier waren sich des Unterschieds zwischen den am Mond orientierten Monaten und des an der Sonne ausgerichteten Jahres bewusst. Daher haben sie am Ende des Jahres einen 13. Monat eingefügt, der nur fünf bzw. in Schaltjahren sechs Tage hat. Dieser kurze Monat heißt im Amharischen P̣ag^{W}əme oder P̣ag^{W}əmen, was sprachlich auf das griechische Wort „epagomenai" (= die Nachfolgenden) zurückgeht, sinngemäß aber den altägyptischen Namen dieses Kurzmonats aufgreift, der „hrjw rnpt" (lies: cheriu renpet) hieß, was so viel wie „die Tage auf dem Jahr" bedeutet. Die alten Ägypter kannten allerdings noch keinen Schalttag, weswegen ihr Jahresanfang in einem Zeitraum von 1.460 Jahren (der sogenannten Sothis-Periode) durch das Jahr wanderte. Doch sie wussten um diesen Umstand und hatten ihn selber berechnet. Erst unter den griechischen Ptolemäern versuchte man ab dem 3. vorchristlichen Jahrhundert – wegen des Widerstands der Priesterschaft zunächst erfolglos –, einen Schalttag hinzuzufügen.

Der kurze P̣ag^{W}əme hat dabei eine besondere Bedeutung für die Äthiopier. Zum einen glaubt man, dass die sichtbare Wiederkunft Jesu auf Erden in diesem Monat stattfinden wird; zum anderen wird dem Regen in diesen Tagen segnende und heilende Wirkung zugeschrieben. Vor allem am 3. Tag und am letzten Tag von P̣ag^{W}əme lassen Eltern ihre kleinen Kindern halbnackt im Regen spielen und tanzen, was diesen natürlich viel Spaß macht; und Erwachsene versuchen, möglichst in einem offenen Wasser zu baden. Manche Frauen fügen an diesen Tagen auch ihrem Injera- (Ənğära-) (dem äthiopischen Teigfladen, der als Grundnahrungsmittel gilt) und Brotteig ein paar Tropfen Regenwasser hinzu, um den erhofften Segen auf das Essen zu übertragen.

Das äthiopische Neujahrsfest, das zugleich den Nationalfeiertag darstellt, ist am gregorianischen 11. September bzw. in Schaltjahren am 12. September. Während der westliche Kalender dann den 29. Februar als Schalttag einfügt, hängen die Äthiopier ihrem Kalender am Ende einen zusätzlichen Tag an, so dass dieser äthiopische Schalttag der gregorianische 11. September ist. Schon Hiob Ludolph berichtet im 17. Jahrhundert zudem, dass die Äthiopier den 11. September für den Tag der Erschaffung der Welt halten.[374]

Die Namen der äthiopischen Monate sind:

- Mäskäräm = 11./12. September – 10./11. Oktober
- Ṭəqəmt = 11./12. Oktober – 9./10. November
- Hədar = 10./11. November – 9./10. Dezember
- Tahśaś = 10./11. Dezember – 8./9. Januar
- Ṭərr = 9./10. Januar – 7./8. Februar
- Yäkkatit = 8./9. Februar – 9. März
- Mäggabit = 10. März – 8. April
- Miyazya = 9. April – 8. Mai
- Gənbot = 9. Mai – 7. Juni
- Säne = 8. Juni – 7. Juli
- Ḥamle = 8. Juli – 6. August
- Näḥase = 7. August – 5. September
- Ṗag^{w}əme = 6. September – 10./11. September

Außerdem ist, den Zyklus der Schaltjahre betreffend, jedes der vier Jahre einem Evangelisten zugeordnet, in der Reihenfolge, in der die Evangelien in der Bibel stehen: Matthäus, Markus, Lukas, Johannes. Das dritte Jahr, d. h. das Lukas-Jahr, gilt als Schaltjahr. Es liegt also direkt vor dem gregorianischen Schaltjahr. Daher gelten die Tage hinter den Schrägstrichen für die reichlichen fünf Monate zwischen dem Ende des äthiopischen Schaltjahres, also Ṗag^{w}əme 6 (die Äthiopier stellen den Tag hinter den Monat), und dem Schalttag des darauf folgenden gregorianischen Schaltjahres, also dem 29. Februar.

Auch die Jahre werden in Äthiopien anders gezählt. Die westliche Zeitrechnung bezieht sich auf die Geburt Christi. Der Mönch Dionysius Exiguus hat Anfang des 6. Jahrhunderts dieses System geschaffen, indem er aufgrund römischer Bischofslisten den Geburtstermin Jesu von seiner Gegenwart her zurückrechnete. Heute kann man seine Genauigkeit anzweifeln, da die von ihm verwendeten Listen nicht immer ganz zuverlässig gewesen sein mögen. Trotzdem hat sich seine Berechnung durchgesetzt, und wir reden von „v. Chr." und „n. Chr." bzw. von „Anno Domini", kurz „A. D." („Das Jahr des Herrn"). Die Äthiopier haben im Grunde genommen ihrerseits nichts anderes getan. Auch sie errechneten den Zeitpunkt der Geburt Jesu als Ausgangspunkt für ihre Jahreszählung. Doch sie nahmen ihre eigene frühere Zählung ab der Erschaffung der Welt zur Grundlage, nach der Jesus Christus im Jahr 5500 geboren wurde. Daher kamen die Äthio-

---

[374] Ludolphus, New History, S. 302.

pier zu einem Ergebnis, das um wenige Jahre von dem des gregorianischen Kalenders abweicht. Aus diesem Grund hinkt das der äthiopische Kalender dem westlichen Kalender um acht Jahre (von 1. Januar bis zum 11./12. September) bzw. um sieben Jahre (vom 11./12. September bis zum 31. Dezember) hinterher, so dass die Äthiopier das große Millenium erst am gregorianischen 11. September 2008 feierten, d. h. an ihrem Mäskäräm 1 2000. Die äthiopische Zeitrechnung bezeichnet man mit deren Ausdruck als „'Amät Məḥrät", kurz „A. M." („Das Jahr der Gnade"). In der Literatur findet sich manchmal auch die Abkürzung „A. Mis." für die lateinische Übersetzung „Anno Misericordiae". Die Jahre vor Christi Geburt bezeichnen die Äthiopier entsprechend mit dem Zusatz „'Amät Fədda" („Das Jahr der Unheils").
Natürlich machen diese Unterschiede die Umrechnung eines Datums zu einer verwickelten Angelegenheit, die sogar bei offiziellen Veröffentlichungen äthiopischer Stellen nicht immer fehlerfrei abläuft.

Schließlich läuft auch die Uhr in Äthiopien anders. Dieses Land richtet sich noch heute nach der alten biblischen und orientalischen Einteilung, der auch das Judentum weiterhin folgt. Danach ist der Tag in zwei Hälften von je zwölf Stunden eingeteilt, wobei sie als Tag und Nacht gelten. Begünstigt wird diese Einteilung natürlich durch den Umstand, dass Äthiopien geographisch zu den Tropen zählt. Deshalb gibt es nur eine sehr kurze Dämmerung, und Sonnenaufgang und Sonnenuntergang weichen im ganzen Jahr nur geringfügig von 6:00 Uhr morgens bzw. 6:00 Uhr abends ab. Daher beginnen die Äthiopier mit der Stundenzählung immer zu diesen Zeitpunkten, d. h. das westliche 6:00 Uhr morgens ist deren 0:00 Uhr, das westliche 12:00 Uhr mittags ist deren 6:00 Uhr, das westliche 18:00 Uhr ist deren 12:00 Uhr, das westliche Mitternacht ist deren 6:00 Uhr nachts. Wenn man sich also in Äthiopien mit einem Einheimischen um 11:00 Uhr verabredet, wird er einen um 5:00 Uhr nachmittags erwarten.
Dabei folgt die Taghälfte der Nachthälfte. Genau wie in der Bibel und im Judentum beginnt ein äthiopischer Tag aus diesem Grund am Abend zuvor um 18:00 Uhr westlicher Rechnung.[375]
Bei allen Schwierigkeiten, denen man deswegen als Ausländer in Äthiopien begegnen mag, steht es uns allerdings nicht zu, sowohl die Einteilung der Monate als auch diese Stundeneinteilung als „merkwürdig" zu bezeichnen; denn sie sind älter als unsere Berechnungen, und die Europäer sind diejenigen, die das orientalisch-biblisch-jüdisch-äthiopische System verändert haben. So finden wir etwa in der biblischen Schöpfungsgeschichte den Satz (man beachte die Reihenfolge Abend – Morgen!): „Da ward aus Abend und Morgen der erste Tag." (Gen. 1,

---

[375] Auch unter uns haben sich Anklänge daran erhalten, wenn z. B. die Kirchenglocken den Sonntag bereits am Samstagabend einläuten oder wenn wir Heiligabend, d. h. den Abend vor dem eigentlichen Weihnachtstag, feiern.

5), und Jesus Christus starb gemäß Lk. 23, 44 „zur neunten Stunde“, d. h. nach westlicher Rechnung um 3:00 Uhr nachmittags. Der jüdische Sabbat beginnt in gleicher Weise am Freitagabend um 18:00 Uhr und dauert bis zum Samstagabend um 18:00 Uhr.

Darüber hinaus ist die Kenntnis des gleich im Anschluss beschriebenen Festkalenders mit seinen Feier- und Heiligentagen von großer Bedeutung, da sich vor allem auf dem Land noch viele Menschen bei Angaben zu wichtigen Daten lieber darauf beziehen als auf den profanen Kalender. So kann etwa ein Äthiopier sein Geburtsdatum folgendermaßen ausdrücken: „Ich bin im Mai am Tag des Heiligen Erlösers, ein Jahr nach dem Ausbruch der Revolution, geboren.“[376] Der genaue Termin erschließt sich nur dem Hörer, der sowohl im kirchlichen Jahreskreis als auch in der Landesgeschichte bewandert ist: Als Mai bezeichnet der Äthiopier in der Regel seinen Monat Gənbot, der Tag des Heiligen Erlösers ist jeder 27. Tag eines Monats (s. u.), und die Revolution fand im Jahr 1974 statt. Dieser Äthiopier wäre demnach am 4. Juni 1975 geboren.

Der Festkalender der äthiopischen Kirche kennt mehrere große und kleine Feste.[377] Auch eine Einteilung in bewegliche und unbewegliche Feste ist möglich. Die einen werden relativ zum natürlichen Jahr (z. B. Ostern zum Frühlingsanfang) oder relativ zu anderen kirchlichen Festen (z. B. Beginn der Fastenzeit vor Ostern) berechnet, die anderen liegen auf einem festen Datum (z. B. Weihnachten). Bei den beweglichen Festen ist in den folgenden Listen daher der Zeitraum, in den das Fest fallen kann, abgegrenzt. Bei der Umrechnung in den gregorianischen Kalender wurde dabei auf die Berücksichtigung der Verschiebung durch den Schalttag verzichtet. Der Unterschied zu unseren Daten der unbeweglichen Feste ergibt sich dadurch, dass die meisten Ostkirchen noch nach dem julianischen Kalender zählen, so dass etwa der Tag Tahśaś 29 tatsächlich dem 25. Dezember, also dem westlichen Fest der Geburt Christi im julianischen Kalender, entspricht, so dass Weihnachten nur scheinbar auf dem 7. Januar liegt.

Als große Feste zählen die traditionellen Christusfeste:

- Weihnachten (Tahśaś 29 = 7. Januar)
- Epiphanias (Ṭərr 11 = 19. Januar)
- Palmsonntag (zwischen Mäggabit 19 = 28. März und Miyazya 23 = 1. Mai)

---

[376] Zitiert nach Walelign Emiru, Ethiopian Orthodox Church Festivals, S. 77.

[377] In der Regel spricht man von neun großen und neun kleinen Festen. Vgl. Aymro Wondmagegnehu / Motovu, Ethiopian Orthodox Church, S. 57 – 61; Bantalem Tadesse, Guide, S. 78.

- Kreuzigung Jesu Christi (zwischen Mäggabit 24 = 2. April und Miyazya 28 = 6. Mai)
- Ostern (zwischen Mäggabit 26 = 4. April und Miyazya 30 = 8. Mai)
- Christi Himmelfahrt (zwischen 5. Gənbot = 13. Mai und Säne 9 = 16. Juni)
- Pfingsten (zwischen Gənbot 15 = 23. Mai und Säne 19 = 26. Juni)
- Verklärung Jesu Christi auf dem Berg Tabor (Näḥase 13 = 19. August)
- Mariä Empfängnis (Näḥase 7 = 22. August)

Weihnachten (lədät) wird besonders festlich in Lalibela gefeiert. Dort stehen sich dann vor der Felsenkirche Bete Mariam lange Reihen von singenden und tanzenden Priestern und Däbtäras einander gegenüber. Eine Gruppe zelebriert die Liturgie auf der Felsenkante oberhalb der Kirche, während sich die andere Gruppe unten am Fuß der Kirche befindet. Diese Wechselgesänge sind als symbolische Wiederholung der Weihnachtsgeschichte gedacht, als die Hirten auf dem Felde von den himmlischen Heerscharen der Engel die frohe Botschaft von der Geburt des Erlösers erfuhren (Lk. 2, 1 – 21).[378]
An Weihnachten finden zudem traditionell Turniere einer Art Feldhockey statt, die auf Amharisch Gänna (von griechisch genna = Geburt) heißen, so dass Gänna im Volksmund und z. B. auch auf Grußkarten für das Weihnachtsfest insgesamt steht. Dieses Spiel soll der Legende nach schon von Menelik I., dem Sohn König Salomos und der Königin von Saba, gespielt worden sein. Selbst wenn das historisch so nicht stimmen sollte, ist es mit Sicherheit eine sehr alte Tradition. Sowohl die Größe des Spielfelds als auch die Anzahl der Spieler in einer Mannschaft sind dabei nicht eindeutig festgelegt, und der Spaß sollte bei allem Ringen um den Sieg nicht zu kurz kommen.[379]
Epiphanias (ṭəmqät)[380] ist eines der größten kirchlichen Feste des Jahres. Vielleicht könnte man es sogar als die größte Feier der äthiopischen Christenheit bezeichnen, sofern man auf den Aufwand und die Pracht des äußeren Ablaufs achtet. Eigentlich an zwei Tagen gefeiert, gilt es oft als dreitägiges Fest, weil sich der Tag des Erzengels Michael direkt daran anschließt und beide Ereignisse für viele Menschen zu einem Anlass verschmelzen.
Die Feier von Ṭəmqät geht in der Tradition ursprünglich auf den König Gäbrä Mäsqäl im 6. Jahrhundert zurück, erhielt seine heutige Gestaltung allerdings erst im 13. Jahrhundert unter Kaiser Yəkunno Amlak (1270 – 85). Ort des eigentlichen Festes ist immer ein Wasserbassin, ein See oder ein Fluss, an dem der

---

[378] Bantalem Tadesse, Guide, S. 79.
[379] Samuel Alamayahu, Game of Gänna; Galperin, Äthiopische Reise, S. 113.
[380] Vgl. dazu u. a. Walelign Emiru, Ethiopian Orthodox Church Festivals; Bantalem Tadesse, Guide, S. 81 – 89; Ethiopian Orthodox Tewahedo Church, S. 44; Hammerschmidt, Kultsymbolik, S. 226.

Taufe Jesu im Jordan gedacht wird. Außerdem soll das Wasser auch die Flüssigkeit symbolisieren, die aus der Seitenwunde Jesu am Kreuz austrat, als der römische Soldat ihn mit dem Speer verwundete, um zu überprüfen, ob Jesus schon tot sei. In Addis Abeba dient der große freie Platz Ǧan Meda als idealer Ort für die Austragung von Ṭəmqät.[381]

Das Fest beginnt am Ṭərr 10 mit einer von einer riesigen Menschenmenge begleiteten Prozession der Priester, die die Tabots aus ihren Kirchen auf ihren Köpfen tragen, wobei die Tabots, die als heilig gelten, vor den Blicken der Zuschauer durch kostbare Stoffe verborgen sind. Die Däbtäras und Diakone geleiten die Tabots mit Prozessionskreuzen, kunstvoll bestickten Sonnenschirmen (die sich übrigens umgedreht sehr gut als „Sammelbüchse“ für Spenden eignen), Fahnen, Musik und Tanz zu einem zentralen Platz, wo die Tabots zusammen mit ihren Priestern in einem speziell für diesen Zweck aufgebauten Zelt übernachten. Allerdings schlafen die Priester nicht, sondern verbringen die Nacht mit Hymnen und Gebeten, begleitet von einer Menge von Gläubigen, die das Zelt umringen. Diese Prozessionen zum Festplatz sollen dabei im theologischen Verständnis des Anlasses den Weg Jesu von Galiläa zum Jordan, dem Ort seiner Taufe, symbolisieren. Am nächsten Morgen, dem Ṭərr 11, findet ein Gottesdienst unter freiem Himmel statt, in Addis Abeba geleitet vom Patriarchen und in Anwesenheit der Tabots. Die anschließende Wasserweihe, bei der der Patriarch bzw. der oberste anwesende kirchliche Würdenträger ein großes Kreuz in das Wasser taucht, erinnert an den eigentlichen Anlass des Festes. Mit diesem geweihten Wasser bespritzen die Priester anschließend die Gläubigen bzw. sich die Menschen gegenseitig, um sich zu segnen. Manche tauchen auch gleich ganz im See unter, wenn die Örtlichkeit so etwas erlaubt. Die äthiopische Kirche legt aufgrund mancher missverständlicher Äußerungen in der Vergangenheit[382] und von Gläubigen Wert darauf festzustellen, dass diese Zeremonie in keiner Weise eine wie auch immer geartete Wiedertaufe ist, als ob die Taufe jährlich zu er-

---

[381] Interessanterweise macht der Religionswissenschaftler Walelign Emiru darauf aufmerksam, dass die äthiopisch-orthodoxe Kirche das Stadion in Addis Abeba, das ansonsten bei weitem nicht nur für sportliche Anlässe genutzt wird, meidet: Wahrscheinlich liegt der Grund darin, dass sowohl Muslime als auch Protestanten das Stadion gerne in Anspruch nehmen und die orthodoxe Kirche multireligiöse Orte für ihre eigenen Zeremonien für ungeeignet hält. Ǧan Meda wiederum ist zwar der Austragungsort einiger sportlicher Ereignisse wie z. B. des berühmten Gänna-Turniers zu Weihnachten, aber eben nicht für religiöse, nicht-orthodoxe Feiern, so dass die orthodoxe Kirche Ǧan Meda und den Meskel-Square als „ihre“ und allein ihre religiösen Orte ansehen kann. Vgl. dazu Walelign Emiru, Ethiopian Orthodox Church Festivals, S. 172 – 175. 196; ähnlich auch Mersha Alehegne, Orthodox – Protestant Relationship, S. 205.

[382] So z. B. Ludolphus, New History, S. 290. In seiner Folge schreibt Michael Geddes, Church-History, S. 33 Ende des 17. Jahrhunderts: „Sie werden alle jedes Jahr [von neuem] am Fest Epiphanias getauft.“

neuern wäre. Vielmehr ist es eine liturgische Vergegenwärtigung der einmaligen Taufe Jesu im Jordan, die freilich noch heute auf die Menschen, die sich mit dem geweihten Wasser bespritzen lassen, Gottes Segen herabruft.
Am Nachmittag kehren die Tabots in ähnlichen Prozessionen wie auf dem Hinweg in ihre Kirchen zurück, während einige Gläubige bis in die Nacht hinein auf dem zentralen Platz bleiben. Doch auch die Tabots benötigen für die wenigen Meter oder Kilometer „nach Hause" die Zeit bis zum späten Abend, da sie auf dem Weg ständig anhalten, damit die Gläubigen in ihrer Gegenwart singen, beten und tanzen können. „Sähe man nicht gegen den sternenübersäten Himmel die dunkle Silhouette der Technischen Hochschule und das Blinkfeuer des Leuchtturms, könnte niemand mit Bestimmtheit sagen, in welcher Zeit er lebt: im zwanzigsten Jahrhundert oder zur Zeit der ersten Christen." ist dazu in einem Reisebericht zu lesen.[383]
Traditionell gehören auch Reiterspiele, die auf amharisch Gugs genannt werden, zu Ṭəmqät; und die Tage gelten als gute Gelegenheit, auf Brautschau zu gehen.

Der höchste und wichtigste Feiertag neben Ostern (fasika oder tənśa'e = Auferstehung) ist natürlich Karfreitag (səqlät = Kreuzigung), der Tag der Kreuzigung Jesu. An diesem Tag fasten die Gläubigen ohne Unterbrechung, d. h. sie nehmen bis zum nächsten Morgen überhaupt keine Nahrung und keine Flüssigkeit zu sich. Außerdem versammeln sie sich zum Gottesdienst in der Kirche, der morgens um 6:00 Uhr beginnt und den ganzen Tag über dauert. Dazu werden Abschnitte der alttestamentlichen Propheten, die neutestamentlichen Zeugnisse zur Kreuzigung und Texte der Kirchenväter und aus dem Büchlein „Die Wunder Marias" verlesen sowie zahllose Bitt- und Klagerufe gesungen, da eine Göttliche Liturgie wie an anderen Festtagen nicht gefeiert werden kann. Der Höhepunkt ist mittags um 12:00 Uhr erreicht, dem Zeitpunkt der Kreuzigung Jesu, gefolgt von der Todesstunde Jesu nachmittags um 3:00 Uhr und der Kreuzabnahme Jesu um 5:00 Uhr nachmittags, zu der die Däbtäras das Kreuz, das sie morgens um 9:00 Uhr vor dem Altar auf einem Tisch aufgestellt hatten, wieder aus der Kirche tragen. Eine Besonderheit der äthiopischen Kirche ist die anschließende Verfluchung von Judas, dem Jünger, der Jesus verraten hatte, durch die Däbtäras.[384]
Ostern vorausgegangen ist die Heilige oder Stille Woche (sämunä ḫəmamat), die mit Palmsonntag (hossa'əna) beginnt. 40 bzw. 50 Tage nach Ostern folgen gemäß dem allgemeinen, christlichen Festkalender natürlich Christi Himmelfahrt ('ərgät) bzw. Pfingsten (p̣äraqlịtos).

---

[383] Galperin, Äthiopische Reise, S. 137.
[384] Chaillot, Ethiopian Orthodox Tewahedo Church Tradition, S. 120 – 122.

Am Fest der Verklärung Christi auf dem Berg Tabor (Däbrä Tabor) (Mt. 17, 1 – 13) werden Fackeln angezündet und mit Peitschen geschlagen, um auf symbolische Art an die in der Bibel geschilderten Begleitumstände des Ereignisses (Licht und Donner) zu erinnern.[385] Zugleich verbindet sich mit diesem Tag ein volkstümliches Fest namens Buhe, bei dem die Kinder im Mittelpunkt stehen; denn eine nicht-religiöse Deutung dieses Ereignisses geht auf eine Legende zurück, die besagt, Eltern hätten einmal auf der Suche nach ihren verschwundenen Kindern Fackeln, um in der Nacht besser zu sehen, und Brot, um die sicher hungrigen Kinder mit Essen zu versorgen, bei sich gehabt. Deshalb gehen am späten Nachmittag des Vortages kleine Gruppen von Jungen mit aus Zweigen selbst gemachten Peitschen und, sobald es dunkel geworden ist, mit Fackeln von Haus zu Haus und singen besondere Lieder, die zu diesem Anlass gehören. Als Belohnung erhalten sie ein spezielles Brot, das in den Häusern nach einem alten Rezept als kleine Laibe gebacken und vor dem Essen nicht gebrochen/geteilt werden darf. Heute allerdings geben viele Familien auch etwas Geld anstatt Brot. Danach singen und tanzen die Jugendlichen bis in die Nacht um die Lagerfeuer herum, die in den Höfen angezündet werden. Am nächsten Tag geht die Feier in ähnlicher Weise weiter, wobei Mütter auch von sich aus das erwähnte Brot an Kinder in der Nachbarschaft schicken. Am Ende treffen sich alle Kinder und Jugendlichen auf einem zentralen Platz des Ortes, begutachten ihre Ausbeute und teilen sie untereinander auf.[386]

Als kleinere Feste gelten neben anderen:

- 1. Advent
- 2. Advent
- 3. Advent[387]
- Heiligabend (Tahśaś 28 = 6. Januar)
- Beschneidung Jesu (Ṭərr 6 = 14. Januar)
- Fest der Hochzeit zu Kana (Ṭərr 13 = 16. Januar)
- Entschlafung Marias (Ṭərr 21 = 29. Januar)
- Beginn der Fastenzeit (zwischen Yäkkatit 1 = 8. Februar und Mäggabit 5 = 14. März)
- Geburt Simeons (Darbringung Jesu im Tempel) (Yäkkatit 8 = 15. Februar)
- Fest des Ölbergs (Däbrä Zäyt) (genau in der Mitte der 55 Tage dauernden, vorösterlichen Fastenzeit)

---

[385] Bantalem Tadesse, Guide, S. 101.

[386] A. Pankhurst, Buhe, S. 18 – 20; Akalou Wolde Michael, Buhe; Ethiopian Orthodox Tewahedo Church, S. 40.

[387] Die äthiopische Kirche kennt nur drei Adventssonntage: Chaillot, Ethiopian Orthodox Tewahedo Church Tradition, S. 117.

- Geburt Marias (Gənbot 1 = 9. Mai)
- Flucht der heiligen Familie vor Herodes (Gənbot 24 = 1. Juni)
- Neujahr / Fest Johannes' des Täufers (Mäskäräm 1 = 11. September)
- Mäsqäl-Fest (Fest der Auffindung des wahren Kreuzes Jesu Christi durch Əleni (= Helena), die Mutter Kaiser Konstantins im 4. Jahrhundert (Mäskäräm 17 = 28. September)

Viele Festtage dienen dabei dem Gedenken an mehrere Heilige oder Ereignisse der biblischen Heilsgeschichte zugleich. Mäskäräm 1, der äthiopische Neujahrstag und ebenfalls der äthiopische Nationalfeiertag, erinnert z. B. nicht nur an Johannes den Täufer, der als Übergang vom Alten zum Neuen Testament gesehen wird und damit gleichsam nach der „Zeit des Unheils“ die „Zeit der Gnade“ ankündigt, sondern auch an den Sturm, den die Arche Noah zu bestehen hatte. Gleichzeitig feiert die äthiopische Kirche an diesem Datum die Feste des Erzengels Raguel und des Apostels Bartholomäus (Bärtälomewos). Zusätzlich ist er der Tag, an dem Hiob von seinen Leiden geheilt und erlöst worden sein soll; und schließlich gilt er – wie jeder erste Tag eines Monats (s. u.) – als Festtag der Geburt Marias.[388]

Am Gənbot 24 (= 1. Juni) erinnert man sich an den Aufbruch der heiligen Familie aus Bethlehem, nachdem Herodes beschlossen hatte, alle kleinen Kinder töten zu lassen (Mt. 2, 13 – 15). Nach äthiopischer Überlieferung blieb Josef mit Maria und dem Jesuskind insgesamt drei Jahre und sechs Monate außer Landes, bis er hörte, dass Herodes gestorben war. Anders als die Erzählungen im Neuen Testament sagen die Äthiopier jedoch, die heiligen Familie sei bis nach Äthiopien gekommen und habe sich auf der Insel Ṭana Qirqos, auf der später ein Kloster errichtet werden würde, sechs Monate und zehn Tage lang verborgen gehalten. Am selben Ort sei auch die echte Bundeslade aufbewahrt worden, bis König ‘Ezana sie im 4. Jahrhundert nach Aksum holte.[389]
Zusätzlich gedenkt die äthiopische Kirche der Flucht der heiligen Familie innerhalb der 40 Tage vom Mäskäräm 26 (= 6. Oktober) bis zum Hədar 5 (= 14. November). In diesen Tagen, auf Gə‘əz ṣäggiye genannt, ist es eine alte Tradition, dass sich örtliche Zusammenschlüsse von Nachbarn und Freunden (maḫbär genannt) treffen, um gemeinsam an einer größeren Straße ihres Ortes Passanten und Reisende mit Essen und Trinken zu versorgen. So erinnern sie daran, wie die flüchtende heilige Familie auf eine derartige Fürsorge angewiesen war.[390]

---

388 Bantalem Tadesse, Guide, S. 41f.
389 The Church of Ethiopia, S. 3; Bantalem Tadesse, Guide, S. 62f.
390 Bantalem Tadesse, Guide, S. 64.

Das Mäsqäl-Fest[391], obwohl liturgisch als kleineres Fest eingeschätzt, wird in der Bevölkerung gleichwohl als eines der größten angesehen und begangen. Es gilt sowohl als religiöses als auch als Volksfest, das eigentlich eine Woche dauert, wohl ursprünglich auf ein vorchristliches Frühlingsfest am Übergang von der Regenzeit (Winter) zur Trockenzeit zurückgeht und erst später mit der Auffindung des wahren Kreuzes zusammengelegt wurde, wobei dieser Anlass als letzter Tag der älteren Feier begangen wird (nur dieser ist auch offizieller kirchlicher Feiertag).
Der Ursprung des Festes geht, wie erwähnt, zum einen auf Ǝleni, die Mutter des römischen Kaisers Konstantin des Großen zurück, die der Legende nach das wahre Kreuz Christi gefunden hat. Sie hatte zuvor geschworen, dies zu tun, sofern sich ihr Sohn zum Christentum bekehren würde. Daher war sie zu diesem Zweck nach Jerusalem gekommen, konnte aber zunächst natürlich nicht genau wissen, wo das Kreuz verborgen war. Es wird gesagt, die Juden hätten einst das Kreuz Jesu im Jahr 34 n. Chr. auf einer Müllhalde vergraben, um sicherzustellen, dass es dort niemals entdeckt werden würde. Schließlich riet ihr ein alter Mann, von Leuten Holz zusammentragen und anzünden zu lassen. In der Richtung, in der der Rauch wehe, sei das Kreuz zu finden.[392] Diese Legende weist auf einige Elemente, die zum äthiopischen Mäsqäl-Fest gehören, hin und ist wohl auch in diesem Sinne zu lesen.
Dass dies tatsächlich das Kreuz Jesu Christi gewesen war, habe sich erwiesen, nachdem das Kreuz Wunder vollbracht habe. So behauptet es zumindest die Überlieferung; denn das Kreuz, an dem der Verbrecher gehangen hatte, der Jesus bis zuletzt verspottet hatte, habe nichts bewirkt; das Kreuz des Verbrechers, der Jesus gebeten hatte, in seinem Reich an ihn zu denken, habe sieben Wunder bewirkt; doch nur das wahre Kreuz Christi habe viele Wunder einschließlich der Auferweckung von Toten vollbracht.
Konstantin habe dann das Kreuz, so die Tradition, zerteilt, um den großen Kirchen in der Welt (Rom, Konstantinopel, Alexandrien und Antiochien) je ein Stück zukommen lassen zu können. Andere sagen auch, es sei in viele Teile für alle Kirchen in der Welt zerstückelt worden oder es sei erst später zerlegt worden, damit es nicht als Ganzes in die Hand der Muslime fallen könne.
Am Mäsqäl-Fest feiert man nun zum anderen, dass ein Teil des Kreuzes auch nach Äthiopien kam und zwar das Stück, an das die rechte Hand Jesu genagelt worden war, wobei es wieder verschiedene Traditionen gibt, die dieses Stück entweder als aus Jerusalem, aus Alexandrien oder sogar aus Rom bezeichnen. Die dazugehörige Geschichte bezieht sich auf den äthiopischen Kaiser Dawit II.

---

[391] Vgl. dazu Walelign Emiru, Ethiopian Orthodox Church Festivals; Bantalem Tadesse, Guide, S. 47 – 57; Kefelew Zelleke / Heyer, Orthodoxes Äthiopien, S. 178; Ethiopian Orthodox Tewahedo Church, S. 38f.
[392] Walelign Emiru, Ethiopian Orthodox Church Festivals, S. 127.

(1380 – 1410),[393] dem die äthiopische Gemeinde in Jerusalem Gold- und Silbergeschenke gemacht hatte, nachdem er sich vorher für die unterdrückten Christen in Ägypten eingesetzt gehabt hatte. Dawit II. hatte nämlich die Wasser des Nils umgeleitet, so dass im nördlichen Nachbarland ohne den jährlich angeschwemmten, fruchtbaren Schlamm aus dem äthiopischen Hochland eine Hungersnot drohte. Der ägyptische Sultan war daraufhin gezwungen gewesen, seinen christlichen Untertanen mehr Freiheiten zu gewähren, um zu erreichen, dass der äthiopische Kaiser die Nilüberschwemmungen wieder ermöglichte. Eine weitere Überlieferung spricht hingegen von einer Invasion Dawits II. mit einer 300.000 Mann starken Armee in den Sudan und nach Ägypten. In jedem Fall rettete er aber die koptischen Christen Ägyptens; und dafür hatten ihm die Jerusalemer Christen gedankt. Der fromme Monarch schickte diese Gaben jedoch zurück und bat stattdessen um ein Stück des wahren Kreuzes Jesu, von dem er wusste, dass es sich in der heiligen Stadt befand. Dawit II. soll an seine Landsleute in Jerusalem geschrieben haben: „In großen Teilen meines Landes herrscht Hunger infolge von Dürre. Darum bitte ich Euch, mir ein Stück vom Kreuz, an dem unser Herr Jesus Christus gekreuzigt worden ist, entweder von der linken oder rechten Seite abzutrennen und mir zuzusenden, eingedenk der (biblischen) Worte: Wer etwas Gutes tut, wird reichlich belohnt." Die Mönche in der heiligen Stadt beschlossen, ihrem Herrscher diesen Wunsch zu erfüllen, und sandten ein Stück vom Kreuz mit einer Delegation nach Äthiopien. Manche Quellen erzählen allerdings auch, dieses Stück vom Kreuz sei ein Geschenk des Patriarchen von Alexandrien gewesen.

Seither lagert diese Reliquie im Marienkloster auf dem Berg Gischen (Maryam Amba Gəšän) in der früheren Provinz Wällo, heute Region Amhara.

Dass die religiöse Feier ein älteres Frühlingsfest überlagert hat, sieht man nicht nur an dem volkstümlichen „Symbol" dieses Ereignisses, der gelben Mäsqäl-Blume, die zu dieser Jahreszeit, dem beginnenden äthiopischen Frühling, überall in frischer Pracht und leuchtender Farbe erblüht (gerne legt man deswegen auch Hochzeiten auf diesen Tag). Auch das Datum weist darauf hin; denn der Mäskäräm 17 (= 28. September) im Jahr 326 n. Chr. war eigentlich der Tag, an dem nur die von Ǝleni angeordneten Grabungsarbeiten in Jerusalem begannen. Das Kreuz selber wurde erst rund ein halbes Jahr später gefunden, nämlich am Mäggabit 10 (= 19. März) des Jahres 327 n. Chr.[394] Doch dieser Termin fällt wiederum in die Fastenzeit der äthiopischen Kirche und würde daher ein ausgelassenes Fest unmöglich machen. Aus diesem Grund wählte man für den liturgischen Kalender das an sich weit weniger bedeutende Datum des Grabungsbe-

---

[393] In der Geschichtsschreibung gilt er manchmal auch als Dawit III., insofern die Äthiopier König David aus dem Alten Testament als ihren König Dawit I. zählen: Heyer, Crosses, S. 816.

[394] Walelign Emiru, Ethiopian Orthodox Church Festivals, S. 110.

ginns, das aber mit dem schon früher begangenen Volksfest aus dem Jahreskreis zusammenfällt. Außerdem soll der Überlieferung nach das Kreuzteil an einem Mäskäräm 17 an seinem endgültigen Standort in Äthiopien angekommen sein, aber das allein kann kein ausreichender Grund sein; denn auf der anderen Seite gilt jeder 10. Tag eines Monats als Kreuzfest (s. u.), so dass sich hier wahrscheinlich die Erinnerung an den Mäggabit 10 erhalten hat.[395]

Bei der Feier werden zunächst am Mäskäräm 16 von der gesamten Bevölkerung eines Ortes lange, dünne Holzstäbe zu einem zentralen Platz gebracht. In Addis Abeba ist das „natürlich" der Meskel-Square, der nach diesem Fest benannt ist.[396] Aus diesem Holz wird dann im Laufe des Vormittags unter Gesängen eine Pyramide aufgeschichtet. Zusätzlich wird sie mit Mäsqäl-Blumen geschmückt. Zumindest in der Hauptstadt übernimmt allerdings mittlerweile die Kirche die Verantwortung für diese Vorbereitungen, um sicherzustellen, dass auch genügend Holz zusammenkommt und dass am Ende alles für die große Feier bereit ist. Den Nachmittag verbringen die Gläubigen mit liturgischen Gesängen und Lesungen aus der Bibel. Im Lauf des Nachmittags erscheinen in Addis Abeba der Patriarch und die Erzbischöfe, anderswo die örtlichen kirchlichen Würdenträger, unter deren Leitung der viele Stunden dauernde Gottesdienst fortgeführt wird, zu dem auch eine Prozession mit liturgischen Tänzen von Priestern, Däbtäras, Diakonen und Kirchenschülern gehört. In Addis Abeba sind sogar Wagen, auf denen Szenen aus der Geschichte des Festes nachgespielt werden, Teil dieser Prozession. Gegen Abend zündet der Patriarch bzw. der jeweils oberste Würdenträger die hölzerne Pyramide an, die als großes Feuer langsam niederbrennt, während die Festgemeinde Lobeshymnen intoniert und, soweit vom Platz her irgend möglich, in einer Prozession das Feuer dreimal umrundet. Außerdem sollte ein grob gezimmertes Kreuz diese Art Scheiterhaufen überragen und als nicht-echtes Kreuz am Ende mit verbrennen. Es ist Tradition und wird von den Gläubigen als segensreich angesehen, zum Abschluss des Festes über die Asche der niedergebrannten Pyramide zu springen und sich ein Aschekreuz auf die Stirn zu zeichnen.

Später in der Nacht werden kleinere Feuer in den Höfen der Privathäuser angezündet, und man verbringt die Nacht mit Singen und Tanzen.

Am eigentlichen Festtag, dem Mäskäräm 17, kommt man in den Familien und in der Nachbarschaft zusammen und feiert ausgelassen. Zusätzlich ziehen Gruppen

---

[395] Walelign Emiru, Ethiopian Orthodox Church Festivals, S. 112f. Allerdings schreibt Bantalem Tadesse, Guide, S. 48, dass der 10. Tag als Kreuzfest damit zusammenhängt, dass das wahre Kreuz am Mäskäräm 10 Äthiopien erreicht habe.

[396] Zur Zeit der kommunistischen Regierung hieß er Abiot-Square (= Revolutionsplatz). Hier fanden vor allem die Paraden zum 1. Mai statt, und man kann noch immer die Tribüne sehen, auf der die Parteifunktionäre zu diesem und ähnlichen Anlässen saßen.

von Kindern mit Mäsqäl-Blumen in den Händen von Haus zu Haus und singen traditionelle Lieder.[397]

Außerdem gibt es monatlich wiederkehrende Gedenktage, Feiertage also, die einem bestimmten Tag eines jeden Monats im Jahr (mit Ausnahme von Ṗag^{w}əme) zugeordnet sind. In diesem Sinne bekommt jeder Tag einen besonderen Anlass bzw. eine besondere Bezeichnung:[398]

- 1. Tag: Fest von Marias Geburt
- 2. Tag: Fest des Apostels Thaddäus
- 3. Tag: Fest der Vorstellung der Jungfrau Maria im Tempel
- 4. Tag: Fest Johannes' des Täufers
- 5. Tag: Fest des Hl. Gäbrä Mänfäs Qəddus
- 6. Tag: Fest der Hl. Q^{w}əsq^{w}am (ein besonderer Ehrenname für Maria)[399]
- 7. Tag: Fest der Dreieinigkeit
- 8. Tag: Fest des Hl. Kiros (= Cyrus) und seiner vier Tiere
- 9. Tag: Fest des Hl. Thomas, des Bischofs
- 10. Tag: Fest des Hl. Kreuzes
- 11. Tag: Fest der Hl. Hanna
- 12. Tag: Fest des Erzengels Michael
- 13. Tag: Fest des Erzengels Raphael
- 14. Tag: Fest des Hl. Arägawi, Gründer des Klosters Däbrä Libanos
- 15. Tag: Fest des Hl. Kirakos (= Cyriakos)
- 16. Tag: Fest des Gnadenbundes Jesu mit Maria (kidanä məḥrät)
- 17. Tag: Fest des Hl. Stephanus
- 18. Tag: Fest des Hl. Ewosṭatewos
- 19. Tag: Fest des Erzengels Gabriel
- 20. Tag: Fest der Gründung der Kirche
- 21. Tag: Fest Marias (Mariä Entschlafung)
- 22. Tag: Fest des Evangelisten Lukas
- 23. Tag: Fest des Hl. Georg
- 24. Tag: Fest des Hl. Täklä Haymanot
- 25. Tag: Fest des Hl. Märqorewos
- 26. Tag: Fest des Apostels Thomas
- 27. Tag: Fest des Hl. Erlösers der Welt (Mädḫane 'Aläm)

[397] Ein Beispiel findet sich bei Sumner, Proverbs, S. 81f.
[398] Vgl. die Tabelle bei Walelign Emiru, Ethiopian Orthodox Church Festivals, S. 86.
[399] Q^{w}əsq^{w}am ist ein Berg an der südlichen Grenze Ägyptens, wo die heilige Familie auf ihrer Flucht vor König Herodes Rast gemacht haben soll. Dort steht heute ein Kloster gleichen Namens: Bausi, Q^{w}əsq^{w}am, S. 318.

- 28. Tag: Fest der Hl. Emmanuel und Jakob
- 29. Tag: Fest der Geburt des Gottessohnes (bä'alä ləḍät)
- 30. Tag: Fest des Evangelisten Markus

Mit dem Gnadenbund ist einer Legende zufolge, die in der in Äthiopien viel gelesenen Schrift „Yäsäne Golgota" (siehe dazu auch das Kapitel zum Glauben) aufgeschrieben ist, eine Vereinbarung Jesu mit seiner Mutter gemeint, in der er ihr verspricht, dass jeder gerettet werde, der ihn im Namen Marias anrufe und eine gute Tat begangen habe.
Michael Kleiner fasst die Bedeutung dieser monatlich wiederkehrenden Fest- und Gedenktage für den Alltag der Äthiopier sehr eindrücklich zusammen: „Die meisten orthodoxen Äthiopier können diesen Kalender gut auswendig. Selbst Taxifahrer, denen weltweit ja nicht so sehr der Ruf besonderer Frömmigkeit und Glaubensinnigkeit vorauseilt, machen da keine Ausnahme."[400]

Natürlich gilt auch jeder Sonntag zum Gedenken an die Auferstehung Jesu Christi als Feiertag. Lange Zeit hat die äthiopische Kirche daneben den jüdischen Sabbat (den Samstag) begangen, der in der biblischen Schöpfungsgeschichte und in den Zehn Geboten als Ruhetag verordnet ist. Die ersten Christen waren zum Sonntag, dem ersten Tag der Woche, übergegangen, weil man nicht an dem Tag, an dem Jesus Christus im Grab gelegen hatte, als Feiertag haben wollte, und hatten das Gebot der Sabbatruhe auf diesen Tag übertragen. Die äthiopischen Christen dachten anders und beachteten schlicht beide Tage, um diesem gefühlten Dilemma zu entgehen. Vor allem der Mönch Ewosṭatewos betonte die Bedeutung des Sabbats (siehe dazu auch das Kapitel zum Einfluss des Alten Testaments). Heutzutage folgt ihm der größte Teil der äthiopischen Kirche allerdings nicht mehr.

Darüber hinaus begeht man eine Menge Feste zu Ehren der Engel, der Gottesmutter Maria, der zwölf Apostel und der Heiligen, sowie örtliche Traditionen, z. B. an Wallfahrtsorten oder für lokale Heilige. Von den Erzengeln sind Michael (Fest am Hədar 12) und Gabriel am bekanntesten, da sie in der Bibel namentlich erwähnt sind. Doch auch Raphael, Uriel und den anderen sind Kirchen und Festtage gewidmet. Von den Heiligen ist der Hl. Georg sehr beliebt, aber auch die Märtyrer Stephanus und Johannes der Täufer. Außerdem bietet die äthiopische Kirchengeschichte eine große Zahl von Heiligen, deren Andenken bewahrt wird.

[400] Kleiner, Feinde Marias, S. 29.

Der Jungfrau Maria gehören 33 Feiertage:

- Mariä Empfängnis
- Mariä Geburt
- Mariä Darstellung im Tempel
- Ankündigung der Geburt Jesu
- Tag der Flucht nach Ägypten
- Gedenken an den Tag, an dem Maria auf der Flucht durch die Wüste Durst litt und das Jesuskind einem Felsen befahl, Wasser hervorquellen zu lassen
- Gedenken an den Tag, an dem Jesus seiner Mutter versprach, allen Sündern zu vergeben, die in ihrem Namen darum bitten würden
- Mariä Entschlafung
- Mariä Aufnahme in den Himmel
- Tag der ersten Marienerscheinung nach ihrem Tod
- Tag der zweiten Marienerscheinung
- Tag der dritten Marienerscheinung
- Tag der vierten Marienerscheinung
- Tag der fünften Marienerscheinung
- die jeweiligen 21. Tage der ersten zwölf Monate des Jahres
- Gedenken an den Tag, als Blut aus einer Marienikone floss, nachdem ein Ungläubiger das Bild geschlagen hatte
- Tag der Reinigung der Gesegneten Jungfrau Maria

Manche Feste werden, wie erwähnt, an bestimmten Orten in besonderem Maß gefeiert.
Das gilt etwa für den Tag Hədar 21 (= 28. November) in Aksum. An diesem Tag, Hədar Ṣəyon genannt, erinnert man sich an mehrere Ereignisse zugleich, die das Fest umso größer werden lassen. Zunächst ist dies das Datum, an dem Menelik I. einst die Bundeslade nach Äthiopien gebracht haben soll. Daraufhin soll die Königin von Saba zu Ehren der Bundeslade ein großes Fest initiiert haben, und schließlich haben der Überlieferung zufolge die Brüder ʻEzana und Śəʻazana an diesem Tag das Christentum zur Staatsreligion erklärt und zugleich die erste christliche Kirche in Aksum eingeweiht. Eine andere Überlieferung führt das Fest auf ein Ereignis aus dem Alten Testament zurück. Als die Bundeslade einmal von den feindlichen Philistern erbeutet worden und in den Tempel ihres obersten Gottes Dagon gebracht worden war, hatte die Bundeslade mehrmals hintereinander bewirkt, dass das Götzenbild über Nacht umgefallen war, als ob es sich vor der Bundeslade verbeugen würde. Schließlich gaben die Philister das Beutestück freiwillig zurück, weil sie noch mehr Unheil des zornigen, ihnen fremden Gottes befürchteten (1. Sam. 6, 1 – 18). An einem Hədar 21 soll nun entweder die Statue des Dagon umgestürzt sein, oder es soll das Datum der Rückgabe der Bundeslade an die Israeliten gewesen sein. Für die Einwohner von Aksum gehört nach einer uralten, besonderen Tradition zu diesem Fest, dass

sie in jedem Jahr vom Abend vorher an ankommende Pilger und Besucher in ihren Häusern aufnehmen und mit Speise und Trank versorgen.[401]
Als ein anderes Beispiel ist der Tag Ṭəqəmt 14 (= 22. Oktober) der Festtag des ältesten äthiopischen Klosters, Däbrä Damo, an dem jedes Jahr Tausende von Menschen an diesen heiligen Ort reisen.

Die Gläubigen sind gehalten, an allen kirchlichen Feiertagen keine harte Arbeit zu verrichten. Stattdessen sollen sie die freie Zeit nutzen, um in die Kirche zu gehen und zu beten und um Gutes zu tun. So können sie z. B. gemäß der Aufzählung Jesu in Matthäus 25, 31 – 46 Bedürftige kleiden oder speisen, Kranke und Gefangene besuchen, Streitende versöhnen u. ä. (siehe dazu auch das Kapitel zur Individualethik).

Darüber hinaus beachtet die äthiopische Kirche im Jahreskreis eine große Zahl von Fasttagen.
Im rund 300 Jahre alten Gesetzbuch Fəhta Nägäśt steht dazu: „Fasten ist die Abwesenheit von Essen und wird von den Menschen zu bestimmten, vom Gesetz festgelegten Zeiten beachtet, um Vergebung der Sünden und großen Lohn zu erlangen, indem sie dem Einen gehorchen, der das Gesetz festgelegt hat. Fasten dient [auch] dazu, die Macht der Begierde zu schwächen, so dass [der Körper] der vernünftigen Seele gehorchen kann."[402] Allerdings ist ein rein äußerliches Fasten sinnlos. Die „Reinheit des Herzens und Werke der Glaubens, der Liebe, der Güte und der Barmherzigkeit"[403] müssen hinzukommen.
Fasten bedeutet in der äthiopischen Kirche in diesem Sinne, sich von jeglichen tierischen Produkten zu enthalten, also neben Fleisch auch Eier, Milch, Butter u. ä. Sogar Fisch ist verboten. Diese Vorschrift wird so streng gehandhabt, dass in dieser Zeit z. B. ein ohne tierische Produkte gebackener Kuchen nicht einmal neben einem mit Eiern gebackenen Kuchen liegen darf, um ihn keinesfalls zu berühren, oder dass man einen Löffel, der vorher in Fleischsoße getaucht wurde, nicht anschließend für ein nach den Regeln der Fastenzeit zubereitetes Essen verwenden darf. Außerdem isst und trinkt man an den Fasttagen nicht vor 12:00 Uhr mittags, meistens sogar nicht vor 15:00 Uhr am Nachmittag, und man sollte überhaupt nur eine Mahlzeit pro Tag zu sich nehmen. Von Karfreitag bis zur Osternacht gilt es als besonders fromme Übung, vollständig auf Essen zu verzichten.

---

[401] Zu diesem Fest vgl. Belai Giday, Ethiopian Civilization, S. 57; Bantalem Tadesse, Guide 70 – 73.
[402] Zitiert nach The Church of Ethiopia, S. 69. Zu den Fastenregeln vgl. auch Ezra Gebre-Medhin, Lent.
[403] The Teaching, S. 42.

Schwangere, Mütter im Kindbett, Schwerkranke, Reisende und kleine Kinder (unter sieben Jahren) sind von dieser Regel ausgenommen.
Es sollte eine Selbstverständlichkeit sein, dass das Fasten auch die sexuelle Enthaltsamkeit beinhaltet.

Die Fastenzeiten, die für alle Gläubigen verpflichtend sind, sind:

- Alle Mittwoche und alle Freitage mit Ausnahme der österlichen Freudenzeit (die 50 Tage zwischen Ostern und Pfingsten), Weihnachten und Epiphanias. Der Mittwoch gilt als Tag, an dem Judas Jesus verraten hat, und der Freitag als Tag der Kreuzigung Jesu.
- Die Fastenzeit vor Ostern (55 Tage).
- Das Ninive-Fasten (drei Tage) im Januar.
- Der Tag vor Weihnachten (also Heiligabend) und der Tag vor Epiphanias.
- Das Fasten der Apostel Petrus und Paulus, das je nach dem Ostertermin in der Länge variiert (mindestens 14 Tage und höchstens 44 Tage).
- Das Fasten der Propheten (43 Tage) vom 16. November bis zu Weihnachten.
- Das Fasten von Mariä Himmelfahrt im August (15 Tage).

Das Fasten der Apostel und das Fasten der Propheten sind offiziell zwar nur für den Klerus verpflichtend, werden aber trotzdem auch von vielen Gläubigen freiwillig beachtet. Darüber hinaus gibt es viele weitere Fastenzeiten, die nicht vom ganzen Volk eingehalten werden müssen.
Das heißt, dass es für den Gläubigen, der alle Fastenzeiten mitmacht, rund 250 Tage im Jahr betrifft. Für den einfachen Christen sind es immerhin noch rund 180 Fasttage im Jahr. Nach oben hin ist dieser Zahl jedoch keine Grenze gesetzt. Jeder Gläubige darf öfter fasten, „um seinen Wert aus der Sicht Gottes zu erhöhen".[404]

In Äthiopien selber werden die Fastenzeiten selbstverständlich eingehalten und in Restaurants, Cafés und Bäckereien berücksichtigt. Schließlich kann die willentliche Nichtbeachtung der Fastenzeiten bis zur Verweigerung einer kirchlichen Bestattung führen, sofern jemand, der die Fastenregeln bricht, während dieser Zeit stirbt.[405] Im Ausland versuchen die Gläubigen, auch zu fasten, soweit es irgendwie möglich ist. Allerdings gilt hier genauso das Gebot der Rücksichtnahme z. B. auf eventuelle Gastgeber, die nicht der äthiopischen Kirche angehören und die Regeln des Fastens deswegen entweder nicht beachten oder nicht kennen. Ein äthiopischer Christ hat in einem solchen Fall die Möglichkeit, das

---

[404] The Teaching, S. 60.
[405] Ezra Gebre-Medhin, Lent, S. 201.

Fasten zu brechen, wenn er sonst den Gastgeber beleidigen würde, indem er dessen Essen zurückweist. Hier muss das Gewissen des Gläubigen entscheiden, ob er das biblische Gebot, keinen Anstoß zu erregen, oder das biblische Gebot zu fasten höher bewertet. Allerdings sollte er dies nach seiner Rückkehr nach Äthiopien oder bei nächster Gelegenheit einem Priester beichten.

Die Feste der äthiopischen Kirche sind für Außenstehende eine besonders gute Gelegenheit, den Charakter des äthiopischen Gottesdienstes mitzuerleben, da die Feiern oft unter freiem Himmel stattfinden und da sie außerordentlich festlich wirken, so dass man sich zum Jerusalemer Tempelgottesdienst zurückversetzt fühlen könnte: „An großen kirchlichen Feiertagen bestehen die Kirchenchöre aus Priestern, die sich in einigen Reihen gruppieren und wieder auseinandergehen. Würden zwischen den Reihen keine transportablen Mikrophone stehen, dann wäre die Illusion, sich anderthalb Jahrtausende zurückversetzt zu finden, vollständig.“[406]
Bei vielen Anlässen dieser Art bilden sich – ähnlich der Tradition von Buhe – zudem Gruppen von Kindern, die singend und tanzend von Haus zu Haus ziehen und als Lohn für ihre Darbietung ein paar Münzen erbitten, um sich Brot, Süßigkeiten oder Ähnliches zu kaufen.

[406] Galperin, Äthiopische Reise, S. 131. Es mag erlaubt sein anzufragen: Warum gerade „anderthalb Jahrtausende“? Besser wäre von fast drei Jahrtausenden zu reden.

6.1.2. Der Gottesdienst

Der orthodoxe Gottesdienst unterscheidet sich in seinem Grundverständnis völlig von der Auffassung im Bereich der römisch-katholischen und der evangelischen Kirchen. Nach dem Verständnis der gesamten Orthodoxie findet der Gläubige in einem Kirchenraum symbolisch die gerechtfertigte, erlöste Welt abgebildet, während der Altarraum die unerschaffene Welt Gottes repräsentiert. Der Mensch, der eine Kirche betritt, soll sich dadurch des gesamten Kosmos der geschaffenen Welt und des unerschaffenen Gottes bewusst werden und sich selbst als Teil der Schöpfung sowie als Teil von Gottes Gnade, die diese Schöpfung erlösen möchte, verstehen. Dies erkennend, kann und wird er seinen Auftrag, Gott zu loben, erfüllen. Zu diesem Zweck hebt die Gottesdienstliturgie die Grenze zwischen Himmel und Erde auf. „Wenn wir im Tempel Deiner Herrlichkeit stehen, meinen wir im Himmel zu stehen.“ heißt es in der Liturgie des Morgengottesdienstes.[407]

Die gleiche Theologie steht hinter der Legende des Hl. Yared, der die äthiopische Kirchenmusik direkt von den himmlischen Chören gehört haben soll. Insofern ist der orthodoxe Gottesdienst als nicht von Menschen gemacht oder organisiert und gestaltet gedacht, sondern der Gläubige nimmt beim Gottesdienst am irdischen Abbild des immerwährenden, himmlischen Gottesdienstes der Engel, Cherubim und Seraphim vor Gottes Thron teil. Sehr anschaulich beschreibt Karl Christian Felmy dieses Selbstverständnis: „Im Westen dominiert im allgemeinen ein voluntaristisches Gottesdienstverständnis. Die Sprache verrät das: aus dem früheren ‘oremus!’ ist ein ‘wir wollen beten!’ geworden. Man entschließt sich, einen Gottesdienst zu ‘halten’ und lädt Menschen dazu ein. Und wenn wenige kommen, überlegt man sich, ‘ob es sich lohnt’, ob das Gottesdienst-‘Angebot’ angenommen wird oder nicht. Anders das östliche Verständnis. Hier betet der Priester im Namen des Volkes: ‘Wir danken Dir auch für diese Liturgie, die Du aus unseren Händen anzunehmen geruhst, obgleich vor Dir Tausende von Erzengeln und Zehntausende von Engeln stehen, die Cherubim und die sechsflügeligen, vieläugigen, schwebenden und fliegenden Serafim, die den Siegeshymnus singen, schreien, rufen und sprechen…’ […] Das bedeutet: *Wir* halten nicht den Gottesdienst. Wir treten nur hinzu. Längst, bevor wir uns entschließen, Gottesdienst zu halten, findet Gottesdienst bereits im Himmel statt. Wir sind beim Beten nie allein. Immer ist da schon eine obere Schar, der wir uns einreihen. Auch der einzelne Beter betet immer schon ‘in Konzelebration mit den Engeln’.“[408]

---

[407] Zitiert nach Felmy, Orthodoxe Theologie, S. 195; ähnlich auch für die äthiopische Kirche im Speziellen Abba Samuel, Sodomites, S. 112f.

[408] Felmy, Orthodoxe Theologie, S. 131 (Kursivsetzung schon bei Felmy); vgl. auch Haddis Yeshanew, Related Subjects, S. 168f. Auch in der evangelischen Abendmahlsliturgie hat sich – leider oft unbemerkt – dieses Gottesdienstverständnis erhalten, wenn der Pfarrer die fei-

Diese Theologie birgt einige Konsequenzen in sich, die dem westlichen Betrachter fremd erscheinen mögen. Zum einen ist der orthodoxe Gottesdienst kein missionarischer Anlass, zu dem alle Menschen eingeladen sind, um Gottes Wort zu hören. Nur wer getauft ist, darf teilnehmen, ja, nur wer sich nach den Bedingungen der äthiopischen Kirche vorbereitet hat und kultisch rein ist (s. u.), darf überhaupt den inneren Raum des Gotteshauses betreten. Da die Ungetauften und Unreinen nach ihrem Tod nicht das Himmelreich erben werden, kann es nach diesem Verständnis auch gar nicht anders sein; denn sie haben schon jetzt keinen Anteil an der Gnade, den himmlischen Gottesdienst auf Erden, der den Gläubigen einen Einblick in die ewige Herrlichkeit gewährt, zu schauen.
Zum anderen ist die Liturgie in dem Sinne göttlich, dass sie genau in dieser Form von Gott vorgegeben ist. Was ist demgegenüber der Mensch, dass er sich erdreistet, etwas Gottgewolltes eigenmächtig zu verändern? Nicht, ob eventuelle Gottesdienstbesucher zufrieden sind und „etwas davon haben", nicht, ob sie wiederkommen, zählt, sondern ob der irdische Gottesdienst die himmlische Herrlichkeit Gottes abbildet und ob die Liturgie in den Gesang der Engel einstimmt, ist entscheidend.
Sowohl die Gestaltung des Ortes als heiligen Raum als auch die Art und Weise, wie der Gottesdienst gefeiert wird, können deswegen gar nicht beliebig oder frei wählbar sein.

Um einen Gottesdienst feiern zu können, sind in der äthiopischen Kirche traditionell wenigstens zwei Priester und fünf Diakone notwendig. Heutzutage versucht man, dass neben den zwei Priestern zumindest noch drei Diakone anwesend sind. Wer am Gottesdienst teilnehmen möchte, muss während der zwölf Stunden davor gefastet haben, d. h. er darf weder etwas gegessen noch etwas getrunken haben, nicht einmal einen Schluck Wasser. Zur Vorbereitung auf den Empfang der eucharistischen Gaben von Brot und Wein ist zudem die vorherige Beichte unabdingbar. Auch die eucharistischen Gaben sind zuvor von einem Diakon in einem Nebengebäude der Kirche vorbereitet worden. Dieses kleine Haus heißt immer Bethlehem, was nicht nur einen Bezug zum Geburtsort Jesu herstellt, sondern der Name „Bethlehem" bedeutet übersetzt „Haus des Brotes" und passt daher für diesen Zweck hervorragend. Symbolisch vollzieht sich dadurch zugleich eine Vergegenwärtigung des gesamten Lebens Jesu von seiner Geburt in Bethlehem bis zu seinem Opfertod auf Golgatha, der in der Eucharistie gefeiert wird. Das Brot muss für jeden Gottesdienst frisch gebacken sein und am sel-

---

ernde Gemeinde auffordert: „Durch ihn loben die Engel deine Herrlichkeit, durch ihn beten dich an die Mächte und fürchten dich alle Gewalten. Die Himmel und aller Himmel Kräfte preisen dich mit einhelligem Jubel. Mit ihnen lass auch unsere Stimmen sich vereinen und anbetend dir lobsingen."

ben Tag vollständig aufgebraucht werden. Anders als in der katholischen Kirche bewahrt man es nicht über Nacht auf.
Die Liturgie wird traditionell in der alten Kirchensprache Gəʿəz gefeiert, das die meisten Gläubigen allerdings nicht mehr verstehen. Heutzutage erfolgen deshalb die Schriftlesungen und bestimmte Teile der Gebete in der Amts- und Umgangssprache Amharisch. Daneben zeigen sich seit einiger Zeit Bemühungen, die Liturgie ein wenig zu kürzen, um die Gläubigen nicht durch zu lange Gottesdienste abzuschrecken; doch derartige Maßnahmen wirken auf konservative Kreise in der äthiopischen Kirche wie ein Bruch mit der Tradition; denn bisher folgten alle Ostkirchen dem Brauch, im Laufe der Jahrhunderte neue Elemente aufzunehmen oder bestehende Gebete und Gesänge zu erweitern, ohne zugleich Altes aufzugeben, so dass die liturgischen Feiern allmählich immer länger und länger wurden.

Auch von Seiten der Gläubigen sind bestimmte Voraussetzungen und Verhaltensvorschriften zu beachten, um am Gottesdienst teilnehmen zu dürfen. Abgesehen davon, dass man vor dem Besuch der Kirche ab Mitternacht vollständig gefastet und sich betend vorbereitet haben muss, nähert man sich einem Gotteshaus betend, sich bekreuzigend und sich verbeugend. Außerdem darf niemand eine Kirche mit Schuhen betreten. Dieser Brauch ist, wie an anderer Stelle bereits erklärt wurde, keinesfalls als islamischer Einfluss zu werten; er geht vielmehr auf die Berufung Moses am brennenden Dornbusch zurück (Ex. 3, 1 – 6) (siehe das Kapitel zu den Gotteshäusern).
Anders als in anderen orthodoxen Kirchen ist es darüber hinaus in Äthiopien nicht üblich, dass die Gläubigen während der Liturgie hinein- oder hinausgehen. Entweder man nimmt am gesamten Gottesdienst teil oder gar nicht. In der Regel werden deswegen zu Beginn der Feier die Kirchentüren verschlossen und erst am Ende wieder geöffnet. Auch innerhalb der Kirche darf man sich möglichst nicht mehr vom Platz bewegen, sobald der Gottesdienst mit dem Eingangvotum „Im Namen des Vaters, des Sohnes und des Heiligen Geistes, des einen Gottes" begonnen hat. Zur Begründung sagt eine volkstümliche Erklärung, dass bei der Liturgie die Engel zur Erde herabsteigen, um zusammen mit den Menschen Gott zu loben. Da die Engel jedoch für unsere Augen unsichtbar sind, besteht die Möglichkeit, dass die Menschen den Engeln unwissentlich auf die Flügel treten und diese verletzen könnten, so dass die Engel nicht mehr in der Lage sind, nach dem Gottesdienst in den Himmel zurückzukehren. Der frühere Patriarch Abunä Tewoflos soll aber vor allem mit Blick auf ungeduldige Kinder in der Kirche verkündet haben, bei aller Vorsicht von menschlicher Seite aus müssten die Engel eben auch selber auf sich aufpassen…

Die Teilnahme der Gläubigen am Gottesdienst dient in erster Linie dazu, Gott für seine erlösende Liebe in Jesus Christus zu danken, sich am Opfer, das die Kirche darbringt, zu beteiligen und in Glaube, Hoffnung und Liebe des christlichen Lebens gestärkt und erbaut zu werden.[409] Es wird deshalb auch erwartet, dass der Gläubige, der an der Eucharistie teilgenommen hat, nicht nur in diesem Augenblick würdig und innerlich rein ist. Er soll sich diese Würde auch wenigstens über diesen Tag hinweg bewahren. Er sollte daher auch danach nach Möglichkeit nicht schimpfen oder streiten oder schlechte Dinge reden und sich auch anderer Gedanken und Handlungen enthalten, die die Gebote Gottes verletzen.

Der Sonntagsgottesdienst beginnt üblicherweise um 6:00 Uhr morgens (in manchen Klöstern und Kirchen auch um 5:00 Uhr oder um 7:00 Uhr) und dauert zwei bis drei Stunden. Erst danach kehren die Gläubigen in ihre Häuser zurück, um zu frühstücken. An bestimmten Festtagen und an jedem Mittwoch und jedem Freitag (mit Ausnahme der österlichen Freudenzeit, in der nicht gefastet wird, siehe das Kapitel zum Festkalender) fängt der Gottesdienst erst nachmittags um 13:00 Uhr oder um 15:00 Uhr an, in der Osternacht hingegen eine Stunde nach Mitternacht und an Weihnachten um 4:00 Uhr morgens.

Die Däbtäras singen schon rund zwei Stunden vor Beginn des Gottesdienstes ihre Hymnen in der Kirche.
Die anschließende Liturgie ist nach altkirchlichem Brauch zweigeteilt, in die „allgemeine Ordnung“ und in die Eucharistiefeier oder Anaphora. Der grobe Aufbau ist insgesamt:[410]

- Gruß des Priesters und Antwort der Gläubigen
- Lesungen und Hymnen
- Lesung des Evangeliums und Predigt
- Entlassung der Katechumenen
- Friedenskuss
- Darbringung der Opfergaben

Als Erstes feiert man die Liturgie der Katechumenen. Dies waren in der Alten Kirche diejenigen, die sich auf ihre Taufe vorbereiteten, indem sie die Katechese erhielten, indem sie also im christlichen Glauben unterrichtet wurden. Sie blieben bis zur Lesung des Evangeliums und der Predigt im Gottesdienst, durften

[409] Haddis Tikuneh, Liturgy II, S. 3.
[410] Madey, Eucharistische Liturgie, S. 42; vgl. dazu auch Haddis Tikuneh, Liturgy II; Heyer, Kirche Äthiopiens, S. 60 – 72; Chaillot, Ethiopian Orthodox Tewahedo Church Tradition, S. 104 – 110; Verghese, Koptisches Christentum, S. 187 – 197.

aber am weiteren Verlauf der Liturgie mit der eucharistischen Feier nicht teilnehmen. Obwohl die äthiopische Kirche seit Jahrhunderten die Kindertaufe praktiziert und es deshalb im ursprünglichen Sinne keine Katechumenen mehr gibt, blieb dieser Aufbau der Liturgie dennoch erhalten.
Für den eucharistischen Teil des Gottesdienstes (q^{w}ərban = Opfer/Gabe oder wie die Liturgie insgesamt qəddase = Heiligung genannt) besitzt die äthiopische Kirche 14 Anaphorä, mehr als alle anderen Kirchen; nur die syrisch-orthodoxe Kirche hat annähernd so viele hervorgebracht:

1. Die Anaphora unserer Jungfrau Maria
2. Die Anaphora der Apostel
3. Die Anaphora unseres Herrn Jesus Christus
4. Die Anaphora von Johannes dem Evangelisten
5. Die Anaphora des Hl. Basilius
6. Die Anaphora des Hl. Athanasius
7. Die Anaphora der 318 Väter (des Konzils von Nicaea im Jahr 325)
8. Die Anaphora des Hl. Gregor Illuminator, des Armeniers
9. Die Anaphora des Hl. Epiphanius
10. Die Anaphora des Hl. Johannes Chrysostomos
11. Die Anaphora des Hl. Kyrill
12. Die Anaphora des Hl. Jakob von Sarug
13. Die Anaphora des Hl. Dioskor
14. Die Anaphora des Hl. Gregor von Alexandrien

Die Personen, nach denen die Anaphorä benannt sind, zeigen u. a. die ökumenische Verbundenheit der äthiopischen Kirche. So stammen Johannes Chrysostomos aus der griechischen Kirche, Athanasius, Kyrill, Dioskor und Gregor von Alexandrien aus der koptischen Kirche, Basilius und Jakob von Sarug aus der syrischen Kirche und Gregor Illuminator aus der armenischen Kirche. Trotz des vermuteten nicht-äthiopischen Ursprungs dieser Liturgien scheinen sie dennoch den äthiopischen Gegebenheiten angepasst worden zu sein. Die restlichen Anaphorä sind vermutlich rein äthiopischer Herkunft. Daneben finden sich in äthiopischen Handschriften sechs weitere Anaphorä, die aber nur zeitlich oder örtlich begrenzte Gültigkeit gehabt haben mögen und heute nicht mehr verwendet werden.
Die Anaphora der Apostel, die auf eine koptische Vorlage zurückgeht, ist quasi die „Normalliturgie“ für jeden Sonntag, sofern kein besonderer Anlass vorliegt. Die anderen Anaphorä sind jeweils für bestimmte Feiertage vorgesehen. Doch die Unterschiede zwischen den einzelnen Anaphorä sind letztlich gering. Der grundlegende Aufbau sowie der Bezug zur Menschwerdung Gottes in Jesus

Christus, zum Letzten Abendmahl Jesu mit seinen Jüngern, zu seiner Kreuzigung und seiner Auferstehung sind in allen gleich.

Der Aufbau der Liturgie ist nun im Folgenden etwas genauer geschildert:[411]
Der zelebrierende Priester steht am Altar, begleitet von dem assistierenden Priester zu seiner Rechten und zwei Diakonen zu seiner Linken, d. h. eine Konzelebration (gemeinsame Zelebration) mehrerer Priester wie in der römisch-katholischen Kirche ist unbekannt. Der dritte Diakon steht ihm gegenüber. Priester wie Gemeinde blicken gen Osten.
Die allgemeine Ordnung beinhaltet, wie erwähnt, zuerst den Gottesdienst für die Katechumenen. Fast alle Bestandteile dieser Liturgie sind unveränderlich. Nur die Schriftlesungen aus den Psalmen und dem Neuen Testament variieren je nach Kirchenjahreszeit. Der Gottesdienst beginnt zunächst mit den vorbereitenden Riten und Gebeten, dem allerdings – als äthiopische Besonderheit – noch eine Ermahnung an die Gläubigen vorgeschaltet ist und die von einem Diakon vorgelesen wird:
„Wer mit seinem Nächsten Streit gehabt hat, soll ihm verzeihen. Wer in seinem Herzen Zwietracht geplant hat, bitte um Vergebung. Wer in seinem Gewissen unwürdig ist, soll nicht herantreten. [...] Wenn einer von den Geboten Christi sich entfernt hat, dann soll man ihn hindern. Wenn einer die Propheten verachtet, dann wende er sich von dem Zorn des Eingeborenen [Jesus Christus, der Vf.] und rette seine Seele. Er tue dem Kreuz kein Unrecht an; denn die Ungerechtigkeit geziemt ihm nicht. Er fliehe von dem Zorn des Herrn; denn es ist Einer, der uns sieht: der Vater des Lichts mit seinem Sohn und seinen heiligen Engeln, die in die Kirche hineinblicken. Blickt auch ihr in hinein in eure Leiber. Gedenket nicht der Schuld eurer Nächsten. [...] Erhebet eure Herzen. Laßt uns hinzutreten zum Heil des Lebens und der Heiligkeit. In der Weisheit des Herrn wollen wir die Gnade empfangen, die uns gegeben ist.“[412]
Zu den anschließenden vorbereitenden Gebeten gehören sowohl ein Bußgebet des Priesters als auch Psalmlesungen als auch Bitten um den Segen Gottes, der auf die Kirche, auf die eucharistischen Geräte und Gaben auf dem Altar, auf den einzelnen betenden und auf alle anwesenden Gläubigen herabgerufen wird. Ein Teil der Gebete ist dabei als Wechselgesang zwischen den beiden Priestern oder zwischen Priester und Diakonen oder im Wechsel mit der antwortenden Gemeinde gestaltet. Danach wählt der Priester aus den von den Diakonen zuvor gebackenen Broten eines aus, das in der Eucharistie verwendet werden soll. Die restlichen Brote legt man beiseite. Sie dienen später am Ausgang des Gottesdienstes als Segensbrote, die man an alle Gläubigen, auch an die, die nicht die eucharistischen Gaben empfangen haben, verteilt. Durch diesen schönen, ost-

---

[411] Vgl. hierzu Madey, Eucharistische Liturgie; Heyer, Kirche Äthiopiens, S. 62 – 65.
[412] Madey, Eucharistische Liturgie, S. 49.

kirchlichen Brauch erhält jeder Teilnehmer des Gottesdienstes gleichsam ein Symbol von Gottes Segen in die Hand. Er kann dieses Brot sofort essen oder auch mit nach Hause nehmen und z. B. an Verwandte oder Freunde verschenken, die aus welchem Grund auch immer nicht zum Gottesdienst kommen konnten, und sie auf diese Art in den gottesdienstlichen Segen einbeziehen.

Den Abschluss dieses ersten Teils der allgemeinen Ordnung bilden die Gnadenzusage des Priesters an die Gemeinde, ein allgemeines Fürbittengebet und der Weihrauchritus mit einer dreimaligen (wegen der Dreieinigkeit Gottes) Umschreitung des Altars.

Diese bisherige Liturgie der Katechumenen dient vor allem der Belehrung und Ermahnung im Glauben. Zentrum dieses Teils sind die vier Schriftlesungen aus dem Neuen Testament und eine darauf bezogene Predigt (Homilie), wieder begleitet von Gebeten. Zuerst liest ein Diakon nach Westen blickend einen Abschnitt aus den Paulusbriefen vor. Ihm folgt der nächste Diakon mit einer Lesung aus den Pastoralbriefen in Richtung Norden. Der assistierende Priester folgt nach Süden gerichtet mit einem Teil der Apostelgeschichte. Der Abschnitt aus dem Evangelium, vom zelebrierenden Priester mit Blick nach Osten vorgetragen, wird von einem vorbereitenden Gebet mit Beweihräucherung eingeleitet. Danach küssen Priester, Diakone und alle Gläubigen das Evangeliar, aus dem vorgelesen wurde.

Nach der kurzen Predigt werden alle Katechumenen entlassen. Sie dürfen am weiteren Verlauf des Gottesdienstes nicht mehr teilnehmen.

Der eucharistische Teil des Gottesdienstes beginnt mit drei Fürbitten für die Kirche im Allgemeinen, für die Priester und für alle Gläubigen, denen sich das von allen gesprochene Glaubensbekenntnis anschließt.

Der Priester wäscht nun seine Hände, womit er sich symbolisch auf Pontius Pilatus bezieht, der vor der Kreuzigung Jesu „seine Hände in Unschuld wusch" (Mt. 27, 24). Diese Geste zeigt außerdem, dass nach ostkirchlichem Verständnis wie in der römisch-katholischen Kirche der Opfertod Jesu unblutig wiederholt und vergegenwärtigt wird. Danach deckt der Priester die eucharistischen Gaben Brot und Wein auf, die bisher von einem Tuch bedeckt waren, und leitet zum Friedenskuss über, den die Gemeinde allerdings meist nur als gegenseitige Verbeugung ausführt. Damit endet der unveränderliche Teil der Liturgie, und es beginnt die eigentliche Anaphora, die je nach Anlass im Festkalender variieren kann.

Als Beispiel mag uns hier die Anaphora der Apostel dienen, weil sie am häufigsten gefeiert wird. Sie beginnt mit Lobgesängen und Segenswünschen im Wechsel zwischen Priestern und Diakonen. Den folgenden biblischen Einsetzungsworten der Eucharistie stellt man voran: „Er hat seine Hände zum Leiden ausgestreckt; er hat gelitten, um die Leidenden zu heilen, die auf dich (den Vater) hoffen; er hat sich selbst in Schmerzen aus seinem eigenen Willen zum Opfer dargebracht, um den Tod zu zerstören, die Fesseln Satans zu zerbrechen, die Unterwelt zu zertreten, die Heiligen hinauszuführen, das Gesetz zu befestigen und seine Auferstehung offenbar zu machen. – In der Nacht, in der sie ihn auslieferten, nahm er Brot in seine heiligen, gesegneten und makellosen Hände…“[413] Danach folgt die Epiklese, das Gebet zur Herabrufung des Heiligen Geistes, worauf der Priester im Wechsel mit der Gemeinde betet: „Gib uns, daß wir geeint werden in deinem Heiligen Geist – und heile uns durch diese Darbringung – daß wir in dir leben – durch alle Zeit – und in alle Ewigkeit – und gepriesen, der kommt im Namen des Herrn – und gepriesen sei der Name seiner Herrlichkeit – es werde – es sei gepriesen – sende aus über uns die Gnade des Heiligen Geistes.“[414]

Nach der Wandlung (siehe dazu auch das Kapitel zum Glauben) spricht die ganze Gemeinde das Vaterunser. Nun folgen weitere Gebete zur Buße, zur Sündenvergebung und zur Verehrung der eucharistischen Gaben mit dem 41-maligen Ruf „Kyrie eleison“ (21-mal vom Priester und 20-mal von der Gemeinde). Der einzelne Gläubige, der sich auf den Empfang von Brot und Wein vorbereitet, betet anschließend: „Mein Herr Jesus Christus, nicht im entferntesten bin ich würdig, daß du eingehst unter das Dach meines unreinen Hauses; denn ich habe dich zum Unwillen und Zorn gereizt; ich habe Böses vor dir getan und meine Seele und meinen Leib befleckt, den du nach deinem Bild und Gleichnis geschaffen hast. Ich tat dies durch die Übertretung deines Gebots, und dabei ist kein gutes Werk an mir, nicht einmal das geringste. Aber ich bitte und beschwöre dich, Herr, um des Werkes willen, das du kunstvoll geschaffen hast, und um deiner Menschwerdung willen, die du um meines Heiles willen vollzogen hast, sowie um deines kostbaren Kreuzes und deines lebenspendenden Todes sowie deiner Auferstehung am dritten Tag willen, reinige mich von aller Schuld und allem Fluch, von jeder Sünde und Unreinheit. Wenn ich jetzt dein heiliges Geheimnis empfangen werde, so gereiche es mir nicht zum Gericht und zur Verdammung. Erbarme dich meiner und verschone mich gemäß der Fülle deiner Erbarmung. Durch dieses Geheimnis schenke mir die Verzeihung meiner Sünden und das Leben der Seele und des Leibes, o Leben der Welt. Tu es auf die Fürsprache unserer Herrin, der heiligen Jungfrau Maria und des heiligen Johannes des Täufers sowie durch das Gebet aller Engel, aller Martyrer (sic!), aller Kämpfer und Gerechten zum Heil in alle Ewigkeit. Amen.“[415]

Der Empfang von Brot und Wein erfolgt nach einer strengen Reihenfolge: Zuerst kommunizieren die Priester und Diakone, danach die Männer der Gemeinde, danach die Frauen. Nur wenn am selben Morgen Getaufte anwesend sind, werden sie vorgezogen. Der Priester taucht dabei das Brot als Leib Christi auf einem speziell dafür vorgesehenen Löffel in den Wein als das Blut Christi und reicht es in dieser Form den Gläubigen. Während der Austeilung singt die Gemeinde Psalmen und andere Hymnen.

---

[413] Madey, Eucharistische Liturgie, S. 52.
[414] Madey, Eucharistische Liturgie, S. 52.
[415] Madey, Eucharistische Liturgie, S. 53. 55.

Nach dem Dankgebet für die Eucharistie, während dem die eucharistischen Geräte (Kelch und Patene) gereinigt werden, schließt der Gottesdienst mit dem Segen und der Austeilung des bereits erwähnten Segensbrotes.
Schließlich gehört nach urchristlichem Brauch auch die Kollekte (das Opfer) als ein fester Bestandteil zum Gottesdienst dazu.[416] Es ist für Äthiopier selbstverständlich, der Kirche und den Armen im Umfeld der Kirche Geld- oder Sachspenden zukommen zu lassen.

Von der liturgischen Gestik unterscheidet die äthiopische Kirche die Niederwerfung (Prostration), bei der man auf dem Boden kniet und sich vorbeugt, bis die Stirn den Boden berührt,[417] das Knien und die Verbeugung. Diese Formen der Anbetung gebühren nur dem dreieinigen Gott allein und zeigen die Demut, Reue und Unterwürfigkeit der Menschen.[418] Das Kreuz und die Bilder (Ikonen) hingegen werden nur verehrt, aber nicht angebetet, d. h. man küsst sie und bekreuzigt sich vor ihnen.

Wenn in den Kirchen gerade keine Liturgie gefeiert wird, sind sie für die Öffentlichkeit geschlossen, nicht aber das restliche Kirchenareal, das allen Gläubigen immer offensteht.

Darüber hinaus kennt die äthiopische Kirche selbstverständlich die in der gesamten Ostkirche beheimateten Tagzeitengebete. Von Mönchen und Nonnen wird erwartet, dass sie täglich siebenmal beten: morgens, zur dritten Stunde (vormittags), zur sechsten Stunde (mittags), zur neunten Stunde (nachmittags), zum Sonnenuntergang (abends), vor dem Schlafengehen und zu Mitternacht. Mit Ausnahme von 3:00 Uhr nachts sind folglich gleichbleibend genau alle drei Stunden liturgische Gebete vorgesehen.
Die Weltpriester und die einfachen Gläubigen hingegen sind angehalten, zumindest das Morgen- und das Abendgebet regelmäßig zu verrichten.
Die Art zu beten wird wie folgt beschrieben: „Auf beiden Füßen aufrecht stehend, ohne sich irgendwo anzulehnen oder festzuhalten, angezogen mit Kleidern bis über die Schultern und um die Hüfte, mit dem Gesicht in Richtung Kirche stehend, ohne nach rechts oder links zu blicken. Zu Beginn und zum Schluss des Gebetes hat man sich zu bekreuzigen, wobei die Finger selber ein Kreuz bilden.

---

[416] Haddis Tikuneh, Liturgy II, S. 2.
[417] Dies ist nicht etwa ein vom Islam übernommener Brauch. Die Ähnlichkeit zum muslimischen Pflichtgebet ergibt sich vielmehr aus der umgekehrten Traditionslinie; denn die Muslime haben diese Gestik wahrscheinlich von syrischen Christen gelernt, die im 7. Jahrhundert auf der arabischen Halbinsel lebten. Auch die äthiopische Kirche geht zu großen Teilen auf syrisch-christlichen Einfluss zurück.
[418] Haddis Yeshanew, Related Subjects, S. 142.

Man bekreuzigt sich von der Stirn abwärts und von links nach rechts. Wer auch immer betet, soll es demütig und still tun, dass er nicht von anderen gehört wird; und er muss das Vaterunser und das Gebet der Heiligen Jungfrau Maria aufsagen und das Kyrie Eleison („Herr, erbarme dich!") 41-mal."[419]
Hinzu kommen Gottesdienste und Gebete während der verschiedenen Jahreszeiten (z. B. anlässlich der Ernte) sowie zu besonderen Anlässen des Lebens.[420]

Darüber hinaus ist natürlich das private und freie Gebet eines jeden Gläubigen erlaubt und empfohlen. Vor allem denkt man dabei an Gebete beim Aufstehen und vor dem Einschlafen sowie an Gebete zu den Mahlzeiten. Im besten Fall sollte jeder Gläubige siebenmal am Tag beten.[421] Diese Gebete sind vor allem wichtig, um uns von unseren Sünden zu erlösen und uns vor der Versuchung zu schützen. Der Theologe Haddis Yeshanew führt dazu aus,[422] dass Gott unsere Gebete erfülle, wenn wir im kindlichen Vertrauen und im Namen Jesu beteten, wenn unsere Worte mit guten Taten und mit Fasten begleitet seien und wenn die Beter zusätzlich an die Fürbitte der Heiligen appellierten. Dennoch müssten wir uns bewusst sein und akzeptieren, dass letztlich nur Gottes Wille geschehe. Natürlich habe das Vaterunser auch für die Frömmigkeit des einzelnen Gläubigen eine herausragende Bedeutung. Es stamme nicht nur von Jesus selber, es sei auch das Gebet der weltweiten Christenheit und entspreche allen unseren geistlichen wie körperlichen Bedürfnissen. Für das rechte Gebet sei außerdem eine angemessene Umgebung wichtig. Man müsse sich daher innerlich und äußerlich auf das Beten vorbereiten und alles vermeiden, was einen vom Gebet ablenken könne.
Gott erhöre die Menschen hingegen nicht, wenn sie um etwas bäten, was ihnen oder anderen schade oder was sie nicht verdienten, d. h. wenn sie ohne Glauben und Hingabe beteten oder wenn sie nicht bereit seien, ihr sündiges Verhalten aufzugeben.
Trotz der Bedeutung des privaten Gebets bevorzuge die Kirche aber das gemeinsame Gebet der Gemeinde im Gottesdienst. Zum einen drücke es den gemeinschaftlichen Glauben aus und stärke auf diese Art auch den Einzelnen, zum anderen sei in der Bibel dem gemeinsamen Gebet eine große Verheißung gegeben (Mt. 28, 19 – 20; Apg. 12, 1 – 11). Ein gesungenes Gebet berühre zudem die Herzen der Menschen auf ganz besondere Weise.

---

[419] Walelign Emiru, Ethiopian Orthodox Church Festivals, S. 156; vgl. auch The Teaching, S. 60f; Sergew Habte Selassie / Belaynesh Mikael, Worship, S. 69.
[420] Haddis Tikuneh, Liturgy II, S. 2.
[421] The Teaching, S. 19. 61.
[422] Haddis Yeshanew, Related Subjects, S. 144 – 155.

6.1.3. Tod und Bestattung[423]

Die äthiopische Kirche bekennt gemeinsam mit allen orthodoxen Kirchen die Auferstehung der Toten und das ewige Leben der kommenden Welt. Die menschliche Seele ist nach orthodoxer Lehre unsterblich geschaffen und wird beim Tod vom Körper getrennt. Sie befindet sich danach in einer Art Zwischenzustand, der bis zum Jüngsten Gericht mit der Allgemeinen Auferstehung andauert. Der aus einer Schwesterkirche der äthiopischen Christen stammende, syrisch-orthodoxe Katechismus beschreibt diesen Zustand so: „Die Seelen der Gerechten gehen beim Tode sogleich ins himmlische Paradies ein, wo sie einen Vorgeschmack jener ewigen Seligkeit und Freude, der beseligenden Schau Gottes in seiner himmlischen Herrlichkeit bekommen, die sie dann im Himmel empfangen werden. Die Seelen der Bösen aber, die im Stand der Todsünde sterben, kommen sogleich nach dem Tod in die Sche'ol oder den Hades, wo sie in der Erinnerung an ihre irdischen Taten von ihren Gedanken an die Qual der Hölle gepeinigt werden, die dann am Jüngsten Tag über sie kommen werden."[424] Bereits dieser Weg der Seele ist demnach davon geprägt, wie ein Mensch auf Erden gelebt hat. Die Lehren von einem Seelenschlaf oder von einem Fegefeuer kennen die orthodoxen Kirchen jedoch nicht.
Das endgültige Gericht über die Taten, entweder zur vollen, ewigen Seligkeit oder zur endgültigen Qual, findet erst am Jüngsten Tag nach der Allgemeinen Auferstehung statt. Dieses Jüngste Gericht tagt öffentlich, d. h. die Taten eines jeden werden vor allen anderen offenbar, um auf diese Art den Sündern vor Augen zu führen, welche Auswirkungen ihre bösen Taten auf ihre Mitmenschen gehabt haben.[425] Wie bereits das erste Zitat deutlich gemacht hat, besteht deshalb in der Zeit bis dahin nicht nur die Möglichkeit, dass die Kirche für ihre Verstorbenen betet, sondern man empfindet es geradezu als eine Notwendigkeit. Die Gebete sollen eventuelle Qualen der Seele nach dem Tod erträglicher machen oder ganz wegnehmen, wobei Wert darauf gelegt wird festzustellen, dass wir Menschen den Status unserer Toten nicht kennen und auch die Kirche nicht Gottes Urteil vorwegnehmen darf. Daher können wir Gott lediglich für sie bitten, und letztlich bleibt es seine Entscheidung, was er mit ihnen tut.[426] Dies geschieht durch ein „ewiges Gedenken" in der Liturgie und in den Gebeten. Dabei ist weniger daran gedacht, dass *wir* unsere Verstorbenen nicht vergessen wollen

---

[423] Vgl. dazu Merten, Tod und Bestattung; Haddis Yeshanew, Course on Dogmatic Theology, S. 120 – 135; Heyer, Kirche Äthiopiens, S. 107 – 109; Negga Tesemma, Death Customs; Fassika Bellete, Death Customs.
[424] Mor Ignatius Aphrem I. Barsaum, Katechismus, S. 43.
[425] Haddis Yeshanew, Course on Dogmatic Theology, S. 132.
[426] Aymro Wondmagegnehu / Motovu, Ethiopian Orthodox Church, S. 48; The Teaching, S. 46f; Haddis Yeshanew, Course on Dogmatic Theology, S. 124.

und sollen. Vielmehr erinnert die Kirche *Gott* daran, die Toten ewig in seinem Gedächtnis zu behalten. Für orthodoxe Gläubige ist diese Vorstellung sehr wichtig. Nicht selten gehen sie aus diesem besonderen Grund in die Gottesdienste.[427]

Bei der Allgemeinen Auferstehung werden Körper und Seele wieder vereint und zugleich verwandelt. Sie sind nun frei von Schwächen und Gebrechen sowie ohne körperliche Bedürfnisse. Sie gleichen dem geistlichen Leib der Engel.
Diejenigen, die in Christus gelebt haben und gestorben sind, durchlaufen zwar das Jüngste Gericht, erlangen aber danach die volle Seligkeit, wobei die Herrlichkeit, die sie erwartet, in Graden aufgeteilt gedacht ist. Gott teilt sie ihnen gemäß ihrer Würde zu, so dass die Gnade Gottes in den Seligen in größerem oder geringerem Maße aufstrahlt. Doch dieser Umstand trübt die allen zukommende Freude nicht, weil sie keinen Kummer und keinen Neid mehr kennen.
Die anderen jedoch ereilt im Jüngsten Gericht der zweite Tod, der ewige Verdammnis und Qual bedeutet, aus der man nicht mehr entkommen kann. Dies bedeutet als größte und schwerste Strafe, dass man keine Liebe mehr empfinden kann und auch kein Geliebtwerden mehr spüren darf, weil man endgültig von Gottes Angesicht und damit von aller Freude und von allem Leben verstoßen wurde.[428] Gottes Barmherzigkeit ist zwar unaussprechlich und grenzenlos, aber nach orthodoxer Theologie hat der Mensch zu seinen Lebzeiten die Freiheit, diese Barmherzigkeit zurückzuweisen und sich damit selber das Urteil zu sprechen. Wer in seiner Sünde verharrt, in dem kann Gott nicht aufstrahlen.
Doch die Freude darüber, in der Ewigkeit Gott schauen zu dürfen, bestimmt die orthodoxe Liturgie und Frömmigkeit dermaßen, dass sie alle Angst vor dem Gericht und der Hölle überlagert.

Zur Praxis der äthiopischen Kirche ist zum einen auf die Krankensalbung und zum anderen auf die kirchliche Bestattung und das Totengedenken zu verweisen.
Das Sakrament der Krankensalbung dient der allgemeinen Stärkung von Leib und Seele in körperlicher oder geistlicher Not (siehe dazu das Kapitel zum Glauben).
Die Bestattung hingegen ist nach allgemeiner orthodoxer Auffassung kein Sakrament, sondern eine kirchliche Amtshandlung. Aus dem oben Ausgeführten über die Wiedervereinigung der Seele mit ihrem Körper in der Ewigkeit folgt natürlich, dass ausschließlich die Erdbestattung erlaubt ist. Die Grabruhe gilt ewig, d. h. einmal belegte Gräber dürfen nicht nach einer angemessenen Zeit-

---

[427] Felmy, Orthodoxe Theologie, S. 244; Aymro Wondmagegnehu / Motovu, Ethiopian Orthodox Church, S. 49.
[428] The Teaching, S. 46f; Haddis Yeshanew, Course on Dogmatic Theology, S. 133.

spanne entfernt und neu belegt werden. Aufgrund der dadurch entstehenden Raumnot in der Großstadt haben sich in Addis Abeba neben den alten Friedhöfen mittlerweile „Sargwände“ in der Art hiesiger Urnenwände durchgesetzt, d. h. es entstehen aus Beton gefertigte Wände mit Kammern, die in mehreren „Stockwerken“ jeweils einen Sarkophag aufnehmen können und deren (schmale) Frontseite, die die Kammer verschließt, den Grabstein bildet.
Verstorbene Kinder, die noch keine sieben Jahre alt sind, erhalten keine kirchliche Bestattung, sondern werden einfach begraben. Das gleiche gilt für Frauen, die bei einer Geburt, im Kindbett oder während ihrer Menstruation sterben, weil die Kirche sie in dieser Zeit als im kultischen Sinne unrein ansieht. Auch wer zum Zeitpunkt seines Todes auf andere Art gegen kirchliche Gesetze verstoßen hat, ohne zu beichten, fällt unter das Verbot eines Trauergottesdienstes sowie einer Grabstelle auf einem kirchlichen Friedhof. In Bezug auf die kleinen Kinder wird argumentiert, dass sie – abgesehen von der einmaligen Erstkommunion im Anschluss an ihre Taufe – noch nicht berechtigt sind, an der Eucharistie teilzunehmen und auch noch nicht fasten müssen. Sie sind daher noch keine vollgültigen Glieder der Kirche im Sinne des äthiopischen Kirchenrechts. Säuglinge, die vor ihrer Taufe sterben, erhalten einen besonderen Platz außerhalb des Kirchenareals.[429] Auch Selbstmörder haben sich nach äthiopischem Verständnis selber außerhalb der kirchlichen Lehre gestellt und erhalten keine kirchliche Bestattung.
Die Bestattung muss noch am Todestag stattfinden. Ist dies bei fortgeschrittener Tageszeit nicht mehr möglich, ist sie zumindest innerhalb der nächsten 24 Stunden zu vollziehen. Natürlich ergibt sich diese Regel in erster Linie aus dem Umstand, dass Kühlhäuser für die Leichname unbekannt sind. Außerdem möchte man die trauernden Familien weder emotional noch finanziell über die Maßen belasten. Auf der anderen Seite mag durch die Eile bei der Grablegung eine eindeutige medizinische Feststellung des tatsächlichen Hirntodes, z. B. bei ins Koma gefallenen Personen nicht immer möglich sein.
Ist ein Todesfall eingetreten, wird der Leichnam zuerst im Haus des Toten (oder wo er gestorben ist) gewaschen und in weiße Tücher eingehüllt. Daraufhin kommen Priester, Däbtäras und Diakone und rezitieren sieben verschiedene Gebete um den Toten herum, angefangen an seinem Totenbett und fortgesetzt an sieben Stationen auf dem Weg zur Kirche bzw. unter Umständen auch in der Kirche (bei einem Geistlichen sind es 24 Stationen). Nachdem der Verstorbene einmal rechtsherum um die Kirche getragen wurde, folgt ein Gottesdienst, an den sich direkt die Grablegung mit weiteren Gebeten anschließt.
Dabei hat man den Toten bis weit ins 20. Jahrhundert hinein das Ləfafa Ṣədəq, das äthiopische Totenbuch, auf die Brust gelegt und mit ihm bestattet, um ihm den Eintritt in das Paradies zu erleichtern (siehe das Kapitel zur Volksreligion),

---

[429] Negga Tesemma, Death Customs, S. 110.

obwohl dieser Brauch von der Kirche schon immer als Aberglaube verurteilt wurde.
Eine Predigt wird nicht gehalten. Es würde sowieso niemand zuhören. Allerdings ermahnt ein Priester die Anwesenden am Ende der Zeremonie, nicht mehr zu trauern und den Verstorbenen der Gnade Gottes anzuvertrauen. Schließlich glaube man als Christen an die Auferstehung der Toten. Daher ist es auch unüblich, dass die Priester um den Toten weinen.
Eine Bestattung ist in Äthiopien eine lautstarke Angelegenheit. Frauen und Männer weinen und klagen und schreien ihre Trauer hinaus. Dabei schlagen sie sich an die Brust, raufen sich wortwörtlich die Haare und wollen sich nicht trösten lassen. Verwandte und Freunde kommen und loben in Klageliedern die Tugenden des Verstorbenen bzw. beklagen das grausame Schicksal, das die trauernde Familie ereilt hat. Diese Gesänge wirken spontan, folgen, genau betrachtet, jedoch von der Tradition vorgegebenen Mustern.[430] Es gibt an manchen Orten auch professionelle Klagefrauen und Sänger. Ist der Schmerz über den Verlust zu überwältigend, fangen viele Trauernde auch an, sich ihre Gesichter zu zerkratzen und sich im wahren Sinne des Wortes die Haare auszuraufen. Nimmt dies zu sehr überhand, versuchen Verwandte und Freunde zu verhindern, dass sie sich ernsthaft verletzen, indem sie die Trauernden festhalten und mit guten Worten beruhigen.
Zur Herkunft dieses Brauchs erzählt man sich in Təgray eine Legende: Als Kain Abel erschlug, befiel Adam eine große Trauer, doch er wusste nicht, wie er seiner Trauer Ausdruck verleihen sollte. Daher schwoll sein Gesicht an, und seine Augen röteten sich und begannen zu triefen. Deshalb erschienen ihm die Engel Gottes. Sie weinten und zerkratzten sich die Gesichter und zeigten Adam auf diese Art, wie er trauern könnte.[431]
Außerdem nimmt – wie bei einer Hochzeit – der ganze Ort bzw. die ganze Nachbarschaft neben der ohnehin zahlreichen Verwandtschaft an der Zeremonie teil. Dafür werden in der Regel Zelte in dafür geeigneten Gärten oder Plätzen und manchmal auch mitten auf einer (Neben-)Straße errichtet, um die Anwesenden anschließend zu verköstigen.
Obwohl diese Speisung (täzkar) offiziell nicht zur kirchlichen Lehre gerechnet wird, so erfüllt sie dennoch eine wichtige soziale Funktion; und es gibt Priester, die die Wirksamkeit ihrer Gebete für den Toten mit der Erfüllung dieser barmherzigen Pflicht verbinden. Gleichwohl dürfe das – so die offiziellen Verlautbarungen der Kirche – natürlich nicht dazu führen, dass sich die Familie eines Verstorbenen um dieser Aufgabe willen hoffnungslos verschuldet.[432] Da reiche

---

[430] Vgl.dazu Megbaru Esayias, Amharic Funeral Dirges.
[431] Negga Tesemma, Death Customs, S. 108.
[432] Bakke, Christian Ministry, S. 70. Eine ähnliche Mahnung hatte bereits Kaiser Haile Selassie I. anlässlich der Beerdigung einer seiner Töchter im Jahr 1933 geäußert und sogar gesetz-

Familien in der Regel häufigere und umfassendere Speisungen zum Gedenken ihrer Verstorbenen veranstalten, zitiert ein äthiopischer Student der Ethnologie ein Sprichwort, das unter den Geistlichen und den Kirchenschülern umgehen soll: „St. Georg, bitte töte nur die Reichen!“[433]
Es ist üblich, dass Trauernde mindestens ein Jahr lang (oft auch länger) Schwarz tragen, sich das Haar ganz kurz scheren und anstatt im Bett auf einer Matratze am Boden (oder auch direkt auf dem Boden) schlafen. In der ersten Zeit bleiben die engsten Verwandten bei ihnen, schlafen auch in ihrem Haus und kümmern sich um den Haushalt. Auch Freunde und Nachbarn bringen Essen, so dass sich die Trauernden nicht um diese alltäglichen Dinge kümmern müssen.

Außerdem wird an bestimmten Tagen des Verstorbenen gedacht. Das dient zum einen der Fürbitte für den Toten um Gottes Barmherzigkeit (s. o.) und zum anderen der Speisung der an den Gedenkgottesdiensten beteiligten Priester, Däbtäras und Diakone, von Verwandten und Freunden sowie der Armen und Bedürftigen im Namen des Verstorbenen. Dies kann oder besser sollte – je nach den Wünschen und den finanziellen Möglichkeiten der Angehörigen – an den ersten zwölf Tagen und/oder am 40. Tag nach dem Tod geschehen oder aber am ersten, dritten, siebten, zwölften, 40., 80. Tag, nach einem halben Jahr, nach einem Jahr und nach sieben Jahren.[434] Die Gedenkfeiern am 40. und am 80. Tag sind darunter die Wichtigsten und in jedem Fall abzuhalten.

lich verankert, dass diese Feiern nicht zu groß werden dürfen: Messing, Changing Ethiopia, S. 418.

433 Debebew Zellelie, Täskar, S. 214; ähnlich äußert sich schon Krapf, Reisen, S. 69.

434 Aymro Wondmagegnehu / Motovu, Ethiopian Orthodox Church, S. 49; Walelign Emiru, Ethiopian Orthodox Church Festivals, S. 157; Fassika Bellete, Death Customs, S. 210; Debebew Zellelie, Täskar, S. 212.

6.1.4. Das Mönchtum[435]

Das orientalische Mönchtum geht auf koptische und syrische Wurzeln zurück. Mit der Entstehung verbinden sich vor allem zwei Namen aus dem 4. Jahrhundert. Antonius der Große (Ənṭonəs) (251 – 356), von dem wir viel wissen, weil der große Patriarch Athanasius von Alexandrien seine Vita aufgeschrieben hat, führte nach dem Tod seiner bereits christlichen Eltern ein strenges asketisches Leben und zog sich mehr und mehr in die Wüste zurück. Er wird der Vater des Anachoretentums (Einsiedlertums) genannt. Er und seine Schüler und Gleichgesinnten lebten als Eremiten in Höhlen, kleinen Hütten und teilweise sogar in ehemaligen Gräbern, um ihr Leben ganz und gar dem Gottesdienst, der inneren Buße und dem Kampf mit den Dämonen zu widmen. Zur gleichen Zeit gründete Pachomius (Ṗak^{w}əmis) (292 – 346) das sogenannte koinobitische Mönchtum, d. h. er bevorzugte Klostergemeinschaften, in denen die Mönche zwar in einzelnen Zellen lebten, sich aber doch regelmäßig zum gemeinsamen Beten, Arbeiten und Essen versammelten. Pachomius stammte aus einer nicht-christlichen Familie und ließ sich erst als junger Mann im Dienst des römischen Kaisers Konstantin taufen.

Trotz dieser historischen Wurzeln des Mönchtums betonen die Äthiopier ihre Eigenständigkeit gegenüber den Kopten. Dies ist wohl auch berechtigt, da die Neun Heiligen, die das Mönchtum sowohl in der Form von Einsiedeleien als auch von Klostergemeinschaften in Äthiopien einführten und heimisch machten, vermutlich hauptsächlich aus dem syrischen Raum kamen. Ein weiteres Indiz dafür ist, dass es in Äthiopien bis heute eine große Zahl streng asketisch lebender Eremiten (Anachoreten oder Baḥtawis) gibt, deren aus westlicher Sicht manchmal recht merkwürdig anmutende Art der Askese eher mit der syrischen als mit der koptischen Tradition in Verbindung zu bringen ist.[436] So haben diese Mönche etwa keinerlei Lagerstatt, um sich der völligen Schlaflosigkeit anzunähern. Ihre Höhlen, in denen sie hausen, sind kaum mehr als Unterstände, in denen ein liegender Körper keinen Platz fände, so dass sie gezwungen sind Tag und Nacht ununterbrochen zu stehen, damit ihre Gebete keine Unterbrechung und kein Ende finden. Manchmal reicht ihnen auch ein ausgehöhlter Baum oder ein ehemalige Grabgruft als Obdach (s. o., siehe z. B. auch die Askese von Täklä Haymanot im Kapitel zur Heiligenverehrung).[437] Diese Askese erinnert an

---

[435] Vgl. Heyer, Kirche Äthiopiens, S. 145 – 187; Heyer, Heilige, S. 74f; Chaillot, Ethiopian Orthodox Tewahedo Church Tradition, S. 152 – 184; Ayele Teklehaymanot, Ethiopian Monachism; Ayele Teklehaymanot, Anachoret Monks.

[436] Persoon, Ethiopian Monasticism, S. 22f.

[437] Chaillot, Ethiopian Orthodox Tewahedo Church Tradition, S. 162: „In Waldebba gibt es eine besondere Art der Askese: Einige Eremiten hauen Löcher in große Bäume, um in ihnen

die syrischen Säulenheiligen der Alten Kirche, die oft jahrelang auf einer teils mehrere Meter hohen Säule lebten und noch von den arabischen Eroberern Syriens im 7. Jahrhundert als Kuriosum bestaunt, aber in Ruhe gelassen wurden. Außerdem beziehen sich die koinobitischen Klöster gerne auf den syrischen Kirchenvater Basilius von Caesarea (dem heutigen Kayseri in der Türkei), der um die Mitte des 4. Jahrhunderts für seinen Raum eine eigene Mönchsregel aufstellte, die auch das äthiopische Klosterleben beeinflusst hat.[438]

Das älteste äthiopische Kloster, Däbrä Damo, soll von den Neun Heiligen gegründet worden sein, nachdem sie einen an diesem Ort praktizierten Schlangenkult ausgerottet hatten. Diese mythische Schlange oder Schlangengottheit taucht auch an anderen Orten der äthiopischen Legenden auf. So soll sie – was für einen orientalisch denkenden Menschen kein Widerspruch sein muss – bereits in vorchristlicher Zeit 400 Jahre lang über das Reich von Aksum geherrscht haben und von den Bewohnern des Landes verehrt worden sein, bevor sie ein Held namens Angäbo tötete und das Reich von diesem Tyrann befreite; denn die Schlange soll unersättlich gewesen sein und sogar Menschenopfer gefordert haben. Die Einwohner von Aksum wollen bis heute wissen, an welcher Stelle diese grausame Schlangengottheit gehaust haben soll.[439] Angäbo gilt dann als Vater der berühmten Königin Makədda, die König Salomo in Jerusalem besuchte. Der Äthiopist Ernst Hammerschmidt vermutet, dass die Schlange im Rückblick die Schrecken des Heidentums symbolisieren sollte und in der äthiopischen Geschichtsschreibung deshalb immer dann auftauchte, wenn man die dunkle Zeit vor der Einführung des Christentums betonen wollte.[440]
Däbrä Damo ist auf einem typisch äthiopischen Tafelberg (amba genannt) erbaut und verdeutlicht damit auch zugleich einen Grundzug äthiopischer Klosterfrömmigkeit: den Rückzug von der Welt. Denn nach einem langen und bereits schwierig zu begehenden Fußpfad erreicht der Wanderer lediglich die steile, nicht zu erklimmende Felswand des Tafelberges. Um zu dem eigentlichen Kloster in der Höhe zu gelangen, müssen die Mönche ein 16 Meter langes Seil herunterlassen, an dem der Gast hochklettern kann (wenn er es kann und schwindelfrei ist). Auf diesem Weg, dem einzigen Zugang zum Klostergelände, erreichen auch alle Lebensmittel und Waren, die nicht im Kloster selbst ange-

---

zu stehen. Sie beten stehend. Manche binden sich Ledergürtel um ihre Hüfte, um nicht während der langen Gebete hinzufallen." Vgl. dazu auch Ayele Teklehaymanot, Anachoret Monks, S. 127.

[438] Eshete Amsalu, Role, S. 143.

[439] So zumindest behauptet ein Reiseführer aus dem Jahr 1971: May, Äthiopien, S. 119f; zur Verehrung der Schlange in Äthiopien vgl. auch bereits die Beobachtungen in Krapf, Reisen, S. 104f.

[440] Hammerschmidt, Äthiopien, S. 45; zu dieser Schlangengottheit und ihrer Überwindung vgl. auch Havemann, 'Königin von Saba', S. 137.

baut oder hergestellt werden können, die Mönche. Der Gründer des Klosters war einst – so die Legende – auf einen Befehl Gottes hin von der besiegten Schlange emporgehoben worden.
Auch die Lage vieler anderer Klöster soll den jeweiligen Gründern im Traum oder von einem Heiligen gezeigt worden sein.
Ein anderes gutes Beispiel für die abgelegene Lage ist das Kloster des Abba Sälama, in dem sich das Grab des ersten Bischofs der äthiopischen Kirche befindet, nach dem das Kloster auch benannt ist. Georg Gerster, der den Ort besuchte und beschrieb, lässt an der Unzugänglichkeit des Klosters keinen Zweifel: „Abstieg und Aufstieg, die folgen, sind dann allerdings aus dem Stoff, aus dem die Alpträume (wenigstens von Nicht-Alpinisten) gemacht sind.“[441]
Aus dem gleichen Grund waren viele Klöster in Kriegs- und Notzeiten fast uneinnehmbare Rückzugsorte. Nur die Truppen des Osmanischen Reiches vermochten es im Jahr 1557, Däbrä Damo einzunehmen und zu plündern. Sonst konnten sich dort so manche Kaiser und Prinzen, z. B. Kaiser Ləbnä Dəngəl (1508 – 40) und seine Frau Säblä Wängel vor Aḥmad Grañ oder vor intrigierenden Verwandten, erfolgreich verstecken und verschanzen. Allerdings verstarb Ləbnä Dəngəl auch an seinem Zufluchtsort, ohne die Invasoren zurückgeschlagen zu haben.
Theologisch kann man die unzugängliche Lage von Klöstern und auch manchen Kirchen mit dem im übertragenen Sinne steinigen Weg des Gläubigen durch sein Leben deuten, der vielfache Höhen und Tiefen, Versuchungen und Gefahren überstehen muss, bevor er ins Reich Gottes eingehen darf. Der schwierige Aufstieg zu einem Gotteshaus symbolisiert dann diese geistlichen Herausforderungen eines christlichen Daseins, während die Kirche selber das himmlische Jerusalem repräsentiert, in das der Pilger erst nach vollbrachten Mühen einzutreten vermag.[442] Auch Christine Chaillot erwähnt einen Pilger, der ihr gegenüber geäußert hatte, ihm sei der steile und schmale Aufstieg zu dem Kloster Maryam Gəšän wie der Weg in den Himmel und nicht wie der auf einen Berg vorgekommen.[443]
Dem entspricht auch die Sicht heutigen Äthiopier, die die oft abenteuerlichen, ja lebensgefährlichen Wege zu einem Kloster mit einem Gottesurteil begründen: „Wem Gott helfen will, der kommt hinüber. Wer abstürzt, ist verworfen.“[444] Als der evangelische Theologie-Professor Friedrich Heyer einmal diese im wahren Sinne des Wortes Gratwanderung nach reiflicher Überlegung des Risikos ablehnte, zeigten sich die Mönche enttäuscht. Er sei der Prüfung durch Gott ausgewichen. Heyer jedoch gab zu bedenken, er „gehöre einer Kirche an, die zwar

---

[441] Gerster, Kirchen im Fels, S. 155.
[442] Mengistu Gobezie, Lalibela, S. 37.
[443] Chaillot, Ethiopian Orthodox Tewahedo Church Tradition, S. 165.
[444] Heyer, Kirche Äthiopiens, S. 179.

auch davon wisse, daß es menschliche Situationen gäbe, in denen ein Wagnis mit Gottes Beistand unausweichlich sei. Es sei uns aber verboten, solche Situationen künstlich zu schaffen."[445]

Gegen Ende des 13. Jahrhunderts, unter der neu etablierten Salomonischen Dynastie, erhielt auch das äthiopische Mönchtum neuen Aufschwung. Verbunden ist diese Bewegung mit dem Mönch Iyäsus Mo'a (um 1211 – 92), der von Däbrä Damo aus, wo er die religiösen Schriften studiert hatte, zum Ḥayq-See wanderte, um dort ein neues Kloster zu gründen, das er zu einem Zentrum der Gelehrsamkeit ausbaute. Einer seiner Schüler, Täklä Haymanot (gest. 1313), schließlich gründete in seiner Heimat Šäwa (heute Region Oromia) das später berühmteste und wichtigste Klosters Äthiopiens, Däbrä Libanos.
Es ist zudem Täklä Haymanots Verdienst, die bis heute existierenden und über das ganze Land verteilten Kirchenschulen gegründet zu haben. In ihnen lernte bzw. lernt die Jugend Lesen und Schreiben sowie die Kirchensprache Gəʿəz, die schon damals als Umgangssprache längst vom Amharischen abgelöst worden war, und das religiöse Schrifttum, die gottesdienstliche Liturgie und den für das äthiopische Christentum so typischen, rituellen Tanz.

Eine Generation nach ihm verdient der Mönch Ewosṭatewos (= Eustathius) (gest. 1352) besondere Aufmerksamkeit. Er lebte hauptsächlich im Norden des Landes, wo er viele Jahre in verschiedenen Klöstern verbrachte. Er war besonders bibeltreu und verlangte mit Verweis auf die Zehn Gebote, dass der Sabbat, also der Samstag, geheiligt werden müsse. Damit widersprach er der Auffassung Täklä Haymanots, der die Sabbatfeier durch das Neue Testament als überwunden ansah und dem der größte Teil der äthiopischen Kirche darin folgte. Erst Kaiser Zär'a Yaʿəqob (1434 – 68) gelang es, beide Richtungen miteinander zu versöhnen, indem er die Beachtung beider Feiertage anordnete. Zugleich wollte Ewosṭatewos wie die ersten Apostel auf stetiger missionierender Wanderschaft sein. Auf seinen Reisen, so berichtet seine Vita, hat er u. a. zwölf heidnische Waldheiligtümer zerstört, indem er die Bäume fällte und verbrannte, um die Macht des christlichen Gottes zu demonstrieren.
Von seiner eigenen Kirche wegen der Betonung der Sabbatheiligung mehr und mehr angefeindet, verließ Ewosṭatewos zuletzt Äthiopien und reiste nach Ägypten, Palästina, Zypern und Armenien, wo er im selbst gewählten Exil starb. Doch seine Lehre blieb trotzdem erhalten. Auch wird Ewosṭatewos weiter als Heiliger verehrt (Gedenktag: Mäskäräm 18 = 28./29. September). Fortan teilt sich das äthiopische Mönchtum in zwei Richtungen auf. Für die eine, quasi offizielle Linie steht Täklä Haymanot, für die andere, etwas strengere Linie Ewosṭatewos. Allerdings dürfen Klöster der letzteren Richtung die großen Feste

---

[445] Heyer, Kirche Äthiopiens, S. 180.

im Kirchenjahreskreis nicht öffentlich begehen, um ihre Theologie nicht unter der einfachen Bevölkerung zu verbreiten.

Im Unterschied zum katholischen Mönchtum, das auf Benedikt von Nursia (um 480 – 547) zurückgeht, sind die ostkirchlichen Klöster allerdings nicht in Orden eingeteilt, sondern unterstehen jeweils der kirchlichen Rechtsprechung des zuständigen Ortsbischofs. Daraus ergibt sich eine große Fülle monastischer Lebensstile. Obwohl sich alle äthiopischen Klöster grundsätzlich der Regel des Pachomius verpflichtet fühlen, so sind dennoch darüber hinaus eine Menge regionaler Besonderheiten und Unterschiede zu beobachten, die eine allgemeine Übersicht nur unter diesem Vorbehalt gültig sein lassen.

Heutzutage ist der gesamte, christlich geprägte Teil Äthiopiens mit Klöstern überzogen. Man rechnet mit bis zu 800 oder gar 900 Klöstern.[446] Neben Däbrä Damo als dem ältesten und Däbrä Libanos als dem bedeutendsten Kloster hat sich der Ṭana-See, mit rund 3.600 km^2 das größte Binnengewässer des Landes, als ein Zentrum mönchischen Lebens entwickelt. Vor allem auf den Inseln finden sich Klosteranlagen. Eine Legende erzählt sogar, dass die heilige Familie auf ihrer Flucht vor dem Kindermörder Herodes aus Bethlehem nicht nur bis nach Ägypten geflohen ist, sondern sogar bis hierher weiterreiste und sich auf einer der Inseln im Ṭana-See verborgen hielt. Auf der gleichen Insel Ṭana Qirqos soll man auch die Bundeslade 600 Jahre lang versteckt haben, bevor man sie nach Aksum brachte. Im Kloster auf der Insel Daga Əsṭifanos liegen zudem die berühmten äthiopischen Kaiser Yəkunno Amlak (1270 – 85), Zär'a Ya'əqob (1434 – 68), Fasilädäs (1632 – 67) u. a. m. begraben. Ein russischer (sowjetischer) Reisender beschreibt seinen Besuch auf dieser Insel so: „Dega Stefanos ist eine Insel von unbeschreiblicher Schönheit. […] Alle fünfzig bis hundert Meter stehen zu beiden Seiten des Weges kleine Hütten, die Mönchszellen. Auf den Strohdächern ragen Holzkreuze auf. Je höher wir emporsteigen, desto komfortabler und schmucker sehen die Hütten aus, desto höhere Ränge bekleiden auch die Bewohner. […] Die Insel Dega Stefanos ist ein Berg mit 'Glatze'. Die Glatze ist eine Lichtung auf dem Berggipfel, mitten auf der Lichtung steht die Klosterkirche. Im Gegensatz zu den Dorfkirchen besitzt diese einen rechteckigen Grundriß. […] Das Kirchenkloster ist in zwei gleichgroße Räumlichkeiten geteilt. In der einen hängen Ikonen, auf Leinwand gemalt, und farbige Bilder des heiligen Georg, des heiligen Rufael, der Muttergottes sowie des Patrons der In-

---

[446] Kefelew Zelleke / Heyer, Orthodoxes Äthiopien, S. 121 sprechen von rund 900 Klöstern; Temesgen, Geschichte, S. 24 und Chaillot, Ethiopian Orthodox Tewahedo Church Tradition, S. 158 von rund 800 Klöstern. Eine Statistik von Mitte der 1960er Jahre spricht von 835 Klosterkirchen: Workineh, Kirche, S. 21; Heyer, Kirche Äthiopiens, S. 145 nennt 827 Klöster.

sel, des heiligen Stephanos. Die zweite, völlig leere Hälfte ist Unterrichtsraum für die Novizen."[447]

An klösterlichen Lebensformen unterscheidet man in Äthiopien zwischen den sogenannten „Klöstern der Gemeinschaft", in der alle Mönche gemeinsam leben (der koinobitische Typ), und den sogenannten „idiorhythmischen Klöstern", in denen die Mönche jeder für sich leben und nur zu bestimmten Zeiten an einem Versammlungsort zusammenkommen. In dieser Form dürfen die Mönche auch (wenigen) Privatbesitz oder sogar ein kleines Stück Land besitzen, weil sie für ihren eigenen Lebensunterhalt sorgen müssen. Jeder Mönch lebt und betet dabei nach seinem eigenen geistlichen Rhythmus (daher die Bezeichnung).
Es gibt auch Klöster, die verschiedene Formen miteinander verbinden. Entweder haben sie in diesem Fall sowohl einen koinobitischen als auch einen idiorhythmischen Zweig, oder rein idiorhythmische Klöster haben einen Bereich für Mönche und zugleich einen für Nonnen.

Der Tagesablauf in den koinobitischen Klöstern ähnelt dem in den Klöstern anderer Kirchen. Er richtet sich nach dem auch im Westen bekannten „Ora et labora!", dem „Bete und arbeite!" Die Stundengebete wechseln sich dabei mit handwerklicher oder landwirtschaftlicher Arbeit ab. In der Regel dienen dabei die Novizen und die jüngeren Mönche ihren älteren Brüdern, so dass man mehr Zeit für die eigene Meditation der Bibel und der religiösen Schriften und für das eigene Gebet hat, je länger man in einem Kloster weilt. An vielen Tagen, in jedem Fall jedoch sonntags, an kirchlichen Feiertagen und insbesondere an den Gedenktagen des jeweiligen Klostergründers, nicht aber an jedem Tag des Jahres, wird auch gemeinsam die Göttliche Liturgie gefeiert. Während der Nacht beten die Mönche selbständig in ihren Zellen, wobei wieder nicht zu vergessen ist, dass dies stehend, verbunden mit zahlreichen Verbeugungen, geschieht.
Eine nette Anekdote aus den „Apophthegmata Patrum", den Aussprüchen der koptischen Eremiten in der ägyptischen Wüste, die in gleicher Weise auch in Äthiopien hätte beheimatet sein können, begründet diese Verbindung von körperlicher Arbeit und geistlicher Ausrichtung auf Gott hin: Dieser Einsiedler erklärte anderen Brüdern, die meinten, nur das immerwährende Gebet sei angemessen und jede körperliche Betätigung unterbreche dieses Gebet in unzulässiger Weise: „Wenn ich den ganzen Tag mit Arbeiten und Beten verbringe, dann verdiene ich sechs Münzen, mehr oder weniger. Zwei davon gebe ich an die Tür (als Almosen), und von den übrigen bestreite ich das Essen. Und es betet für mich, der die zwei Münzen bekommen hat, während ich esse oder schlafe. Und durch die Gnade Gottes wird so von mir das unablässige Beten erfüllt."[448]

---

[447] Galperin, Äthiopische Reise, S. 125 – 127.
[448] Sartory, Lebenshilfe, S. 95.

Im Vordergrund des monastischen Lebens steht dabei bis heute der Abschied von allem Weltlichen. Wer daher um die Aufnahme in einem Kloster bittet, gilt der Welt und seiner Familie als gestorben, weil er in Zukunft sein irdisches Dasein allein Gott widmen wird.
Bezeichnend für einen Teil der äthiopischen Klöster ist (natürlich nur, sofern es keine Nonnenklöster sind) zudem, dass jeder Art von weiblichen Wesen der Zutritt verboten ist, d. h. nicht nur Frauen, sondern auch weiblichen Tieren wie Hühnern oder Schafen. Ein Reisebericht gibt dazu die Worte eines äthiopischen Gelehrten wieder, die an Deutlichkeit nichts zu wünschen übriglassen: „Das geht so weit, daß nicht einmal ein Ei auf die Inseln gebracht werden darf, weil ja – o Schreck! – ein Huhn, und kein Hahn ausschlüpfen könnte."[449] Manche Mönche sind so streng, dass sie kein Essen berühren, das sie nicht selber zubereitet haben; denn es könnte ja zuvor von einer Frau gekocht worden sein.[450]

Geleitet wird ein Kloster von einem Abt (abämnet jägädam aläqa), der je nach örtlicher Tradition entweder von seinem Vorgänger oder (in früherer Zeit) vom Kaiser bestimmt oder in größeren Klöstern auch von der Klostergemeinschaft auf Zeit, in der Regel auf ein Jahr, gewählt wird. In der Regel wird ein Abt auch mit dem Titel „Mämhər" angeredet, was so viel wie „Lehrer" oder „Meister" bedeutet. Der Abt hat die Macht über seine Mönche. Ohne seine Zustimmung darf niemand das Kloster betreten oder verlassen. Dem Hauptkloster Däbrä Libanos hingegen steht theoretisch der Əč̣č̣äge vor, der jedoch zugleich das Amt des Patriarchen innehat, so dass sein Verwalter (säbate) an seiner Statt die Aufgaben eines Abtes wahrnimmt. Ihm ist zudem ein Rat von „Dreizehn Vätern" zur Seite gestellt.[451]
Begehrt jemand, als Mönch in ein Kloster einzutreten, steht ihm zunächst eine mehrjährige (meistens dreijährige, manchmal aber auch bis zu siebenjährige) Prüfungszeit bevor. Nach erfolgreichem Abschluss legt er vor seinem Abt die drei Gelübde des Gehorsams, der Keuschheit und der Armut ab. Zuvor muss er das Einverständnis des zuständigen Ortsbischofs eingeholt haben. Erst danach erhält er in drei Schritten den Gürtel (qənat), die Mönchskappe (qob'ə) und schließlich das große Skapulier (askema), das ihn vollends als Mönch ausweist. Die Mönchskappe, mit Kreuzen bestickt, erinnert dabei an die Dornenkrone Jesu und an das Versprechen des Mönchs, seinem Herrn ins Leiden hinein zu folgen.

Die Klöster finanzierten sich in der Vergangenheit meistens durch Grundbesitz, der ihnen übereignet war und den sie entweder selbst bewirtschafteten oder an Bauern der Umgebung verpachteten. Schon der Äthiopienreisende Giacomo Ba-

---

[449] Schurhammer, Romy fährt nach Afrika, S. 57.
[450] Ayele Teklehaymanot, Ethiopian Monachism, S. 118.
[451] Telahun Paulos et al., Life in the Monastery, S. 53.

ratti lobt diesen Umstand, da die Mönche dadurch nicht gezwungen seien, ihrer Umgebung bettelnd zur Last zu fallen, wie es in Italien und Spanien der Fall sei.[452] Seit der Enteignung kirchlichen Bodens in den Jahren des sozialistischen Regimes ist diese Einkommensquelle weitgehend versiegt. Trotzdem versorgen sich die Mönche zum größten Teil selber, zumal die körperliche Arbeit seit jeher ein fester Bestandteil monastischen Lebens ist. Jeder Mönch muss sieben bis zwölf Jahre Handarbeit leisten, bevor er sich einer mehr geistlich-meditativen Betätigung widmen darf. Begründet wird diese Regel vor allem mit dem Argument, dass Müßiggang in der Seele die Versuchung der Sünde begünstige. Natürlich erhalten die Klöster darüber hinaus auch Spenden aus der Bevölkerung. Daher haben viele Klöster eine eigene Land- und Viehwirtschaft oder betätigen sich in unterschiedlichen Gewerken (Mühlen, Metallbau, Weberei, Bäckerei u. a. m.). Ein beträchtlicher Teil ihrer Zeit wird zudem in sozialdiakonische Arbeit investiert (Kirchenschulen, Waisenhäuser, Kliniken). In jedem Fall sind Klöster jedoch „Non-Profit-Organizations". Sie arbeiten nie nach marktwirtschaftlichen Prinzipien, sondern aus theologischen Gründen (s. o.) und zur eigenen Versorgung. Möglicherweise erzielte Überschüsse kommen immer der sozialdiakonischen Arbeit oder der Unterstützung von Bedürftigen im Umkreis des Klosters zugute. Zugleich ist auch die körperliche Arbeit von Gebeten begleitet und durchdrungen.[453]
Außerdem ziehen Mönche von Ort zu Ort und bieten religiöse Devotionalien zum Verkauf oder ihre Dienste in anderer Form an, um sich zu ernähren.

Daneben leben weiterhin einige Mönche als Eremiten (Anachoreten oder Baḥtawis) in kleinen Hütten in den Wäldern oder in Höhlen in den unzugänglichen Bergen oder manchmal sogar in leer stehenden Gräbern. Viele von ihnen nehmen sich die alttestamentlichen Vorschriften eines Gelübdes zum Vorbild und schneiden sich wie die sogenannten jüdischen „Nasiräer" nie ihre Haare (Num. 6, 5). Daher nennt man sie auch „Nazrawis". Manchmal – vom Heiligen Geist getrieben – gehen sie in die Dörfer und Städte, predigen die Buße zur Umkehr von den Sünden und warnen vor oder weissagen in politisch unruhigen Zeiten. Als „Gottesnarren" verlacht, aber auch gefürchtet dürfen sie sich manches erlauben, was vom Volk gehört wird, was ihnen aber auch schon den Unmut der Priester wegen ihrer Kritik am nur äußerlichen Vollzug der Religion bis hin zu Gefängnisstrafen wegen Kritik an den Herrschenden eingebracht hat. Umgekehrt suchen die Gläubigen diese Einsiedler auf, um ihren Rat einzuholen. Manche der Eremiten sind auch keine Mönche im traditionellen Sinn. Sie haben keine Gelübde abgelegt und leben lediglich auf eigenen Wunsch in der Einsamkeit, um ihren persönlichen geistlichen Weg der Askese zu gehen.

---

[452] Baratti, Late Travels, S. 83.
[453] Yabibal Mulualem, Culture of Working, S. 14 – 16.

Nonnenklöster sind weitaus seltener als Mönchsklöster.[454] Sie sind meist in der Nähe der Mönchsklöster angesiedelt, so dass die Nonnen die Möglichkeit haben, bei den Mönchen am Gottesdienst teilzunehmen. Beide Klöster unterstützen sich auch gegenseitig auf andere Art. Die Mönche sorgen zugleich für die Finanzierung des Nonnenklosters, und die Nonnen helfen den Mönchen umgekehrt bei mancher Hand- oder Feldarbeit. Geleitet wird ein Nonnenkloster von einer Äbtissin, die entweder vom Abt des nahen Mönchsklosters bestimmt oder von den Nonnen gewählt wird. Hinsichtlich dieses engen Zusammenlebens wird in der Überlieferung gesagt, dass die Gebete der Heiligen verhinderten, dass Satan die Mönche und Nonnen verführen könne.[455]
Nonnen können aber auch als Einsiedlerinnen oder sogar im Kreis ihrer Verwandten nahe einer Kirche leben, um z. B. dort zu beten, um ihren Dienst in und an dem Gotteshaus zu tun oder um sich um Arme und Kranke zu kümmern.[456] Ayele Teklehaymanot nennt sie „freie Nonnen".[457] Außerdem leben in den Nonnenklöstern zahlreiche Laienschwestern, die freiwillig bei der Verrichtung der Arbeiten mithelfen, ohne selber die Gelübde abgelegt zu haben.[458]

Ausländische Beobachter aus mehreren Jahrhunderten haben das äthiopische Mönchtum ganz unterschiedlich bewertet.
Der Katholik Michael Geddes beobachtete im Jahr 1696: „Es muss ihnen [den äthiopischen Mönchen, der Vf.] zugute gehalten werden, dass sich das Mönchsleben unter ihnen bis heute in der Art durchhält, wie es am Anfang gewesen war, von der die Kirche von Rom so merkwürdig abgewichen ist. Denn in Abessinien zieht sich jeder, der daran denkt, ein Mönch zu sein, in die Wüste zurück, wo er ein Gewand anzieht, das ihm gefällt oder von dem er meint, dass es seinen Vorstellungen am besten entspricht. Solange sie sich selber zum Mönchtum bekennen, wobei sie immer frei sind, sich dem zu widmen, ist es ihre Pflicht, jeden Tag des Jahres bis drei Uhr nachmittags zu fasten und sich um Mitternacht und zu anderen festgelegten Stunden zu versammeln, um ihre Anbetungen abzuhalten; normalerweise legen sie sich große asketische Übungen auf, indem sie ihr Fasten sehr streng einhalten; viele essen nicht öfter als einmal in zwei Tagen, manche niemals außer an Sonntagen; von einigen sagt man, dass sie Löcher in

[454] Pinggéra, Äthiopisch-Orthodoxe Kirche, S. 47 vermutet, dass sich das weibliche Mönchtum erst im Widerstand gegen die römisch-katholischen Jesuiten im 17. Jahrhundert organisiert hat. Allerdings soll es nach Ayele Teklehaymanot, Female Monasticism, S. 135 schon im 15. Jahrhundert ein großes Kloster mit allein 1.146 Nonnen gegeben haben.
[455] Ayele Teklehaymanot, Female Monasticism, S. 134. 140; Belatchew Assrat, Nunneries, S. 59.
[456] Lipsky, Ethiopia, S. 107.
[457] Ayele Teklehaymanot, Female Monasticism, S. 138. 140.
[458] Belatchew Assrat, Nunneries, S. 59.

Baumstämme gemacht haben, in denen sie leben, bis die Bäume so gewachsen sind, dass sie sie vollkommen eingeschlossen haben."[459]
Sein Zeitgenosse Giacomo Baratti urteilte im Jahr 1670 über das Leben der äthiopischen Mönche: „Ich sehe die Lebensbedingungen dieser Männer als die glücklichsten in der Welt an; sie sind weder mit Befehlen belastet noch mit Steuern belästigt noch von rechtlichen Angelegenheiten gestört noch von den Sorgen dieser Welt gequält noch verbraucht in den ungesetzlichen Freuden noch von vielen Misserfolgen, mit denen Geschäftsleute üblicherweise zu tun haben, beunruhigt. [...] Wenn es auf der Erde ein Paradies gibt, dann denke ich, dass es in Äthiopien bei diesen Mönchen und Brüdern ist, die so weit vom Betteln entfernt sind, dass sie an Festtagen im Jahr, wie zur Geburt unseres Erlösers, an Ostern, Pfingsten, St. Michael und dem Geburtstag des Kaisers, ihre Gaben zu allen Armen im Umkreis ihres Klosters schicken."[460]
Das genaue Gegenteil behauptete allerdings zur gleichen Zeit der evangelische Hiob Ludolph: „Abessinien ist voll von dieser Sorte von Leuten [den Mönchen, der Vf.], als große Last für die Gesellschaft, für die sie in keiner Weise nützlich sind, weil sie nutzlos für die Landwirtschaft und von den Steuern befreit sind."[461]
Der bekennende Protestant James Bruce ergänzte im 18. Jahrhundert: „Es [Waldubba, ein gebirgiger Landstrich, der von vielen Mönchen bevölkert ist, der Vf.] ist zugleich ein Zufluchtsort für die Vornehmen und Adeligen, die in Ungnade gefallen sind oder sich für beleidigt halten. Diese scheren sich zuerst die Haare ab, legen eine Mönchskutte an und entsagen der Welt, um ihr Leben hier in der Einsamkeit zuzubringen. Sie legen Gelübde ab, welche sie aber nicht länger zu halten entschlossen sind, als es die Umstände erfordern. Dann kehren sie wieder in die Welt zurück und lassen Kutte und Heiligkeit in Waldubba."[462]

Aus heutiger Sicht kann man die Bedeutung des Mönchtums in Äthiopien als sehr vielfältig bezeichnen.[463]
Erstmal dienen die Klöster schlicht als Ort für die Mönche. So überflüssig diese Bemerkung auch klingen mag, so wenig ist sie es tatsächlich; denn noch immer sehen es viele Eltern als erstrebenswert an, wenigstens einen ihrer Söhne in ein Kloster zu schicken, damit dieses Kind für das Seelenheil seiner Verwandten betet. Aber auch alte Mönche suchen sich oft junge Mitbrüder, denen sie ihre Kenntnisse und einmal ihre wenigen Habseligkeiten vermachen können, wofür die Jungen den gebrechlich gewordenen Alten helfend zur Hand gehen. Auch

---

[459] Geddes, Church-History, S. 30.
[460] Baratti, Late Travels, S. 86f.
[461] Ludolphus, New History, S. 259.
[462] J. Bruce, Quellen, S. 128f.
[463] Merten, Orthodoxe Klöster, S. 21 – 29.

die Ausbildung, die ein Kloster bieten kann, mag anziehend wirken. Nicht zuletzt sollten, zumindest einer traditionellen Auffassung nach, Männer und Frauen, die selbst in fortgeschrittenem Alter noch nicht geheiratet haben, in ein Kloster eintreten, oder ältere Witwen (oder auch Witwer), deren Kinder erwachsen sind, legen die Gelübde ab, um zum einen von ihrem Lebensunterhalt her versorgt zu sein und um zum anderen ihre verbleibenden Jahre völlig mit Gott zu verbringen. Sie müssen über 60 Jahre alt sein, und ihr Ehepartner muss eine angemessene Zeit lang tot sein, bevor sie diesen Schritt tun dürfen.[464] Es gibt sogar alte Ehepaare, sofern sie nicht kirchlich getraut sind, die sich in beiderseitigem Einvernehmen trennen, um Mönch bzw. Nonne zu werden und ihre letzten Lebensjahre Gott zu weihen. Äthiopische Kaiser begehrten, möglichst in Klöstern zu sterben und dann auch dort beerdigt zu werden.

Die äthiopischen Klöster sind zudem wie in der gesamten Ostkirche Orte der theologischen Gelehrsamkeit sowie der religiösen Tradition. Ihre Bibliotheken bergen zahllose wertvolle Handschriften, die auf andere Art und Weise nie erhalten geblieben wären, die aber oft auch wegen der Zurückhaltung westlichem Forscherdrang gegenüber der Wissenschaft noch nicht zur Verfügung stehen.
Dadurch waren die Mönche auch in der Geschichte ein Hort der Bewahrung des Glaubens vor andersgläubigen Eindringlingen, seien es die Muslime oder seien es die römisch-katholischen Orden gewesen (beide vor allem im 16. und 17. Jahrhundert).
In der Neuzeit wurden die Klöster zu Zentren der kirchlichen Erziehung, aber auch zu Zentren missionarischer Aktivitäten in Gebieten Äthiopiens, die vom Christentum noch nicht erfasst waren, sowie zu Zentren humanitärer Hilfe in Notzeiten. Für diese Zwecke haben auch mehr und mehr Mönche ihre Klöster verlassen. Sie wurden in die Städte geschickt, um dort die Arbeit der Weltpriester zu unterstützen und z. B. eine Jugendarbeit aufzubauen. Umgekehrt siedeln sich im Umkreis mancher großer Klöster Bedürftige an, um in den Genuss der Armenspeisungen des Klosters zu gelangen. Das Kloster Däbrä Libanos etwa hat für diese Menschen sogar eigene Hütten errichtet.[465]
Auch die seit dem Zweiten Weltkrieg entstandenen Missionswerke und sozialdiakonischen Einrichtungen der äthiopischen Kirche wären hier zu nennen (siehe das Kapitel zur Sozialethik).

Klöster sind darüber hinaus Zufluchtsorte für Verbrecher, die ihre Untaten bereuen und dafür lebenslang Buße tun wollen (d. h. sie werden Mönche), sowie (möglicherweise) für säumige Steuerzahler. Sie gelten der Welt als gestorben

---

[464] Aymro Wondmagegnehu / Motovu, Ethiopian Orthodox Church, S. 28; Chaillot, Ethiopian Orthodox Tewahedo Church Tradition, S. 154.
[465] Telahun Paulos et al., Life in the Monastery, S. 53.

und werden deshalb strafrechtlich nicht verfolgt, solange sie innerhalb der Klostermauern bleiben.[466] Es wurde sogar gesagt, dass Schuldner, die ihre Schulden nicht bezahlen konnten, ins Kloster eingetreten sind, da mit diesem Schritt ihre öffentliche Existenz beendet ist und ein Gläubiger damit keinen rechtlichen Zugriff mehr auf diese Person hat.[467]
Aber auch einfache Gläubige (oder andere Besucher) wünschen oft, für kurze Zeit in ein Kloster zu kommen, sei es um einen geistlichen Rat einzuholen, sei es um von einer Krankheit geheilt oder von einer seelischen Not befreit zu werden. Sofern sie nicht als Pilger kommen, ist der Zutritt zu einem Kloster allerdings nicht ohne Hindernisse. In jedem Fall empfiehlt es sich, zuvor den zuständigen Bischof um Erlaubnis zu bitten, weil die Mönche nicht unnötig in ihrem Tagesablauf gestört oder durch die Außenwelt in ihrer Abgeschiedenheit beeinflusst werden sollen. Der Bischof oder der Abt werden dann darüber befinden, welcher Wunsch stärker zu gewichten ist, der des Besuchers oder der, die Mönche in Ruhe zu lassen und nicht abzulenken. Aus diesem Grund hat an manchen Orten derjenige, der das Kloster zu betreten wünscht, zuvor außerhalb die Beichte abzulegen und als Zeichen seiner Reue, Buße und inneren Reinigung sieben Tage vor dem Tor auszuharren. Trotzdem üben Klöster gerade auch für das einfache Volk und ihre Bitten und Sorgen eine große Anziehungskraft aus, mehr noch als die Kirchen mit ihren Weltpriestern. Ein Eremit erklärte einmal, warum dies so ist: „Wir [die Mönche, der Vf.] müssen den Vorbildern der Heiligen und der Engel folgen und ihre Gedenktage begehen. Durch unser abgeschiedenes Leben im Kloster werden wir selber wie die Engel, die Gott allezeit preisen, und bereiten uns auf unseren Weg in den Himmel vor. Unsere größte Herausforderung ist es dabei, geduldig zu sein. Wenn du dann die heiligen Orte unserer Väter besuchst, liegen Gottes Segen und seine unsichtbare Gnade auf dir. Du erhältst den Segen der vielen unsichtbaren Heiligen, die hier wohnen und die du nur mit demütigen Herzen sehen kannst. Aus diesem Grund lösen die Menschen hier ihre Probleme."[468]

Nicht zuletzt ergibt sich die außerordentliche Bedeutung des Mönchtums aus dem Umstand, dass der höhere Klerus (Bischöfe, Erzbischöfe, Metropoliten und Patriarchen) allein aus diesem Stand heraus gebildet wird. Verheirateten Weltpriestern ist dieser Aufstieg verwehrt.

---

[466] Zumindest war das noch so, solange das Christentum Staatsreligion war: Heyer, Kirche Äthiopiens, S. 147; Workineh, Kirche, S. 21; Levine, Wax & Gold, S. 170f.
Zum Kirchenasyl in Klöstern siehe das Kapitel zur Sozialethik.
[467] Buxton, Abyssinians, S. 77.
[468] Chaillot, Ethiopian Orthodox Tewahedo Church Tradition, S. 167. 176.

Mönchen und Nonnen, die trotz der oben beschriebenen Abgeschiedenheit dennoch unter Menschen außerhalb ihrer Klöster kommen sollten, begegnet man in Äthiopien mit größter Achtung und Ehrfurcht. Äußerlich erkennt man die Eremiten an ihrer leuchtend gelben Kleidung,[469] die mit Safran gefärbt ist, Nonnen an ihrer schwarzen, mit roten Kreuzen bestickten Kappe. Mönchskutten hingegen können gelb, braun, dunkelrot, blau oder auch andersfarbig sein.[470]

---

[469] Vgl. dazu bereits J. Bruce, Quellen, S. 131.

[470] Chaillot, Ethiopian Orthodox Tewahedo Church Tradition, S. 155; Messing, Changing Ethiopia, S. 428.

6.2. Die religiösen Erfahrungen und Gefühle

6.2.1. Die Mystik

Natürlich erweist es sich als schwieriges Unterfangen, die religiösen Erfahrungen und Gefühle in einem eigenen Kapitel getrennt von den übrigen religiösen Phänomenen zu behandeln, zu vielfältig sind die Überschneidungen an dieser Stelle. Schließlich spielt gerade die Gefühlswelt in so gut wie allen Bereichen der Religion eine zum Teil erhebliche Rolle. So nehmen z. B. Gläubige kaum an Festen oder Riten teil, ohne zugleich emotional ergriffen zu sein. Auch das Betreten eines Gotteshauses, das Betrachten eines religiösen Bildes, die Verehrung der Heiligen, das Fasten, ein im religiösen Sinne moralischer Lebenswandel u. a. m. sind ohne eine innere Beteiligung der Menschen letztlich undenkbar. Trotzdem hat Ninian Smart in seinen Dimensionen von Religion insbesondere die Mystik als den Bereich von Religion ausgewiesen, in der die Erfahrungen und Gefühle stärker als anderswo zum Ausdruck kommen, so dass die Mystik an dieser Stelle zumindest angesprochen werden soll. Inwiefern dies dann hinsichtlich des äthiopischen Christentums tatsächlich auch berechtigt ist, mag man bald feststellen.

„M. [Mystik, der Vf.] ist ein religiöses Urphänomen, bei dem in unmittelbarer Intuition das Erleben Gottes stattfindet. Sie ist die direkte Bewußtwerdung der Gegenwart des Göttlichen und ein Urphänomen von größter Intensität und lebendigster Innerlichkeit.“[471] Aus dieser Umschreibung des Phänomens der Mystik ergibt sich sofort eine weitere Schwierigkeit, die religiöse Gefühlswelt darzustellen; denn dahinter verbirgt sich der Umstand, dass gerade Erfahrungen und Gefühle notwendigerweise subjektiv sind und nur sehr schwer verallgemeinert werden können. Unter diesem Vorbehalt stehen alle Ausführungen dieser Art. In Bezug auf die Mystik gilt diese Einschränkung umso mehr, als es eigentlich unmöglich ist, eindeutig zu definieren, was denn Mystik nun in Wahrheit ist. Zum einen ist Mystik zwar, allgemein betrachtet, ein Phänomen, das in fast allen Religionen zu beobachten ist,[472] doch was dann die einzelnen Religionen im Besonderen unter Mystik verstehen, ist oft sehr unterschiedlich und nicht immer vergleichbar. Zum anderen stehen die Mystiker letztlich vor der nicht selten unüberwindlich erscheinenden Schwelle, denn nun wiederzugeben, was ihr mystisches Erleben ausgemacht hat. Das ist in der Regel nicht definierbar, sondern höchstens erzählbar, sofern es überhaupt in menschliche Worte zu fassen ist.

---

[471] Richter, Mystik, S. 1237.
[472] Halbfas, Religion, S. 22 – 32.

Darüber hinaus scheint die Mystik, wie sie etwa in der Tradition des abendländischen Christentums zuhause ist, in den Ostkirchen weit weniger beheimatet zu sein. Ein kurzer Blick auf die Literatur bestätigt diese Vermutung. Weder die allgemeinen Überblicke über die orthodoxen Kirchen und ihr Glaubensleben noch die Darstellungen zum äthiopischen Christentum im Besonderen widmen der Mystik eigene Kapitel. Auch die „Encyclopaedia Aethiopica" lässt einen Artikel zur Mystik in der äthiopischen Kirche vermissen.

Mystische Erfahrungen in den Ostkirchen verbindet man noch am ehesten mit den sogenannten „Hesychasten" in der griechischen (byzantinischen) und der russischen Kirche. Die Frage, ob es Mönchen möglich sein kann, in letzter mystischer Versenkung und aus größter göttlicher Gnade heraus das unerschaffene, göttliche Taborlicht[473] zu schauen, hatte im 14. Jahrhundert einen heftigen Streit ausgelöst. Diese theologische Auseinandersetzung wurde zwar am Ende zugunsten der Hesychasten entschieden, doch zugleich betont die orthodoxe Theologie, dass diese Schau des Taborlichts einzig und allein ein reiner Akt der höchsten göttlichen Gnade ist, die auf der Erfahrung beruht, „daß mit wachsender Gotteserkenntnis auch die Erkenntnis der absoluten Unbegreiflichkeit Gottes wächst" und die mit „der gleichzeitigen Erfahrung, daß es dennoch reale, wachsende Gotteserkenntnis gibt" verbunden ist.[474] Allerdings hat es in der äthiopischen Kirche, die seit dem 5. Jahrhundert von der byzantinischen Kirche getrennt ist, nie eine breite Tradition in der Art der Hesychasten gegeben. Otto F. Meinardus wiederum stellt in seinem Buch über die mit der äthiopischen Kirche verwandte koptische Kirche wundertätige Ikonen und andere zum Teil recht merkwürdige Wundergeschichten als mystische Phänomene dar.[475] Nun sind die Äthiopier zwar derartigen Erzählungen traditionell durchaus nicht abgeneigt, aber aus religionswissenschaftlicher Sicht sind sie wohl eher weniger als Mystik zu bezeichnen.
Das bedeutet jedoch andererseits nicht, dass es innerhalb der äthiopischen Kirche überhaupt keine mystischen Phänomene geben würde. Vielmehr heißt das lediglich, dass darüber weniger gesprochen und geschrieben wird. Ayele Teklehaymanot deutet sie z. B. nur vage an: „Die Kontemplation himmlischer Dinge und die Meditation des Ewigen, gipfelnd in der Isolation von und der Flucht aus der Welt, ist das Betätigungsfeld äthiopischen Mönchtums."[476] Vor allem unter

---

[473] Der Begriff „Taborlicht" bezieht sich auf die Verklärung Jesu auf dem Berg Tabor (Mt. 17, 1 – 13), wo Jesus – für drei seiner Jünger sichtbar – kurzzeitig im göttlichen Licht gestanden hat.

[474] Felmy, Orthodoxe Theologie, S. 27 – 30, die Zitate auf S. 29; vgl. auch Coman, Askese, S. 49.

[475] Meinardus, Christian Egypt, S. 233 – 279.

[476] Ayele Teklehaymanot, Ethiopian Monachism, S. 117.

den Baḥtawis, den in der Einsamkeit lebenden Eremiten, sind zahlreiche Mystiker zu finden, doch sie leben meistens weitab von der offiziellen Kirche und zählen auch nicht unbedingt zum Mönchsstand. Nicht selten sind es Männer, die einem Ruf Gottes folgen und ihr Leben Gott weihen, ohne vorher einen Bischof oder ein Kloster aufgesucht zu haben. Man betont ohnehin, dass man sich nicht selber zum Baḥtawi machen kann, sondern von Gott dazu erwählt werden muss. Ihnen sind Visionen von Gottes unerschaffenem Licht und andere mystische Augenblicke vergönnt, ohne dass die Außenwelt viel davon erfahren würde, weil sie kaum jemanden in ihre Nähe lassen. Nur ihr großes Ansehen, das sie in der einfachen Bevölkerung genießen, zeugt davon.[477]

Die orthodoxen Kirchen insgesamt verorten von ihrem Selbstverständnis her die Mystik viel lieber in der gottesdienstlichen Feier, die ohnehin die Mitte ihres Glaubenslebens bildet. Sie nennen diesen Weg der Mystik daher „sakramentale Mystik".[478] Das gilt auch von der äthiopischen Kirche im Besonderen, so dass sich diesbezügliche, allgemeine Aussagen über die Orthodoxe durchaus auch auf sie übertragen lassen. Karl Christian Felmy schreibt in diesem Sinne über den orthodoxen Gottesdienst, „daß in ihm im orthodoxen Verständnis die Grenzen zwischen Himmel und Erde aufgehoben werden, daß wir, 'wenn wir im Tempel der Herrlichkeit' stehen, meinen, im Himmel zu stehen."[479] Der rumänisch-orthodoxe Theologe Vasile Coman ergänzt zur Göttlichen Liturgie: „Sie bildet das Zentrum des orthodoxen Kultus. Alle anderen Betätigungen der christlichen Spiritualität und Frömmigkeit gehen zu ihr ein und aus wie die Strahlen der Sonne. Durch sie wird die mystische Verbindung zwischen Christus und den Gläubigen zum Ausdruck gebracht."[480] Nicht ohne Grund nennen die Ostkirchen ihre Sakramente auch Mysterien (siehe das Kapitel zum Glauben), weil in ihnen den Gläubigen die Geheimnisse Gottes vermittelt werden, die zudem untrennbar mit dem Mittler dieser Offenbarungen, mit Jesus Christus, verbunden sind. Insofern kann orthodoxe Mystik nur Christusmystik sein.
Am besten lässt sich das, wie gesagt, am Mysterium der Eucharistie in der Göttlichen Liturgie veranschaulichen. Vasile Coman führt dazu aus: „Sie ist eine geheimnisvolle Begegnung zwischen Mensch und Gott in Christus. Christus kommt in der Liturgie, uns zu begegnen, und wir gehen ihm zu begegnen und ihn mit den Augen des Glaubens zu sehen. Es sollen die Nebel der Sünde von den Augen getan werden, damit man 'das wahre und ewige Licht', Christus den

---

[477] Vgl. Ras Jahlisaha / Isheba Tafari, Bahitawis; vgl. auch Ayele Teklehaymanot, Anachoret Monks, S. 127.
[478] Coman, Askese, S. 53.
[479] Felmy, Orthodoxe Theologie, S. 243.
[480] Coman, Askese, S. 46.

Herrn, sehen kann."[481] Damit es allerdings dazu kommt, ist die innere Vorbereitung der Gläubigen „durch Beten, Buße und besondere Frömmigkeit"[482] eine unabdingbare Voraussetzung: „Nicht nur der Liturg, sondern alle Gläubigen müssen sich auf die geheimnisvolle Begegnung mit Christus, der zu uns als König der Herrlichkeit kommt, vorbereiten. Während des cherubinischen Hymnus, entscheiden sich die Gläubigen, die sich bis zur Kontemplationshöhe der Engel, welche gleichzeitig diesen Dienst leisten und den Lobgesang singen, erheben, sich von allen irdischen Sorgen loszumachen."[483] Das Ziel der Göttlichen Liturgie ist entsprechend die mystische Einung mit Gott,[484] die in der orthodoxen Vorstellung von der Erlösung als Vergöttlichung der menschlichen Natur in Christus und der Teilhabe der Gläubigen an dieser Vergöttlichung gipfelt (siehe das Kapitel zum Glauben).

---

[481] Coman, Askese, S. 47.
[482] Coman, Askese, S. 50.
[483] Coman, Askese, S. 50.
[484] Coman, Askese, S. 52.

6.2.2. Die religiösen Empfindungen

Natürlich ist es – wie es auch schon im vorigen Kapitel angedeutet wurde – nicht leicht, über die religiösen Empfindungen anderer Menschen zu schreiben, da diese sehr unterschiedlich sein mögen und somit von ihrem Selbstverständnis her überhaupt nicht objektiv sein können. Dennoch lassen sich – mit aller Vorsicht – vielleicht Grundlinien andeuten, die zumindest für einen größeren Teil des äthiopischen Christentums zutreffen. Man wird sich dabei immer vor Augen halten müssen, dass diese Grundlinien lediglich Tendenzen beschreiben und es immer äthiopische Christen geben wird, die ihnen nicht zustimmen werden. Andererseits sind diese Grundlinien wiederum nicht ausschließlich im äthiopischen Christentum vorhanden. Sie sind zum Teil allgemein orientalisch, gleich welcher Religion, und beschreiben zu einem anderen Teil auch religiöse Tatbestände und Phänomene, die alle oder zumindest viele orthodoxe Kirchen betreffen. In diesem Sinne sind die folgenden Ausführungen zu lesen, die überdies nicht in erster Linie auf gelehrte Erkenntnisse oder repräsentative Umfragen, die auch anderswo nachzulesen wären, zurückgehen, sondern die vielmehr auf persönlichen Erfahrungen und Eindrücken in Äthiopien sowie auf Gesprächen mit äthiopischen Christen beruhen.

Ein erstes Phänomen, dem man in Äthiopien begegnet, ist, dass das äthiopische Christentum in großen Teilen des Landes allgegenwärtig ist. Die christlich geprägten Gebiete sind übersät mit Kirchen, die zudem oft auf Hügeln und Anhöhen stehen, so dass ihre in der Sonne glänzenden Kreuze oder auch ihre bunt bemalten Dächer weithin sichtbar sind. An Sonn- und Feiertagen sind diese Gotteshäuser voll von Menschen, so dass die Gemeinde bis draußen vor den Kirchentüren steht und von dort aus der Liturgie lauscht. Die Gläubigen sind festlich gekleidet, die Frauen meist in die weiße Nationaltracht. Und wer nur an einer Kirche vorbeigeht, bekreuzigt und verbeugt sich wenigstens in Richtung des Tabots.
Auch sonst spielt der christliche Glaube überhaupt im Alltag eine außerordentlich wichtige Rolle. Sowohl das Kreuzzeichen als auch das Ausrufen des Namens Gottes („Im Namen des Vaters, des Sohnes und des Heiligen Geistes, des einen Gottes“) über zahllosen Gegenständen und Verrichtungen oder die Achtung, die man Geistlichen entgegenbringt, sind nur einige Beispiele dafür. Die Liste ließe sich leicht verlängern. Nur ein paar weitere religiöse Tatbestände, die sich teilweise aus dem in diesem Buch Geschilderten ergeben, seien an dieser Stelle angeführt: Das typische runde Brot wird zuerst in Kreuzform geschnitten, bevor man einzelne, handliche Stücke abschneiden darf. Die christlichen Metzger schmücken ihren Laden mit aufgemalten Kreuzen, um anzudeuten, unter welchem Segen sie ihr Fleisch schlachten. Auf den Taxis kleben Sprüche wie „Gott ist Liebe“ und Marien- oder Heiligenbildchen. Die Bettler rufen laut Maria und die Heiligen an, um die Passanten zu einer milden Gabe zu bewegen. Zahlreiche Personennamen haben eine christliche Bedeutung. Das können z. B.

biblische Namen sein oder auch Namen von Heiligen, vor die allerdings meistens ein Gäbrä (= Diener des N.N.), Haylä (= Kraft des N.N.), Täklä (= Pflanze des N.N.), Qəddus (= Der Heilige N.N.) o. ä. vorangestellt wird. Man trifft auch Äthiopier, die z. B. Gäbrä Əgzi'abəḥer (= Diener Gottes) oder Gäbrä Mädḫin (= Diener des Erlösers) heißen. Andere Namen geben bestimmte christliche Motive oder Tugenden wieder: Gännät (= Paradies), Säblä Wängel (= Frucht des Evangeliums), Tänsa'e (= Auferstehung), Täsfay (= Hoffnung), Fəsseha (= Freude), Tämäsgän (= Gott sei Dank) u. a. m. Mädchen nennt man daneben auch nach biblischen Orten: Jerusalem, Zion, Bethel usw.
Zuhause vor dem Frühstück, nachts, wenn man nicht schlafen kann, unterwegs im Bus, im Wartezimmer einer Amtsstube und bei so gut wie jeder Gelegenheit, wenn man ein paar Minuten erübrigen kann, liest man religiöse Schriften, die viele Frauen immer in ihrer Handtasche griffbereit haben. Bei der Begrüßung lautet die Antwort auf die Frage, ob es einem gut gehe, nicht: „Danke, es geht mir gut." Die Äthiopier sagen immer: „Gott sei Dank, es geht mir gut."

Diese Religion der Menschen im Alltag hängt mit dem noch immer lebendigen Bewusstsein zusammen, das auserwählte Volk Gottes zu sein. Fast könnte man sagen, dass zumindest für die Amharen die Begriffe „amharisch" und „christlich" Synonyme zu sein scheinen.[485] Man ist stolz darauf, in einem der ältesten christlichen Staaten der Welt zu leben und als diese „christliche Insel" (Kaiser Menelik II.) sowohl dem Islam als auch den Unionsbemühungen der römisch-katholischen Kirche als auch dem europäischen Kolonialismus als auch dem sogenannten wissenschaftlichen Atheismus der Kommunisten erfolgreich widerstanden zu haben.
Eine fast übersteigerte Darstellung dieses Selbstbewusstseins bietet das Buch von Ermias Kebede Wolde-Yesus, der als früherer Nəburä əd von Aksum immerhin eine der höchsten Ämter innerhalb der äthiopischen Kirche innehatte. Er spricht nicht nur von den Äthiopiern als dem „Wahren Israel", sondern beansprucht alle Bundesschlüsse Gottes mit seinem Volk von Adam und Eva bis hin zu Jesus Christus, von denen die Bibel Alten und Neuen Testamentes redet, ausschließlich für Äthiopien:[486] „Der Äthiopier ist das lebende Zeugnis für Gottes Bund mit den Menschen."[487] Aus diesem Grund sei das äthiopische Christentum auch die älteste Kirche der gesamten Ökumene, da die Äthiopier den monotheistischen Glauben seit Anbeginn der Zeit nie verlassen hätten.[488] Weil er Äthiopien damit als „Gottes Königreich" auf Erden ansieht, muss er umgekehrt alle Niederlagen dieser gottgewollten Herrschaft als Strafe für den Unglauben

---

[485] Vgl. z. B. Ermias Kebede Wolde-Yesus, Ethiopia, S. 22.
[486] Ermias Kebede Wolde-Yesus, Ethiopia, S. 18 u. a. m.
[487] Ermias Kebede Wolde-Yesus, Ethiopia, S. 24.
[488] Ermias Kebede Wolde-Yesus, Ethiopia, S. 52.

der Äthiopier ansehen, wie auch das Volk Israel im Alten Testament immer dann seinen Feinden ausgeliefert war, weil es von Gott abfiel. Dies bezieht er u. a. auf die Verwüstungen, die in der Geschichte Judith und Aḥmad Grañ sowie in der Moderne Mengistu Haile Mariam angerichtet hatten. Die erfolgreiche Invasion der Italiener 1936 beruhe entsprechend auf dem Kleinglauben von Haile Selassie I., der mehr der internationalen Diplomatie und dem gottlosen Völkerbund als auf Gottes Beistand vertraut habe, während der fromme Kaiser Menelik II. mithilfe des Tabots noch in der Lage gewesen sei, die Italiener bei Adwa zu schlagen.[489] Es folgt eine dringliche Mahnung an alle heutigen Äthiopier: „Ein Versagen bei der Befolgung dieser Botschaft kommt deswegen einer Gotteslästerung gleich."[490]

Vermutlich sind auch die über lange Zeit gehegten Vorbehalte anderen christlichen Konfessionen gegenüber darauf zurückzuführen. Nicht nur eine Geschichte voller unguter Zusammenstöße mit römisch-katholischen und evangelischen Missionaren hat – bei aller grundsätzlichen ökumenischen Offenheit – zu dieser Zurückhaltung beigetragen, sondern eben auch das Gefühl, selbst dem Ursprung des Christentums näher zu stehen als die abendländischen Kirchen. Dieses Selbstverständnis wertet aber auch die eigene, über mehrere Jahrtausende währende jüdisch-christliche Kultur wesentlich höher als die heutige wirtschaftliche Situation. Allerdings darf man nicht verschweigen, dass diese Sicht auf die eigene religiöse Tradition als der staatstragenden Kultur in der Vergangenheit zugleich eine Reihe von Konflikten hervorgerufen hat, vor allem mit den Muslimen und mit den Oromo,[491] aber auch mit den ebenfalls orthodoxen Təgre.

Ein weiteres, sehr deutlich spürbares Phänomen könnte man als „Ehrfurcht vor dem Heiligen" bezeichnen. Die orthodoxe Theologie ist in dem Sinne reine Offenbarungstheologie, dass sie sich ausschließlich auf das berufen möchte, was Gott selber den Menschen offenbart hat, wohl wissend, dass Gott weit mehr ist als unser Erkennen:[492] „Gott in seinem Wesen zu kennen ist sogar für die Heiligen Engel unmöglich, geschweige denn für den Menschen in seinem Fleisch."[493] Nicht nur die Sakramente werden deshalb in der äthiopischen Kirche als Geheimnisse bzw. Mysterien bezeichnet, sondern der Glaube insgesamt. Obwohl natürlich auch wissenschaftliche Theologie getrieben wird und es eine offizielle Lehre oder Dogmatik gibt, so betont man trotzdem – wie übrigens die gesamte

---

[489] Ermias Kebede Wolde-Yesus, Ethiopia, S. 65f.
[490] Ermias Kebede Wolde-Yesus, Ethiopia, S. 93.
[491] Vgl. dazu z. B. Dirribi Demissie Bokku, Oromo Wisdom.
[492] Vgl. dazu Felmy, Orthodoxe Theologie, S. 25 – 30.
[493] The Teaching, S. 1f.

Orthodoxie – eine letzte Unnahbarkeit Gottes, die sich dem menschlichen Geist entzieht.
Auch die Priester wehren allzu große Neugier der Gläubigen ab. Man soll nicht wissen, sondern glauben, betonen sie. Da Gottes Heiligkeit seine Geheimnisse bewahre, solle niemand versuchen, Dinge zu ergründen, die für den menschlichen Verstand unergründlich seien. Keinesfalls solle Gott zu einem Objekt menschlichen Wissens werden, und keinesfalls gebe sich Gott in die Macht menschlicher Erkenntnis. Immer bleibe er handelndes Subjekt, dessen innerstes Wesen er vor unserer Spekulation verschließe.
Ein äthiopischer Geistlicher erklärte dieses Phänomen dem Verfasser gegenüber einmal folgendermaßen: Wenn man in einem äthiopischen Kloster eine bisher unbekannte Handschrift entdecken würde, würden westliche Forscher sofort daran gehen, diese Schrift nach wissenschaftlichem Standard zu erfassen, zu veröffentlichen und zu kommentieren. Die Äthiopier hingegen würden die Schrift betend lesen und sie meditierend auf ihre Frömmigkeit einwirken lassen.
Auf der einen Seite hat das zur Folge, dass manche Gläubige nur schwer zwischen dem christlichen Glauben, wie die Kirche ihn lehrt, und einer magisch verstandenen Volksreligion, die die Kirche strikt ablehnt, unterscheiden können. Auf der anderen Seite umgibt Gott als den Heiligen und Höchsten ein Bereich, der nur bestaunt und angebetet werden kann und der nicht ins Profane hineingezogen wird. Wahrscheinlich zeigt sich dieses Phänomen nirgendwo deutlicher als in der Verborgenheit des Urtabot (Heyer) in Aksum wie aller Tabots in den äthiopischen Gotteshäusern. Sie liegen unnahbar im Allerheiligsten, nur geweihten Personen zugänglich. Trägt man sie hinaus zu den Menschen, so sind sie auch dann mit kostbaren Stoffen vor neugierigen Blicken geschützt. So sehr diese Tabots die Wissbegier ausländischer Beobachter angeregt haben, so sehr man sich in der abendländischen Wissenschaft bemüht herauszufinden, ob denn in der alten äthiopischen Königsstadt tatsächlich die Gesetzestafeln aus Jerusalem liegen, so wenig kümmern diese Fragen die äthiopischen Christen. Sie sind vielleicht gerade wegen des gewahrten Geheimnisses unerschütterlich davon überzeugt, dass die Legende vom Besuch Meneliks I. bei seinem Vater in Jerusalem die Wahrheit sagt. Ein Aufdecken der harten Wahrheit würde möglicherweise die Aura des Heiligen zerstören, selbst wenn man beweisen könnte, dass der Urtabot der des salomonischen Tempels ist.

Die genannte Ehrfurcht vor dem Heiligen prägt überdies die Art und Weise, wie das äthiopische Christentum ihre Gottesdienste sieht. Sie sind der Auffassung, sonntags nicht in eine Versammlung der Gläubigen zu kommen, die Gottes Wort hören möchten, sondern sie empfinden, in der Liturgie am immerwährenden Gottesdienst der himmlischen Heerscharen vor Gottes Thron teilhaben zu dürfen. Insofern ist jeder Gottesdienst ein Stück Offenbarung des Geheimnisses, das Gott umgibt, und eine Ahnung dessen, was einen in Gottes ewigem Reich erwarten wird, sofern man sich seinem Erlöser Jesus Christus anvertraut und sich als Teil des lebendigen Leibes Christi auf Erden versteht. Abendländische

Christen mögen in heutiger Zeit vermehrt fragen: „Was habe ich vom Gottesdienst? Was nehme ich davon mit in den Alltag? War die Predigt gut?“ Derartige Fragen sind dem äthiopischen Christentum zutiefst fremd und tauchen erst neuerdings und eher unter der jüngeren Generation aufgrund ausländischen Einflusses (vor allem der evangelischen Missionen) auf. Nicht das, was jemand womöglich vom sonntäglichen Gottesdienst „hat“ oder ob er ihn ansprechend fand, ist von Interesse, sondern der Grund, warum die Äthiopier zur Kirche gehen, ist, dass man Gott anbeten möchte.
Vom theologischen Standpunkt aus steht hinter beiden Ansichten die jeweilige Erlösungslehre. Die Kirchen, die aus der Reformation hervorgegangen sind, betonen die evangelische Freiheit und die persönliche Entscheidung für Christus, während in den Kirchen orthodoxer Prägung die Teilhabe am Leib Christi, der sich auf Erden in der Kirche verwirklicht, entscheidend ist. Vom physischen Erlösungsverständnis her (siehe das Kapitel zum Glauben) besteht der rechte Glaube in einem fast mystischen In-Christus-Sein, das wiederum ohne die Gemeinschaft mit den Engeln und Heiligen sowie mit den anderen Christen in dieser Welt undenkbar ist. Ein privates Christentum, das ohne Kirche und ohne Mitgeschwister im Herrn auskommt, ist nicht vorstellbar. Insofern gibt es im äthiopischen Christentum keinen lebendigen Glauben ohne die Vorschriften der Kirche, vom Lesen der Bibel bis zu den zahlreichen Legenden und Schriften der Kirche, vom Fasten bis zum Besuch der Gottesdienste und den Wallfahrten, vom Beten und Anrufen der Heiligen bis hin zum Beichten und Geben von Almosen.
Letztlich werden alle diese Regeln und Bräuche nicht hinterfragt. Dass auch sie sich vielfach in knapp zwei Jahrtausenden Geschichte des äthiopischen Christentums entwickelt haben, wird nicht gesehen; denn sie sind Teil des Heiligen, Teil des Mysteriums des christlichen Glaubens, und sie werden deshalb gelebt und nicht analysiert.
Es mag sein, dass es zu einem guten Teil in dieser Ehrfurcht vor dem Heiligen begründet liegt, dass das äthiopische Christentum eine solche Lebendigkeit und Beharrlichkeit aufweist und dass der christliche Glaube in den Menschen alles andere als geistlich tot ist, sondern sich nicht nur einmal in der Geschichte des Landes als die stärkere Religion bzw. als ein in jeder Hinsicht tragendes und sinnstiftendes Fundament des Lebens bewährt hat.

Alle die eben genanten Phänomene münden schließlich in ein fast unerschütterliches Gottvertrauen, das auf der einen Seite einem religiösen Fatalismus nahekommt,[494] auf der anderen Seite aber die Äthiopier ihren Alltag bestehen lässt. Vor einem Fatalismus, der das Handeln der Menschen lähmt, bewahrt das rechte Verständnis dieses Gottvertrauens; denn es handelt sich dabei weniger um eine

[494] Vgl. dazu Kebbede, Pilot Study, S. 35.

Art Schicksalsergebenheit, die nur untätig wartet, was Gott einem auferlegen möge, weil Gott sowieso alles vorherbestimmt. Es ist viel stärker das Gefühl, dass Gott in einem auferlegten Schicksal einen Sinn sieht, der den Menschen verborgen ist, und dass Gott den Menschen grundsätzlich wohlwollend zugetan ist und sie nie grundlos dem Bösen ausliefern würde. Deutlich wird das in der allseits gebräuchlichen Redewendung „Əgzi'abəḥer yəwokal", was so viel bedeutet wie „Gott weiß es". Ein solcher Satz soll in Äthiopien Gottvertrauen wecken und trösten. Er soll gerade nicht lähmen und zur Untätigkeit verleiten, sondern dazu ermutigen, in Gottes Namen und unter seinem Schutz das eigene Schicksal zu meistern.

6.3. Die Institutionen

6.3.1. Die Gotteshäuser[495]

Äthiopien ist ein Land voller Kirchen. Eine Statistik von Mitte der 1960er Jahre spricht von 13.154 christlichen Gotteshäusern im Land,[496] andere reden von über 22.000 Kirchen[497] oder gar von über 32.537.[498]
Ein Reisebericht des katholischen Paters Jeronimo Lobo aus der ersten Hälfte des 17. Jahrhunderts schreibt: „Kein Land der Welt ist so voll von Kirchen, Klöstern und Geistlichen wie Abessinien; es ist unmöglich, in einer Kirche zu singen, ohne in einer anderen gehört zu werden."[499] Und der Äthiopienreisende James Bruce fügt rund anderthalb Jahrhunderte später hinzu: „Obwohl das Land sehr bergig und das Gesichtsfeld eingeschränkt ist, sieht man doch selten weniger als fünf oder sechs Kirchen. Und wenn man auf einer ringsumher freien Anhöhe steht, wohl fünfmal soviel."[500]
Bevor wir nun gleich zur Beschreibung der wesentlichen Entwicklungsstufen der Architektur kommen, sind zuvor einige grundsätzliche Anmerkungen bezüglich der äthiopischen Kirchen und Klöster angebracht.
Kirchen und Klöster sind nach äthiopischem Verständnis vor allem heilige Orte, die von der Profanität ausgegrenzt sind und darum bestimmten Regeln unterliegen, die nicht im menschlichen Ermessen liegen, sondern von Gott festgelegt wurden. Kirchen und Klöster sind daher keine kunsthistorischen Museen oder Sehenswürdigkeiten beliebiger Art; sie sind vielmehr ein Abbild des himmlischen Reiches Gottes auf Erden. Ein äthiopischer Architekt schreibt dazu: „Das Aussehen und die Konstruktion einer Kirche haben ihre Wurzeln sowohl im Himmel als auch auf der Erde, in zeitlosen Prinzipien und zugleich in den Besonderheiten von Raum und Zeit."[501] Auch ihr Standort ist meistens nicht frei gewählt, sondern beruht nach der Überzeugung der Äthiopier auf göttlichen Hinweisen. Beliebt ist die Legende, nach der mehrere Engel Blutstropfen, die

---

[495] Vgl. dazu vor allem Phillipson, Ancient Churches, der nach einer allgemeinen Einführung in die äthiopische Geschichte und die Architektur der Kirchen zahlreiche Gotteshäuser einzeln und im Detail beschreibt.
[496] Workineh, Kirche, S. 21; so auch Aymro Wondmagegnehu / Motovu, Ethiopian Orthodox Church, S. 46.
[497] Belai Giday, Ethiopian Civilization, S. 15; Atiya, History, S. 159 und Lipsky, Ethiopia, S. 107 sprechen von 20.000 Kirchen.
[498] Chaillot, Ethiopian Orthodox Tewahedo Church Tradition, S. 39 (mit Berufung auf kirchliche Quellen).
[499] Zitiert bei Jenkins, Lost History, S. 55f.
[500] J. Bruce, Quellen, S. 188.
[501] Salehu Ene Keflyalew Merahi, Architecture, S. 78; ähnlich auch Abba Samuel, Sodomites, S. 113.

Jesus bei seinem Kreuzestod vergossen hat, nach Äthiopien gebracht und damit diejenigen Stellen vermerkt haben, an denen später Kirchen errichtet werden sollten. Alle diese Orte sind daher gleichsam von Christus selbst mit seinem Blut vorherbestimmt, selbst wenn ein Gotteshaus erst in heutiger Zeit gebaut werden sollte. Vor diesem Hintergrund wird auch deutlich, warum man eine äthiopische Kirche nicht einfach abreißen oder einem profanen Zweck zuführen kann, wenn man meint, sie nicht mehr zu benötigen.[502]
Darüber hinaus verbergen sich hinter der Architektur mehrere symbolische Deutungen. So soll jede Kirche entweder die Arche Noah, in der die Menschheit vor ihrem Untergang gerettet wurde, oder – sofern sie eine Kreuzform hat – die Kreuzigung Jesu repräsentieren. Zugleich erinnert ihre innere Gliederung an den salomonischen Tempel in Jerusalem.[503]
Ihre Heiligkeit hingegen liegt weniger an dem Gebäude selber als vielmehr an dem jeweiligen Tabot, der in der Kirche ruht. Dieser Tabot, aus Holz oder aus Stein gefertigt, ist von seiner Idee her eine Nachbildung der echten Gesetzestafel, die in der Bundeslade in Salomos Tempel in Jerusalem gelegen hat.[504] Der Patriarch weiht auch nicht die Kirche, sondern ihren jeweiligen Tabot, der fortan auf dem Altar im Allerheiligsten liegt und auf dem die Eucharistie vollzogen wird. Wenn gerade kein Gottesdienst stattfindet, bewahrt man den Tabot in einer Holzkiste neben dem Altar im Allerheiligsten auf. Nur an besonderen Feiertagen und zu festlichen Anlässen verlässt ein Tabot seine Kirche, um in einer Prozession dem Volk gezeigt zu werden. Meist umrundet er dann dreimal (für Vater, Sohn und Heiligen Geist) seine Kirche, während die Däbtäras musizieren, singen und tanzen und die feiernde Gemeinde mitsingt und jubelt. Doch auch dann ist der Tabot in kostbare Stoffe gehüllt und wie im Allerheiligsten neugierigen Blicken verborgen, während ein Priester den Tabot während der ganzen Prozession auf seinem Kopf trägt, weil weder Diakone noch Laien den Tabot überhaupt berühren dürfen. Sollte das dennoch aus Versehen einmal geschehen, muss der Priester den Betroffenen von der Schuld freisprechen, damit ihn nicht die Strafe Gottes trifft. Vorbild ist auch hier die biblische Bundeslade, die nach 2. Sam. 6, 7 niemand berühren durfte. Wer es dennoch tat, starb auf der Stelle, selbst wenn es aus Versehen oder im guten Willen, die Lade zu stützen, geschah. Dahinter steht keine göttliche Willkür oder Grausamkeit, sondern ein noch ursprüngliches Empfinden für die Heiligkeit bestimmter Orte und Gegenstände, die der aufgeklärten Kultur des Abendlandes weithin abhanden gekommen ist.
Ein Tabot ist der Dreieinigkeit Gottes, Christus, dem Heiligen Geist, Maria, einem Apostel, einem Engel oder einem Heiligen geweiht. Klöster und größere Kirchen dürfen allerdings auch zwei oder mehrere Tabots besitzen. Das rührt

---

[502] Heyer, Kirche Äthiopiens, S. 34.
[503] Salehu Ene Keflyalew Merahi, Architecture, S. 109.
[504] Vgl. Heyer, Kirche Äthiopiens, S. 39. 46; Heyer, Heilige, S. 20.

dann entweder daher, dass man an diesem Ort bereits vorher unterschiedliche Heilige verehrt hat und man beim Bau der Kirche keinen von ihnen bevorzugen oder benachteiligen wollte, oder Tabots aus zerstörten Kirchen fanden dort Zuflucht. Auf der anderen Seite ist deshalb neben den auch bei uns üblichen Kirchen einer bestimmten Kirchengemeinde (Parochie) eine große Zahl an Gotteshäusern notwendig, um alle diese Engel und Heiligen angemessen verehren zu können. Die Gläubigen besuchen daher nicht nur ihre jeweils eigene Kirche vor Ort, sondern suchen an den Festtagen die für die entsprechenden Tagesheiligen geweihten Gotteshäuser auf, um dort am Gottesdienst teilzunehmen oder um zu beten.

Die Tabots bzw. deren Schutzpatrone werden dabei wie lebendige Wesen gedacht und behandelt. Nicht wenige Legenden berichten davon, dass Maria oder die Heiligen „ihre" Kirchen auf wundersame Weise vor der Zerstörung durch wütende Muslime oder durch Naturkatastrophen oder vor böser Magie bewahrt haben. So soll der Erzengel Uriel einmal einen Blitz abgefangen haben, bevor er in eine ihm geweihte Kirche einschlagen konnte. Michael habe einen Felsen gespalten, damit die Wasser einer Nilüberschwemmung abfließen und seine Kirche nicht überfluten konnten. Maria bewirkte, dass ein muslimischer Kriegsherr seine Entscheidung, eine Marienkirche abzureißen, überdachte. Und im Kampf von Kaiser Tewodros II. (1855 – 68) um seine Alleinherrschaft war es nicht möglich, die Kirche des Hl. Abbo in Gondär anzuzünden, obwohl man viermal in ihr Feuer legte und die ganze restliche Stadt niederbrannte.[505] Aus diesem Grund führte man auch Tabots mit in den Krieg, um sich des Beistands der Heiligen zu versichern, z. B. bei der Schlacht von Adwa gegen die italienischen Invasoren im Jahr 1896.[506]

Aus diesem Grund ist ein Gotteshaus durch seinen Tabot in äthiopischem Verständnis „der Ort, wo Gott die Gebete seiner Kinder annimmt. [...] Die Kirche bleibt Ort realer göttlicher Anwesenheit" und ist nicht nur Versammlungsraum der Gläubigen.[507]

Diese theologische Bestimmung bleibt nicht ohne praktische Folgen: So ist es Ungläubigen und oft sogar Christen, die nicht der äthiopischen Kirche angehören, nicht oder nur in gewissem Maß erlaubt, eine Kirche zu betreten.[508] Auch auf andere Art und Weise Unreine dürfen nicht hinzutreten und müssen den Gottesdienst vor der Kirche mitverfolgen. Zu dieser Gruppe gehören z. B. Frauen während der Menstruation oder Ehebrecher, aber auch der eheliche Ge-

---

505 Heyer, Kirche Äthiopiens, S. 29; vgl. auch Levine, Wax & Gold, S. 69.

506 Abebe Hailemelekot, Victory, S. 147.

507 Heyer, Kirche Äthiopiens, S. 29.

508 So hat es das äthiopische Kirchenrecht im Fəhta Nägäśt im Kap. 21 festgelegt; zitiert nach Heyer, Kirche Äthiopiens, S. 29f.

schlechtsverkehr ist während der letzten 24 Stunden vor dem Gottesdienst verboten.
Mit Verweis auf die Heiligkeit der Bodens, auf den man in einer Kirche tritt, zieht der äthiopische Christ grundsätzlich vorher seine Schuhe aus.[509] Ein Äthiopier aus dem 17. Jahrhundert begründet das mit dieser Bibelstelle: „Unter uns ist es verboten, dass Heiden oder Hunde oder andere Geschöpfe dieser Art unsere Kirchen betreten; genauso ist es für uns ungesetzlich, anders als barfuss in sie hineinzugehen oder in ihnen zu lachen, herumzulaufen, zu spucken oder über weltliche Dinge zu reden; denn die Kirchen von Äthiopien sind nicht wie das Land, wo Israel das Passahlamm aß, bevor es aus Ägypten auszog, wo Gott ihnen befohlen hatte, mit angezogenen Schuhen und wegen dem vergifteten Land mit gegürteten Lenden zu essen; sondern die Kirchen sind wie der Berg Sinai, wo Gott zu Mose sprach, indem er sagte: Mose, Mose, ziehe deine Schuhe aus; denn der Boden, auf dem du stehst, ist heilig [Ex. 3, 1 – 6, der Vf.]. Nun war dieser Berg Sinai die Mutter unserer Kirchen."[510] Mit der letzten Bemerkung bezieht sich dieser Äthiopier natürlich auf den Tabot, der sich in jeder äthiopischen Kirche befindet.
Dieser im Christentum wohl einmalige Brauch hat im Ausland schon dazu geführt, dass man äthiopische Christen für Muslime gehalten hat, die in ihren Moscheen den gleichen Brauch üben. In Hinsicht auf die historisch belegte Anwesenheit von Äthiopiern in Arabien in der Zeit kurz vor dem Auftreten Mohammeds und in Hinsicht auf die Flucht einer Gruppe seiner Anhänger ins Reich von Aksum (siehe den geschichtlichen Überblick) legt sich sogar die umgekehrte Vermutung nahe, dass hier durchaus ein Zusammenhang bestehen könnte, der das zeitlich ältere, äthiopische Gebot, ein Gotteshaus nur barfuss zu betreten, als Ursprung des muslimischen Brauches ansieht.
Die Frauen sollten außerdem ihr Haar bedeckt halten. Meist wickeln sie sich ohnehin in die Šämma, das große weiße Leinentuch, das zur Nationaltracht gehört, ein. Auch Männer und Kinder haben sich natürlich angemessen zu kleiden und zu benehmen.
Überdies bekreuzigt man sich dreimal und verbeugt sich dreimal im Namen der Dreieinigkeit, bevor man überhaupt ein Kirchenareal betritt. Danach küsst man die Torpfosten und dahinter den Boden, der bereits zum Kirchenareal gehört. Auch die Tür zur Kirche selber wird geküsst, bevor man in sie eintritt. Zugleich spricht man ein kurzes Gebet.[511] Ein Weihwasserbecken wie im römisch-katholischen Raum existiert hingegen nicht.

---

[509] Diesen Brauch wie auch die Reinheitsvorschriften werden schon bei James Bruce im 18. Jahrhundert erwähnt: J. Bruce, Quellen, S. 189.
[510] Geddes, Church-History, S. 91; ähnlich auch Baratti, Late Travels, S. 78.
[511] Chaillot, Ethiopian Orthodox Tewahedo Church Tradition, S. 114f.

Überdies macht man eine kurze Verbeugung in Richtung des Tabot, bekreuzigt und (sofern möglich) verbeugt sich dreimal und spricht ein kurzes, stilles Gebet, wenn man an einer Kirche vorbeikommt und sei es im Auto fahrend.[512] Eine Beschreibung der Äthiopier aus dem Jahr 1696 zeigt, dass sich dieser Brauch über die Jahrhunderte kaum verändert hat: „Wann immer sie zu einem Ort kommen, der eine Kirche besitzt, ist ihnen kein Geschäft so dringend, dass sie sich nicht sofort zur Kirche begeben würden."[513] Wenige Jahre zuvor hatte der italienische Reisende Giacomo Baratti über das Verhalten sogar des äthiopischen Herrschers geschrieben: „Der Kaiser und die Leute haben so großen Respekt für die Kirchen, dass sie niemals auf ihren Pferden vorbeireiten; sobald sie näher als hundert Schritte kommen, sitzen sie ab und laufen vorbei, sich am öffentlichen Platz ihrer Anbetung verbeugend, um den großen Gott zu ehren, der dem Gebetshaus seinen Namen gegeben hat."[514] Der äthiopische Theologe Haddis Yeshanew erklärt dazu, dies sei eine gute Möglichkeit zu beten, sofern man in dem Moment keine Möglichkeit habe, in die Kirche zu kommen. Das Bekreuzigen sei dabei ein kleines Sündenbekenntnis und ein Glaubenskenntnis zu unserem Erlöser in einem.[515]

Das erste christliche Gotteshaus in Äthiopien soll von König 'Ezana, der sich im 4. Jahrhundert zum Christentum bekehrte, in seiner Hauptstadt Aksum gebaut worden sein. Es soll noch die antiken, vorchristlichen Tempel zum Vorbild gehabt haben und als eine Halle mit 32 Säulen gestaltet gewesen sein. Weitere Gotteshäuser entstanden mit Sicherheit in der Zeit der Neun Heiligen im 5. Jahrhundert. Doch die ältesten archäologischen Reste datieren aus dem 6. Jahrhundert. Sie zeigen neben der eben erwähnten Säulenhalle verstärkt die aus dem syrischen Raum eingeführte Basilika mit einem erhöhten Mittelschiff zwischen zwei Nebenschiffen und einem ebenfalls dreigeteilten, überkuppelten Altarraum am östlichen Ende. Vielleicht ist diese architektonische Neuerung sogar dem Einfluss der Neun Heiligen zu verdanken, die vermutlich aus Syrien stammten. Dieser Zweckbau, dessen Vorbild ursprünglich eine Königshalle war, beeindruckte durch seinen Raum, der vielen Gläubigen Platz bot und der deshalb die Tempel, die vornehmlich einer kleinen Schar von Priestern zum Opfern gedient hatten, zugunsten eines Ortes für eine größeren sich zur gottesdienstlichen Feier versammelnde Gemeinde ablöste. Charakteristisch für diesen Bautypus ist zudem eine Holz-Stein-Verbundtechnik, ähnlich dem Fachwerkbau des abendländischen Mittelalters. Da die stützenden Querbalken meist ein kleines Stück über die Wand hinausragten, entstanden abgerundete, liebevoll „Affenköpfe" ge-

---

[512] Vgl. dazu z. B. Kleiner, Feinde Marias, S. 30.
[513] Geddes, Church-History, S. 35.
[514] Baratti, Late Travels, S. 70f.
[515] Haddis Yeshanew, Related Subjects, S. 142.

nannte Vorsprünge, die dem Betrachter sofort auffallen. Die älteste, noch existierende Kirche dieser Art ist die Klosterkirche von Däbrä Damo, die in ihrem Grundbestand vermutlich auf das 9. Jahrhundert zurückgeht und deren Äußeres noch immer an die Strukturen der vorchristlichen Stelen von Aksum erinnert.[516] Auch die alte Kathedrale Maryam Ṣəyon (Kirche der Maria von Zion) in Aksum war nach dieser Art gebaut, bevor die Muslime sie im 16. Jahrhundert zerstörten (diese Kirche wurde dann von Kaiser Fasilädäs im Jahr 1635 neu errichtet). Und noch spätere Felsenkirchen (s. u.) ahmten manchmal diesen Baustil in ihren Außenreliefs nach, was für die allgemeine Verbreitung dieses Typs spricht. Auch die Struktur der Deckenkonstruktionen der alten Kirchen, die ganz aus Holz bestanden, finden sich in Stein gemeißelt in den Felsenkirchen wieder.

In den folgenden Jahrhunderten variierte dieser rechteckige Grundriss mehrmals. Auch die elf berühmten Felsenkirchen von Lalibela in der früheren Provinz Wällo (heute Region Amhara) gehören zu dieser Periode, wobei ihr Mittelschiff in der Regel nicht mehr erhöht ist und man deshalb eher von Hallenkirchen spricht. Allein die Kirche des Hl. Georg weist einen kreuzförmigen Grundriss auf, der (vielleicht einmalig in der Welt) architektonisch bis zum kreuzförmigen Flachdach durchgehalten ist. Diese Felsenkirchen aus dem 12./13. Jahrhundert zählen zu den am meisten beeindruckenden Sehenswürdigkeiten Äthiopiens und sind – wie die Altertümer von Aksum – von der UNESCO als Weltkulturerbe anerkannt.[517] Sie stammen der Legende nach sämtlich aus der Regierungszeit König Lalibelas im 12. Jahrhundert. Allerdings sind die Felsenkirchen von Lalibela bei weitem nicht die einzigen ihrer Art in Äthiopien. In der näheren Umgebung der Stadt sowie in der Region Təgray weiter im Norden finden sich mehr Gotteshäuser, die aus dem Felsen herausgeschlagen wurden.[518] Die ältesten Kirchen dieser Art stammen vermutlich aus dem 5. Jahrhundert, die jüngsten aus dem 14. Jahrhundert. Sogar im Großraum Addis Abeba, das damals noch gar nicht existierte, d. h. außerhalb der alten Grenzen des Reiches von Aksum, finden sich die Ruinen von zwei in die Felsen gehauenen Kirchen, von denen die eine, die nur wenige Kilometer außerhalb der Stadtgrenze gelegene Michaelskir-

---

[516] Eine ausführliche Beschreibung dieser Kirche findet sich bei Gerster, Kirchen im Fels, S. 71 – 78 und bei Phillipson, Ancient Churches, S. 51 – 64; vgl. auch Salehu Ene Keflyalew Merahi, Architecture, S. 96.

[517] Eine ausführliche Beschreibung dieser Kirchen findet sich bei Gerster, Kirchen im Fels, S. 85 – 108, bei Phillipson, Ancient Churches, S. 123 – 182; bei Mengistu Gobezie, Lalibela und bei Baye, Lalibela.

[518] Heyer, Kirche Äthiopiens, S. 37 zählt vorläufig 134 Felsenkirchen; andere reden sogar von 200 und mehr: Baye Felleke, Lalibela, S. 36; Belai Giday, Ethiopian Civilization, S. 75; Salehu Ene Keflyalew Merahi, Architecture, S. 89.
Zahlreiche dieser Felsenkirchen sind im Detail beschrieben bei Phillipson, Ancient Churches, S. 87 – 121.

che (Waššа Mika'el = Michael in der Höhle), sogar auf das Königspaar 'Ezana und seinen Bruder Śə'azana im 4. Jahrhundert zurückgehen soll.[519] Historisch wahrscheinlicher ist jedoch ein Alter von rund 600 Jahren. Diese Kirche ist sogar (nach der Kirche Mädhane 'Aläm in Lalibela) die zweitgrößte bekannte Felsenkirche in Äthiopien. Sie wurde allerdings von den Italienern in den 1930er Jahren durch Bomben zerstört, nachdem die örtliche Bevölkerung unter ihrem Dach Schutz vor den Luftangriffen gesucht hatte. Seither wird in der Ruine nur ab und zu Gottesdienst gefeiert. Zu diesem Zweck wird dann immer der frühere Tabot dieser Kirche dorthin getragen; denn nachdem die alte Kirche einzustürzen drohte, ordnete Kaiser Menelik II. im Jahr 1878 an, den Tabot – wegen der Weihe für den gleichen Erzengel – in die nahe Kirche Yeka Mika'el in Addis Abeba zu bringen. Die zweite Felsenkirche, der Gottesmutter Maria geweiht, liegt rund 68 km südlich der Hauptstadt. Weitere Kirchen dieser Art wurden in den früheren Provinzen Sidamo (heute Region Oromia) und Bale (heute teils Region Somali, teils Region Oromia) im südlichen Äthiopien gefunden.[520]

Es mag durchaus sein, dass man in Zukunft weitere Felsenkirchen entdeckt, von denen die Wissenschaft bisher noch nichts weiß, da diese Kirchen nicht selten im unzugänglichem und zerklüfteten Bergland liegen und von Außenstehenden nie entdeckt werden, solange kundige Einheimische nicht die Lage preisgeben. Auch die bereits bekannten Bauten sind häufig noch nicht ausreichend erforscht, so dass sich ein abschließendes Urteil verbietet.

Architektonisch unterscheidet man drei Typen von Felsenkirchen.

a) Höhlenkirchen: Sie sind auf traditionelle Art in natürliche Höhlen hinein gebaut. Georg Gerster nennt diese Bauform Grottenkirchen.[521]

b) Höhlenfelsenkirchen: Sie sind aus dem Felsen einer Höhle herausgehauen. In der Regel ist nur der vordere Teil der Kirche gemauert, so dass diese Wand gleichsam die Öffnung der Höhle verschließt. Daher sieht man von außen zunächst eine gewöhnliche Kirchenarchitektur. Tritt man jedoch in das Gotteshaus ein, findet man sich in der natürlichen Höhle wieder, die als Kirchenraum gestaltet wurde.

c) Monolithische Felsenkirchen: Sie stehen scheinbar wie gebaut da, sind aber aus einem Felsblock oder gar aus einem Felsen herausgehauen, indem man zuerst eine künstliche Höhle oder Grube geschaffen hat, in deren Mitte ein monolithischer Block stehen blieb, den man anschließend wiederum aushöhlte und zum Kirchenraum machte. Um die bauliche Leistung noch einmal hervorzuhe-

---

[519] Diese Kirche ist beschrieben bei Phillipson, Ancient Churches, S. 119 – 121.

[520] Belai Giday, Ethiopian Civilization, S. 90f. 98. Er spricht auch von äthiopischen Quellen, die erste Felsenkirchen aus dem 4. Jahrhundert erwähnen: Belai Giday, Ethiopian Civilization, S. 75.

[521] Eine ausführliche Beschreibung dieser Kirchen findet sich bei Gerster, Kirchen im Fels, S. 109 – 144.

ben, schreibt Georg Gerster, solch eine Monolithkirche ist „eine innen wie außen bearbeitete, aus einem einzigen Block geschlagene Skulptur, deren Postament noch im Mutterfels wurzelt“.[522] „Sie fügten nichts hinzu, sie nahmen nur weg.“ ergänzt Gerster mit Blick auf die Steinmetze;[523] denn Maurer oder Bauleute waren hier nicht am Werk. Zudem ist zu bedenken, dass der umliegende Fels in der Regel nicht abgetragen wurde, obwohl dies den Bau der Kirche enorm erleichtert hätte.
Der (wahrscheinlich) erste Europäer, der (zwischen 1521 und 1525) diese Kirchen zu Gesicht bekam, der portugiesische Missionar Francisco Alvarez, schrieb später, er wolle nicht viel über diese Wunderwerke berichten, weil man ihm in der Heimat ohnehin nicht glauben würde.[524]
Auf König Lalibela gehen der Tradition nach elf Kirchen zurück, aber in der gesamten Umgebung der Stadt sind es 24.[525] Fünf davon sind Höhlenkirchen und fünf monolithische Felsenkirchen; die restlichen 14 sind Höhlenfelsenkirchen. Diese fünf, weltweit einzigartigen, monolithischen Kirchen, gleichsam die Vollendung dieses Typus, sind Betä Mädhane ‘Aläm, Betä Maryam, Betä Ǝmmanu’el, Betä Qəddus Giyorgis und Gännäta Maryam. Nur die letzte steht einige Kilometer außerhalb der Stadt. Die mit Abstand größte Felsenkirche insgesamt ist die rechteckige Betä Mädhane ‘Aläm (Erlöserkirche). Sie misst 33,5 mal 23,5 Meter und ist 10 Meter hoch. Besonders einzigartig ist hingegen die Kirche Betä Qəddus Giyorgis (St. Georgskirche). Sie ist in einer Grube im Felsen entstanden, so dass der Betrachter auf das kreuzförmige Kirchendach schaut und in die Grube hinabsteigen muss, um die Kirche betreten zu können.
Darüber hinaus befinden sich die Kirchen auf mehreren Ebenen, so dass man etwa – auf einer Kirche stehend – auf die nächste herabblicken könnte. Durch mehrere hundert Meter lange, unterirdische Gänge, deren ursprünglicher Zweck noch nicht ganz geklärt ist, sind zudem einige der Kirchen miteinander verbunden. Man vermutet, dass diese Tunnel in erster Linie als Kanalisation für ablaufendes Regenwasser dienten. Es könnten aber auch geheime Ein- und Ausgänge und Verbindungen, etwa als Fluchtwege in Kriegszeiten, gewesen sein.[526]

An den Gotteshäusern sollen – so eine äthiopische Handschrift aus dem 15. Jahrhundert – rund 500 Handwerker, teils aus dem Ausland (Alexandrien und Jerusalem), 24 Jahre lang gearbeitet haben, der Legende nach sogar eine „Brigade Engel“ (Gerster), die des Nachts doppelt so viel gearbeitet hätte wie die

---

[522] Gerster, Kirchen im Fels, S. 86.
[523] Gerster, Kirchen im Fels, S. 86.
[524] Diese Notiz wird in fast allen äthiopischen Büchern zu Lalibela erwähnt, z. B. bei Belai Giday, Ethiopian Civilization, S. 87.
[525] Vgl. die Liste bei Mengistu Gobezie, Lalibela, S. 40f.
[526] Dieses Tunnelsystem ist ausführlich beschrieben bei Baye Felleke, Lalibela, S.77 – 89.

Menschen tagsüber. Westliche Verfasser glaubten, die erwähnten Engel als „Weiße" identifizieren zu können, und behaupteten ohnedies, dass die Kirchen wohl eher über einen längeren Zeitraum hinweg entstanden seien.[527] Gegenüber derartigen kritischen Äußerungen, die für die Kirchen auch andere Bauherren als König Lalibela annehmen und die architektonisch zusätzlich einen ägyptisch-syrischen oder sogar einen indischen Ursprung vermuten, merken äthiopische Historiker mit einigem Recht an, dass man die Fähigkeiten der damaligen Äthiopier nicht unterschätzen dürfe und dass sich einheimische Baumeister genauso gut in fremden Ländern Wissen und Baustile angeeignet haben und später in ihrer Heimat angewandt haben könnten. Darüber hinaus sind ausländische Einflüsse bei den Felsenkirchen ohnehin nur in geringem Maß greifbar, zu groß sind die Belege aus der eigenen Tradition und die Verbundenheit mit der Architektur des Reiches von Aksum.[528] Insgesamt müssen demnach diese Kirchen – gleich, ob mit oder ohne übernatürliche Hilfe entstanden – als eigenständige Leistung des äthiopischen Christentums gelten.

Wissenschaftlich diskutiert wurde lange Zeit der genaue Grund, warum überhaupt Felsenkirchen „errichtet" wurden und warum in Lalibela auf engstem Raum so viele Kirchen dieser Art beieinander stehen.
Man hat vermutet, dieser Brauch gehe auf die damals regierende Dynastie der Zag^{w}e zurück, die vor ihrer Christianisierung ihre Götter in Höhlen verehrt habe.[529] Doch dagegen spricht zum einen der streng nach den Regeln christlicher Architektur beruhende Aufbau von neun der elf Kirchen in Lalibela und zum anderen der Umstand, dass es schon viel früher – im Reich von Aksum – Felsenkirchen gegeben hat. Bei den zwei Kirchen in Lalibela, bei deren unregelmäßigem Grundriss man auf einen vorchristlichen Gebrauch schließen könnte, bei Betä Märqorewos (Merkuriuskirche) und bei Betä Gäbrəʼel (Gabrielkirche), vermutet man zudem eine eher profane Nutzung als eine königliche Audienzhalle oder als Gerichtssaal.[530]
Eine andere Theorie besagt, Lalibela habe die elf Kirchen geschaffen, um einen Ausgleich für das alte Zentrum der syrischen Christenheit, Edessa (das heutige Şanlıurfa in der südlichen Türkei, nahe der Grenze zu Syrien), zu erbauen, nachdem Edessa, das unter den Kreuzfahrern ein christliches Fürstentum gebildet hatte, kurz zuvor in muslimische Hände gefallen war. Die Verbindung läuft über den Namen von Lalibelas Hauptstadt, die damals noch Roḥa hieß, und „Al-

---

[527] May, Äthiopien, S. 168; Baye Felleke, Lalibela, S. 36.
[528] Mengistu Gobezie, Lalibela, S. 111 – 113; ähnlich auch Baye Felleke, Lalibela, S. 37. 172.
[529] So z. B. Belai Giday, Ethiopian Civilization, S. 76, der dies allerdings nicht von den Kirchen in Lalibela behauptet, sondern von anderen Felsenkirchen in Təgray, die zuvor vorchristliche Tempel gewesen seien.
[530] Mengistu Gobezie, Lalibela, S. 72. 76.

Roḥa" war zugleich der arabische Name für Edessa. Aber so sehr der äthiopische König an den Vorgängen im Heiligen Land interessiert war, so konstruiert erscheint doch diese Herleitung, obwohl sie nicht völlig unmöglich ist. Außerdem wurde der legendäre König Abgar von Edessa, der mit Jesus persönlichen Briefkontakt gehabt haben soll, in Äthiopien nachweislich erst ab dem 15. Jahrhundert verehrt, so dass eine zeitlich frühere, enge Verbindung zwischen Äthiopien und Edessa eher unwahrscheinlich ist.[531] Als Grund, warum König Lalibela ein neues kirchliches Zentrum für das ganze Land schuf, vermutet wiederum der Äthiopienkenner Georg Gerster: „Die Zāgwē waren Thronräuber, aber zugleich hatten sie sich durch Missionseifer und Kirchenbau mit dem Klerus versöhnt."[532] Diese Begründung steht und fällt jedoch mit dem historischen Urteil, die Zag^{w}e seien Usurpatoren gewesen, und diese Einschätzung ist zumindest zweifelhaft. Allerdings liegt noch eine andere Intention Lalibelas viel näher. Heute geht man vor allem von einer symbolischen Deutung dieser Kirchen aus, die sowohl die Architektur als solche als auch die Häufung derartiger Gotteshäuser in Lalibela erklärt. Nach allgemeiner ostkirchlicher Tradition ist Jesus Christus in einer Höhle in Bethlehem geboren und nicht wie in der westlichen Tradition in einem Stall. Auch die gemalten Geburtsgeschichten oder Ikonen stellen in der gesamten Orthodoxie die Heilige Familie in einer Höhle dar. Und nach seinem Tod am Kreuz hat man Jesus Christus in einer Höhle begraben, die zugleich zum Ort seiner Auferstehung wurde. Die äthiopischen Felsenkirchen sind also symbolisch fest mit Geburt, Tod und Auferstehung Jesu Christi verbunden.[533]
Zusätzlich schuf König Lalibela in seiner Hauptstadt bewusst einen neuen Wallfahrtsort, der bald (wie zuvor Aksum) „Zweites Jerusalem" oder „Äthiopisches Jerusalem" genannt wurde. Zur Zeit der Kreuzzüge lebend, wollte Lalibela mit Hilfe der Kirche einen Ort innerhalb des eigenen Reiches schaffen, der es den äthiopischen Pilgern ermöglichte, ihre Gelübde zu erfüllen, ohne die beschwerliche und nicht selten lebensgefährliche Reise ins „richtige" Jerusalem auf sich zu nehmen.[534] Auch die äthiopische Kirche sagte ihren Gläubigen zu, bei einer Wallfahrt nach Lalibela den gleichen Segen Gottes zu erhalten wie für eine Pilgerreise nach Jerusalem. Für diese Theorie sprechen überdies zum einen die geographische Anordnung der Kirchen und zum anderen ihre symbolische Deutung in der lokalen kirchlichen Tradition. In Lalibela stehen die elf Felsen-

---

[531] Mengistu Gobezie, Lalibela, S. 18; Phillipson, Ancient Churches, S. 181.
[532] Gerster, Äthiopien, S. 225; ähnlich Belai, Ethiopian Civilization, S. 89.
[533] Mengistu Gobezie, Lalibela, S. 35; vgl. auch Baye Felleke, Lalibela, S. 37.
[534] Dieser Deutung neigen vor allem äthiopische Religionswissenschaftler zu: Mengistu Gobezie, Lalibela, S. 80f; Baye Felleke, Lalibela, S. 162f; Salehu Ene Keflyalew Merahi, Architecture, S. 88f. Aber auch Phillipson, Ancient Churches, S. 181 argumentiert in dieser Weise.

kirchen in drei voneinander getrennten Gruppen, wobei die dritte „Gruppe" lediglich von der Kreuzkirche Betä Qəddus Giyorgis gebildet wird.
Die erste Gruppe symbolisiert dabei das irdische Jerusalem. Hier werden auch die meisten großen religiösen Feste gefeiert, vor allem in der zentralen Kirche dieser Gruppe, Betä Maryam (Marienkirche).[535] Sie wird als die erste der von Lalibela „errichteten" Kirchen angesehen und ist zugleich das sowohl beim Klerus als auch bei den Gläubigen beliebteste Gotteshaus.
Die äthiopische Kirche deutet diese ersten Kirchen in diesem Sinn symbolisch als gesamten Weg der Menschheit und jedes einzelnen Gläubigen zum Heil, der an den bedeutendsten Ereignissen der biblischen Heilsgeschichte entlangführt. Daher befindet sich in der Kirche Betä Golgota (Golgathakirche) das symbolische, in den Felsen eingravierte Grab Jesu, in dessen Nähe übrigens auch das echte Grab König Lalibelas liegt. Etwas außerhalb dieser Kirche steht zudem in nordwestlicher Richtung ein Felsen, den man als Grab Adams bezeichnet. Dort wird auch der symbolische Platz verortet, an dem die jüdischen Hohepriester beschlossen haben, Jesus zu töten. Auch Betanien, der Ort des letzten Abendmahls Jesu mit seinen Jüngern, und der Ölberg (Däbrä Zäyt), auf dem Jesus gefangen genommen wurde, liegen auf der Landkarte der Umgebung Lalibelas. Die Kirche Mädhane 'Aläm wiederum wird als Ort der ersten Bundeslade angesehen; Betä Maryam gilt als Garten Getsemane.
Die zweite Gruppe steht für das himmlische Jerusalem, das die Christen nach ihrer Vollendung erwartet. Es beginnt mit der Kirche Betä Gäbrə'el (Gabrielkirche). Dem Erzengel, der wie kein anderer als Bote Gottes auf Erden gilt, geweiht, sieht man sie als „Straße zum Himmel" an. In Betä Libanos (Kirche des Hl. Libanos) werden die Cherubim als den Thron Gottes stützend gedacht, und die Kirche Betä Əmmanu'el (Emmanuelkirche) steht letztlich für das himmlische Jerusalem selber.
Die abseits stehende Kirche Betä Qəddus Giyorgis schließlich symbolisiert die Arche Noah zur Rettung der Menschheit als solcher.
Georg Gerster widerspricht zwar einer derartigen historischen Einordnung. Er hält einen Bezug zur etwa zeitgleichen Eroberung Jerusalems von den Kreuzfahrern durch Sultan Saladin im Jahr 1187, nach der Lalibela gleichsam ein „Ersatz-Jerusalem" bauen wollte, für eher unwahrscheinlich, da der neue muslimische Herrscher der Heiligen Stadt nur die Lateiner (Franken) verfolgt habe, die orientalischen Christen und damit auch die Äthiopier aber unbehelligt gelassen und sie möglicherweise sogar in ihrem Wunsch nach einer eigenen Kirche in Jerusalem unterstützt habe.[536] Aber diese historischen Fakten widersprechen der oben genannten, geistlich-symbolischen Deutung trotzdem nicht wirklich, wenn man das Gewicht auf die Vermeidung der langen Reise legt und mit in Betracht

---

535 Mengistu Gobezie, Lalibela, S. 49.
536 Gerster, Äthiopien, S. 225; Gerster, Kirchen im Fels, S. 59.

zieht, dass die äthiopische Christenheit insgesamt die Tendenz verfolgt, biblische Stätten ins eigene Land zu verlegen.

Irgendwann im 14. bis 16. Jahrhundert entwickelte sich eine andere, runde oder achteckige Form der Kirchen heraus. Zudem wanderte in dieser neuen Architektur der Altarraum von der östlichen Wand in die Mitte dieser Kirchen. Da sie in ihrem Aussehen den schwarzafrikanischen Hütten, den Tukuls, ähneln, hält man einen Zusammenhang mit der politischen Ausdehnung Äthiopiens nach Süden hin für wahrscheinlich, wo man dann die in diesen Regionen übliche Bauweise übernahm. Wir haben es hier demnach vermutlich mit einer Art Inkulturation des Kirchenbaus zu tun. Gestützt wird diese These durch den Umstand, dass diese Rundkirchen hauptsächlich im Süden und Westen Äthiopiens zu finden sind, während der Norden sich eher weiter an den Grundriss der Basilika hielt. Trotzdem deutet man die runde Form zugleich als symbolisches Abbild des gesamten Universums.[537] Im Inneren einer solchen Rundkirche liegen drei konzentrische Kreise. Der innerste Bereich beherbergt das Allerheiligste, das nur die Priester und Diakone betreten dürfen und wo der Tabot auf dem Altar ruht. Dieses Allerheiligste (mäqdäs) besteht meistens aus einem quadratischen, bis zur Decke reichenden Raum mit drei Türen nach Westen, Norden und Süden und einem Fenster nach Osten. In Kirchen mit genügender Größe befinden sich manchmal auch je drei Türen an den genannten drei Seiten und drei Fenster in der vierten Wand. Zwischen dem Dach des Allerheiligsten und der Spitze des Runddachs (quasi auf dem „Dachboden“) fügte man dann einen zentralen Stützpfeiler ein, der die Dachkonstruktion trägt.
Ob außer den Priestern und Diakonen tatsächlich niemand einen Blick in das Allerheiligste mit dem Tabot werfen darf, wird allerdings mittlerweile unterschiedlich beurteilt. Auf dem Land und unter konservativ eingestellten Priestern herrscht weiter die traditionelle Auffassung vor, dass dieser innerste Bereich einer Kirche Unberufenen verschlossen bleibe. Sie begründen dies, dass man diese Absonderung der Ehre der Eucharistie schuldig sei. Außerdem könne das einfache Volk das Mysterium ohnehin nicht begreifen. In den Städten öffnen jedoch inzwischen manche Priester die Türen zum Allerheiligsten für Gläubige und Besucher. Sie verweisen weniger auf eventuelle Anforderungen des modernen Tourismus als vielmehr auf den Umstand, dass auch Jesus Christus selber öffentlich aufgetreten und gekreuzigt worden sei. Wie sich nun die Tür zum Allerheiligsten auftue, so habe sich das Tor zum Himmel bei der Auferstehung Christi geöffnet.[538]

---

[537] So Batalem Tadesse, Guide, S. 123; vgl. zu den Rundkirchen auch Loth, Afrika, S. 69 – 71 und aus dem 18. Jahrhundert bereits J. Bruce, Quellen, S. 188f.
[538] Heyer, Kirche Äthiopiens, S. 40.

Der zweite, mittlere Bereich, der rund, rechteckig oder achteckig sein kann, ist denjenigen Gläubigen vorbehalten, die berechtigt sind, an der Eucharistie teilzunehmen und die sich mit Fasten, Beten und innerer Reinigung darauf vorbereitet haben. Frauen und Männer stehen dabei in getrennten Gruppen beieinander. Auch er ist vom äußeren Bereich mithilfe einer von vielen Türen und Fenstern durchbrochenen Wand getrennt. Der äußere Kreis ist mit Vorhängen in drei Bereiche unterteilt. Im westlichsten Abschnitt singen und tanzen die Däbtäras, in den beiden anderen versammelt sich die restliche Gemeinde, wieder nach Geschlechtern getrennt. In manchen Kirchen wird dieser Bereich auch schlicht von dem Säulengang, der rund um das Gebäude führt und außerhalb der Kirchenmauer, aber noch unter dem Kirchendach liegt, gebildet.
Die Gotteshäuser reichen ohnehin oft für die Masse der Menschen, die zum Gottesdienst kommen, bei weitem nicht aus, so dass dann sowieso ein großer Teil der Gemeinde im Freien vor der Kirche steht und die Feier nur per Lautsprecherübertragung miterlebt, sofern eine solche technische Ausstattung vorhanden ist, was heutzutage bei den großen Kirchen in den Städten meistens der Fall ist. Auch diejenigen, die sich aus den unterschiedlichsten Gründen unwürdig fühlen, näher hinzuzutreten, bevorzugen den Platz draußen vor der Kirche.
Jede Rundkirche hat drei Eingänge. Das östliche Tor ist den eucharistischen Gaben sowie den Priestern und Diakonen vorbehalten. Auf der vom Priester aus gesehen rechten Seite stehen die Männer, auf der linken Seite die Frauen. Daher sind auch die entsprechenden Eingänge so angeordnet.

Sehenswert sind an fast allen Kirchen die Wandmalereien und (nicht figürliche) Holzschnitzereien sowie vor allem auf dem Land ihre unvergessliche Lage an herausragenden Plätzen der beeindruckenden äthiopischen Landschaft. So ist etwa jede Seite des Mäqdäs, des Allerheiligsten einer Kirche, einem bestimmten theologischen oder biblischen Thema gewidmet. Vor allem die Darstellung der Dreieinigkeit in Form der drei Männer, die Abraham besuchten (Gen. 18, 1 – 15), Szenen aus dem Leben Jesu sowie Bilder der Jungfrau Maria, der Engel und beliebter Heiliger dürfen keinesfalls fehlen. Daher sieht man in der Regel auf der Ostwand den Einzug Jesu nach Jerusalem sowie Wunder Jesu und Marias, von denen die Bibel und die späteren Legenden reden. Darunter sind Heilige abgebildet. Die westliche Wand ist voll mit Szenen aus dem Neuen Testament: die Geburt Jesu, die Kreuzigung Jesu, das Jüngste Gericht u. a. Die Nordwand ist der (gerade noch verhinderten) Opferung Isaaks durch Abraham, dem gewaltsamen Tod Johannes' des Täufers und anderen Heiligen und Märtyrern gewidmet.
Eine erwähnenswerte Rundkirche der besonderen Art steht in dem Ort Bethlehem rund 90 km westsüdwestlich von Lalibela. Ihr Tabot ist dem Heiligen Täklä Haymanot geweiht. Von außen sieht sie wie eine typische Rundkirche aus, doch das konische Dach, das auf im Kreis stehenden Säulen ruht, verbirgt unter sich eine vollständige, rechteckige Kirche. Die Tradition datiert das Gotteshaus auf Ende des 14./Anfang des 15. Jahrhunderts, aber sie könnte auch etwas jünger

sein (16. Jahrhundert), da eine Handschrift erhalten ist, die von König Dawit dieser Kirche gestiftet wurde. Die Frage ist nun, ob es sich hier um König Dawit II. (1382 – 1411) oder um König Dawit III. (1508 – 40) handelt.[539]
In neuerer Zeit werden weiterhin viele Rundkirchen gebaut, nun aber verbunden mit modernen Stilelementen. Ein gutes Beispiel dafür ist die achteckige Kirche Betä Qəddus Giyorgis in Addis Abeba aus dem Jahr 1986. Heute stehen um die 1.500 dieser Rundkirchen in Äthiopien.[540]

Daneben sind in der Kirchenarchitektur des 20. Jahrhunderts auch abendländische Einflüsse spürbar. Z. B. die mächtige Kathedrale des Patriarchen, die Dreifaltigkeitskirche in Addis Abeba, in der heutzutage die äthiopischen Patriarchen, Erzbischöfe und Bischöfe geweiht werden, mutet in ihrem Baustil unäthiopisch an. Sie wurde 1942 fertig gestellt und hat – für Äthiopien ansonsten unüblich – bunte Fenster mit biblischen Szenen.[541]

Bemerkenswert sind überdies die eisernen Kreuze, die das Dach vieler äthiopischer Kirchen krönen. Von diesem Kreuz gehen manchmal sieben Arme ab, an denen Straußeneier hängen. Von der in Äthiopien sehr beliebten Schrift Fisalgos oder Fisə'aləgos (= Physiologus)[542] her versteht man das Straußenei als Mahnung an die Gläubigen, ihre Seelen vor Schaden zu bewahren – so wie die Straußenmutter über ihre Eier wacht. Ein koptischer Mönch erklärte einmal einem westlichen Besucher dazu: „Das Ausbrüten der Straußeneier erfolgt dadurch, daß Männchen und Weibchen die Eier auf einen Haufen legen. Dann setzt sich das Männchen auf die eine Seite, das Weibchen auf die andere und beide blicken unverwandt auf die Eier. Wenn der Blick eines von ihnen von einem Ei abgleitet, verdirbt das Ei. Wenn sie diese aber fest anblicken, schlüpfen alle Jungen aus. Alle Eier, die nicht ausgebrütet werden erbeuten die Jäger und verkaufen sie der Kirche. In der Kirche aber werden sie nicht zur Zierde, sondern zum Gleichnis aufgehängt. Ein verdorbenes Ei, das der Blick seiner Eltern

---

[539] Phillipson, Ancient Churches, S. 82 – 85.
[540] Heyer, Kirche Äthiopiens, S. 34.
[541] Salehu Ene Keflyalew Merahi, Architecture, S. 105.
[542] Der Physiologus ist eine griechische Schrift, die das Verhalten von Tieren im Analogieschluss auf eine geistliche Dimension hin deutet. Allerdings sind diese Analogien aus heutiger Sicht oft nicht gerade naheliegend, und es tauchen auch mythische Wesen wie z. B. der Phönix auf. Gleichwohl erfreute sich das Büchlein in der antiken Welt großer Beliebtheit. Es wurde im 5. Jahrhundert ins Gə'əz übersetzt. Diese Version ist wegen ihrer Treue zum Urtext heute von besonderer Bedeutung, zumal mit der Zeit mehrere, leicht voneinander abweichende Versionen im Umlauf waren: vgl. Curley, Physiologus, S. XXVIf; vgl. auch Ullendorff, Ethiopians. S. 134f.

nicht umfing, ist ein Hinweis für jeden, der betet, daß sein Gebet wie das Straußenei verdirbt, wenn sein Sinn im Gebet abschweift."[543]
Eine andere Version des Fisalgos schreibt: „Wenn der Strauß sieht, dass der Morgenstern am Himmel aufgegangen ist, gräbt er ein Loch in die Erde, legt seine Eier hinein und bedeckt sie mit Sand. Aber sobald er diesen Ort verlassen hat, hat er seine Eier auch schon vergessen und kehrt nicht mehr zu ihnen zurück. [...] Daher, wenn der Strauß seine Zeit kennt und seine Augen zum Himmel hebt und (darüber) seine Jungen vergisst, um wie viel mehr ist es für uns angemessen, unsere Zeit zu kennen, irdische Dinge zu vergessen und nach himmlischen Dingen zu streben und die Augen unserer Herzen zu erheben?"[544]
In der koptischen Kirche begegnete dem Verfasser dieses Buches zudem die genau entgegengesetzte Deutung auf die Sorge Christi für seine Herde hin, so wie die Straußeneltern ihr Nest nie unbewacht lassen würden.
Eine weitere volkstümliche Erklärung besagt, dass die Straußeneier die Sünden symbolisieren, die nicht gebeichtet und vergeben wurden. Sie werden am Tag des Jüngsten Gerichts für alle deutlich sichtbar vor dem jeweiligen Gläubigen hängen.[545] Sie wären demnach eine Mahnung, bei der Beichte keine Sünde auszulassen.

Um die Kirchen herum weitet sich ein Hof, von einer Mauer umgeben, bei der Schatten spendende Bäume wachsen. Dieser offene Raum ist für jede äthiopische Kirche unabdingbar notwendig, wird er doch in symbolischer Art und Weise mit dem Paradies in Verbindung gebracht.[546]
Innerhalb dieses Areals steht neben jeder Kirche (immer im Osten) ein kleines „Service-Haus", Bethlehem (Betä Ləḥəm = Haus des Brotes) genannt, in dem die eucharistischen Gaben (Brot und Wein) unter Gebeten und Psalmrezitationen vorbereitet werden. Außerdem beherbergt ein „Sachenhaus" den Kirchenschatz: Bücher, Prozessionskreuze, liturgische Gewänder u. a. m. Am Tor zu diesem Kirchenareal sitzen in der Regel eine Reihe von Bettlern, die darauf vertrauen, dass Menschen, die sich dem Haus Gottes nähern, besonders geneigt sind, ihnen zu helfen, wobei sie geschickt an das fromme Gewissen derer, die zum Gottesdienst kommen, appellieren, indem sie rufen: „Um Marias willen! Um Michaels willen! Um Christi willen!"[547] Umgekehrt gilt es den Gläubigen als eine gute Tat, den Armen eine Münze oder etwas Essen zukommen zu lassen.

---

[543] Meinardus, Wüstenväter, S. 141, vgl. auch Der Physiologus, S. 52.
[544] Curley, Physiologus, S. 55f; zu beiden Deutungen vgl. auch Gerster, Äthiopien, S. 86.
[545] Mercier, Zauberrollen, S. 44.
[546] Selahu Ene Keflyalew Merahi, Architecture, S. 79, schon J. Bruce, Quellen, S. 188 schreibt im 18. Jahrhundert davon.
[547] Vgl. dazu u. a. Kleiner, Feinde Marias, S. 29.

Diese Bettler haben wie auch die geistig Behinderten eine Art Narrenfreiheit. Friedrich Heyer schreibt dazu: „Hier gewährt Gott ihnen Freiheit. Es bewahrheitet sich, was die Gelehrten gegenüber den Anglikanern als Sinn des Kirchengebäudes formulierten: ‘Hier ruhen die, die alle Hoffnung verloren haben und Almosen betteln, die keine Zuflucht haben, die Armen, die Bedrückten, die Kranken, die Blinden, die Lahmen.’“[548]

---

[548] Heyer, Kirche Äthiopiens, S. 30.

6.3.2. Der organisatorische Aufbau

Zunächst einmal ist zu betonen, dass es heutzutage mehr denn je falsch ist, von der koptischen Kirche Äthiopiens zu reden, wie man es immer noch ab und liest oder hört. Das Wort „Kopten" leitet sich von „Ägypten" ab und trifft daher weder auf die äthiopische Kirche noch auf die äthiopische Bevölkerung zu. Es bestand in früheren Jahrhunderten lediglich eine kirchenrechtliche Abhängigkeit der äthiopischen von der koptischen Kirche. Trotzdem sind und bleiben beide Konfessionen natürlich Teil der orientalischen (nicht-chalcedonensischen) Kirchenfamilie.
Bis zum Jahr 1959 war die äthiopische Kirche eine Metropolie der Koptischen Orthodoxen Kirche in Ägypten gewesen. Alle Metropoliten (und die ab 1881 vier bzw. ab 1928 fünf Bischöfe) waren Kopten, die der Patriarch von Alexandrien nach Äthiopien schickte. Das Ziel dieser Beschränkung war, sich dieser Abhängigkeit der äthiopischen Kirche zu versichern, weil kirchenrechtlich mindestens zwölf Bischöfe nötig sind, um einen Patriarchen zu weihen. Man begründete diese Regelung mit den sogenannten 84 Kanones des Konzils von Nicaea (325), deren Echtheit jedoch heute widerlegt ist. Sie stammen als Sammlung früherer Texte in Wahrheit aus dem 13. Jahrhundert, waren in Äthiopien aber trotzdem unter dem Titel „Fətha Nägäśt" (= Das Gesetz der Könige) über Jahrhunderte hinweg die Grundlage der gesamten Rechtsprechung. Doch trotz dieses kirchenrechtlichen Anspruchs war ein echtes Interesse der Kopten an ihrer äthiopischen Tochterkirche eher gering. Der koptische Patriarch Kyrill IV. (1854 – 61) war der erste, der in seiner eigenen Kirche Reformen durchsetzte und zugleich das erste Oberhaupt der koptischen Kirche, das Äthiopien tatsächlich besuchte (im Jahr 1856), wobei dieser Aufenthalt unter zweifelhaftem Vorzeichen stand, weil man Kyrill IV. verdächtigte, im Auftrag der (islamischen) Regierung Ägyptens die Stärke Äthiopiens auszuspionieren.[549] Damit waren die entsandten Hierarchen (Kirchenoberhäupter) aber in Äthiopien Ausländer, die in den meisten Fällen nicht einmal die Landessprache beherrschten. Sie durften den Titel „Liqä P̣ap̣pasat" (= Metropolit oder Erzbischof) bzw. „Abunä" (= Unser Vater) führen, waren aber nur „geehrt mit dem Titel eines Patriarchen, ohne dessen Autorität zu besitzen".[550] „Abunä" ist dabei eine allgemeine, respektvolle Anrede für Geistliche, mit der man in Äthiopien nicht allein den Patriarchen, sondern auch andere höhere Kleriker, z. B. Äbte, anspricht.[551]
Um die Interessen des einheimischen Klerus dennoch angemessen wahrzunehmen, richtete man neben dem kirchlichen Oberhaupt das Amt eines Əč̣č̣äge ein. Zuerst nahm diese Aufgabe der Abt des Stephanus-Klosters am Ḥayq-See in der

---

[549] Heyer, Kirche Äthiopiens, S. 7.
[550] Heyer, Kirche Äthiopiens, S. 8.
[551] Nosnitsin, Abunä, S. 56.

früheren Provinz Wällo (heute Region Amhara) wahr; seit dem 15. Jahrhundert (um 1445) hatte es immer der Abt des wichtigsten Klosters, Däbrä Libanos, in der früheren zentralen Provinz Šäwa (heute Region Oromia) unweit der heutigen Hauptstadt Addis Abeba inne. Allerdings residierte er ab dem 17. Jahrhundert beim Kaiser in dessen neuer Hauptstadt Gondär. So ernannte und weihte der koptische Metropolit die Bischöfe und Priester sowie die Tabots in neu errichteten Kirchen. Der Əččäge hingegen durfte niemanden weihen, da er selber kein Bischof war. Dafür übte er die tatsächliche Aufsicht über den Klerus, die Klöster und die Kirchenverwaltung aus. Außerdem fungierte er als Berater des Kaisers in kirchlichen Belangen und hatte die tatsächliche Macht über die Kirche inne, solange kein Metropolit auf dem Thron saß. Diese Zeiten einer Vakanz dauerten oft mehrere Jahre, da es im später islamisch beherrschten Ägypten nicht immer einfach war, kirchliche Nachrichten zu übermitteln und einen Nachfolger für einen verstorbenen Metropoliten nach Äthiopien zu schicken. Nach der Verkündung der kirchlichen Unabhängigkeit im Jahre 1959 (s. u.) verschmolz die Funktion des Əččäge mit dem Metropoliten, der fortan immer ein Äthiopier sein würde, bzw. das Amt und der Titel „Əččäge" ist nun ohne jede Bedeutung.

Innerhalb der äthiopischen Kirche hatte es bereits seit Mitte der 1920er Jahre verstärkt Bestrebungen gegeben, sich von der koptischen Mutterkirche zu lösen und selbständig (autokephal) zu werden, wie es ihr nach orthodoxem Kirchenrecht, das jeweils unabhängige Nationalkirchen vorsieht, an sich auch zustand. Im Jahr 1929 kam zwar wieder ein neuer koptischer Metropolit als kirchliches Oberhaupt der äthiopischen Kirche nach Addis Abeba, aber zumindest weihte man zum ersten Mal fünf Einheimische zu Bischöfen. Während der italienischen Besatzung lockerte sich die Beziehung nach Ägypten weiter, weil die katholischen Italiener den fest mit der orthodoxen Kirche verbundenen, äthiopischen Nationalstolz zu brechen versucht hatten, und daher, um auch die äthiopische Kirche international zu isolieren, jeden Kontakt mit den Kopten verboten hatten. Im Land selber ließen die Italiener sogar im Jahr 1937 von einer ihnen ergebenen Nationalsynode die Autokephalie (die kirchliche Unabhängigkeit) der äthiopischen Kirche verkünden, die einen ihrer Bischöfe namens Abraham „von Mussolinis Gnaden" zum neuen Patriarchen wählten. Nicht willfährige Mönche und Priester wurden ermordet und Kirchen und Klöster geplündert. Der bisherige Abunä Qerəllos (= Kyrill) musste Äthiopien verlassen. Die Italiener brachten ihn zuerst nach Rom. Später ging er ins selbst gewählte Exil nach Kairo. Das koptische Patriarchat in Kairo erkannte natürlich die einseitige Erklärung der äthiopischen Nationalsynode nicht an und exkommunizierte seinerseits den ungesetzlich gewählten Abunä Abraham und alle seine Gefolgsleute. Der rechtmäßige Metropolit Qerəllos kehrte 1942, einige Monate nach der Vertreibung der Italiener und der Rückkehr des Kaisers aus dem Exil, nach Äthiopien zurück. Damit war das von den Italienern hervorgerufene koptisch-äthiopische Schisma über die einseitige Erklärung der Autokephalie offiziell beigelegt.

Trotzdem verhandelten die Äthiopier in den Jahren nach dem Zweiten Weltkrieg umso zielgerichteter mit dem koptischen Patriarchat. Zunächst erklärte ein Abkommen mit Kaiser Haile Selassie I. aus dem Jahr 1948, dass nach dem Tod von Abunä Qerəllos zum ersten Mal ein Einheimischer dieses Amt ausüben durfte. Qerəllos starb im Jahr 1950, so dass der koptische Patriarch im Jahr 1951 den Äthiopier Basəlyos zum Metropoliten weihte. Basəlyos war zuvor äthiopischer Bischof von Jerusalem gewesen. Zugleich gewährte der koptische Patriarch der äthiopischen Kirche die innere Autonomie und der nächste Patriarch von Alexandrien, Kyrill VI., endlich im Jahr 1959 die volle Autokephalie.[552] Nach der Erklärung der Autokephalie nahm Basəlyos den Titel „Patriarch-Katholikos" an, den er bis zum seinem Tod im Jahr 1979 innehatte. Im Gegenzug erkannte die äthiopische Kirche auch in Zukunft das Ehrenprimat des Patriarchats von Alexandrien an. Diese „Spur geistlicher Abhängigkeit" (Hammerschmidt) verbirgt sich kirchenrechtlich hinter dem Zusatz „Katholikos", so dass die Äthiopier diese Ergänzung zumeist weglassen und schlicht vom „Patriarchen von Äthiopien" sprechen.[553]

Der organisatorische Aufbau der äthiopischen Kirche gliedert sich vor diesem Hintergrund folgendermaßen:[554]
Als Gründer und Haupt der Kirche gilt selbstverständlich der gekreuzigte und auferstandene Herr, Gottes Sohn Jesus Christus: „Die äthiopische Kirche erkennt an, dass die inwendige, entscheidende Autorität der Kirche Christus selbst ist, der durch den Heiligen Geist, die Macht Gottes, die in der Kirche wohnt, regiert."[555]
Unter ihm gilt grundsätzlich, ähnlich wie in der evangelischen Kirche, das „Priestertum aller Getauften", das sich auf 1. Petr. 2, 9 bezieht und mithin alle getauften Christen als heilige Priester bezeichnet. Die geweihten Ämter sind lediglich durch die „Verschiedenheit der Ämter und Geistesgaben" davon unterschieden (vgl. Röm. 12, 6 – 8; 1. Kor. 12, 4 – 31 u. a. m.). „Deswegen wird die Hierarchie nicht als eine getrennte Klasse angesehen, sondern als ein Bestandteil des Volkes Gottes."[556]

Die geweihten Ämter (die Hierarchie) teilt man traditionell in drei Gruppen ein: die Bischöfe, die Priester und die Diakone. Alle diese Gruppen sind in sich noch

---

[552] Vgl. hierzu vor allem den Text der diesbezüglichen Gemeinsamen Erklärung beider Kirchen in Meinardus, Christian Egypt, S. 395 – 398.
[553] Hammerschmidt, Äthiopien, S. 118.
[554] Vgl. Aymro Wondmagegnehu / Motovu, Ethiopian Orthodox Church, S. 17 – 20; Heyer, Kirche Äthiopiens, S. 20 – 27; Chaillot, Ethiopian Orthodox Tewahedo Church Tradition, S. 38 – 47; Matthew, Hierarchy; Levine, Wax & Gold, S. 167 – 173; Krapf, Reisen, S. 64f.
[555] Matthew, Hierarchy, S. 58.
[556] Matthew, Hierarchy, S. 57.

einmal unterteilt. So zählen zu den Bischöfen auch der Patriarch und die Erzbischöfe.
Der Patriarch hat unter dem Haupt Christus die oberste kirchliche Macht über die Gläubigen. Nur er kann Exkommunikationen aussprechen. Er ist auch für die Einteilung der Bistümer und die Einsetzung der Bischöfe verantwortlich.
Dem Patriarchen steht die Heilige Synode zur Seite. Sie wird aus den Metropoliten oder Diözesanbischöfen gebildet und regelt alle geistlichen und kirchenrechtlichen Angelegenheiten. Sie berät auch den Patriarchen bei seinen Entscheidungen. Die heilige Synode tritt zweimal im Jahr zusammen. In der Zwischenzeit kümmert sich eine Permanente Synode, zu der der Patriarch, der Generalsekretär und der Sekretär der Heiligen Synode sowie drei weiteren Bischöfe gehören, um alle Angelegenheiten, die keinen Aufschub dulden.
Daneben ist eine Kirchenverwaltung für alle administrativen Vorgänge zuständig. Eine derartige zentrale kirchliche Behörde gibt es allerdings erst, seitdem sie von der italienischen Besatzungsmacht eingefordert worden war. Vorher hat man Entscheidungen innerhalb der Kirche durch „Versammlungen" (guba'e) getroffen, deren Rechtsgrundlage und Vorgehensweise nicht klar geregelt war und nicht selten dem Zufall überlassen wurde. Wer sie einberufen durfte, wer stimmberechtigt war, welche Tragweite Beschlüsse haben sollten, war nicht wirklich festgelegt. Genauso wenig gab es eine Geschäftsordnung.[557]

Heute hat die Kirchenverwaltung zehn Abteilungen oder Referate:[558]

1. Referat für Evangelisation und missionarische Aktivitäten
2. Referat für Erziehung (für Schulen und Hochschulen)
3. Referat für kirchliche Angelegenheiten (Personal-Referat)
4. Referat für monastische Angelegenheiten (für die Klöster)
5. Referat für die Gemeindevorstände
6. Referat für die Sonntagsschulen
7. Referat Kirchenverwaltung
8. Referat für die Finanzen
9. Referat für die Inventarisierung und Bewahrung des Kirchenschatzes
10. Referat für Planung und Entwicklung (auch das Referat für den Bau von Kirchen)

Darüber hinaus sind mehrere Zentren eingerichtet:[559]

1. Zentrum für die Herstellung und Verteilung liturgischer Gewänder
2. Zentrum für die Verwaltung der Spenden von Pilgern im Qulləbi-Kloster
3. „Gofa Technisches Trainingszentrum"

---

557 Heyer, Kirche Äthiopiens, S. 12.
558 Chaillot, Ethiopian Orthodox Tewahedo Church Tradition, S. 42 – 44.
559 Chaillot, Ethiopian Orthodox Tewahedo Church Tradition, S. 44 – 46.

4. Rat der Gelehrten (für die Überwachung der Revision, Übersetzung und Herausgabe der Bibel sowie liturgischer und theologischer Bücher)
5. Kirchliches Gericht
6. Rechtsabteilung (für die juristische Vertretung der Kirche gegenüber den staatlichen Gerichten)
7. Kirchliches Außenamt
8. Kirchlicher Verlag „Tensa'e Zeguba'e Printing Press"
9. Zentrum für die Verwaltung vermieteter kirchlicher Gebäude
10. Zentrum für Kinder- und Familienangelegenheiten
11. Kommission für Entwicklung und Interkonfessionelle Hilfe (zur Koordinierung und Unterstützung drittfinanzierter Projekte in den Kirchengemeinden)

Erzbischöfe (eppisqoppos oder liqä pappasat) leiten jeweils eine Diözese. Ihre Aufgaben sind pastoraler Art und liegen in der Beaufsichtigung und Betreuung des örtlichen Klerus und der Klöster in ihrem Gebiet. Darüber hinaus sind Bischöfe (Weihbischöfe) (pappas) dem Abunä für besondere Aufgabenbereiche beigeordnet, z. B. für die Jugendarbeit oder für die Ökumene oder als Leiter eines kirchlichen Institutes.
Derzeit gibt es 24 Erzbischöfe und Bischöfe, die rund 250.000 Priester unter sich haben,[560] die wiederum in 36.000 Kirchengemeinden[561] Dienst tun.
In Ehre und Bedeutung den Bischöfen fast gleichgestellt ist der oberste Mönch in Aksum mit dem Titel „nəburä əd". Seine Aufgabe ist es vor allem, die heiligen Stätten in der alten Reichshauptstadt zu verwalten.

Die Gemeindepriester sowie die Klöster unterstehen ihrem jeweiligen Ortsbischof, so dass jede Diözese die Gesamtstruktur der ganzen Kirche im Kleinen abbildet. Die gilt in gleicher Weise von der Leitung und Verwaltung. Wie die Heilige Synode dem Patriarchen zur Seite steht, so hat jede Diözese und jeder Distrikt ihre bzw. seine jeweilige Generalversammlung. Auch jede Gemeinde hat einen Vorstand mit – je nach Größe der Gemeinde – fünf bis neun gewählten Mitgliedern, wobei in etwa je die Hälfte Kleriker (Priester und Diakone) und die

---

[560] Belai Giday: Ethiopian Civilization, S. 106. Christine Chaillot spricht mit Berufung auf kirchliche Quellen von 38 Diözesen und 46 Bischöfen (im Jahr 2002) und rund 364.765 Priestern und Diakonen (im Jahr 2000): Chaillot, Ethiopian Orthodox Tewahedo Church Tradition, S. 39.
[561] Eshetu Amsalu, Role, S. 150. Christine Chaillot spricht mit Berufung auf kirchliche Quellen von über 32.537 Kirchengemeinden und Klöstern (im Jahr 2000): Chaillot, Ethiopian Orthodox Tewahedo Church Tradition, S. 39.

Hälfte Laien sind. In dieses Gremium können auch Frauen gewählt werden und dort Ämter übernehmen.[562]
Der Priesterstand wiederum unterteilt sich in zwei Gruppen.
Die Erzpriester (kahən) haben eine bessere Ausbildung durchlaufen als die normalen Priester. Ihr Wissensstand gleicht dem der Däbtäras (s. u.). Anders als die Priester sind sie außerdem berechtigt, Kandidaten für das Priesteramt auszubilden.
Die Gemeindepriester (qäsis oder qes) stellen die religiöse Grundversorgung der ihnen anvertrauten Menschen sicher, indem sie in den Kirchen die Gottesdienste feiern, die Sakramente verwalten, die Familien zu besonderen Anlässen besuchen oder ihnen bei seelsorgerlichen Problemen zur Seite stehen, die Verstorbenen beerdigen und insgesamt als Beichtväter und Berater zur Verfügung stehen. In der Sprache der äthiopischen Kirchenlehre ausgedrückt, heißt das: Die Aufgaben eines Priesters sind, „zu taufen, die Eucharistie zu feiern und sie auszuteilen, das Volk zu segnen, das Evangelium zu verkünden, zu lehren, zu tadeln, zu raten und die übrige Arbeit der Kirche zu verrichten."[563]
In einer Kirche dienen in der Regel mehrere Priester gleichzeitig. Dadurch kann nicht nur die Eucharistie gemeinsam zelebriert werden. Vor allem wird so die Last der Seelsorge auf viele Schultern verteilt, wobei die Familien stets „ihren" speziellen Priester (Beichtvater) (yänäfs abbat) haben, der sie meist bereits über viele Jahre hinweg besucht und kennt, was die Seelsorge erheblich erleichtert. Ein Priester soll deshalb im idealen Fall nicht mehr als sieben Familien betreuen, um jedem einzelnen Gläubigen auch genügend Zeit und Aufmerksamkeit widmen zu können. Die Priester sind dabei natürlich ohne jede Ausnahme an die Wahrung des Beichtgeheimnisses gebunden.
Jede Kirchengemeinde hat außerdem einen Haupterzpriester (liqä kahənat), d. h. einen Priester, den der Bischof zur Leitung der Gemeinde ernannt hat, während ihm die anderen Priester am Ort assistieren. Einer dieser beigeordneten Priester verwaltet auch die Gelder der Gemeinde. Sein Titel ist „gəbəz".
Das Priesteramt wird heutzutage immer hauptberuflich ausgeübt, um der Kirche und den Gläubigen zu jeder Zeit zur Verfügung zu stehen. Eine Nebentätigkeit anderer Art aufzunehmen, ist nicht erlaubt.
Die Kandidaten für das Priesteramt müssen die Kirchenschule absolviert haben, in der sie neben der Kirchensprache Gəʿəz die Bibel, das religiöse Schrifttum und die Liturgie kennenlernen. Manche lassen sich auch einfach von einem älteren Priester unterrichten. Ein Theologie-Studium an einer Universität oder einer kirchlichen Hochschule ist dafür nicht notwendig, wird aber mittlerweile be-

---

[562] Chaillot, Ethiopian Orthodox Tewahedo Church Tradition, S. 41; Bakke, Christian Ministry, S. 61 – 63. 65 – 69.
[563] Gerster, Kirchen im Fels, S. 44; vgl. auch The Teaching, S. 53; Bakke, Christian Ministry, S. 67 – 69; Hammerschmidt, Kultsymbolik, S. 219.

grüßt. Dazu dient heute vor allem das im Jahr 1944 gegründete Holy-Trinity-College, das an das Patriarchat in Addis Abeba angeschlossen ist. Außerdem gibt es sechs Zentren für die Priesterausbildung: in Mäqälle, in Awasa, in Baḥər Dar, in Metu und in den Klöstern im Z^{w}ay-See und im Ḥaiq-See.[564]
Vor ihrer Priesterweihe werden die Kandidaten zunächst zu Diakonen geweiht. Das Diakonat dient ihnen gleichsam als eine praktische Vorbereitungszeit für das Priesteramt. Außerdem müssen sie (kirchlich) verheiratet sein. Nach ihrer Weihe dürfen sie allerdings nicht mehr heiraten. So ist es einem verwitweten Priester versagt, ein zweites Mal zu heiraten; und ein Kandidat, der vor seiner Weihe nicht geheiratet hat, wird damit automatisch zum Mönchspriester. Es ist das Vorrecht des Patriarchen, unter den Kandidaten die Würdigen auszuwählen und sie zu Priestern zu weihen.
Eine besondere Kleidung im Alltag ist für die Priester nicht vorgeschrieben. Meistens sind sie auf der Straße nur an ihrem Handkreuz zu erkennen, sofern sie nicht gerade ihre geistliche Kleidung tragen.
Wie die gesamte Orthodoxie kennt auch die äthiopische Kirche kein weibliches Priesteramt.

Besonders wichtig ist der äthiopischen Kirche dabei die sogenannte Apostolische Sukzession.[565] Sie bedeutet, dass man eine ununterbrochene Reihe von Bischöfen annimmt, die über die Apostel bis auf Jesus Christus selbst zurückgehen. Nur diese Weihe, rechtmäßig weitergegeben von Bischof zu Bischof, verbürgt nach dieser Auffassung das legitime Amt zur Verwaltung der Sakramente, das sich zu Recht auf die Beauftragung durch den Herrn und Heiland berufen darf. Dazu waren der Legende nach die Apostel in die verschiedenen Weltgegenden gewandert, um gemäß dem Missionsbefehl des auferstandenen Christus (Mt. 28, 18 – 20) allen Völkern das Evangelium zu bringen. Jede der alten Kirchen führt sich daher auf einen dieser Apostel zurück, so etwa die Gemeinde von Jerusalem auf den Herrenbruder Jakobus, das syrische Patriarchat von Antiochien auf Petrus, die armenische Kirche auf Thaddäus, die indischen Christen auf Thomas und die Kopten in Ägypten auf den Evangelisten Markus. Durch die Weihe des ersten Bischofs in Äthiopien, Frumentius, durch Patriarch Athanasius von Alexandrien steht auch die äthiopische Kirche in dieser Apostolischen Sukzession.

Im alltäglichen Leben bringen die Gläubigen den Priestern großen Respekt entgegen. Auf der Straße begrüßt man die Geistlichen ehrfürchtig, bedient sie als Gäste immer zuerst, legt bei ihnen bereitwillig die Beichte ab und fragt sie

---

564 Chaillot, Ethiopian Orthodox Tewahedo Church Tradition, S. 46.
565 Sie ist im Kapitel 5 des alten Gesetzbuches Fətha Nägäśt festgelegt: Nosnitsin, Eppisqoppos, S. 342; vgl. auch The Teaching, S. 50 – 52.

selbstverständlich bei schwierigen Entscheidungen um Rat. Das hindert die Menschen jedoch nicht, die Priester zugleich zu Objekten ihres Humors zu machen, für den sie als „ignorant, betrunken, geizig, bereit, ihre Macht zu missbrauchen etc."[566] gelten. Nicht wenige volkstümliche Erzählungen, Sprichwörter und Witze ranken sich um den Charakter des „normalen" Priesters. Trotz all dieser menschlichen Schwächen, die man liebenswürdig belächelt, nehmen die Äthiopier ihre Priester dennoch als Vertreter der heiligen Kirche Jesu Christi, die die Mysterien (Sakramente) verwalten und die für das Seelenheil notwendigen Riten vollziehen, ernst.

Neben den Priestern dienen Diakone (diyaqon) im Gottesdienst und allgemein in der Gemeinde. U. a. backen sie täglich frisch das eucharistische Brot und stellen den eucharistischen Wein bereit, helfen aber auch bei der Erledigung der täglichen Verwaltungsaufgaben.[567] Den Vorsteher aller Diakone an einer bestimmten Kirche nennt man Erzdiakon (liqä diyaqonat). Die in den anderen orientalischen Kirchen bekannten Subdiakone als Vorstufe zum Diakonat kennt man in Äthiopien hingegen nicht.

Die Kirchengemeinden in Addis Abeba sind zudem in vier Bezirke eingeteilt (ähnlich unseren Dekanaten), die jeweils einer Hauptkirche zugeordnet sind. Die Stadtmitte von Addis Abeba gehört zum Bezirk Mäl'akä Bərhan Śəlasse mit der Dreifaltigkeitskathedrale, der Osten der Stadt zum Bezirk Mäl'akä Sälam mit der Kirche des Hl. Stephanus, der Norden zum Bezirk Mäl'akä Ṣäḥay Əntoṭṭo Maryam mit der Marienkirche und der Westen zum Bezirk Mäl'akä Gännät mit der Kirche des Hl. Georg. Die Hauptpriester dieser Hauptkirchen nennt man „Leiter der Erzpriester und Priester" (yäkahənat əna yäqesawəst aläqa).

Als eine wichtige Schlussbemerkung zu dieser klar geordneten Organisation macht Ernst Hammerschmidt schließlich darauf aufmerksam, dass es trotz einer strengen Hierarchie dennoch sowohl für Einheimische als auch für Ausländer vergleichsweise leicht ist, den Patriarchen persönlich zu treffen, sofern man sich an die allgemeinen Regeln der Höflichkeit und des Anstands hält und bereit ist, Zeit zu haben. Eine Hierarchie bedeutet in diesem Fall nicht eine Unnahbarkeit für einfache Gläubige und Besucher.[568]

---

[566] Bakke, Christian Ministry, S. 65.

[567] The Teaching, S. 53f; Bakke, Christian Ministry, S. 63f; Hammerschmidt, Kultsymbolik, S. 219.

[568] Hammerschmidt, Kirche und Literatur, S. 30.

Eine äthiopische Besonderheit, die sich in dieser Form in keiner anderen Kirche findet, ist die Gruppe der Däbtäras.[569] Ihr Name soll sich vom griechischen Wort „diphthera" ableiten, das „Fell, Leder" oder auch „Pergament" bedeutet.[570] Damit wären die Däbtäras wohl eine Art Schriftgelehrte. Eine andere Herleitung sieht in diesem Begriff das Wort für „Zelt" verborgen, vermutlich in dem Sinne, dass die Däbtäras diejenigen sind, die in einem Zelt singen, z. B. beim Ṭəmqät-Fest oder biblisch ausgedrückt in der Stiftshütte, in der im alten Israel die Bundeslade mit den Zehn Geboten aufbewahrt wurde, bevor Salomo den Tempel bauen ließ.[571] Möglicherweise widersprechen sich beide Deutungen auch nicht, sofern man in dem Leder das Material, aus dem die Zelte angefertigt wurden, sieht.

Die Däbtäras bilden gleichsam ein Verbindungsstück zwischen Klerus und Laien. Sie sind keine geweihten Priester und gehören nicht zur kirchlichen Hierarchie. Oft sind die Däbtäras religiös interessierte Laien, die der Kirche dienen wollen, ohne durch die Priesterweihe gebunden zu sein, oder Diakone, die die Bedingungen für das Priesteramt nicht erfüllen, weil sie z. B. geschieden oder zum zweiten Mal verheiratet sind. Auch dass ihnen nicht eine solch strenge geistliche Lebensführung wie Priestern und Mönchen abverlangt wird, erhöht ihre Attraktivität für fromme Äthiopier. Sie sind sehr gut ausgebildet (mindestens so gut wie oder sogar besser als die Priester) und haben oft Theologie studiert. Ihre Hauptaufgabe besteht in der Lehre (Religionspädagogik). Sie sind oft die Lehrer oder Katecheten in den kirchlichen Schulen. Sie kennen sich am besten mit den religiösen Gedichten (qəne) aus und fungieren als Schreiber und Kalligraphen beim Kopieren religiöser Schriften. Am Gottesdienst wirken sie zusammen mit den Diakonen als Sänger und beim rituellen Tanz mit. Den Leiter aller Däbtäras an einer Kirche nennt man „liqä ṭəbäbt".

Früher (heute nur noch äußerst selten) arbeiteten manche Däbtäras aber auch unabhängig von den Kirchengemeinden als heil- und kräuterkundige Weise oder in der Herstellung und dem Verkauf von Amuletten und galten vielen Gläubigen als mit übernatürlichen bzw. magischen Kräften ausgestattete Menschen.

Neben dieser quasi offiziellen Hierarchie und den Däbtäras existieren in der äthiopischen Kirche noch „freie Vereinigungen" (Heyer)[572], die ausschließlich von Laien getragen sind. Westlich gedacht, könnte man sie sich fast als „ein kirchliches Vereinsleben" (Heyer) vorstellen, da sie auf rein privater Initiative

---

[569] Schon Hiob Ludolph im 17. Jahrhundert erwähnt sie als Besonderheit: Ludolphus, New History, S. 308.

[570] So Gerster, Kirchen im Fels, S. 44; vgl. auch Bakke, Christian Ministry, S. 72.

[571] So Chaillot, Ethiopian Orthodox Tewahedo Church Tradition, S. 111; vgl. auch Bakke, Christian Ministry, S. 71.

[572] Vgl. dazu Heyer, Kirche Äthiopiens, S. 24 – 27; Lipsky, Ethiopia, S. 111.

beruhen, sich aufgrund von Nachbarschaft oder Sympathie zusammenschließen können, einem eminent sozialen Zweck dienen und zugleich religiös begründet und geformt sind. So gehören Gebete und das gesungene Gotteslob selbstverständlich zur Gestaltung der Treffen dazu. Meist halten diese Zusammenschlüsse über eine lange Zeit hinweg, aber auch eine Auflösung in gegenseitigem Einvernehmen ist nicht ausgeschlossen.

Eine dieser Formen ist die Sänbät-Genossenschaft. Dieser Vereinigung gehören offiziell nur Männer an. Sie wählen sich ein Oberhaupt, Mose genannt. Doch auch die Familien der Mitglieder sind an der Ausübung dieser Tradition beteiligt. Dabei wird von einigen Familien, die sich zu diesem Zweck zusammengeschlossen haben, im Anschluss an einen Gottesdienst in der Kirche ein gemeinsames Sänbät-Liebesmahl gefeiert, das je nach Ort und Möglichkeit entweder in einem eigenen Sänbät-Haus (oft nur eine Art Pavillon in Leichtbauweise) oder in einem öffentlichen Gebäude stattfindet und das immer von ein oder zwei Familien reihum vorbereitet wird. Der Sinn dieser Zusammenkünfte ist sowohl die Geselligkeit als auch die gegenseitige Verpflichtung zum Beistand. Die Vermutung legt sich nahe, dass diese Tradition aus der äthiopischen Beachtung der Sabbatfeier erwachsen ist, obwohl sie heute nicht mehr nur am Sabbat (Samstag) begangen wird; denn dieses Liebesmahl (Agapemahl) findet sich sowohl in einer alten Kirchenordnung, dem Testamentum Domini, in Äthiopien „Kidan Zä'əgzi'ənä Iyäsus Krəstus“ genannt, als auch in den Anordnungen der Reformen des Kaisers Zär'a Ya'əqob im 15. Jahrhundert. Auch das Bekenntnis des Gälawdewos im 16. Jahrhundert und Hiob Ludolf im 17. Jahrhundert erwähnen diesen Brauch. Außerdem hängt die Bezeichnung „Sänbät“ sprachlich mit dem Wort „Sabbat“ zusammen. Am Ende des gemeinsamen Essens verteilt man die Reste an die Armen und Bettler des Ortes und erfüllt so zugleich einen sozialen Dienst.

Daneben existieren Maḫbär genannte Vereinigungen. Auch hier spielen gemeinsame Mahlzeiten eine große, Gemeinschaft stiftende Rolle. Doch sie sind noch mehr. Sie bilden eine Art solidarischer Rückversicherung für Zeiten der Not oder besonderer Situationen. Regelmäßig zahlen die Mitglieder einen Beitrag in eine gemeinsam verwaltete Kasse ein. Wenn nun eine Familie eines Maḫbär z. B. einen Todesfall zu beklagen hat, kann sie im doppelten Sinne auf ihre Vereinigung zurückgreifen. Sie erhält nicht nur einen Geldbetrag aus der Kasse, den sie in dieser Höhe wahrscheinlich nicht aus eigener Kraft hätte aufbringen können, sie darf sich auch der tatkräftigen Unterstützung der anderen Maḫbär-Mitglieder sicher sein, wenn es um die Vorbereitung und Durchführung der Beerdigung und der anschließenden Zusammenkunft und Bewirtung der meist mehreren hundert Gäste geht.

Andere Vereinigungen stehen unter dem Schutz bestimmter Heiliger und kommen an den entsprechenden Fest- und Gedenktagen zusammen. Auch Kindervereinigungen, bei denen die Eltern reihum die Rolle der Gastfamilien übernehmen, finden sich. Sie unterstehen immer „Mädḫane 'Aläm“, dem Erlöser der Welt, Christus.

Finanziert hat sich die äthiopische Kirche über Jahrhunderte hinweg über ihren Grundbesitz. Sie hat zwar nie das berühmte Drittel Äthiopiens besessen, das ihr Kaiser Yəkunno Amlak im 13. Jahrhundert geschenkt haben soll. Erstens hatte niemand jemals dieses „Drittel“ exakt ausgerechnet und bestimmt, und zweitens war Äthiopien damals wesentlich kleiner als heute gewesen. Vielmehr gab die Kirchenverwaltung im Jahr 1974 an, nicht mehr als 1 % des Staatsgebietes zu besitzen.[573] Trotzdem war das kircheneigene Land das finanzielle Rückgrat der Kirche gewesen. Im Norden lebten darauf üblicherweise die sogenannten Priesterbauern. Sie hatten ein paar Äcker und Wiesen von der Kirche bekommen, die sie neben ihrer geistlichen Tätigkeit als normale Bauern bewirtschafteten und womit sie ihre Familien ernährten, denn nur an einigen Wochen im Jahr hatten sie turnusmäßig als Priester an einer nahen Kirche Dienst zu tun. Starb ein Priester, ohne dass einer seiner Söhne seine Nachfolge antrat, fiel das Land an die Kirche zurück, die es einem anderen Priester gab.
Die Kirche war deshalb auf keinerlei weitere finanzielle Unterstützung von außen angewiesen. Erst Kaiser Haile Selassie I. (1930 – 74) schränkte diese Möglichkeit mit zwei Gesetzen aus den Jahren 1942 und 1947 ein, indem er die Steuerbefreiung für die kirchlichen Grundstücke abschaffte. Allerdings muss man ehrlicherweise hinzufügen, dass der Staat im Gegenzug die dadurch entstandenen, zusätzlichen Steuereinnahmen fortan auch dafür verwendet hat, einen Teil der Kosten der Kirchenverwaltung und der Priestergehälter zu tragen.[574]
Die sozialistische Landreform von 1975 enteignete dann allen Grundbesitz, auf dem der Eigentümer nicht selbst wohnte oder den er selbst nutzte. Dadurch entfiel auch die Pflicht für Kinder von Priestern, von ihrem Vater bewirtschaftetes Kirchenland gegebenenfalls zurückzugeben, so dass immer mehr Familien auf ehemals kircheneigenen Grundstücken wohnten, weil einer ihrer Väter einmal Priester gewesen war, womit der Grundbesitz der Kirche faktisch ständig schrumpfte. Umgekehrt konnte die Kirche neu geweihten Priestern kein Stück Land mehr anbieten, um sie zu Priesterbauern zu machen und deren Lebensunterhalt sicherzustellen. Im Süden Äthiopiens besaß die Kirche zudem große Ländereien, die sie verpachtet hatte. Auch viele Klöster finanzierten sich über solche Einnahmequellen. Da die Kirche als Eigentümerin diese Ländereien jedoch nicht selbst bewirtschaftete, verfielen sie nun dem Staat. Auf diese Art wurde der Kirche die bisherige finanzielle Basis entzogen. Eine Art Kirchensteuer oder auch nur Abgaben der Bevölkerung über die Almosen für die Armen hinaus waren hingegen unbekannt.
Seither finanziert sich die äthiopische Kirche hauptsächlich über vermietete Gebäude sowie über Spenden und die Gebühren für kirchliche Dienstleistungen,

---

[573] Kefelew Zelleke / Heyer, Orthodoxes Äthiopien, S. 106.
[574] Messing, Changing Ethiopia, S. 427; Hartlmaier, Amba Ras, S. 167.

die die Kirchengemeinden von den Gläubigen entgegennehmen und zum Teil an ihre Diözesen und an das Patriarchat abführen. Mit diesem Geld können die Gehälter der Priester in den Städten des Landes in voller Höhe ausgezahlt werden. Auf dem Land jedoch müssen die Dorfpriester wie in alten Zeiten zusätzlich ein wenig Landwirtschaft betreiben, um ihr Auskommen zu haben.[575]

Zwei weitere Ergänzungen zur heutigen Situation der äthiopischen Kirche als Institution sind unbedingt anzumerken:
Zum einen erklärte sich die damalige 14. Provinz Äthiopiens, Eritrea, nach einem Referendum im Jahr 1993 für unabhängig. Der neue Staat machte durch diesen Schritt das übrige Äthiopien zu einem Binnenland ohne eigenen Zugang zum Meer. Zugleich wirkte sich die veränderte politische Landschaft auch auf die äthiopische Kirche aus; denn die Ostkirchen sind nach eigenem Verständnis Nationalkirchen, d. h. in einem unabhängigen Staat bildet sich in der Regel auch eine selbständige (autokephale) Kirche. Da in Eritrea mittlerweile alles Äthiopische mit Argwohn bis hin zu Hass beäugt wurde, bat die eritreische Kirche bald nach der staatlichen Eigenständigkeit den koptischen Patriarchen, die Autokephalie der eritreisch-orthodoxen Kirche zu gewähren. Zu diesem Zweck war schon im Jahr 1991, also direkt nach dem Sieg der Rebellen in Addis Abeba, eine provisorische, eritreische Landessynode gebildet worden. Im Mai 1998 fand schließlich die Weihe von Patriarch Filəp̣p̣os durch den koptischen Patriarchen Shenouda III. (1971 – 2012) statt. Damit wurde die eritreisch-orthodoxe Kirche zur sechsten orientalischen (nicht-chalcedonensischen) Kirche. Erkauft war dieser Schritt mit dem Preis einer engen Verbindung mit den Kopten. In kirchenrechtlich bisher einzigartiger Weise band sich die eritreische Kirche an ihre starke Schwesterkirche in Ägypten. So räumte man u. a. dem Patriarchen in Kairo den Ehrenprimat ein, alle drei Jahre soll eine gemeinsame Synode beider Kirchen stattfinden, und bei interkonfessionellen theologischen Dialogen möchte man als eine gemeinsame Delegation auftreten. Man kann demnach von einer eingeschränkten Rechtsstellung des eritreischen Patriarchen reden, da sich die Kopten in vielen inneren Angelegenheiten der Eritreer ein Mitspracherecht sicherten.[576]

Zum anderen entbrannte, wie in vielen anderen ehemals sozialistischen Staaten in Mittel- und Osteuropa auch, innerhalb der äthiopischen Kirche eine heftige Diskussion um die Rolle des Patriarchen. Man warf Abunä Märqorewos, dem Nachfolger Täklä Haymanots, vor, die atheistische Regierung unterstützt und zu wenig Widerstand geleistet zu haben. Schließlich setzte man ihn im Jahr 1992

---

[575] Chaillot, Ethiopian Orthodox Tewahedo Church Tradition, S. 40.
[576] Kefelew Zelleke / Heyer, Orthodoxes Äthiopien, S. 171; Hage, Orientalisches Christentum, S. 222 – 226; Heyer, Einwirkung, S. 256 – 258; vgl. auch Reiss, Vereinbarung.

ab und inthronisierte an seiner Stelle Abunä P̣awlos (= Paulus), der bis heute im Amt ist. P̣awlos hatte zuvor von 1976 bis 1983 als Regime-Kritiker im Gefängnis gesessen.
Dieser Amtswechsel war zwar durchaus verständlich, nach orthodoxem Kirchenrecht jedoch nicht erlaubt; denn ein Patriarch darf nicht abgesetzt werden. Erst nach seinem Tod darf ein Nachfolger gewählt oder bestimmt werden. Daher löste die Wahl von P̣awlos, der ohnehin kein unumstrittener Kandidat gewesen war, ein Schisma (eine an rechtlichen Fragen entzündete Kirchenspaltung) aus, das noch immer anhält. Während der größte Teil der äthiopischen Kirche Abunä P̣awlos folgt, wirft eine kleinere Gruppe ihm vor, illegitim an die Macht gekommen und daher kein rechtmäßiges Oberhaupt der Kirche zu sein. Diese Gemeinden sammeln sich um den mittlerweile ins Exil ausgewanderten und in Berkeley (Kalifornien) residierenden Märqorewos. Er besitzt kaum Anhänger in Äthiopien selber. Sie leben hauptsächlich in den USA, sind aber auch in Europa (u. a. in Berlin und Frankfurt am Main) vertreten.

6.3.3. Die Kirchenschulen

Erst Anfang des 20. Jahrhunderts wurden in Äthiopien die ersten staatlichen Schulen eröffnet. Vorher war das Schulwesen allein in der Hand der Kirche gewesen; doch auch diese Schulen unterstanden vor hundert Jahren noch keiner zentralen Aufsicht. Vielmehr unterhielt jede Kirche und jedes Klöster ihre Ausbildungsstätte, sofern sie eine solche besaß, in eigener Verantwortung. Unter der Salomonischen Dynastie (1270 – 1975) hat diese Form der Ausbildung ihren bis heute gültigen Aufbau erhalten, doch in ihrem Grundbestand existierte sie vermutlich schon in der Zeit des (christlichen) Königreichs von Aksum (4. – 9. Jahrhundert). Von der Tradition wird sie auf den Hl. Yared zurückgeführt, der deswegen nicht nur als „Vater der äthiopischen Kirchenmusik", sondern auch als „Vater der äthiopischen Erziehung" gilt.[577] Obwohl ein großer Teil der Äthiopier früher weder lesen noch schreiben konnte, darf man diese Kirchenschulen aber deshalb nicht als rückständig oder gar „primitiv" abtun. Man kann sie durchaus mit dem abendländischen Bildungssystem früherer Zeiten vergleichen. Im 16. Jahrhundert bezeichneten europäische Reisende die äthiopischen Kirchenschulen sogar als Universitäten.
Auch heute noch existieren noch rund 2.000 dieser traditionellen kirchlichen Schulen weiter,[578] die nun vornehmlich in ländlichen Gebieten und für die Ausbildung der Diakone, Priester und Däbtäras zuständig sind. Die Lehrer (astamari), die in diesen Kirchenschulen unterrichten, sind meistens entweder ebensolche Däbtäras oder Mönche.
Das Bildungssystem dieser Kirchenschulen ist dreistufig:[579]
Die Grundstufe ist das „Haus des Lesens" (nəbab bet), in dem die Kinder die alte Kirchensprache Gəʿəz sowie die Umgangs- und Amtssprache Amharisch lesen und schreiben lernen. Da das amharische Alphabet 275 Buchstaben kennt, dauert dies länger als bei unserer lateinischen Schrift. Der Stoff besteht aus religiösen Texten (Bibelteilen, Hymnen und Gebete), die die Lehrer rezitieren. Die Schüler lernen die richtige Betonung durch ständiges Wiederholen, bis sie es auswendig können. Vorrangiges Ziel ist die Befähigung, die äthiopische Gottesdienstliturgie singen zu können. Daher war es in früheren Zeiten üblich, lediglich das dafür nötige Lesen des Gəʿəz zu trainieren. Schreiben zu können sowie das Amharische schriftlich zu beherrschen, wurde dafür nicht für notwendig er-

---

[577] Belai Giday, Ethiopian Civilization, S. 121.
[578] Eshetu Amsalu, Role, S. 150.
[579] Vgl. dazu u. a. Sergew Habte Selassie, Kirchenschule; Böll, Schule; Heyer, Kirche Äthiopiens, S. 110 – 117; Haile Gabriel Dagne, Ethiopian Orthodox Church School System; Chaillot, Ethiopian Orthodox Tewahedo Church Tradition, S. 83 – 100; Bakke, Christian Ministry, S. 78 – 90; Mengesha Gebrehiwot / Paulos Asrat, Education; Teshager Wube, Wandering Student.

achtet. Wer die biblischen Psalmen richtig lesen und vortragen kann, hat diesen Abschnitt der Kirchenschule erfolgreich abgeschlossen. Er hat damit die Qualifizierung erreicht, in der äthiopischen Kirche zum Diakon ernannt zu werden. Diese Grundstufe ist an so gut wie alle Kirchen und Klöster angeschlossen, bildet folglich im christianisierten Teil Äthiopiens ein flächendeckendes Netz an Schulen.[580]
Die staatlichen Schulen bauen nicht selten auf dieser ersten Stufe der Kirchenschulen auf, indem sie bei ihren Erstklässlern bereits die Kenntnis des amharischen Alphabets voraussetzen.

Wer jedoch eventuell zum Priester geweiht werden möchte oder auch nur mehr religiöse Bildung erlangen möchte, beginnt die zweite Stufe der Kirchenschulen, das „Haus der Liturgie“ (qəddase bet). Hier werden die Grundkenntnisse der Gottesdienstordnung, d. h. die verschiedenen Anaphoras (siehe das Kapitel zum Gottesdienst), und die Stundengebete vermittelt.
Finanziert werden die Kirchenschulen der Grund- und Mittelstufe von der jeweiligen Dorfgemeinschaft, in der eine Schule beheimatet wird. Sie bezahlt den Lehrer in Form von Geld oder Naturalien und stellt einen Raum zur Verfügung, sofern der Unterricht nicht ohnehin unter freiem Himmel (z. B. unter dem „Dach“ eines Baumes) stattfindet. Es kann auch sein, dass der Lehrer ein Stück Land erhält, das seine Schüler für ihn bewirtschaften müssen. Ist er hingegen ein Mönch, wird er natürlich von dem Kloster, in dem er lebt, versorgt. Da es keine festgelegten Kriterien oder Richtlinien für die Ausbildung der Lehrer gibt, ist ihre tatsächliche Bildung und Fähigkeit sehr unterschiedlich, aber „eine Person ohne angemessene Qualifikationen, die es wagt, ihre Dienste als Lehrer anzubieten, wird bald entlarvt werden.“[581] Genau bemessene Unterrichtszeiten gibt es nicht. Der Lehrer versammelt seine Schüler, wann und wie lange er möchte oder er es für nötig hält. Die Hausaufgaben bestehen meistens im Auswendiglernen des gehörten Stoffes, weil die Kinder oft weder Bücher noch Schreibhefte besitzen. Genauso wenig kann man von „Klassen“ in unserem Sinne sprechen. Es ist gut möglich, dass Kinder den Lehrer oder ihre Lerngruppe wechseln oder dass ein Lehrer mehrere Lerngruppen im Wechsel unterrichtet. Die Kinder beginnen diese Kirchenschule in der Regel im Alter von fünf bis sieben Jahren. Aufgrund familiärer Umstände (z. B. in Begleitung eines älteren Bruders) oder aus persönlichem Interesse ist aber auch ein niedrigeres oder höheres Alter nicht ausgeschlossen. Das ist alles nicht streng geregelt.
Die Beziehung zwischen dem Lehrer und seinen Schülern ist meistens sehr innig und hält oft lebenslang, so dass ehemalige Schüler, selber bereits erwachsen,

---

[580] Haile Gabriel Dagne setzt Anfang der 1970er Jahre die Zahl dieser Kirchenschulen mit 300.000 an: Haile Gabriel Dagne, School System, S. 100.
[581] Bakke, Christian Ministry, S. 77.

gerne ihren alten Lehrer besuchen, wenn sie in der Gegend sind. Die Kinder bekommen vor dem Beginn ihrer Ausbildung von ihren Eltern eingeschärft, den Lehrer wie einen leiblichen Vater zu ehren. Das geht so weit, dass manche Schüler sogar den Namen ihres Lehrers als Vaternamen annehmen (in Äthiopien hat man – wie früher auch in Europa und übrigens heute noch in Island – nur Vaternamen und keine Familiennamen).

Die dritte und höchste Stufe, das „Haus des Liedes" (zema bet), bleibt den begabtesten und ehrgeizigsten Schülern vorbehalten. Nannte man die Schüler bisher „yäqolo tämari"[582], so sind sie nun zum regelrechten „tämari" (Schüler/Student) geworden. Sie ist nicht mehr an einen bestimmten Ort gebunden, sondern umherziehende Däbtäras oder Mönche unterrichten eine ihr folgende Schülerschar. Zudem haben sich regionale Zentren mit je eigenen Schwerpunkten herausgebildet. So ist die frühere Provinz Goǧǧam (heute Region Amhara) für ihre Lehre des Qəne (s. u.) berühmt, die Region Təgray für Qəddase, die Stadt Gondär für Zema, wobei deren Bekanntheitsgrad oft an den konkreten Lehrern und deren Ruf hängt.
Diese Jugendlichen sind oft ohne Wissen der Eltern von zuhause weggelaufen, um mehr zu lernen. Auch während ihrer Lehrjahre kennen ihre Eltern meist nicht ihren genauen Aufenthaltsort, um zu vermeiden, ihre Ausbildung unterbrechen zu müssen, weil sie von den Eltern nach Hause geholt werden. In ihrer Familie wäre ihnen das nicht möglich gewesen, weil sie bei der Landwirtschaft oder als Hütejungen für die Schafe gebraucht werden und ihre Zeit nicht mit Lernen „vergeuden" dürfen. Wer also wissbegierig ist oder einmal selber Priester oder Däbtära werden möchte, muss nicht selten diesen Schritt wagen und mit seinem Lehrer, der dann auch als Vaterersatz herhalten muss, auf Wanderschaft gehen. Dadurch lernen sie viele Kirchen und Klöster (und deren Bibliotheken!) kennen. Typisches Merkmal dieser heimatlosen Kirchenschüler ist ein loser, langer Mantel aus Schaffell. Für ihren Lebensunterhalt müssen sie selber sorgen, sei es durch Betteln, sei es durch kleine „Nebenjobs" in einer Kirche oder als Handwerksburschen. Auch nutzen die Kirchenschüler die zahlreichen Armenspeisungen anlässlich von Beerdigungen oder von Gedenktagen für Verstorbene (täzkar), um etwas zu essen. Am meisten verdient, wer bereits so gut gelernt hat, dass er seine Dienste als Schreiber anbieten kann. Friedrich Heyer spricht in diesem Zusammenhang von einem „jugendlichen Ausreißertum als sakraler Institution".[583] Man sieht diese harte Zeit als wandernde und bettelnde Schüler auch als Art Askese an, um die geistlichen Fähigkeiten der Jugendlichen zu stärken und sie auf das einfache Leben als Priester oder Mönch vorzubereiten. Umge-

---

[582] Qolo besteht aus gerösteter Gerste und ist ein sehr einfaches Essen in Äthiopien. Mit dieser Bezeichnung spielt man also auf die äußerst dürftige Kost der Kirchenschüler an.
[583] Heyer, Kirche Äthiopiens, S. 112; vgl. dazu auch Teshager Wube, Wandering Student.

kehrt gilt es für die Gläubigen als gute Tat, solche Schüler mit Essen zu versorgen.
Dieses Zema Bet ist in sich wiederum in vier „Häuser" (Fächer oder Disziplinen) unterteilt.
Im „Haus der Hymnen" (dəgg^{w}a bet) sind alle Lieder und Hymnen des Kirchenjahres Gegenstand des Lehrstoffes. Auch die Gebete und Gesänge für die unterschiedlichsten Anlässe wie etwa zu einer Bestattung werden gelehrt. Insgesamt sind es um die 10.000 Texte, die der zukünftige Däbtära am Ende in Wort und Melodie auswendig können muss. Hinzu kommen die dazugehörigen Tänze und Handbewegungen sowie der richtige Einsatz des Sistrums und des Gebetsstabes als rhythmische Begleitung der Gesänge (siehe das Kapitel zur Kirchenmusik).
Das „Haus des Gedichtes" (qəne bet) ist vielleicht der bekannteste, aber auch der schwierigste Teil der ganzen Ausbildung. Hier geht es nicht nur um die Tradierung alter liturgischer Gedichte, die in der Regel nicht aufgeschrieben, sondern nur mündlich überliefert werden. Ziel ist vielmehr die Befähigung, selbst eigene Gedichte (immer auf Gəʻəz) zu verfassen; denn in der äthiopischen Kirche sind z. B. die Predigten und Kommentare zur Bibel in dieser Gedichtform als Qəne geschrieben. Dafür sind neun verschiedene Modelle von Qənes beliebt, obwohl weit mehr Modelle existieren. Jedes Qəne darf nur einmal vorgetragen werden und wird auch nicht aufbewahrt. Höchstens zu Lehrzwecken ist dies erlaubt. Diese Literaturgattung soll bis auf den Hl. Yared, den Begründer der äthiopischen Kirchenmusik, zurückgehen.[584] Daneben ist das Qəne auch im weltlichen Bereich eine beliebte Literaturgattung und wird ab und zu sogar im Alltag benutzt, um etwas gleichsam „durch die Blume" zu sagen. Die am meisten vollendete Form dieser Gedichtkunst besteht in der sogenannten „Wachs-und-Gold"-Dichtung (sämənna wärq), die mit der Doppeldeutigkeit vieler sprachlicher Ausdrücke spielt, so dass sich hinter der offensichtlichen Aussage für den des Qənes kundigen Zuhörer ein verborgener Sinn, das eigentliche „Gold", erschließt, der oft eine völlig andere Bedeutung beinhaltet als der vordergründige Ausdruck;[585] denn manchmal folgt das „Gold" dabei in einer zweiten Zeile hinter dem „Wachs", wobei es nicht selten doppeldeutig oder wenigstens schwer zu entschlüsseln ist. Manchmal wird das „Gold" auch überhaupt nicht ausgedrückt und muss in den Worten des „Wachs" gefunden werden. Ein solches Gedicht nennt der Äthiopier „wəsta wäyra", d. h. „Drinnen im Olivenbaum", da der Stamm dieses Baumes aus zwei Teilen zu bestehen scheint, aus einem festen, dunklen Kern und einer weichen, hellen Hülle. Die Kunst ist in jedem Fall, ähn-

---

[584] Allerdings schreibt Lipsky, Ethiopia, S. 128, dass sie erst im 18. Jahrhundert, vor allem in Gondär, populär wurde.
[585] Vgl. dazu Heyer, Kirche Äthiopiens, S. 122 – 132; Hammerschmidt, Äthiopien, S. 28f; Levine, Wax & Gold, S. 5 – 9.

lich klingende Worte oder Phrasen so miteinander zu verbinden, dass sich – z. B. je nach Aussprache oder Betonung – zwei verschiedene Sinne ergeben. Hinter dieser Bezeichnung verbirgt sich die Beobachtung, dass eingeschmolzenes Gold im heißen Zustand weich wie Wachs ist und auf diese Art in eine Form gegossen werden kann. In der gleichen Art kann auch die Sprache „geschmolzen" und umgeformt werden. Eine andere Herleitung spricht von der aus Wachs gebildeten Form, in die das flüssige Gold gegossen wird. Dieses kunstvolle Spiel mit der Sprache muss für den, der es zu entschlüsseln weiß, nicht nur wegen der poetischen Schönheit ein Genuss für die Ohren und für das Herz ein, solche Qənes bieten sich auch vor allem in Krisenzeiten an, um etwa regierungskritische Botschaften weiterzugeben, ohne dafür haftbar gemacht werden zu können, weil der vordergründige Sinn politisch oder kirchenpolitisch vollkommen harmlos ist. Auch ein Liebender kann sich auf diese Art äußern, ohne sich für seine – möglicherweise verbotene – Liebe rechtfertigen zu müssen, genauso wie man mit einem Qəne jemanden beleidigen kann, ohne unhöflich zu werden. Der Inhalt der Qənes bezieht sich jedoch meistens auf biblische Geschichten und auf moralische Ermahnungen, kann aber auch in humorvollen und zugleich lehrreichen Sprichwörtern und Anekdoten bestehen.
Die ältesten Qənes sind aus dem 15. Jahrhundert belegt, später entwickelte sich vor allem Gondär zum Zentrum dieser Poesie. Stets blieb es jedoch eine spezielle Ausdrucksform in Gəʿəz und Amharisch, während den Təgrəñña sprechenden Təgre vorgehalten wird, sie würden ohne Umschweife und oft undiplomatisch sagen, was sie denken und fühlen. Die Amhara hingegen können „Wachs und Gold" sogar über die Literaturgattung hinaus als einen Lebensstil bezeichnen, da sie sich lieber indirekt und vorsichtig ausdrücken.
Natürlich braucht ein Schüler viele Jahre, um sich in dieser Kunst zu üben und zu vervollkommnen, und erst nach einer umfangreichen Prüfung darf er sich selber Meister oder Lehrer des Qəne nennen. Schließlich sollte es sich von selbst verstehen, dass derartige Qənes im Grunde nicht in andere Sprache übertragbar sind, ohne ihre Eigenheit zu verlieren.
Im dritten Fach, dem „Haus des Buches" (mäṣḥaf bet), lehrt man Hermeneutik und Exegese (tərgʷame, von dem jüdischen Begriff „Tergum" abgeleitet), d. h. die Kunst der Auslegung der Bibel, der Schriften der Kirchenväter und kirchenrechtlicher Sammlungen (Patristik) sowie weiteren religiösen Schrifttums vor allem aus dem Bereich der Klöster (Monastik). Dazu liest und studiert der Lehrer mit seinen Schülern verschiedene Kommentare, die diese meistens auswendig lernen. Auch die Berechnung des kirchlichen Festkalenders zu erlernen, hat hier seinen Ort.
Wer diesen höchsten Abschluss geschafft hat, hat die Qualifizierung als Däbtära erreicht. Diese Laien, die im Gottesdienst für die rituellen Gesänge und Tänze verantwortlich sind, aber auch als Lehrer oder im weitesten Sinne als Gelehrte in religiösen Dingen gelten, haben demnach oft eine bessere Ausbildung als die Priester. Man könnte sie – abgesehen von der heute auch existierenden wissenschaftlichen Theologie an den Kirchlichen Hochschulen – also als die eigentli-

chen Theologen bezeichnen. Allerdings haben sie dann auch eine Lehrzeit von 20 und mehr Jahren hinter sich.

6.4. Die Symbolik

6.4.1. Die Kunst

Fast die gesamte äthiopische Kunst ist bis auf wenige Ausnahmen auf den christlichen Glauben bezogen. Daher stellt sich als Erstes die Frage, inwiefern man diese Objekte wirklich als Kunst bezeichnen kann und darf. Schließlich verstehen sich diejenigen, die z. B. die religiösen Bilder geschaffen haben, mit Sicherheit nicht als Künstler. Dem entsprechend haben diese Bilder den eigentlichen Zweck, Glauben zu wecken und zum rechten Glauben anzuleiten. Keinesfalls ist es ihr Ziel, lediglich dem kunsthistorisch interessierten Betrachter zur Erbauung zu dienen. Der frühere deutsche Botschafter in Addis Abeba, Rudolf Fechter, schreibt mit der gleichen Zielrichtung: „Die äthiopische Malerei ist in ihren Blütezeiten von einer außergewöhnlichen Stärke des Ausdrucks. Die Glaubenskraft der – übrigens fast durchwegs anonymen – Maler war so stark, daß sie die Form durchdrang und noch heute spürbar ist. Hier geht es nicht um ein Spiel mit Farbe und Linie, um ein Fest für die Augen, um eine Illusion der Wirklichkeit, 'gesehen durch ein Tempermanent' (sic!) oder um eine 'Seinserhaltung', sondern um die Übermittlung von Wahrheit und Wirklichkeit des Glaubens durch die Sinne."[586] Sobald man sich dessen bewusst ist, mag es dennoch um der Einteilung in Dimensionen von Religion willen erlaubt sein, von religiöser Kunst zu sprechen, sofern man diesen Begriff nicht zu eng fasst und in der Deutung nicht das Künstlerische in den Vordergrund schiebt, sondern den Symbolcharakter der Objekte beachtet.

Die üblichen Bereiche, die man mit bildender Kunst verbindet, sind im Wesentlichen Architektur, Bildhauerei, Malerei und das Kunsthandwerk überhaupt.
Zur Architektur sei in diesem Buch auf das Kapitel zu den Gotteshäusern verwiesen. Die religiöse Bildhauerei ist in Äthiopien unbekannt; denn wie die gesamte Ostkirche lehnt auch die äthiopische Kirche dreidimensionale Skulpturen und figürliche Reliefdarstellungen ab, da sie nach ihrem Verständnis unter das alttestamentliche Verbot, sich kein Abbild Gottes zu machen (Ex. 20, 4), fallen. Sie wirken für die äthiopischen Gläubigen – anders als zweidimensionale Bilder – zu lebensecht. Genauso wenig wird man dreidimensionale Kruzifixe finden (es sei denn aufgrund westlichen Einflusses in den letzten Jahrzehnten), weil die Orthodoxie zu Recht den auferstandenen Herrn, der zur Rechten des Vater sitzt, bekennt. So entscheidend der Kreuzestod Jesu Christi für den Glauben auch ist, so sehr betont die orthodoxe Theologie zugleich, dass Jesus Christus ja tatsächlich nicht im Tod geblieben ist und der gegenwärtige Christus der himmlische

[586] Fechter, Äthiopische Ikonen und Kreuze, S. 18.

ist. Eine Darstellung der Kreuzigung oder ein Kruzifix können demnach kaum mehr als eine Erinnerung an diese Heilstat sein, während der Gläubige eigentlich auf den auferstandenen, jetzt lebendigen Herrn hingewiesen werden soll.
Im Folgenden werden also die Malerei sowie die Kunstschmiedearbeiten und Holzschnitzereien behandelt.

Stilistisch lassen sich in der äthiopischen Malerei im Lauf der Jahrhunderte vor allem syrische und südarabische Einflüsse nachweisen. Es dürften aber auch – vor allem über die „Zwischenstation" Jerusalem – koptische, byzantinische und armenische sowie manchmal sogar indische und abendländische Vorlagen vorhanden gewesen sein. Natürlich verbanden sich diese äußeren Einwirkungen mit den eigenen Vorstellungen und Traditionen der Äthiopier. Außerdem erstreckten sich derartige Einflüsse nicht ununterbrochen über den gesamten Zeitraum der äthiopischen Kirchengeschichte. Vielmehr lassen sich verschiedene zeitliche Schwerpunkte feststellen. Während etwa die orientalische Kunst eher im ersten Jahrtausend adaptiert wurde, finden sich ab dem 16. Jahrhundert verstärkt Belege für indische und westeuropäische Einflüsse. Einerseits zeugt diese Vielfalt von den weit verbreiteten Beziehungen Äthiopiens innerhalb der damals bekannten Welt, von Indien bis zur iberischen Halbinsel und vom Kaukasus bis nach Schwarzafrika. Andererseits sind durch die gleichzeitige relative Abgeschiedenheit Äthiopiens und die trotz der internationalen Kontakte vorhandene kulturelle Isolation des Landes die in den Ostkirchen ursprünglich üblichen Bildaufteilungen und Stilelemente weitgehend erhalten geblieben, während sie sich in anderen orthodoxen Kirchen allmählich verändert haben.[587]

Konkret erstreckt sich die religiöse Malerei in Äthiopien im Wesentlichen auf die Verzierung von Handschriften sowie auf die Ausgestaltung von Kirchen.
Die alten Handschriften sind in der Regel auf Pergament aus Schafshaut geschrieben, besonders wichtige oder wertvolle Exemplare auch auf qualitativ hochwertigerer Ziegenhaut. Pferdehaut hingegen ist äußerst selten, da man Pferde als unrein (d. h. nicht essbar) ansieht. Für die Schrift verwendet man schwarze Tinte bzw. für erklärende oder gliedernde Zeichen und Zusätze rote Tinte. Mit roter Farbe sind auch besondere Namen wie die von Jesus Christus, Maria, den Erzengeln und den Heiligen sowie wichtige religiöse stehende Wendungen geschrieben. Diese Pergamente, die mit Holz- oder Ledereinbänden zu Kodices zusammengebunden sind, sind in vielen unterschiedlichen Größen zu finden. Illustrierende Miniaturen finden sich darin – vielleicht im Vergleich zu Handschriften aus dem europäischen Mittelalter – allerdings nicht ganz so oft,

---

[587] Ullendorff, Ethiopians. S. 153. 159f; Chojnacki, Äthiopische Malerei, S. 35 – 40; Buxton, Abyssinians, S. 137. 148.

aber in jedem Fall häufiger in Handschriften religiösen Inhalts als in denen profanen Inhalts.[588]

Wichtiger sind daneben die religiösen Bilder, obwohl Ikonen im engeren Sinne ein eher spätes Phänomen sind. Sowohl ihre tatsächliche Existenz als auch bestimmte stilistische Merkmale lassen den Schluss zu, dass es vor dem 15. Jahrhundert keine Ikonen in Äthiopien gegeben hat.[589] Das liegt an der weitgehenden geographischen und kulturellen Isolation des Landes im 8. Jahrhundert, als im byzantinischen Reich der Bilderstreit tobte, der auf dem 7. Ökumenischen Konzil im Jahr 787 zugunsten der Bilderverehrer entschieden wurde. Die äthiopische Kirche erkennt wegen ihres miaphysitischen Bekenntnisses (siehe dazu das Kapitel zum Glauben) ohnehin nur die ersten drei Ökumenischen Konzilien an, aber auch von den theologischen Argumenten sowohl der Bilderstürmer als auch der Bilderverehrer blieb die äthiopische Kirche unberührt. Bilder oder Ikonen werden deshalb weder vom Priester geweiht noch von den Gläubigen geküsst (anders als z. B. die Bibel und das Kreuz). Bilder sieht man demnach in der äthiopischen Kirche zwar als selbstverständlich an, aber über ihre Bedeutung für den Glauben oder über die rechte Art, ihnen gegenüberzutreten, wird theologisch kaum nachgedacht.[590]

Im ganzen Land verbreitet sind jedoch Malereien an den inneren Kirchenwänden, die man vielleicht in erster Linie als Illustrationen für das Volk ansehen kann, ähnlich der „Biblia Pauperum“ im Westen. Diese Bilder dienten den Gläubigen, die früher oft nicht lesen konnten, als Veranschaulichungen der biblischen Geschichten und des Glaubens der Kirche, aber auch als Ermahnungen zum Gebet und zu einem christlichen Lebenswandel.

Äthiopische Malereien beziehen sich, wie gesagt, fast ausschließlich auf biblische Geschichten, auf Heiligenbilder sowie auf Szenen aus dem Kəbrä Nägäśt.[591] Besonders beliebt ist natürlich Maria mit dem Jesuskind als Motiv. Es taucht in unterschiedlichen Gestaltungsweisen auf:[592]

- die Jungfrau, die das Kind stillt (byzantinischer und koptischer Einfluss)
- die Jungfrau mit dem nackten Jesuskind (westlicher Einfluss, unäthiopisch und selten)
- als „Jungfrau der Zartheit“, die ihren Kopf liebevoll dem Kind zuneigt
- als Jungfrau mit dem Kind und mit einer Blume in der Hand (selten, Ursprung unbekannt)

---

588 Uhlig, Funktion, S. 56; Assefa Liban, Preparation.
589 Chojnacki, Äthiopische Malerei, S. 53.
590 Heyer, Kirche Äthiopiens, S. 48.
591 Ullendorff, Ethiopians, S. 161f.
592 Chojnacki, Äthiopische Malerei, S.53 – 58; Buxton, Abyssinians, S. 144.

- als Jungfrau mit dem Kind, das die eine Hand segnend erhoben hat (ostkirchlicher Einfluss)
- als Jungfrau mit dem Kind, das eine Weltkugel in der einen Hand hält (selten, westlicher Einfluss)
- als Jungfrau mit dem Kind und einer Taube (koptischer Einfluss)

Die Äthiopier scheinen, wie die Kopten, auch eine Vorliebe für berittene Engel und Heilige (z. B. den Erzengel Michael und den Hl. Georg) zu haben. An den Farben der Pferde erkennt der Gläubige dabei den Dargestellten. So ist das Pferd des Hl. Georg (Qəddus Giyorgis) weiß, das des Hl. Merkurius (Qəddus Märqorewos) schwarz und das des Hl. Theodor (Qəddus Tewodros) rot.[593] Auch Darstellungen der Kreuzigungsszene, der zwölf Apostel zusammen mit dem Hl. Paulus und der Dreieinigkeit Gottes in Gestalt dreier alter Männer, die Abraham im Hain Mamre besuchten (Gen. 18, 1 – 15), kommen häufig vor. Darüber hinaus sind die Motive der Flucht nach Ägypten sowie der äthiopischen Heiligen Täklä Haymanot und Gäbrä Mänfäs Qəddus besonders oft anzutreffen.
Viele Bilder werden auch als Wunder wirkend gedacht. Um sie vor Unheiligem zu schützen, verdeckt man sie häufig mit einem Vorhang. Das gilt vor allem von Bildern, die die Kreuzigung Jesu oder die Mutter Gottes mit dem Jesuskind zeigen.[594] Beide Motive mahnen die Gläubigen nicht nur zu besonderer Ehrfurcht, sondern man möchte sie als Symbol des Heiligen auch deutlich von der profanen Welt abgrenzen; denn „man kann sagen, daß in der äthiopischen Kunst ein Gemälde als Devotionsobjekt ein Spiegelbild aus einer anderen Welt darstellt und als Vermittler zwischen dem Transzendenten und dem Irdischen versucht, das Unausdrückbare in eine sichtbare Form zu bringen."[595] Der Kunsthistoriker Stanislaw Chojnacki schreibt dazu: „Der Geist, der sie [die Themen der Gemälde, der Vf.] durchwirkt, erklärt sich aus der Bedeutung, die die Kunst in der byzantinischen Welt hatte – sie drückt im äthiopischen Rahmen ein einfaches, inniges, christliches Gefühl aus."[596]

Die Regeln der Malerei sind einfach, die Auswahl der (meist grellen) Farben beschränkt. Eine individuelle „Note" des Künstlers ist nicht nur unerwünscht, sie würde den Charakter der Bilder zunichte machen: „Dort aber, wo persönliche Auflehnung oder Einzelgängertum in der Geschichte durchbrechen, führt dies zum Ende des Mythos und seiner objektiven Gültigkeit: Es entsteht Kunst, die die Perspektive der göttlichen Ordnung gegen die vielen Möglichkeiten menschlicher Gestaltung vertauscht. Kultbilder müssen unpersönlich sein. Der

[593] Buxton, Abyssinians, S. 142.
[594] Chojnacki, Äthiopische Malerei, S. 41; Heyer, Kirche Äthiopiens, S. 57f.
[595] Chojnacki, Äthiopische Malerei, S. 41.
[596] Chojnacki, Äthiopische Malerei, S. 41.

Beter will nicht auf ein individuelles Gesicht, auf Haltungen und Ausdrucksformen einer bestimmten Person gelenkt werden, sondern auf die alle Zufälligkeiten überschreitende Epiphanie des Ewigen."[597] Eine perspektivische Sicht oder gar eine Tiefenwirkung ist deshalb nicht intendiert. Es gibt auf den Bildern weder eine natürliche Lichtquelle noch – damit zusammenhängend – Schatten oder z. B. Schattenwürfe auf der Kleidung. Viele überflüssig erscheinende Dekorationen wie eine Landschaft oder ein besonderer Hintergrund sind weggelassen. Die Konturen der Figuren sind meistens mit dicken schwarzen Linien vorgezeichnet, was diesem Stil aus westlicher Sicht manchmal das Attribut „bäuerlich" eingebracht hat. Auch die Proportionen der Körper richten sich oft mehr nach der verfügbaren Bildfläche als nach der Wirklichkeit, oder sie entsprechen der Bedeutsamkeit der Personen;[598] denn das Ziel ist nicht eine möglichst realistische Wiedergabe der abgebildeten Szene oder Person, sondern eine den Glauben anregende, symbolische Deutung. Vor allem aber sind Veränderungen im Stil und in der Ausgestaltung nicht erlaubt. Eine möglichst authentische Überlieferung und die Treue zu den Gesetzen der religiösen Malerei sind die Voraussetzungen dafür, dass ein Bild von der Kirche anerkannt wird.
Ein besonderes Merkmal der äthiopischen Malerei sind die Augen. Sie sind besonders groß geformt, um die Macht dieser Person über das gesamte Universum zu verdeutlichen. Bemerkenswert ist dabei, dass „die Guten" immer mit beiden Augen dargestellt sind, gleichgültig ob von vorne oder im Profil, während „die Bösen" auf den Bildern nur ein Auge zugestanden bekommen, so dass ihre Macht über die Welt begrenzt, wenn nicht gar gebrochen erscheint.[599] In gleicher Weise sind „die Guten" interessanterweise immer mit hellerer Hautfarbe gemalt als „die Bösen". Der Teufel hat meistens eine schwarze Hautfarbe wie auch z. B. die Verdammten in Darstellungen des Jüngsten Gerichts.[600]
Die Farben, die am häufigsten vorkommen, sind rot, blau und weiß. Sie symbolisieren die Dreieinigkeit Gottes von Vater, Sohn und Heiligem Geist.[601] Anders als in anderen Ostkirchen wird Gold als Farbe des göttlichen Lichts jedoch kaum bis gar nicht verwendet.

Neben der Malerei sind vor allem die Silberschmiedekunst sowie Holzschnitzereien, in der Regel in Kreuzform, zu nennen.[602] Sie unterteilen sich nach ihrer Verwendung in Vortragskreuze, Handkreuze und Anhängekreuze.

---

[597] Halbfas, Religion, S. 88f.
[598] Chojnacki, Äthiopische Malerei, S. 47f; Buxton, Abyssinians, S. 145.
[599] Batalem Tadesse, Guide, S. 127; Buxton, Abyssinians, S. 145; Heyer, Kirche Äthiopiens, S. 48f.
[600] Vgl. z. B. Negga Tesemma / Aseffa Liban / Abraham Demoz, St. Mary's Church, S. 77f.
[601] Batalem Tadesse, Guide, S. 129.
[602] Ullendorff, Ethiopians, S. 162.

Die Vortrags- oder Prozessionskreuze werden auf einen Holzstab aufgesteckt und bei religiösen Feiern vorangetragen oder auch von den Priestern zur besseren Sichtbarkeit der Gestik bei großen Menschensammlungen zur Wasserweihe o. ä. benutzt. Vorbilder sind entweder das gleicharmige griechische Kreuz oder das lateinische Kreuz, bei dem der untere Arm etwas länger ausfällt. Eine eigene äthiopische Form zeigt daneben besonders kurze Querarme, die zudem künstlerisch gebogen sein können. Doch es blieb selten bei diesen Grundformen. Hinzu kamen jede Art von ornamentalen Verzierungen, Umrahmungen und zusätzlichen Motiven in Form von eingravierten Mustern und Abbildungen. Einlegearbeiten mit Edelmetallen, Edelsteinen oder Bernstein sind hingegen äußerst selten. Als Material verwendet man in der Regel Eisen, Kupfer, Bronze, Messing, Silber und Gold.[603]

Handkreuze sind demgegenüber viel kleiner und eben handlich. Sie sind eine Besonderheit des äthiopischen Christentums und in dieser Art in keiner anderen Kirche zu finden. Sie dienen den Priestern, die sie ständig bei sich tragen, vor allem zum Segnen, aber auch einfach als Erkennungszeichen ihres geistlichen Standes (siehe dazu das Kapitel zum Glauben). Die Grundform ähnelt im Wesentlichen der der Vortragskreuze, aber sie sind meistens – auch wegen der kleineren Fläche – einfacher gearbeitet. Am unteren Ende ist ein Rechteck angebracht, das den Tabot symbolisieren soll. Sie sind meist aus Messing oder einer anderen Art Metall oder aus Holz gefertigt, wobei die Holzkreuze vor allem im Norden Äthiopiens beheimatet sind und wegen ihrer nicht ganz so stabilen Beschaffenheit besonderen Anlässen vorbehalten sind, nicht aber dem täglichen Gebrauch dienen. Obwohl oft verziert, steht die Funktionalität dieser Kreuze im Vordergrund. So begegnet man neben sehr dekorativen Handkreuzen auch solchen, die nur aus zwei dünnen, in der richtigen Länge abgesägten und aneinander geschweißten Eisenstangen bestehen. Für den einzelnen Priester mag dabei auch der Preis eine Rolle spielen. Manche Kreuze tragen zudem als Inschrift ein Gebet.[604]

Das äußere Zeichen der äthiopischen Gläubigen ist normalerweise das Matäb, das Band, das sie bei ihrer Taufe erhalten (siehe das Kapitel zum Glauben). Aber oft hängt man noch ein kleines Kreuz daran, vor allem, seit Kaiser Zär'a Ya'əqob (1434 – 68) angeordnet hatte, dass jeder Christ ein Kreuz tragen solle. Als Material sind Gold, Silber, Bronze, Kupfer und Holz überliefert. Auch diese Anhängekreuze weisen die größte Vielfalt an Formen und Stilelementen auf.

[603] Moore, Äthiopische Kreuze, S. 69 – 71; Buxton, Abyssinians, S. 174 – 176; vgl. auch Moore, Ethiopian Crosses.

[604] Moore, Äthiopische Kreuze, S. 78f; Buxton, Abyssinians, S. 169 – 172.

Manche haben sogar ein Scharnier zwischen dem Kopfbalken und der oberen Verzierung.[605]

Zur symbolischen Bedeutung dieser Kreuze soll nochmals abschließend Rudolf Fechter zu Wort kommen: „So können wir heute auch in den äthiopischen Kreuzen wahre Kunst erkennen, die im gleichen Kreis wie die Ikonen geschaffen worden ist. Kein anderes Volk hat so viel Phantasie und Glaubensinbrunst in die Darstellung des Kreuzes gelegt wie jene äthiopischen Bauern und Krieger, die sich in das unangreifbare äthiopische Bergland zurückgezogen und vom Rest der Welt weithin isoliert hatten. Niemand weiß mit Sicherheit zu sagen, was primär vorhanden war: der Gedanke, etwa den Erdkreis unter der Herrschaft Christi oder die zwölf Apostel an einem Kreuz darzustellen, oder die der Phantasie entsprungenen Formen eines Kreises um ein Kreuz oder einer Zwölfzahl von kleinen Kreuzen um den Kreis –, die dann später theologisch interpretiert wurden. Religion und Ästhetik gingen jedenfalls eine Symbiose ein: der Glaube durchdrang die Form und schuf neue Formen, und die Form wurde Symbol des Glaubens und schuf neuen Glauben."[606]

Exkurs: Die äthiopische Nationalflagge

Einen besonderen Fall der Farbsymbolik des äthiopisch-orthodoxen Christentums stellt interessanterweise die äthiopische Nationalflagge dar. Sie veranschaulicht zugleich, wie man eine Symbolik an sich unbekannter Herkunft aufgrund des eigenen Selbstverständnisses (siehe dazu das Kapitel zu den religiösen Empfindungen) nachträglich religiös deuten kann.

Die äthiopischen Nationalfarben grün, gelb und rot (in drei waagerechten Streifen) sind nicht alt.[607] Trotzdem wurden sie zum Vorbild der panafrikanischen Farben, eben jener Farbkombination, die zur Grundlage so zahlreicher afrikanischer Nationalflaggen werden sollte, als immer mehr Gebiete man ab den 1960er Jahren die Kolonialherrschaft abschüttelten und voller Selbstbewusstsein in die Unabhängigkeit starteten. Zuvor hatten äthiopische Kaiser andere Farbkombinationen benutzt, die ausdrücklich religiös sein sollten.

Der äthiopische Kaiser Yoḥannəs IV. (1872 – 89), der als erster eine Nationalflagge im neuzeitlichen Sinne verwendete, führte entweder eine weiß-rot-weiße Flagge, die das rote Blut auf der weißen Unschuld Jesu Christi zeigen sollte, oder eine rot-gelb-rote Flagge mit dem Löwen im gelben Streifen. Die heutigen drei äthiopischen Nationalfarben tauchen erstmals unter Kaiser Menelik II.

---

[605] Moore, Äthiopische Kreuze, S. 83f; Heyer, Kirche Äthiopiens, S. 59; Buxton, Abyssinians, S. 164 – 168.

[606] Fechter, Äthiopische Ikonen und Kreuze, S. 19.

[607] Vgl. hierzu Chojnacki, Flags and Banners, S. 739f; Heyer, Kirche Äthiopiens, S. IXf.

(1889 – 1913) auf, allerdings noch in zwei unterschiedlichen Reihenfolgen: rot-gelb-grün oder rot-grün-gelb. Ras Tafari Mekonnen, der spätere Kaiser Haile Selassie I., legte dann als neu ernannter Regent im Jahr 1916 die heutige Reihenfolge grün-gelb-rot fest.

Offiziell haben die drei Farben keine bekannte Herkunft, doch die äthiopischen Christen sind davon überzeugt, dass das Grün-Gelb-Rot auf den Regenbogen zurückgeht, der als Zeichen des unverbrüchlichen Bundes Gottes über der Erde leuchtete, nachdem die Arche Noah die Sintflut überstanden hatte und auf dem Berg Ararat gelandet war (Gen. 9, 13 – 17).[608] Eine weitere Deutung bezieht sich auf die christlichen Tugenden: Grün sei die Farbe der Hoffnung, gelb stehe für den Glauben (die Farbe der Mäsqäl-Blume!) und rot symbolisiere den Opfertod Jesu Christi. Daneben oder darüber hinaus belegen die Äthiopier die drei Farben mit verschiedenen Symboliken. Sie sollen die Dreieinigkeit von Vater, Sohn und Heiligem Geist oder die drei Söhne Noahs Sem, Ham und Jafet oder auch Äthiopien als Gottes Reich auf Erden in der Form von Volk, Kirche und Staat darstellen.[609] Man behauptet, schon Menelik I., der Sohn von König Salomo und der Königin von Saba, habe diese Flagge eingeführt. Als dann die jüdische Fürstin Judith im 10. Jahrhundert das Christentum in Äthiopien auszurotten versuchte und den Kaiser mitsamt seiner Familie ermordete, sei die Flagge in die drei Streifen zerrissen und über das Land verteilt worden. Erst Kaiser Yəkunno Amlak, dem es im Jahr 1270 gelang, die aus seiner Sicht illegitime Herrschaft der Zag^{w}e-Dynastie zu beenden und die Salomonische Dynastie weiterzuführen, habe die drei Farben wieder vereinigt. Diese Legende, deren beabsichtigte Aussagekraft auf der Hand liegt, wurde in dieser Form aber erst im Jahr 1912 aufgeschrieben.

---

[608] So z. B. Ermias Kebede Wolde-Yesus, Ethiopia, S. 99; vgl. auch Walelign Emiru, Ethiopian Orthodox Church Festivals, S. 206.
[609] Vgl. zu diesen Deutungsmustern Walelign Emiru, Ethiopian Orthodox Church Festivals, S. 206.

6.4.2. Die Kirchenmusik

Die äthiopische Kirche unterscheidet sich von allen anderen orthodoxen Kirchen u. a. dadurch, dass sie im Gottesdienst und bei den religiösen Festen Musikinstrumente nicht nur zulässt, sondern sogar vorschreibt. Damit verbunden ist ein ritueller Tanz, der sich in dieser Form auch nur in Äthiopien findet. Beides geht vermutlich auf den Gottesdienst im und die Wallfahrten zum Jerusalemer Tempel im alten Israel zurück, wie sie in den Geschichtsbüchern und den Psalmen im Alten Testament beschrieben sind. Man bezieht sich auch im Besonderen auf den Freudentanz König Davids bei der Rückkehr der Bundeslade nach Jerusalem (2. Sam. 6, 5. 15f). Allerdings benutzen die Äthiopier für ihre in dieser Art gefeierte Liturgie nicht das Wort „Tanz", das als weltlicher Begriff als für den Gottesdienst unangemessen gilt, sondern sprechen lediglich von „Bewegungen". Man unterscheidet dabei drei Schulen: Die Schule von Gondär ist langsamer, und die Gebetsstäbe (s. u.) werden näher am Körper gehalten; die Schule des Täklä (ihres Gründers) bewegt sich schneller und ausladender, die dritte Schule kombiniert die beiden ersten in einem Kompromiss.[610]
Da wir nicht wissen, wie die Psalmen seinerzeit gesungen wurden, bietet die äthiopische Kirchenmusik möglicherweise sogar einen Eindruck, der ihrem Ursprung nahe kommen könnte. Zumindest sind hebräische und andere orientalische Einflüsse wahrscheinlich. Nach äthiopischer Tradition hingegen sollen die Gesänge vom Hl. Yared stammen, der sie im 6. Jahrhundert von den himmlischen Chören selbst gehört haben möchte (siehe zu ihm das Kapitel zur Heiligenverehrung). Er soll dort auch den Gebrauch der weiter unten beschriebenen Musikinstrumente beobachtet haben. Ein äthiopischer Autor geht sogar so weit zu behaupten: „Bevor Yared die Kirchenmusik erneuerte, benutzte die Kirche weder Poesie noch Gesänge, und die Priester waren es nicht gewöhnt, geistliche Tänze aufzuführen. Sie beteten flüsternd, murmelnd und Sätze wiederholend."[611]
Der Hl. Yared führte der Legende nach drei Arten der Harmonie bzw. Singweise sowie eine eigene Notenschrift ein und schuf zahllose Hymnen und Gesänge für alle Gelegenheiten des kirchlichen Festkalenders.[612] Sie sind in seinem Werk „Dəgg^{W}a" (Klagegesänge) aufgeschrieben. Darüber hinaus verfasste er Hymnen und Gesänge in seinen Werken Ṣomä Dəgg^{W}a für die Fastenzeiten, Mə'əraf für Tagzeitengebete und Hymnen zum Lob Gottes, Qəddase für die Eucharistie, Zəmmare als gesungene Gebete nach der Eucharistie sowie Mäwaśə'ət für Beerdigungen und Feiern zum Totengedenken und für Karsamstag. Die Singweise Gə'əz war für die „normalen" Gottesdienste gedacht, die Singweise 'Əzəl für Beerdigungen und die singweise Araray für große, kirchliche Feste. Sie stehen

---

[610] Chaillot, Ethiopian Orthodox Tewahedo Church Tradition, S. 112f.
[611] Belai Giday, Ethiopian Civilization, S. 119.
[612] Vgl. u. a. Powne, Ethiopian Music, S. 88 – 97; Heyer, Kirche Äthiopiens, S. 118 – 122.

gemeinsam auch symbolisch für die göttliche Trinität von Vater, Sohn und Heiligem Geist.
Die ältesten schriftlichen Belege zur äthiopischen Kirchenmusik, von denen man bisher weiß, stammen allerdings aus der Zeit von Kaiser Gälawdewos im 16. Jahrhundert. Dort finden sich auch erste Notationen der Melodien. Sie richten sich nicht nach den in Europa bekannten Tonleitern und Harmonien und klingen daher für westliche Ohren oft recht fremd und unharmonisch.

Von den Musikinstrumenten, die in Äthiopien in Gebrauch sind, sind nur zwei bis drei für den Gottesdienst vorgesehen.[613] Diese wiederum dürfen umgekehrt, einmal liturgisch benutzt, nicht mehr profanen Zwecken dienen. Die große Trommel (käbäro) wird an einem Band getragen und mit der Hand geschlagen. Natürlich sind Trommeln schon im Alten Testament für den Gottesdienst belegt (Ps. 150, 4; Ex. 15, 20).[614] Aber darüber hinaus stehen sie in einem vielfachen Zusammenhang mit dem Christusgeschehen. Zunächst gibt die Käbäro-Trommel einen tiefen, durchdringenden Ton von sich, der einem – steht man in der Nähe – das Zwerchfeld erbeben lässt. Genau dieses Gefühl soll einen an die Schläge erinnern, die Jesus Christus während seines Leidens und seiner Kreuzigung zu ertragen hatte. Anderen gilt dieser Laut als Sinnbild des unwiderstehlichen Wirkens des Heiligen Geistes. Auch die Form und Farbgebung der Trommel unterliegt genauen Anweisungen, weil sie symbolisch gedeutet werden. Der Klangkörper aus Holz und Eisen steht für den Leib Christi, die beiden unterschiedlich breiten Enden für die wahre Gottheit bzw. die wahre Menschheit in Christus. Das daran angenähte Ziegenleder ist ein Symbol für die Dornenkrone, der ebenfalls lederne Tragegurt hingegen für die Peitschen, mit denen der leidende Jesus gequält wurde. Die Lederbänder, die die Trommelflächen an dem Instrument halten, wiederum stehen für die blutigen Striemen auf dem Leib Jesu, die seine Auspeitschung verursacht hat. Eine weitergehende Auslegung möchte in der mehrfarbig bemalten Verkleidung der Trommel (zumeist mit der Grundfarbe rot) die Binden sehen, in denen Jesus ins Grab gelegt wurde. Schließlich symbolisiert der Hohlraum innerhalb der Trommel das leere Grab des Ostermorgens.[615]
Daneben wird das Sistrum (ṣänaṣəl) verwendet, das wohl ursprünglich aus dem pharaonischen Ägypten stammt, aber auch in Ps. 150, 1 erwähnt wird. In der Luther-Bibel wird es dort „Zimbel“ genannt. Es besteht aus mehreren Metallplättchen, die auf zwei Drähte gezogen sind, die wiederum an einer Halterung

---

[613] Vgl. dazu u. a. Powne, Ethiopian Music, S. 12 – 25; Ashenafi Kebede, Geistliche Musik; Lipsky, Ethiopia, S. 128 – 130.
[614] Atiya, History, S. 1598 sieht allerdings einen ausschließlich afrikanischen Ursprung dieser Trommel.
[615] Batalem Tadesse, Guide, S. 131f.

befestigt sind, die es erlaubt, das Sistrum in die Hand zu nehmen und hin und her zu bewegen, so dass die Metallplättchen einen rasselnden Laut von sich geben. Der obere Teil des Sistrums ist dabei nicht nur schlicht funktional geformt, man sieht in ihm zugleich ein Symbol des Regenbogens als Zeichen des unauflöslichen Bundes Gottes mit den Menschen (vgl. Gen. 9, 12 – 17). Die Drähte einschließlich der Halterung ergeben außerdem ein Abbild der Leiter, die der flüchtende Jakob im Traum sah und die Himmel und Erde verband (Gen. 28, 11 – 13). Auch diese Leiter dient der symbolischen Vergewisserung von Gottes Gegenwart und seines Beistands für seine Menschen. Die Anzahl der Metallplättchen ist entweder fünf oder sieben. Sind es fünf, sind zwei davon am oberen Draht und drei am unteren Draht angebracht. Sie symbolisieren die zwei Geburten Jesu (die ewige Geburt vor aller Zeit aus Gott und die leibliche Geburt aus Maria) oder seine gottmenschliche Natur bzw. die Dreieinigkeit Gottes. Sind es sieben, sollen ebenfalls zwei auf den einen Draht, aber fünf auf den anderen aufgezogen sein. Diese Mal stellen die fünf die Kleriker, die einen Gottesdienst zelebrieren dar: zwei Priester und drei Diakone. Die vom Sistrum hervorgerufenen Töne wiederum erinnern an die Bewegungen der Engel, die in Jakobs Traum auf der Leiter auf- und niederstiegen.[616]
Beide Instrumente sind reine Rhythmusinstrumente, die den liturgischen Gesang und den rituellen Tanz begleiten. Manchmal findet sich auch die große Harfe (bägäna) die man auf den alttestamentlichen König David zurückführt, der als Kind auf ihr gespielt hat, um König Saul zu beruhigen und seinen „bösen Geist“ zu vertreiben (1. Sam. 16, 23). Von daher gilt die Harfe durchaus als von Gott gegeben, obwohl sie insgesamt eher als profanes Instrument angesehen wird. Im kirchlichen Gebrauch spielt man auf ihr geistliche Lieder, hauptsächlich in der Fastenzeit, aber nur vor und nicht in der Kirche.[617]
Trommel und Sistrum wiederum verstummen während der Fastenzeiten, in denen die Liturgie ohne musikalische Begleitung gefeiert wird.

Nicht als Musikinstrument, aber doch als Ausstattung der Däbtäras fungieren schließlich die Gebetsstäbe (mäqq^{w}amiya). Sie haben oben einen eisernen, T-förmigen Abschluss, so dass man sich während der stundenlangen Zeremonien gut auf ihn aufstützen oder mit dem Stock im Rhythmus der Gesänge auf den Boden schlagen kann. Sie werden sowohl mit dem Stab, den Jakob auf seiner Wanderung benutzte (Gen. 27), als auch mit dem Stab, mit dem Mose das Schilfmeer teilte (Ex. 14), assoziiert. Zugleich soll es an das Kreuz Jesu erinnern. Entsprechend tragen die Däbtäras zu Beginn eines Gottesdienstes den Stab geschultert, um symbolisch den Leidensweg Jesu vom Palast des Pontius Pilatus bis nach Golgatha darzustellen. Wenn sie zwischendurch den Stab auf den Bo-

---

[616] Batalem Tadesse, Guide, S. 132f.
[617] Powne, Ethiopian Music, S. 56; Kimberlin, Bägäna, S. 436.

den aufstoßen, stehen diese Bewegungen für die Momente, in denen Jesus unter der Last des Kreuzes zusammenbrach. Die liturgischen Tänze, bei denen sich zwei Reihen von Däbtäras gegenüberstehen und abwechselnd vor- und rückwärts schreiten, symbolisieren die Begegnungen zwischen Jesus und den ihn anfeindenden Juden, bei dem die Gegner Jesu ihn einerseits verfolgen und andererseits vor seiner Göttlichkeit zurückschrecken.[618] Eine andere Deutung begegnet uns bei den Weihnachtsgottesdiensten vor der in einer Grube stehenden, monolithischen Felsenkirche Betä Maryam (Marienkirche) in Lalibela, wenn die eine Hälfte der Priester und Däbtäras die Göttliche Liturgie auf den umliegenden Hügeln zelebriert und die andere Hälfte unten am Eingang der Kirche steht. Die Wechselgesänge sollen dabei die Botschaft der Engel in der heiligen Nacht und die Antwort der Hirten auf dem Felde darstellen.[619]
Um die langen Gottesdienste durchzustehen, dürfen sich aber auch normale Gläubige auf einen solchen Gebetsstab stützen.

---

[618] Batalem Tadesse, Guide, S. 133f; Chaillot, The Ethiopian Orthodox Tewahedo Church Tradition, S. 113.
[619] Mengistu Gobezie, Lalibela, S. 99.

6.5. Das Verhältnis zu anderen Religionen und Konfessionen

6.5.1. Die Religion der Oromo[620]

In einigen Teilen Äthiopiens sind vorchristliche, indigene Religionen erhalten geblieben, vor allem unter den kuschitischen Völkern.[621] Sie unter einem Sammelbegriff zusammenzufassen, ist nicht leicht. Davon, sie entweder als animistisch oder als Naturreligionen zu bezeichnen, ist man mittlerweile abgekommen. Selbst der Begriff „traditionelle Religionen" ist undeutlich, da ja auch Judentum, Christentum und Islam ihre eigenen Traditionen besitzen. Vielleicht ist es deshalb tatsächlich vergleichsweise neutral, von indigenen Religionen zu sprechen. Allen diesen Glaubensvorstellungen gemeinsame Elemente sind, ganz allgemein gesagt, die Aufteilung des Weltbilds in eine übernatürliche und eine menschliche Sphäre, der Glaube an einen höchsten (Schöpfer-)Gott, ein Konzept von einem wie auch immer gearteten Dasein nach dem Tod, die Darstellung der Glaubensvorstellungen in der Form von Mythen anstatt in der Form einer ausformulierten Lehre sowie das Vorhandensein von Ritualen, die von religiösen Spezialisten ausgeführt werden.[622] Es scheint auch – vor allem in Təgray, aber auch unter den Oromo – eine Art Schlangenkult gegeben zu haben, auf den viele Mythen Bezug nehmen.[623] Noch der Äthiopienreisende James Bruce schreibt im 18. Jahrhundert, wie die Agäw noch immer Schlangen verehren: „Bevor sie eine Reise antreten oder sonst etwas Wichtiges unternehmen, werden die Schlangen umsorgt und gefüttert. Sie holen das Tier aus seiner Höhle und setzen ihm Butter und Milch vor, was besonders nach seinem Geschmack ist. Frißt es nicht, so steht ein großes Unglück bevor."[624]

---

[620] Vgl. dazu vor allem Bartels, Oromo Religion; Dirribi Demissie Bokku, Oromo Wisdom; Aguilar, Politics; Sumner, Proverbs, S. 24f; Bakke, Christian Ministry, S. 33 – 46; Schlee / Shongolo, Islam & Ethnicity, S. 92 – 94; als historische Quelle Krapf, Reisen, S. 92 – 107.

[621] Trimingham, Islam, S. 17f.

[622] Bustorf, Traditional Religions, S. 361 – 363; vgl. auch Levine, Greater Ethiopia, S. 47.

[623] Ullendorff, Ethiopians, S. 93f; Aguilar, Politics, S. 72f; Abebe Ambatchew et al., Field Trip, S. 142; Bakke, Christian Ministry, S. 29 – 33; Sumner, Proverbs, S. 106.

[624] J. Bruce, Quellen, S. 299; vgl. auch Krapf, Reisen, S. 104f.

Die Oromo (in der älteren Literatur häufig „Galla" genannt)[625] sind die zahlenmäßig größte Ethnie in Äthiopien. Unter ihnen finden sich sowohl Christen als auch Muslime als auch (trotz intensiver christlicher Missionierungskampagnen, sowohl von orthodoxer als auch von evangelischer Seite aus) Anhänger ihrer alten, indigenen Religion, die allerdings in sich nicht völlig einheitlich ist und bei der regionale Unterschiede zu beachten sind. Trotzdem lassen sich Hauptlinien in den Glaubensvorstellungen der indigenen Religion der Oromo nachzeichnen.

In dieser Religion, von den Oromo selber „Waaqeffannaa" genannt, verehren die Oromo ein höchstes Wesen, das sie „Waaqa" nennen, was gleichbedeutend ist mit „Himmel". Sie geben ihm aber genauso andere Namen, die vermeiden sollen, das ehrwürdige Wort „Waaqa" auszusprechen, wie „Höchster", „Einzigartiger", „Rabbi" (ein Lehnwort aus dem Arabischen) u. a. m. Sie sehen Waaqa als Schöpfer der Welt und allen Lebens an. Er sorgt für Fruchtbarkeit und Ernten, für Regen und Sonnenschein. Die Menschen verdanken ihm alles, was sie zum Leben brauchen. Trotzdem wird laut Lambert Bartels Waaqa nicht als Schöpfergott im Sinne der Bibel gedacht. Die Religion der Oromo kennt keine entsprechenden Mythen. Waaqa existierte nie vor oder außerhalb seiner Schöpfung.[626]

Eine gegensätzliche Auffassung vertritt Dirribi Demissie Bokku. Er spricht davon, dass Waaqa schon vor dem Beginn des Universums existiert habe und dass er alles aus dem Urstoff Wasser geschaffen habe.[627] Der erste Mensch sei zunächst weder Mann noch Frau gewesen. Er hätte kein eindeutiges Geschlecht gehabt. Erst als er eines Tages zufällig direkt in die Augen Waaqas geschaut habe, wäre er so erschrocken, dass er sich in zwei Teile gespalten habe, aus denen sich die zwei Geschlechter gebildet hätten.[628]

Beiden Vorstellungen gemeinsam ist die Überlieferung, dass Waaqa am Anfang der Zeit als Mann über diese Erde lief und jeder von Angesicht zu Angesicht mit ihm sprechen konnte.[629] Obwohl er den Menschen damals so nah war, erscheint es den Gläubigen dennoch als nachträglicher, christlicher Einfluss, Waaqa mit

---

[625] Allerdings schreibt bereits der deutsche Afrikareisende Dr. Richard Brenner in den 1860er Jahren (Pless, Baron Carl Claus von der Decken's Reisen, S. 374): „Der Name Galla soll nach Krapf [ein deutscher Missionar und Zeitgenosse Brenners, der Vf.] soviel als 'Eingewanderte' bedeuten. Brenners Angabe, wonach bei den Küstenbewohnern alle 'Barbaren und Ungläubige' den Namen 'Galla' führen, hat indessen weit mehr Wahrscheinlichkeit für sich. [...] Die Galla selbst nennen sich Orma d. i. 'starke oder tapfere Männer'. Aus diesem Worte hat Krapf den Namen Ormanien zur Bezeichnung des gesammten (sic!) Galla-Landes [...] gebildet." Vgl. dazu auch Krapf, Reisen, S. 94.

[626] Bartels, Oromo Religion, S. 101.

[627] Dirribi Demissie Bokku, Oromo Wisdom, S. 57.

[628] Dirribi Demissie Bokku, Oromo Wisdom, S. 58.

[629] Smart, Phenomen, S. 98f weist darauf hin, dass diese Vorstellung in vielen afrikanischen Mythen auftaucht.

der Liebe zu den Menschen in Verbindung zu bringen. Sie stellen vielmehr fest: „Heutzutage wird gesagt, dass Waqa uns liebt, aber unsere Väter haben das nie gesagt." „Menschen mögen aus Liebe weichherzig zueinander sein, aber Waqa entscheidet immer aus sich heraus." „In früheren Zeiten haben die Leute Waqa nicht ihren Vater genannt. Es stimmt, wir haben uns manchmal seine Kinder genannt, aber das war nur, um uns aus seiner Sicht klein zu machen."[630]
Nach dieser Glaubensvorstellung hat sich Waaqa mittlerweile von der Erde zurückgezogen und wandelt nicht mehr sichtbar unter den Menschen, sondern er thront im fernen Himmel. Trotzdem bleibt er ein persönlicher Gott, zu dem man beten, den man bitten und dem man danken kann und soll. Ihm zu Ehren werden Riten vollzogen, und ihm werden Opfer dargebracht.

Weil alles Leben von Waaqa stammt, ist es sein Eigentum und nicht in der Verfügungsgewalt der Menschen. Das gilt sowohl von allem menschlichen Leben als auch vom Leben der Tiere und Pflanzen, die die Menschen töten, um sie zu essen. Diese müssen deshalb zuvor von Waaqa für diesen Zweck gesegnet, d. h. freigegeben werden. Als ein anderes Beispiel würde ein Oromo, der Waaqa verehrt, nie sagen, dass er drei Kinder habe. Er würde es immer so ausdrücken, dass Waaqa ihm drei Kinder gegeben habe. „Haben" könne man nur tote Dinge, nie lebende Wesen, seien es Menschen, seien es Tiere oder Pflanzen.[631]
Deswegen zählt es auch als größte Sünde, die vollkommene Abhängigkeit von Waaqa zu leugnen und sein Leben in die eigene Hand nehmen zu wollen. Möchte Waaqa seine Lebewesen strafen, so zieht er sich von ihnen zurück. Das allein bedeutet für sie schon, dass ihnen der göttliche Segen für Gesundheit, Fruchtbarkeit und Wohlergehen versagt bleibt. Außerdem können sie damit niedrigeren, möglicherweise bösen Mächten schutzlos ausgeliefert sein.
Sterbende kehren zu Waaqa zurück. Aus diesem Grund stehen alte Menschen (wie übrigens auch neugeborene Kinder) Waaqa näher als junge, und man bittet sie öfters um den Segen Waaqas. Ein anderer Aspekt des Alters ist, dass Menschen, die Waaqa nahestehen, die Gabe der Prophetie oder der Kenntnis der innersten Geheimnisse Waaqas besitzen können. Von denjenigen, die älter als 80 Jahre sind, geht man in jedem Fall davon aus, dass sie im Namen von Waaqa sprechen.[632] Eine Vorstellung von einem Leben nach dem Tod vertritt diese Religion allerdings nicht. Weder ist an eine Art Paradies oder „Himmel" noch an eine Hölle gedacht. Auch ein Weltende und ein Jüngstes Gericht werden nicht erwartet. Waaqa belohnt bzw. bestraft gute bzw. böse Taten bereits wäh-

---

[630] Bartels, Oromo Religion, S. 101.
[631] Bartels, Oromo Religion, S. 96.
[632] Giday Degefu Koraro, Traditional Mechanisms, S. 72; Dirribi Demissie Bokku, Oromo Wisdom, S. 213.

rend des irdischen Lebens der Menschen. Sofern es überhaupt ein Leben nach dem Tod gebe, wisse Waaqa allein, wie das aussehe.[633]
Daneben existiert aber auch die Gruppe der religiösen Spezialisten oder Priester (qaalluu genannt), die die religiösen Handlungen vollziehen und die Riten leiten. Sofern bzw. wenn sie von einem guten Geist (ayyaana, s. u.) besessen sind, treten sie zusätzlich als Seher oder als Medium auf, um den Menschen zu helfen. Ihnen ist es verboten, irgendein Leben zu töten. Unter den Boorana (einem Stamm der Oromo) üben diese Qaalluu überdies politische Macht aus.[634] Allerdings gibt es Autoren, die behaupten, diese Gruppe der religiösen Spezialisten sei erst in neuerer Zeit in die Religion der Oromo eingeführt worden und gehöre nicht zu ihrem ursprünglichen Bestand. Vielmehr habe es anfangs überhaupt keine religiösen Spezialisten gegeben. Man habe sie nicht gebraucht, da die Existenz und die Segnungen Waaqas direkt aus der Beobachtung der Natur zu erschließen seien.[635]

Nach den Glaubensvorstellungen dieser Religion sind alle Lebewesen beseelt. Sie nennen diese innere Kraft Ayyaana. Deshalb muss z. B. der Ayyaana eines Büffels besänftigt werden, bevor man ihn töten darf. Auch Berge, Flüsse, Bäume und Landschaften haben ihr eigenes Ayyaana. Alle Ayyaanas kommen von Waaqa, so dass sie letztlich ein Teil von ihm sind und alle Träger eines Ayyaanas etwas Göttliches in sich haben. Das bedeutet aber keinesfalls, dass Waaqa umgekehrt in den Ayyaanas aufgeht. Er ist auch außerhalb der Ayyaanas existent und nicht etwa nur ein aller Natur innewohnender Geist im Sinne eines Pantheismus. Der Anthropologe Lambert Bartels schreibt dazu: „Es ist deutlich geworden, dass das Konzept von Ayana mehr beinhaltet als einfach nur die Idee einer übernatürlichen Kraft, die in einen Menschen, einem Tier oder einer Pflanze wohnt. Es weist auch auf das Ergebnis der Aktivität dieser Kraft hin: auf den individuellen Charakter oder auf das Schicksal dieser Person. Es kann auch die Bedeutung eines Schutzgeistes haben, eines Geistes, der beschützt und führt. Es ist ‘etwas von Waqa’ in jeder Person, jedem Tier oder jeder Pflanze, die sie so macht, wie sie sind: zu einer speziellen Manifestation des Göttlichen, von Waqa als dem Schöpfer und als der Quelle allen Lebens.“[636]
Sind Menschen von einem Ayyaana erfüllt, nennt man sie Ayyaantuu. Sie sind insbesondere in der Lage, andere in religiösen Dingen zu ermahnen und zu leh-

[633] Dirribi Demissie Bokku, Oromo Wisdom, S. 34. 73. 83 – 85.
[634] Lewis, Spirit Possession, S. 470. 473; Abebe Ambatchew et al., Field Trip, S. 144. Unter den christlichen Amhara hingegen gelten die Qaalluu abwertend nicht selten schlicht als Zauberer, die ihre Magie unter dem Deckmantel des Islam praktizieren: Abebe Ambatchew et al., Field Trip, S. 145.
[635] Dirribi Demissie Bokku, Oromo Wisdom, S. 54.
[636] Bartels, Oromo Religion, S. 118; vgl. auch Dirribi Demissie Bokku, Oromo Wisdom, S. 59. 126f.

ren, ohne zugleich zu beanspruchen, als eine Art Prophet Waaqas Willen zu verkünden oder Waaqas Strafe bei Nichtbeachtung seiner Botschaft anzudrohen.[637] Nach Dirribi Demissie Bokku waren es ursprünglich allein sie, die den Kontakt zu Waaqa herstellten und die Opfer und Riten vollzogen und nicht die oben erwähnten Priester (qaalluu).[638]

Darüber hinaus ist die Welt zugleich voll von bösen Ayyaanas, die das Leid und das Unheil hervorrufen. Diese bösen Ayyaanas sind jedoch kein Teil von Waaqa; sie sind vielmehr die Geister derjenigen Lebewesen, von denen Waaqa sich zurückgezogen hat und die nun eigenmächtig ihre bösen Werke vollbringen. Insofern ist der Begriff „böses Ayyaana" – so Bartels – eigentlich ein Widerspruch in sich; doch die Oromo scheinen ihn zu benutzen, um deutlich zu machen, dass auch das Böse eine übernatürliche Kraft besitzt. Auf die Frage, woher die bösen Ayyaanas kommen, haben die Oromo keine Antwort. Möglicherweise ist hier auch ein Einfluss der islamischen Lehre vom Teufel und seinen bösen Geistern zu spüren, so dass man erst dadurch von von Waaqa unabhängigen, bösen Mächten ausgeht.[639] Entsprechend ist es für die Anhänger dieser indigenen Religion selbstverständlich zu glauben, dass derartige böse Geister von Lebewesen Besitz ergreifen und sie beherrschen können. Um sich davon zu befreien, muss man Waaqa, der mächtiger ist als das Böse, zu Hilfe rufen. Für diese Exorzismen sind die Priester (qaalluu) zuständig.[640] Die Existenz eines eigenständigen Teufels oder Satans lehnt diese Glaubensvorstellung jedoch ab. Laut Dirribi Demissie Bokku hätte Waaqa nie eine derartige böse Gegenmacht erschaffen. Alles Böse gehe vielmehr allein auf die Entscheidungen der Menschen zurück.[641]

Den verschiedenen Ayyaanas sind besondere Rituale gewidmet, die zumeist in einem eingezäunten Bezirk stattfinden, in dessen Zentrum immer ein heiliger Baum steht. Diese Orte dürfen, einmal dazu auserwählt, ausschließlich für heilige Riten aufgesucht werden. Die Religion der Oromo stellt an diesem Punkt eine starke Beziehung der Ayyaanas zum Adler her. Erblickt man einen Adler am Himmel, ist man überzeugt, er bringe einem eine göttliche Botschaft, so dass man sogleich ein Ayyaana-Ritual veranstalten muss, um herauszufinden, wie diese Nachricht lautet. Zunächst laden Trommeln zu einem solchen Ritual ein, meist in der kurzen Dämmerung oder zu Beginn der Nacht. Während des Rituals werden Lieder gesungen, begleitet von klatschenden Händen, bis eine Frau in

---

[637] Dirribi Demissie Bokku, Oromo Wisdom, S. 71f. 129.
[638] Dirribi Demissie Bokku, Oromo Wisdom, S. 79. 127 – 130.
[639] Bartels, Oromo Religion, S. 120.
[640] Trimingham, Islam, S. 18.
[641] Dirribi Demissie Bokku, Oromo Wisdom, S. 67. 78.

Trance laut aufschreit und sich damit als Medium des angerufenen Ayyaanas zu erkennen gibt. Nun kann der Geist befragt werden. Zum Ablauf gehören zudem Opfergaben an den jeweiligen Ayyaana sowie eine Speisung der anwesenden Personen, so dass es für eine gastgebende Familie oder Gruppe recht teuer werden kann, ein Ayyaana-Ritual einzuberufen.[642]

Eine Besonderheit dieser Religion ist die Göttlichkeit der Mutterschaft, die unter dem Begriff „Maram" zusammengefasst wird. Maram als übernatürliche Macht tritt vor allem bei dem Wunsch, schwanger zu werden, sowie dann während des Vorgangs des Gebärens auf. Um sie um Hilfe zu bitten, vollzieht man bestimmte Riten und spricht genau festgelegte Gebete. Ein solches Gebet veranschaulicht die dahinterstehende, religiöse Vorstellung, wenn es u. a. formuliert: „Die unfruchtbare Frau hasst das Kinderkriegen nicht; Maram ist gegen sie gewesen. [...] Maram erschafft den Menschen; die Mutter alleine erschafft den Menschen nicht."[643] Die Frauen stellen demnach nur das „Material", Fleisch und Blut, zur Verfügung, aus dem Maram dann die Kinder formt und sie zum Leben erweckt. Maram steht ausschließlich Frauen zur Verfügung und ist kein Teil der von den Männern praktizierten Religion. Obwohl die Männer natürlich von der Existenz von Maram ausgehen, spielt Maram für sie keine Rolle. Würde ein Mann sich dafür interessieren, gälte er den anderen Männern als verweichlicht und den Frauen gleich. Lambert Bartels urteilt: „Es ist keine Übertreibung zu sagen, dass Matcha-Frauen [die Matcha sind ein von Bartels untersuchter Stamm der Oromo, der Vf.] (hier) ihre eigene religiöse Welt aufgebaut haben."[644] Gleichzeitig betont man, dass die Ayyaanas und Maram keine eigenen Gottheiten darstellen würden und dass Waaqa als einziger Gott verehrt werde. Anders als es Islam und Christentum darstellten, sei „Waaqeffannaa" mithin eine monotheistische Religion.[645]

Als eine weitere Besonderheit spielt der Kaffee in der indigenen Religion der Oromo eine herausragende Rolle. Schließlich ist Äthiopien die Heimat des Kaffees. Ihm ist deshalb ein ganz spezielles Ritual gewidmet, das ausschließlich verheiratete Frauen vollziehen dürfen. Das hängt damit zusammen, dass die Form der Kaffeebohne an die weibliche Vagina erinnert. Dieses Ritual nennt sich „bunna qala", was so viel bedeutet wie „das Töten/Schlachten des Kaffees". Es symbolisiert das „Öffnen" der Frau beim Vorgang des Zeugens und des Gebärens von Kindern. Zu Beginn des Rituals beißen die Frauen die noch rote Kaffeebohne ein wenig auf und dünsten sie anschließend in Butter. Das kurze Auf-

---

[642] Aguilar, Politics, S. 70 – 84.
[643] Sumner, Proverbs, S. 84.
[644] Bartels, Oromo Religion, S. 128; vgl. auch Bakke, Christian Ministry, S. 45f.
[645] Dirribi Demissie Bokku, Oromo Wisdom, S. 24. 126f. 188.

beißen deuten die Oromo als Symbol für den ersten Geschlechtsakt in der Hochzeitsnacht; denn die Frau erklärt damit ihre Bereitschaft, um der Mutterschaft willen „geöffnet" zu werden. Die Butter wiederum, die beim Dünsten in die Bohne eindringt und mit ihr verschmilzt, verbessert nicht nur den späteren Geschmack, sie steht zugleich für die Milch der Kuh bzw. im übertragenen Sinn für die Fruchtbarkeit allgemein. In diese Richtung ist auch das Bersten der erhitzten Kaffeebohnen, das von den Frauen freudig begrüßt wird, zu verstehen. Es handelt sich demnach eindeutig um ein Fruchtbarkeitsritual, das sich sowohl auf Menschen als auch auf Tiere und Pflanzen (das Vieh und die Ernte der Familie!) segensreich auswirken soll.
Daher soll der Duft der gedünsteten Kaffeebohnen das ganze Haus erfüllen, um seinen Segen auf alle Räume zu verteilen. Mit dem gleichen Ziel werden einzelne Bohnen auch auf die Tür- und Zimmerschwellen gelegt.
Die gegarten, noch heißen Kaffeebohnen werden dann von einer (oft recht großen) Gruppe gemeinsam verzehrt, wobei die Oromo nie von „essen", sondern immer von „kauen" sprechen. Das Ritual, das zugleich den Frieden in der Familie und mit den Nachbarn sichtbar machen soll, allein zu vollziehen, ist völlig undenkbar; denn Gebende und Nehmende segnen sich gegenseitig, während man miteinander die Kaffeebohnen genießt. Aus diesem Grund ist es unabdingbar, dass jeder, der im Haus ist, an diesem Bunna-Qala-Ritual teilnimmt. Die fertigen Kaffeebohnen zurückzuweisen, käme dem Wunsch gleich, die anderen mögen gerade nicht gesegnet sein.
Die Überlieferung der Oromo erzählt zur Herkunft dieses Rituals die Geschichte „Wie Waqa den Menschen die Kaffeepflanze gab": Zu der Zeit, als Waaqa noch sichtbar unter den Menschen weilte, hatte ein Mann, der nicht akzeptieren wollte, dass er irgendwann sterben müsste, mit Waaqa über seine Lebenszeit gestritten. Waaqa gestand ihm immer mehr Jahre zu, doch sein Gegenüber lehnte alle Vorschläge ab; denn er wollte ewig leben und nie sterben. Am Ende verlor Waaqa die Geduld und sagte zu dem Mann: „Dann verschwinde von meinen Augen! Du wirst noch heute sterben." Tatsächlich geschah auch, was Waaqa bestimmt hatte. Der Mann starb. Waaqa aber hatte seine Härte längst bereut und beweinte den Toten. Aus dem Leichnam aber, den Waaqas Tränen berührten, wuchs die Kaffee-Pflanze heraus. Die Oromo schließen daraus: „Alle Pflanzen wachsen durch den Regen, aber die Kaffee-Pflanze spross aus Waqas Tränen hervor."[646]

[646] Bartels, Oromo Religion, S. 306. Natürlich sind in Äthiopien daneben andere Erzählungen im Umlauf, wie der Kaffee zu den Menschen kam. Eine davon ist in dem liebevoll erzählten und illustrierten Kinderbuch Sauda Mdahoma, Kaldi nachzulesen. Sie besagt zusammengefasst: Der junge Hirte Kaldi sah eines Tages seine Ziegen aufgeregt herumrennen, als ob sie tanzen würden. Ihnen nachgehend, fand er heraus, dass sie von einer Art roter Beeren aßen. Er

Was die Oromo als indigene Glaubensvorstellungen haben, fasst Lambert Bartels schließlich folgendermaßen zusammen: „Das westliche Konzept des Universums als eines einheitlichen Systems von Ursachen nach konstanten Regeln und festgelegten Prinzipien – eine Sache, die die Westler 'Natur' nennen – ist ihnen fremd. Was immer in der Welt geschieht und menschliche Aktivität und Macht übersteigt, wird als eine Wirkung der Handlungen übernatürlicher Wesen angesehen, zu allererst von Waqa und dann von niederen Geistern wie den realen Ayanas oder den modernen Teufeln. Das ganze Universum ist personalisiert. Was Westler ein bisschen locker 'den Gang der Natur' nennen, stellt sich ihnen als unvorhersagbares und unveränderbares Innewohnen von persönlichen Wesen dar. [...] Letztendlich können alle diese Mächte direkt oder indirekt von Menschen beeinflusst werden."[647] Das ist die Grundidee aller religiösen Praktiken und aller Magie.

Die Ethik des „Waaqeffannaa" schreibt vor, allen Lebenwesen sowie der Natur insgesamt mit Achtung und Toleranz zu begegnen und in allem Gottes gute Schöpfung zu sehen. Nur wer gegen diese natürliche Ordnung verstoße, vergehe sich auch an Waaqa und habe dessen Strafe zu befürchten, indem Waaqa ihm seinen Segen entziehe.[648] Zur weiteren Erläuterung heißt es: „Alle Geschöpfe sollten in Harmonie leben, ohne sich gegenseitig zu schaden. Zum Beispiel sind ein Fluss, eine Quelle und eine Wasserstelle für das Vieh gut für das Leben. Es stellt daher einen ernsten Verstoß dar, sie mit Dreck, Urin oder Fäkalien zu verunreinigen. [...] Ein Kind, eine stillende Mutter, eine Schwangere, einen alten Mann oder eine alte Frau hungern zu lassen oder sie Gefahren auszusetzen oder sie der Armut zu überlassen, sind Verstöße. Wenn eine Familie nicht in der Lage ist, für sie zu sorgen, ist es die Pflicht der Sippe, das zu tun."[649]

Die soziale Ordnung sieht die indigene Religion der Oromo auch als von Waaqa eingesetzt und damit als unveränderlich an, da sie der eben erwähnten natürlichen Ordnung der gegenseitigen Achtung entspreche. Wer sich dem verweigert, vergeht sich an Waaqa. Man hat dieses sogenannte Gadaa-System[650] auch als eine der ältesten demokratischen Strukturen in Afrika genannt. Obwohl es seit

---

probierte die Beeren selber und fühlte sich sofort voller Energie, so dass er nur noch lachen und tanzen wollte. Er hatte die Kaffeebohnen gefunden und brachte sie seinem Volk. Vgl. dazu auch Dirribi Demissie Bokku, Oromo Wisdom, S. 143; Abebe Ambatchew et al., Field Trip, S. 144.

647 Bartels, Oromo Religion, S. 122.

648 Dirribi Demissie Bokku, Oromo Wisdom, S. 75.

649 Dirribi Demissie Bokku, Oromo Wisdom, S. 80.

650 Vgl. dazu auch Giday Degefu Koraro, Traditional Mechanisms, S. 60 – 74; Dirribi Demissie Bokku, Oromo Wisdom, S. 195 – 351.

dem 18. Jahrhundert durch den Einfluss von Christentum und Islam sowie der modernen Welt in vielen Gebieten mehr oder weniger verschwunden ist, gibt es noch heute Stämme der Oromo, vor allem die Boorana, die ihr öffentliches Leben nach diesen Prinzipien gestalten.
Das Gadaa-System funktioniert derart, dass zunächst die gesamte (männliche) Gesellschaft in elf Klassen aufgeteilt ist, die sich nach dem Lebensalter richten. Jede Klasse oder Stufe währt acht Jahre lang. So dauern etwa die Kindheit von der Geburt bis zum 8. Lebensjahr und die Jugend vom 9. bis zum 16. Lebensjahr. Abgesehen von der Kindheit, sind mit jeder Stufe spezielle Rechte und Pflichten in religiöser, sozialer, politischer und wirtschaftlicher Hinsicht verbunden. Jede Klasse wählt sich zudem einen Führer, der dieses Amt genau diese acht Jahre innehat. Die Gadaa-Klasse, die man vom 41. bis zum 48. Lebensjahr durchläuft, herrscht über den Stamm. Sie trifft alle notwendigen Entscheidungen. Zu diesem Zweck versammeln sich alle, die zu dieser Gruppe gehören, zu einer Vollversammlung, in der jeder das Recht hat, seine Meinung zu äußern. Auf dieser Versammlung wählen sie auch den Präsidenten und die Inhaber der anderen Regierungsämter, die das Volk für acht Jahre vertreten. Eine Wiederwahl ist nicht möglich, da man danach in die nächste Klasse wechselt und die Regierungsverantwortung an die Jüngeren abgibt. Zusätzlich gilt die Regel, dass ein Sohn frühestens 40 Jahre nach seinem Vater in ein Amt gewählt werden kann, um zu verhindern, dass der Einfluss einer Familie zu groß wird. Außerdem ist man der Überzeugung, dass die Ayyaanas die jeweiligen Amtsinhaber (wie übrigens auch die Priester) auswählen und ihnen bei der Ausübung der Regierung helfen. In früherer Zeit fungierten die Priester zugleich als Herrscher und Richter. Heute jedoch sind diese Aufgaben voneinander getrennt. Wer über 88 Jahre alt ist, gehört keiner Klasse mehr an und bereitet sich auf die Rückkehr zu Waaqa vor (s. o.).
In dieser Art war ursprünglich jeder Stamm der Oromo strukturiert. Darüber hinaus existierten gemeinsame Versammlungen aller Oromo, in die jeder Stamm seine Delegierten entsandte und die bei stammesübergreifenden Angelegenheiten oder Konflikten verhandelten und entschieden. Konnte man eine Sache nicht zum Abschluss bringen, legte man sie als letzte Möglichkeit Waaqa als der höchsten Autorität vor.

Die äthiopische Kirche sieht in dieser indigenen Religion lediglich zu überwindende Glaubensvorstellungen. Sie nennt sie Heidentum, Aberglaube, Zauberei oder Magie.[651] Diese sogenannten „Heiden“ sind zum christlichen Glauben zu bekehren. Vor allem im 19. und 20. Jahrhundert hat es verstärkt kaiserliche und kirchliche Initiativen gegeben, die Äthiopier, die noch indigenen Religionen angehören, zu missionieren. Der evangelische Missionar Johann Ludwig Krapf

[651] Bustorf, Traditional Religions, S. 361.

schreibt dazu um die Mitte des 19. Jahrhunderts herum: „Den Galla ist besonders das abessinische Fasten verhaßt, sowie auch die Nötigung, sich des Tabakrauchens und Kaffeetrinkens zu enthalten, den abessinischen Priestern Abgaben zu geben, Kirchen zu bauen, und sich taufen zu lassen, ferner eine blaue seidene Schnur (mateb), als Zeichen der Christlichkeit, um den Hals zu tragen. Um dieser Ursachen willen empören sich die Galla beständig gegen die christlichen Machthaber, welche das Christentum mit Gewalt einzuführen suchen, weil sie dasselbe für das beste Mittel zur Befestigung ihrer politischen Gewalt halten, oder weil sie bei ihren Gewaltschritten aus Gehorsam gegen die Kirchenfürsten handeln, oder endlich, weil sie sich das besondere Wohlgefallen Gottes und einen Trost im Tod zu erwerben wähnen. [...] Die armen Galla gehorchten und sind jetzt Quasi-Christen."[652] Krapf scheint die erwähnte Christianisierung also im Wesentlichen rein äußerlich zu sein, während die Oromo insgeheim ihre eigene Religion weiter praktizierten.
Kaiser Haile Selassie I. (1930 – 74) fasste diese Überzeugung der äthiopischen Regenten, die Oromo seien zum Christentum zu bekehren, in einem Gesetz zusammen, dass die Landesteile, in denen die Menschen noch indigenen Religionen folgten, zu für die römisch-katholischen und evangelischen Missionare „offenen Gebieten" erklärte, in denen sie frei wirken durften, während ihnen die Mission unter den orthodoxen Christen verwehrt war.[653]

Unter den Oromo hingegen gibt es jüngerer Zeit verstärkt Bestrebungen, die Religion des „Waaqeffannaa" neu zu beleben und junge Oromo, die sich zum Islam oder zum Christentum bekennen, wieder zum Glauben ihrer Vorfahren zu bekehren.[654] Um dieses Ziel zu erreichen, gründeten Anhänger dieser Religion im Jahr 1998 eine eigene Organisation.[655] Den großen Weltreligionen wirft man vor, mit der Abqualifizierung als „Heidentum" zugleich die Kultur der Oromo weitgehend zerstört zu haben, indem sie an den heiligen Orten der Oromo Kirchen und Moscheen errichtet hätten und die Menschen dazu getrieben hätten, ihre indigenen Glaubensvorstellungen aufzugeben.[656] Ein Beispiel dafür aus dem Alltag der Oromo ist die bei ihnen oft gehörte Frage an jemanden, der Muslim

---

[652] Krapf, Reisen, S. 101. Die altertümliche Rechtschreibung im Original wurde hinsichtlich der Worte „Nöthigung" und „Christenthum" an die heutige Schreibweise angepasst.
[653] Messing, Changing Ethiopia, S. 420 – 423; vgl. auch Dirribi Demissie Bokku, Oromo Wisdom, S. 440 – 442.
[654] Dirribi Demissie Bokku, Oromo Wisdom, dort zahlreiche Belege, z. B. S. 190: „Waaqeffataas [Anhänger der indigenen Religion der Oromo, der Vf.] hoffen nicht, dass ein schwarzer Christus zu ihrer Erlösung kommen wird. Die Erlösung für uns ist die Wiederherstellung der Religion unserer Vorfahren."
[655] Dirribi Demissie Bokku, Oromo Wisdom, S. 34.
[656] Dirribi Demissie Bokku, Oromo Wisdom, dort zahlreiche Belege: S. 32f. 69. 193. 214. 349. 433f; vor allem S. 369 – 377 und 452f.

geworden ist: „Have you become a Somali?"[657] Allein diese Frage veranschaulicht schon die dahinter stehende Auffassung, dass die Aufgabe der eigenen Religion einer Aufgabe der eigenen Identität gleichkomme. Dabei sei diese Religion die älteste Religion der schwarzen Völker (wenn nicht der ganzen Welt) und allein deshalb von größtem Wert für die Kultur ganz Afrikas.[658]

[657] Schlee / Shongolo, Islam & Ethnicity, S. 163. Die gleiche Haltung nimmt diese Auffassung dem Christentum gegenüber ein. Beide Religionen gelten demnach als etwas für die Oromo Fremdes und Unpassendes.
[658] Dirribi Demissie Bokku, Oromo Wisdom, S. 25. 29. 384.

6.5.2. Das äthiopische Judentum

Das Siedlungsgebiet der äthiopischen Juden, die sich selbst als „Betä Əsra'el" („Das Haus Israels") bezeichnen, liegt fast ausschließlich im Großraum Gondär in der früheren Provinz Bägemdər (heute Region Amhara) und in den daran angrenzenden Gebieten sowie in der Region Təgray. Darüber hinaus sind einzelne Gemeinden über das ganze Land verstreut.[659]
Die Herkunft der äthiopischen Juden liegt im Dunkel der Geschichte. Im Ausland allgemein bekannt geworden sind sie erst seit dem späten 18. Jahrhundert, als europäische Reisende von ihnen berichteten, obwohl erste Äthiopienreisende sie bereits im 17. Jahrhundert erwähnen.[660] Vor allem haben dann evangelische Missionare im 19. Jahrhundert betont, hier handele es sich um eine eigenständige Volks- und Religionsgemeinschaft in Äthiopien.[661]
Sowohl die äthiopischen Juden selber als auch die äthiopischen Christen gehen traditionell davon aus, dass diese Religionsgemeinschaft von den Mitgliedern der vornehmen Jerusalemer Familien abstammt, die einst mit Menelik I., dem Sohn von König Salomo und der Königin von Saba, nach Äthiopien kamen. Andere Einwanderungswellen hätten – so andere mündliche Traditionen der äthiopischen Juden – nach den beiden Zerstörungen Jerusalems durch die Babylonier in den Jahren 587/86 v. Chr. sowie durch die Römer im Jahr 70 n. Chr. stattgefunden, als das jüdische Volk über die ganze damals bekannte Welt verstreut worden wäre. Seither hätten diese Juden sich in Äthiopien mit der einheimischen Bevölkerung vermischt und deren Sprache angenommen, trügen aber weiterhin jüdisches Blut in sich. Bei der Christianisierung des Reiches von Aksum im 4. Jahrhundert hätten sie sich diesem Schritt verweigert und seien somit die Reste der vorchristlichen, jüdischen Gemeinden im Land.[662] Von den neuen christlichen Herrschern vertrieben, hätten die Juden es vorgezogen, ihre Heimat zu verlassen, anstatt ihren Glauben zu verleugnen. Von diesem Umstand leite man ihren Namen ab: Das Wort „fälaša", mit dem sie meist bezeichnet werden, meint auf Gəʿəz in etwa „jemanden, der sein Heimatland im Stich lässt und woanders wohnt".[663] Allerdings wären auch viele von ihnen äußerlich Christen geworden, hätten aber innerlich bzw. geheim ihre jüdische Religion weiter ausgeübt. Dar-

---

[659] Qes Asres Yayeh, Traditions, S. 13. 98 – 107.
[660] Z. B. Baratti, Late Travels, S. 108f.
[661] Kaplan, Betä Əsra'el, S. 555.
[662] Bruder, Beit Avraham; Qes Asres Yayeh, Traditions, S. 118 – 123. 134; Belai Giday, Ethiopian Civilization, S. 132; Ullendorff, Ethiopians, S. 107; zur Geschichte der Königin von Saba vgl. auch bereits die Angaben bei Baratti, Late Travels, S. 220f.
[663] Qes Asres Yayeh, Traditions, S. 124; Belai Giday, Ethiopian Civilization, S. 132; schon J. Bruce erwähnt diese Theorie bzgl. der Herkunft der Fälaša: J. Bruce, Quellen, S. 133.

auf seien die zahlreichen jüdischen Einflüsse im äthiopischen Christentum zurückzuführen, z. B. die Beachtung des Sabbatgebotes oder der Beschneidung.[664] Es gibt auch eine Tradition, die behauptet, sie seien Reste des Volkes Israel, das mit Mose aus Ägypten ausgezogen sei, dann aber, anstatt mit ihrem Führer das Schilfmeer zu durchqueren, nach Süden abgebogen und bis Äthiopien gekommen sei. Das würde allerdings bedeuten, dass sie sich schon vor dem Erhalt der Zehn Gebote am Berg Sinai vom Rest der Israeliten getrennt hätten.[665] Interessant ist zudem, dass die äthiopischen Juden offenbar die Schreckensherrschaft der jüdischen Königin Judith im 9. Jahrhundert nicht so negativ darstellen, wie das die christliche Geschichtsschreibung tut. Sie betonen vielmehr, dass Judit zunächst eine für alle ihre Untertanen gerechte Regierung ohne Unterscheidung nach Stammes- oder Religionszugehörigkeit habe bilden wollen, sie aber an dem unerbittlichen Widerstand der christlichen Kirche gescheitert sei. Ihre Grausamkeit den Christen gegenüber und ihre Zerstörungswut, die sie an Kirchen und Klöstern ausgelassen habe, sei nur die Reaktion auf ihre berechtigte Angst vor einer von der Kirche angezettelten Rebellion gegen sie gewesen. Zuvor sei sie beim ganzen Volk beliebt und geachtet gewesen.[666]

Seit ihrer „Entdeckung" durch die westlichen Reisenden diskutiert die Wissenschaft, ob die Fälaša nun tatsächlich jüdischer Abstammung sind oder ob sie nicht vielmehr lediglich Afrikaner jüdischen Glaubens sind.[667] Vor allem aus jüdischer Sicht ist diese Frage von Bedeutung. Daher stritt man Anfang des 20. Jahrhunderts in den jüdischen Gesellschaften und Organisationen Europas heftig, ob die äthiopischen Juden zu ihrem Volk dazugehörten oder nicht. Die eine Seite, hauptsächlich repräsentiert von der französischen Alliance Israélite Universelle unter Rabbi Haim Nahum (1872 – 1960), vertrat die Position, diese Juden in Afrika seien keine „echten" Juden, sondern eine aus Ägypten ausgewanderte, dem Judentum nahestehende Gruppe. Dahinter standen allerdings die ideologischen Vorstellungen von der Überlegenheit der abendländischen Kultur über die orientalische Kultur und von der vollkommenen Integration des Judentums in das Abendland. Eine Anerkennung der äthiopischen Juden und ihrer afrikanischen Kultur hätte diese Einschätzung und damit zugleich die eigene Stellung in der französischen Gesellschaft in Zweifel gezogen. Die andere Seite hingegen, angeführt von dem jüdischen Wissenschaftler Dr. Jacques Faitlovitch (1881 – 1955) als dem Beauftragten des italienischen Comitato Pro-Falascia, tat das genaue Gegenteil, indem sie sich bemühte nachzuweisen, dass die Unterschiede zwischen äthiopischem und europäischem Judentum zu vernachlässigen

---

664 Bruder, Beit Avraham, S. 188f; Pawlikowski, Judaic Spirit, S. 182 – 186.
665 Gräbner, Operation Salomon, S. 33; Salamon, Hyena People, S. 22.
666 So dargestellt bei Qes Asres Yayeh, Traditions, S.125f.
667 Vgl. dazu vor allem Admor, Question; Seeman, One Blood, S. 17. 57 – 61.

und beide letztlich eins seien. Doch auch Faitlovitch war nicht ohne eigene Interessen, was sich u. a. daran ablesen lässt, dass er bereits zu seinem Ergebnis kam, bevor er die Lebensweise der Fälaša überhaupt eingehender studiert hatte.

Erschwerend kam hinzu, dass sich das äthiopische Judentum in wesentlichen Punkten von dem rabbinischen Judentum, wie es sich nach der Zerstörung des Jerusalemer Tempels im Jahr 70 n. Chr. im Orient und in Europa herausgebildet hatte, unterscheidet. So kannten die äthiopischen Juden über Jahrhunderte hinweg nicht das Hebräische und benutzen bis heute die Thora (die jüdische Bibel) auf Gəʿəz,[668] die sie offenbar von der christlichen Kirche übernommen haben. Erst in der Neuzeit kamen jüdische Lehrer aus dem Ausland nach Äthiopien, um den Fälaša die hebräische Sprache beizubringen. Auch die rabbinische Literatur wie z. B. der Talmud als traditionelle Auslegung der Thora ist unter den Fälaša unbekannt. Überhaupt gilt Gelehrsamkeit nicht als erstrebenswerte Tugend, und wer schreiben kann, wird leicht als Zauberer verschrien.[669] Außerdem erinnert manches an Bräuche des Volkes Israel aus der Zeit vor dem Babylonischen Exil im 6. Jahrhundert v. Chr. So sind etwa ihre Synagogen zweigeteilt und besitzen neben einem Raum für die Gläubigen ein Allerheiligstes, das nur der Priester betreten darf, wie es im Jerusalemer Tempel (oder auch in den orthodoxen Kirchen) der Fall gewesen war. Zudem vollziehen diese Priester auf dem Altar im Allerheiligsten bis heute Tieropfer, die im restlichen Judentum seit der Zerstörung des letzten Tempels unmöglich geworden sind.[670]
Dafür hat sich aufgrund des christlichen Einflusses unter den äthiopischen Juden mit der Zeit eine starke monastische Tradition entwickelt, die in Erscheinungsform und Anerkennung in der Bevölkerung weniger dem sonst bekannten Judentum als vielmehr dem christlichen Mönchtum, sowohl in seiner koinobitischen Lebensweise als auch als Eremitentum, entspricht. Auch die Ohrenbeichte vor einem Geistlichen geht sicherlich auf die entsprechende christliche Praxis zurück.[671]

Zugleich tritt jedoch an anderen Stellen das Charakteristische am jüdischen Glauben deutlich hervor. Die äthiopischen Juden lehnen die christliche Lehre von der Dreieinigkeit Gottes ab und warten noch immer auf die Ankunft des Messias. Sie sind davon überzeugt, dass die Väter Henoch, Noah, Abraham, Isaak und Jakob im Himmel vor Gottes Thron für die Lebenden eintreten, und

---

[668] Qes Asres Yayeh, Traditions, S. 77. 92; Pawlikowski, Judaic Spirit, S. 195; Gräbner, Operation Salomon, S. 35.
[669] Qes Asres Yayeh, Traditions, S. 96f; Gräbner, Operation Salomon, S. 35.
[670] Gräbner, Operation Salomon, S. 35f; vgl. auch Salamon, Hyena People, S. 38.
[671] Qes Asres Yayeh, Traditions, S. 56 – 64. 91f; Ullendorff, Ethiopians, S. 106; Pawlikowski, Judaic Spirit, S. 195f; Seeman, One Blood, S. 45.

glauben an die Erzengel und Engel. Der Sabbat wird gefeiert und die dazu gehörigen Ge- und Verbote streng eingehalten, ja, der Sabbat selber kann als personifizierter Fürsprecher für die Gläubigen vor Gott erscheinen.[672] Darüber hinaus begehen sie fünf monatlich wiederkehrende Feiertage, an denen auch jede Art körperlicher Arbeit untersagt ist, nämlich immer am ersten, zehnten, zwölften, 15. und letzten Tag eines jeden (Mond-)Monats, sowie acht weitere Feste im Jahreskreis:[673]

1. Nisan in Erinnerung an die Sammlung des Volkes Israel zum Auszug aus Ägypten
2. Fasika oder Passahfest, 14 Tage nach Nisan, in Erinnerung an den Auszug aus Ägypten (beide im März/April nach dem europäischen Kalender)
3. Bä'alä säwit, 50 Tage nach Fasika, in Erinnerung an die Übergabe der Zehn Gebote an Mose auf dem Berg Sinai (im Mai/Juni)
4. Rab'u sanbat, ein vierwöchiges „Fasten der Propheten" (in etwa im August)
5. Bərhan säräqä in Erinnerung an die Bereitschaft Abrahams, seinen Sohn Isaak zu opfern (im September/Oktober)
6. Astäsrəyo oder Versöhnungstag (im April/Mai)
7. Bä'alä mäsällat oder Sukkoth-/Laubhüttenfest in Erinnerung an die Wüstenwanderung des Volkes Israel
8. Bä'alä sigdat, ein Erntedankfest (im November/Dezember)

Andere im restlichen Judentum verbreitete Feste wie Chanukka oder das Purimfest, die erst aus der nachexilischen Zeit stammen, werden wiederum nicht begangen.
Auch die Speise- und kultischen Reinheitsvorschriften werden eingehalten, so dass etwa bei gemeinsamen Festen mit Nicht-Juden das Essen getrennt voneinander zubereitet und den Gästen vorgesetzt wird,[674] ein Phänomen, das in gleicher Weise im Verhältnis zwischen Christen und Muslimen auftaucht.

Heute geht man in der Wissenschaft allgemein davon aus, dass sich eine eigene äthiopisch-jüdische Identität ab dem 15. Jahrhundert herausgebildet hat, dass sich aber die früheren Ursprünge und damit die wirkliche Abstammung der Fälaša nicht mehr restlos aufhellen lassen.[675] Christine Chaillot bezeichnet sie des-

---

[672] Qes Asres Yayeh, Traditions, S. 76 – 81. 93; vgl. dazu auch Devens, Liturgy, S. XIX.
[673] Vgl. zu den Feiertagen und Festen Qes Asres Yayeh, Traditions, S. 81 – 90.
[674] Qes Asres Yayeh, Traditions, S. 25f. 43.
[675] Bruder, Beit Avraham, S. 181; Baum, Äthiopien, S. 85f. Pinggéra gibt den derzeitigen Stand der Forschung so wieder, dass sich die äthiopischen Juden im Laufe des 14. – 16. Jahr-

halb schlicht als „indigene äthiopische Juden“ oder als „Agaw-Leute, die zu einer Art Judentum konvertiert sind“.[676] Dies liegt umso näher, als sich die äthiopischen Juden in ihrer äußeren Erscheinung in nichts von ihren christlichen Nachbarn unterscheiden.[677]

Im Lauf der Geschichte hat sich die Zahl der äthiopischen Juden stetig verringert. Dies hängt hauptsächlich mit einer schleichenden Christianisierung zusammen, da Fälaša immer wieder den christlichen Glauben annahmen, um sozial und wirtschaftlich besser dastehen zu können.[678] Schließlich hatten sie mit verschiedenen Widerständen von Seiten der Christen zu kämpfen. Man erlaubte ihnen z. B. nicht, Land zu besitzen,[679] und die Volksreligion sah in ihnen oft Anhänger von schwarzer Magie und Schadenzauber. Weil man in ihnen die Christusmörder wiederzuerkennen meinte, wurden sie nicht selten auch für Naturkatastrophen und andere Unglücke verantwortlich gemacht.[680] Da die Fälaša häufig als Schmiede arbeiteten, warf man ihnen z. B. vor, seinerzeit für die Römer die Nägel, mit denen Christus ans Kreuz genagelt worden war, hergestellt zu haben oder sich als „Budas“ nachts in Hyänen zu verwandeln (siehe dazu auch das Kapitel zur Volksreligion).[681] Außerdem hat es Kaiser gegeben, die eine regelrechte Christianisierungspolitik betrieben haben, vor allem Kaiser Yəsḥaq (= Isaak) (1414 – 29) und Kaiser Bä’ədä Maryam (1468 – 78).[682] Auch im 19. und beginnenden 20. Jahrhundert waren die äthiopischen Juden ein erklärtes Ziel christlicher Missionen, sowohl von orthodoxer als auch von evangelischer Seite aus. Bis heute existiert in Äthiopien eine Gruppe zum Christentum konvertierter Fälaša, die sich nach dem deutschen Missionar Johann Martin Flad (ab 1855 in Äthiopien, ab 1859 speziell unter den Fälaša tätig) „die Kinder Flads“ (yäflad ləǧočč) nennt.[683]

---

hunderts von der christlichen Kirche gelöst haben, um noch deutlicher als die Christen das „wahre Israel“ abzubilden: Pinggéra, Äthiopisch-Orthodoxe Kirche, S. 39.

[676] Chaillot, Ethiopian Orthodox Tewahedo Church Tradition, S. 22. 139; so auch Ullendorff, Ethiopians, S. 37. 105f; Baum, Äthiopien, S. 84; Grillmeier, Jesus der Christus, S. 336; Baye Felleke, Questions, S. 38.

[677] Salamon, Hyena People, S. 23.

[678] Cohen, Ethnography, S. 160; Gräbner, Operation Salomon, S. 205; Salamon, Hyena People, S. 65.

[679] Gräbner, Operation Salomon, S. 43. Doch es gab wohl einige wenige Ausnahmen: Salamon, Hyena People, S. 32.

[680] Gräbner, Operation Salomon, S. 43; Salamon, Hyena People, S. 35 – 39.

[681] Salamon, Buda, S. 634; R. Pankhurst, Status, S. 434. 439. Das ist ein Vorwurf, mit dem man in anderen Gegenden der Welt die Ablehnung der „Zigeuner“ (Sinti und Roma) begründete.

[682] Chaillot, Ethiopian Orthodox Tewahedo Church Tradition, S. 33.

[683] Weil, Mikael Aragawi, S. 148f. 156; vgl. zu Johann Martin Flad auch Arén, Evangelical Pioneers, S. 99 – 104.

Diejenigen, die bei ihrem jüdischen Glauben blieben, galten zwar als fleißige Handwerker,[684] lebten aber trotzdem isoliert von der sonstigen Bevölkerung. Mischehen mit Nicht-Juden kamen nicht vor; und vor allem die strengen religiösen Reinheitsgebote, die es einem Fälaša untersagten, einen Nicht-Juden auch nur zu berühren oder in sein Haus zu gehen, verhinderten auch von jüdischer Seite aus noch bis vor wenigen Jahren eine Integration in die äthiopische Gesellschaft.[685] Trotzdem scheint es im Alltag zahlreiche christlich-jüdische Kontakte gegeben zu haben, und man besuchte sich gegenseitig bei besonderen familiären Anlässen, wie z. B. bei Beerdigungen, und bei religiösen Festen.[686]

Nach der Gründung des Staates Israel im Jahr 1948 keimte auch unter den äthiopischen Juden die Hoffnung auf eine Auswanderung in ihr Gelobtes Land auf. Doch es sollte noch einige Jahrzehnte dauern, bis u. a. in den beiden berühmt gewordenen, geheimen „Operation Moses" (1984/85) und „Operation Salomon" (1991) Tausende Fälaša nach Israel geholt wurden. Zuvor hatte der Staat Israel im Jahr 1973 grundsätzlich entschieden, die Fälaša als vollgültige Juden anzuerkennen. Bis dahin hatte man in Israel weiterhin kontrovers diskutiert, was von den Fälaša zu halten sei. Die einen, unter ihnen der Staatsgründer David Ben-Gurion, meinten, jeder, der sich selber als Jude bezeichne, müsse auch als solcher anerkannt werden. Andere jedoch vertraten die Auffassung, die Fälaša würden kaum die religiösen Grundlagen vor allem des rabbinischen Judentums kennen. Ein israelischer Politiker empfahl sogar, die Fälaša sollten doch ihre Probleme in Äthiopien einfach lösen, indem sie zum Christentum übertreten würden. Hinzu kam, dass Kaiser Haile Selassie I. (1930 – 74) eine Auswanderung dieses Teils seiner Untertanen strikt ablehnte.[687]
In der „Operation Moses" brachte man von November 1984 bis Januar 1985 in mehreren von der Regierung Israels eingeleiteten und von der israelischen Fluggesellschaft El Al durchgeführten Nacht-und-Nebel-Aktionen rund 8.000 Fälaša nach Israel, die vorher mit Tausenden anderer Äthiopier vor der Hungersnot in ihrer Heimat in den Sudan geflohen waren. Man holte sie mit Erlaubnis der Regierung in Khartum aus den dortigen Flüchtlingslagern heraus. Etwa 1.000 weitere äthiopische Juden folgten kurz darauf in der „Operation Josua". Die Brisanz lag darin, dass Israel und Äthiopien zu diesem Zeitpunkt keine diplomatischen Beziehungen unterhielten und Addis Abeba seinen Staatsbürgern verboten hatte,

---

[684] Trotz gewisser Vorurteile von beiden Seiten aus äußern sich äthiopische Autoren durchaus anerkennend über die Fälaša: „Die Felascha sind hart arbeitende, fleißige, ehrgeizige und kreative Menschen. Sie betätigen sich als Weber, Schmiede, Töpfer und Zimmermänner." (Belai Giday, Ethiopian Civilization, S. 136).
[685] Gräbner, Operation Salomon, S. 36; Salamon, Hyena People, S. 18 – 20; Seeman, One Blood, S. 44f.
[686] Salamon, Hyena People, S. 47 – 63.
[687] Gräbner, Operation Salomon, S. 46. 48.

nach Israel auszuwandern. Entsprechend besaßen die Flüchtlinge im Sudan auch keine international anerkannten Papiere, und auch frühere Ausreisewillige hatten nur den Umweg über den Sudan und dann über das Rote Meer nehmen können (von 1977 – 84 rund 5.000 äthiopische Juden).[688]

Im Frühjahr 1991 unternahm die Regierung in Jerusalem eine zweite große Geheimaktion. Unter dem Decknamen „Operation Salomon" flogen die israelische Luftwaffe und El Al insgesamt 28.412 ausreisewillige äthiopische Juden aus ihrer Heimat aus, da man während der Umbruchszeit nach dem absehbaren Ende des kommunistischen Regimes in Addis Abeba um ihre Sicherheit fürchtete. Die bereits enorm geschwächte äthiopische Regierung konnte dies nicht verhindern, standen die Rebellen doch bereits vor den Toren der Hauptstadt.[689]

Natürlich sickerten auch in der Zwischenzeit immer wieder einzelne jüdische Familien oder Gruppen aus Äthiopien nach Israel ein.

Trotz der letztendlich zugunsten der äthiopischen Juden entschiedenen Frage, ob sie „echte" Juden seien, war ihre Auswanderung auch in anderer Hinsicht kein leichter Weg. Viele Fälaša mussten mehrere Jahre lang in Übergangslagern in Gondär, Addis Abeba oder anderswo warten, bis sie endlich nach Israel einreisen durften, um dort weitere bürokratische Hürden nehmen zu müssen;[690] denn die Einwanderungsbehörde entschied nach klaren und strengen Richtlinien: Einreisen und bleiben durfte nur, wer eine jüdische Mutter nachweisen konnte und nicht zu einer anderen Religion übergetreten war. Wer diese Bedingungen nicht erfüllte, wurde schon am Flugzeug zurückgewiesen oder sogar nach Äthiopien zurückgeschickt, sollte er bereits fälschlicherweise nach Israel gelangt sein. Betroffen waren davon u. a. auch Tausende von äthiopischen Juden, die in der Vergangenheit aus Angst vor Unterdrückung oder zwangsweise Christen geworden waren und nun wegen der Aussicht auf die Auswanderung nach Israel zum jüdischen Glauben zurückzukehren wünschten. Sie hatten es besonders schwer, da die israelischen Behörden ihre religiöse Motivation in Zweifel zogen,[691] wie auch der äthiopische Historiker Belai Giday als Hauptgründe für die erwünschte Auswanderung weniger religiöse Aspekte als vielmehr die schlechte wirtschaftliche Situation und die politische Unterdrückung im kommunistischen Äthiopien der 1980er Jahre vermutet.[692]

Außerdem standen die Fälaša in ihrer neuen Heimat trotz ihrer offiziellen Anerkennung häufig Vorurteilen der einfachen Bevölkerung gegenüber, die in den –

---

[688] http://www.hagalil.com/archiv/2011/11/22/operation-moses/ (10.12.2011).

[689] Sahm, Operation Salomon, in: http://www.christliche-autoren.de/operation-salomon.html (10.12.2011); vgl. auch Gräbner, Operation Salomon.

[690] Vgl. dazu u. a. Cohen, Ethnography.

[691] Seeman, One Blood, S. 85 – 91; Sahm, Operation Salomon, in: http://www.christliche-autoren.de/operation-salomon.html (10.12.2011).

[692] Belai Giday, Ethiopian Civilization, S. 137.

zudem oft ungebildeten – Afrikanern keineswegs vollgültige Juden sah und sie nicht vorbehaltlos willkommen hieß.

Aufgrund dieser Umstände machen die äthiopischen Juden heutzutage weniger als 1 % der Gesamtbevölkerung aus und werden in den offiziellen Statistiken meistens nur noch unter der Rubrik „Andere Religionen“ geführt, während in Israel mittlerweile rund 110.000 äthiopisch-stämmige Juden leben.[693]

[693] http://www.hagalil.com/archiv/2011/11/22/operation-moses/ (10.12.2011).

6.5.3. Der äthiopische Islam

Der Islam ist in Äthiopien vor allem in den nördlichen Tiefebenen in Richtung Eritrea, Dschibuti und Somalia vertreten. Ethnisch gesehen sind die Muslime hauptsächlich 'Afar oder Danakil (Dänkäl) und Somali, aber auch unter den Oromo und anderen kleineren Völkern gibt es viele Muslime. Sogar im traditionell christlichen Hochland finden sich vereinzelte muslimische Gruppen.[694] Das Interessante daran ist, dass sich diese Christen und Muslime – obwohl ethnisch miteinander verwandt – mittlerweile trotzdem als unterschiedliche Völker verstehen, die durch ihre jeweilige Religionszugehörigkeit auch jeweils verschiedene geschichtliche und sprachliche Entwicklungen durchlaufen haben.[695] Überhaupt präsentiert sich der Islam in Äthiopien wenig einheitlich; denn ihre Stammes- oder Volkszugehörigkeit ist den Muslimen oft wichtiger als das gemeinsame religiöse Bekenntnis. Auch Beziehungen zur restlichen islamischen Welt sind nicht stark ausgebildet. Man unternimmt die Wallfahrt (hağğ) lieber zu den eigenen Heiligengräbern als nach Mekka, und praktiziert – wie viele Christen auch – zahlreiche vorislamische Riten weiter.[696]

Das Verhältnis von Christentum und Islam in Äthiopien ist im Grundsatz von einer historischen Begebenheit aus der Frühzeit des Islam bestimmt.[697] Als die Stadt Mekka Mohammed anfangs noch feindlich gesinnt war, waren einige seiner Gefährten ins nahe Königreich Aksum geflohen, nachdem ihr Prophet ihnen geraten haben soll: „Bis Gottes Wille uns die Kraft gibt, uns selber zu verteidigen, geht nach Abessinien und lasst euch dort nieder. Es ist ein rechtschaffenes Land, sein König ist gerecht, und niemand hat unter ihm zu leiden."[698] Zunächst setzten danach zwölf Männer und vier Frauen über das Rote Meer über. Unter ihnen waren auch Mohammeds Tochter Ruqayya mit ihrem Mann, sein Neffe und Mohammeds spätere Frau Habiba. Der dortige aksumitische Herrscher Armaḥ nahm die Gruppe herzlich auf und hieß sie als Monotheisten willkommen,

---

[694] Zur Geschichte des Islam in Äthiopien ist das Buch des Islamwissenschaftlers J. Spencer Trimingham immer noch das Standardwerk: Trimingham, Islam in Ethiopia. Er bietet auch eine genaue Aufstellung der Völker und Stämme, die dem Islam angehören. Zur Regionalgeschichte des Islam in Äthiopien vgl. Braukämper, Islamic History; vgl. außerdem Baum, Äthiopien; Aguilar, Politics; Hasselblatt, Äthiopien, S. 65.

[695] Trimingham, Islam in Ethiopia, S. 30. 65.

[696] Desplat, Heilige Stadt, S. 58; Lipsky, Ethiopia, S. 117.

[697] Interessanterweise sieht die islamische Tradition bereits in der Königin von Saba (siehe dazu das Kapitel zum Kəbrä Nägäśt) die erste Muslima Äthiopiens, da sie sich von der Vielgötterei zum Eingottglauben Salomos bekehrt habe: Havemann, 'Königin von Saba', S. 127.

[698] Belai Giday, Ethiopian Civilization, S. 125; vgl. zu dieser Geschichte auch Trimingham, Islam in Ethiopia, S. 44 – 46; Abbink, Historical-Anthropological Approach, S. 111; Baum, Äthiopien, S. 90.

nachdem sie ihm von ihrem Glauben erzählt hatten: „O König! Wir waren früher ein barbarisches Volk, beteten die Götzen an, aßen tote Tiere, taten abscheuliche Dinge, begingen Blutschande, mißhandelten Freunde. Und unsere Starken verschlangen die Schwachen. So lebten wir, bis Allah einen Apostel zu uns sandte, dessen Abstammung, Rechtschaffenheit und Barmherzigkeit wir kennen. Er rief uns auf zu bekennen, daß Gott ein einziger sei, ihn anzubeten und den Steinen sowie den Göttern abzuschwören, denen unsere Väter früher anhingen. Er befahl uns, nur die Wahrheit zu sprechen, bei unseren Geschäften ehrlich zu sein, verwandtschaftliche Bande und gute Gastfreundschaft zu beachten, von Verbrechen und Blutvergießen Abstand zu nehmen. Wir bekannten uns zu seiner Wahrheit, glaubten an ihn. Schließlich folgten wir ihm nach in allem, was er von Gott überbrachte. Wir betrachteten als verboten, was er verbot, und als erlaubt, was er erlaubte. Darum griffen uns unsere eigenen Landsleute an. [...] Hier sind wir glücklich, unter deinem Schutz zu stehen. Und wir hoffen, daß wir nicht ungerecht behandelt werden, solange wir bei Dir sind, o König!“[699]
Nach drei Monaten kehrten die Flüchtlinge in dem Glauben, die Situation habe sich gebessert, in ihre Heimat zurück. Doch als dem nicht so war, siedelten sie für weitere 15 Jahre in das Königreich von Aksum über, wo sie frei leben und ihren Glauben ausüben durften. Dieses Mal war die Gruppe größer. Sie umfasste nun 83 Männer mit 18 Frauen und einigen Kindern.
Als die Mekkaner kurze Zeit darauf vor Armaḥ erschienen, um ihm – zusammen mit großzügigen Geschenken – einen Auslieferungsantrag zu unterbreiten, lehnte der König von Aksum dieses Ansinnen strikt ab und gab die Geschenke zurück. Diese Flüchtlinge würden wie er selber auch nur zu einem einzigen Gott beten, und sie stünden unter seinem persönlichen Schutz, sagte er der Abordnung aus Mekka. Als die Muslime später Mekka unterworfen und zum Zentrum ihres Glauben gemacht hatten, kehrte ein Teil der Flüchtlinge nach Arabien zurück, ein anderer Teil blieb jedoch für immer im Reich von Aksum und bildete die erste dauerhafte, muslimische Gemeinde in Äthiopien. Das Grab von Aḥmad Nəgaš, dem Führer der ersten erwähnten Gruppe im Reich von Aksum, wird von den äthiopischen Muslimen bis heute verehrt, weil man in ihm denjenigen sieht, der den Islam nach Äthiopien brachte.
Ihrem Propheten erzählten die Rückkehrer, wie sie in Aksum vor den polytheistischen Mekkanern Zuflucht gefunden hatten. Mohammed erkannte diese Tat an, indem er Äthiopien als einziges Gebiet der Erde vom „heiligen Krieg“, d. h. von der unbedingten Durchsetzung des Islam bis hin zu einer muslimischen Herrschaft, ausnahm. Die islamische Legende will zusätzlich von einem Brief Mohammeds an Armaḥ wissen, in dem der Prophet ihn auffordert, zum Islam überzutreten. Der äthiopische König sei sogar darauf eingegangen, so die arabi-

---

[699] Nach einer arabischen Quelle zitiert bei Kefelew Zelleke / Heyer, Orthodoxes Äthiopien, S. 173f.

sche Geschichtsschreibung, während die äthiopischen Quellen zwar von dem Brief wissen, aber natürlich berichten, Armaḥ sei Mohammeds Vorschlag nicht gefolgt.[700]
Sogar muslimische Historiker erwähnen allerdings genauso, dass einige der muslimischen Flüchtlinge in Aksum das Christentum angenommen hätten. Sie wären somit die ersten Konvertiten vom muslimischen zum christlichen Glauben.[701]

In den folgenden Jahrhunderten breitete sich der Islam allmählich vor allem im Osten und im Süden Äthiopiens aus, wobei es sich nicht um gewaltsame Mission gehandelt hat, sondern vielmehr um allmähliche Bekehrungen aufgrund muslimischer Handelsniederlassungen sowie fahrender Kaufleute, die von ihrem Glauben erzählten. Diese u. a. im Sklavenhandel tätigen Muslime hielten immer den Kontakt zur Küste des Roten Meeres sowie zum Horn von Afrika bis hin zur ostafrikanischen Küste und der Insel Sansibar, die heute ein Teil von Tansania ist, und damit zu den religiösen Zentren ihres Glaubens. Hauptsächlich wurden dabei Völker islamisiert, die zuvor indigenen Religionen angehört hatten, aber auch im christlichen Hochland bildeten sich, wie erwähnt, vereinzelt muslimische Gemeinden.[702] Der Sklavenhandel war übrigens deswegen ein gutes Mittel der Missionierung, da nach dem Koran Muslime nicht versklavt werden dürfen. Gefangene konnten daher einfach ihrer drohenden Verschleppung durch den Übertritt zum Islam entgehen.[703] Schnell entwickelte sich die Stadt Harär in der jetzigen Region Somali zu einem religiösen und wirtschaftlichen Zentrum der äthiopischen Muslime, obwohl vom 10. bis zum 14. Jahrhundert in dem ganzen Gebiet einige selbständige Sultanate bzw. Emirate entstanden. Außerdem leben viele Muslime, vor allem von den Oromo, in und um die Stadt Ǧimma im Südwesten Äthiopiens (Region der südlichen Nationen, Nationalitäten und Völker).[704]

---

[700] Vgl. dazu u. a. Belai Giday, Ethiopian Civilization, S. 125 – 127; Baum, Äthiopien, S. 91.
[701] Trimingham, Islam in Ethiopia, S. 45; Busse, Theologische Beziehungen des Islams, S. 17.
[702] Trimingham, Islam in Ethiopia, S. 60 – 65; Ullendorff, Ethiopians, S. 60; Abbink, Historical-Anthropological Approach, S. 111. 113; Bekele Woldemariam, History of the Kingdom of Kaffa, S. 92.
Allerdings waren offenbar auch einige Christen als Sklavenhändler unterwegs: Bekele Woldemariam, History of the Kingdom of Kaffa, S. 127 und schon aus dem Jahr 1770 J. Bruce, Quellen, S. 92.
[703] Baum, Äthiopien, S. 101.
[704] Trimingham, Islam in Ethiopia, S. 68; Lipsky, Ethiopia, S. 111; Levine, Greater Ethiopia, S. 44. Zur Ausbreitung des Islams unter den Oromo vgl. auch Ibrahim Amae Elemo, Roles, S. 70 – 81.

Außenpolitisch war der Aufstieg des Islam allerdings einer der Faktoren für den wirtschaftlichen und in der Folge auch politischen Niedergang des Reiches von Aksum. Vor allem durch die muslimische Beherrschung des Roten Meeres sowie durch die arabische Eroberung Ägyptens und der christlichen Königreiche in Nubien, dem heutigen Sudan, sowie des Küstenstreifens von Somalia war spätestens ab dem Jahr 1430 das christliche Äthiopien weitgehend von der restlichen Welt des Christentums abgeschlossen und quasi eine „christliche Insel im heidnischen Meer", wie Kaiser Menelik II. (1889 – 1913) gesagt hat.[705]

Bis dahin war die Ausbreitung des Islam, zumindest Äthiopien selber betreffend, friedlich verlaufen. Eine konfliktträchtige Konfrontation zwischen Christen und Muslimen bahnte sich jedoch an, als die Salomonische Dynastie (1270 – 1975) begann, mithilfe der Mönchsklöster von Täklä Haymanot und Ewosṭatewos verstärkt unter der nicht-christlichen Bevölkerung zu missionieren, und anfing, sich auch politisch nach Süden hin auszubreiten. Im 15. Jahrhundert, unter dem äthiopischen Kaiser Zär'a Ya'ǝqob (1434 – 68), erreichte diese Entwicklung einen ersten Höhepunkt, so dass sich die Muslime gezwungen sahen, eine Botschaft nach Kairo zu schicken, damit der dort residierende Kalif über den koptischen Patriarchen auf Äthiopien Einfluss nahm, damit der Kaiser derartige Bestrebungen in Zukunft unterließ. Andere äthiopische Kaiser haben Muslime sogar verfolgt oder zwangsweise zu christianisieren versucht. Besonders gilt dies von den Kaisern Tewodros II. (1855 – 68) und Yoḥannǝs IV. (1872 – 89), aber auch bereits von äthiopischen Herrschern des 17. Jahrhunderts.[706] Schon spätestens kurz nach 1672 hatte mit der Eroberung des Königreiches Harär durch Kaiser Yoḥannǝs I. (1667 – 82) die politische Selbständigkeit der meisten mächtigen muslimischen Staaten an den Grenzen Äthiopiens geendet.[707]
Richtig zu verstehen ist diese Entwicklung wiederum nur, wenn man die vorherigen blutigen Konflikte zwischen Christen und Muslimen im 16. und 17. Jahrhundert bedenkt, die dieses Mal von muslimischen Emiren von jenseits der Grenzen des damaligen Äthiopiens ausgingen. Diese Herrscher hatten mehrfach versucht, das christliche Reich der Salomonischen Dynastie mit Gewalt zu erobern und zu islamisieren. Zum Teil wurden sie dabei vom Osmanischen Reich unterstützt, das sich mittlerweile auch an den Küsten des Roten Meeres festgesetzt hatte (siehe dazu den geschichtlichen Überblick).

Kaiser Menelik II. (1889 – 1913) versuchte anschließend, wenn auch nicht militärisch, so doch wenigstens mit gesetzlichen Maßnahmen den Einfluss der

---

[705] Lipsky, Ethiopia, S. 113f.
[706] Trimingham, Islam in Ethiopia, S. 65 – 76; Abbink, Historical-Anthropological Approach, S. 115; R. Pankhurst, Status, S. 435.
[707] Trimingham, Islam in Ethiopia, S. 95 – 97. 102.

Muslime zurückzudrängen und sie mit wirtschaftlichem Druck zur Annahme des Christentums zu bewegen. Ansonsten gewährte er ihnen jedoch die freie Ausübung ihrer Religion. Über die kulturelle Hauptstadt der äthiopischen Muslime in dieser Zeit heißt es darum auch: „Harar wurde zu einem Modell religiöser und administrativer Koexistenz unter äthiopisch-christlicher Dominanz.“[708] Und so verwundert es kaum, wenn unter den äthiopischen Muslimen Kaiser Yoḥannəs IV. als der große Unterdrücker, Kaiser Menelik II. hingegen als „der siegreiche Bauherr des äthiopischen Reiches“ in Erinnerung geblieben sind.[709] Allerdings lebte man nicht überall im Reich so friedlich zusammen. Zu gleicher Zeit lehnten die Somalis im Ogaden (heute Region Somali) die äthiopische Herrschaft von Grund auf ab und organisierten über zwei Jahrzehnte lang einen gewaltsamen Widerstand gegen die Regierung von Menelik II. Ihr Anführer verkündete, jeder Muslim, der bereit sei, unter christlicher Herrschaft oder in einem christlichen Land zu leben, werde selber zu einem Ungläubigen.[710]

In der ersten Hälfte des 20. Jahrhunderts schien es endgültig so, als ob der Islam unter staatlichem Schutz von neuem aufblühen könnte; denn nach Menelik II. bestieg sein Enkel Ləǧ Iyasu (1913 – 16) den Thron. Sein Vater war ein muslimischer Fürst in der Provinz Wällo (heute Region Amhara) gewesen, der aus politischen Gründen hatte zum Christentum übertreten müssen, über diesen Schritt aber sein Leben lang verbittert geblieben war. Davon geprägt, neigte auch Iyasu dem Islam zu und förderte die Muslime in vielerlei Hinsicht, obwohl er dem christlichen Glauben nie offiziell abgeschworen hat. Als in Addis Abeba jedoch Gerüchte kursierten, dass er beabsichtige, auf der Seite des Osmanischen Reiches in den Ersten Weltkrieg einzutreten, setzte ihn ein Staatsstreich ab, um ein weiteres Anwachsen seiner islamfreundlichen Politik zu verhindern. Er starb Jahre später in der Verbannung.[711]
Doch auch die italienische Besatzungsmacht (1936 – 41) unterstützte gerade die Muslime in Äthiopien. Ihr Ziel war dabei weniger die Bevorzugung des Islams als vielmehr, den Nationalstolz der großen Mehrheit der Bevölkerung, der untrennbar mit dem orthodoxen Christentum verbunden war, zu brechen. Die Italiener finanzierten dafür sogar den Bau von 50 neuen Moscheen. Im Gegenzug beteiligten sich die Muslime nicht am äthiopischen Freiheitskampf gegen die Besatzer.[712]
In der Zeit danach bemühte sich Kaiser Haile Selassie I. (1930 – 74), einen Ausgleich zwischen den Religionen zu finden. Obwohl die orthodoxe Kirche wei-

---

[708] Erlich, Islam, S. 46.
[709] Erlich, Islam, S. 36.
[710] Erlich, Islam, S. 51 – 59.
[711] Abbink, Historical-Anthropological Approach, S. 116; Erlich, Islam, S. 71 – 85.
[712] Abbink, Historical-Anthropological Approach, S. 116f.

terhin Staatskirche war, förderte auch er dennoch den Bau von Moscheen in mehrheitlich muslimischen geprägten Gegenden seines Reiches.[713]

Seit dem Jahr 1991 sind Islam und Christentum auch vor dem staatlichen Gesetz gleichberechtigt.[714] Ihre freie Religionsausübung ist heutzutage gewährleistet, nachdem in den Jahren zuvor unter dem Kommunismus in Äthiopien jede Art von Religion unterdrückt gewesen war. Haggai Erlich bringt es auf den Punkt: „Äthiopien wurde neu definiert, von einem Land mit christlicher Dominanz zu einem pluralisierten Land, in dem die Muslime zu gleichberechtigten Partnern wurden."[715] Diese neue Politik wird auch im öffentlichen Leben spürbar. Die Regierung finanzierte nicht nur den Bau zahlreicher neuer Moscheen, so dass z. B. die ihre Zahl in Addis Abeba von rund 30 im Jahr 2000 auf über 100 im Jahr 2004 anstieg, sondern sie berücksichtigte auch für Posten in der staatlichen und örtlichen Verwaltung, im akademischen Leben sowie in vielen weiteren Bereichen der Bürokratie verstärkt muslimische Bewerber.[716]

Und so hat sich, von wenigen Zeiten einer kriegerischen Auseinandersetzung abgesehen, insgesamt die eingangs erwähnte, alte Anordnung Mohammeds bis heute ausgewirkt. Beide Religionen leben in Äthiopien in der Regel friedlich miteinander und nebeneinander. Gegenseitiger Hass oder gar gewalttätige Konflikte sind ihnen unbekannt. Der äthiopische Religionswissenschaftler Bantalem Tadesse konnte z. B. nachweisen, dass in vielen Teilen Äthiopiens auch Muslime für den Bau von Kirchen Geld gespendet haben und Christen und Muslime in vielen Dingen des Alltags oder in sozialen Nöten einander helfen. Übertritte von einer zur anderen Religion sind je nach den Erfordernissen des Alltags nicht unüblich.[717] Es kann z. B. vorkommen, dass ein muslimischer Mann um seiner christlichen Braut willen vor der Hochzeit Christ wird.
Der seit langem in Frankfurt am Main lebende Großneffe des letzten äthiopischen Kaisers, Asfa Wossen Asserate, betonte beim Festakt zur Einweihung der ersten äthiopisch-orthodoxen Kirche in Deutschland in Köln im September 2010 sogar: „Wir sind nicht nur eine der ältesten christlichen Nationen der Welt, sondern haben auch die älteste muslimische Gemeinde außerhalb von Mekka und Medina." Und er fügte hinzu, Äthiopien sei „seit Jahrhunderten ein Beispiel für interreligiöse Toleranz".[718]

---

[713] Messing, Changing Ethiopia, S. 420.
[714] Abbink, Historical-Anthropological Approach, S. 110.
[715] Erlich, Islam, S. 158.
[716] Erlich, Islam, S. 158. Eine etwas andere Zahl liefert Walelign Emiru, Ethiopian Orthodox Church Festivals, S. 140: Laut seiner Information gab es in Addis Abeba im Jahr 2007 über 60 Moscheen.
[717] Abbink, Historical-Anthropological Approach, S. 118.
[718] Beide Zitate aus Thon, Äthiopisch-Orthodoxe Gemeinde, S. 6.

Unterstützend kommt hinzu, dass sich der größte Teil der Muslime in Äthiopien meistens in erster Linie als Äthiopier verstanden hat. Trotz ihrer Nähe zum Ursprungsland des Islams haben die äthiopischen Muslime nie das Arabische als Umgangssprache angenommen, zumal sie auch ethnisch nicht von arabischen Einwanderern abstammen, und ihr Kontakt zur weltweiten islamischen Gemeinschaft blieb stets eher locker als verbindlich.[719]

Trotzdem darf man nicht verschweigen, dass sich Christen und Muslime dennoch stets als unterschiedlich empfunden haben. Zeitweise – wie etwa im bis zum Jahr 1897 unabhängigen Königreich Kaffa (Käfa) – sah man die Muslime sogar als Feinde des Staates an und versuchte, ihren Einfluss zurückzudrängen, indem man u. a. ausländische Muslime des Landes verwies.[720] In der Kaiserstadt Gondär hatten die Anhänger der verschiedenen Religionen Christentum, Islam und Judentum nachweislich ihre eigenen Stadtviertel.[721] Und man sagt den Christen nach, dass sie den Islam insgesamt als Religion mit minderem Wert und als etwas dem Äthiopischen Fremdes ansehen und dessen Anhängern nur einen niedrigeren gesellschaftlichen Status zubilligen würden.[722]
Ein weiteres Merkmal für dieses gegenseitige Gefühl des Andersseins ist die Sprache. So hat sich vermutlich ab dem 12. Jahrhundert das Argobba als Sprache der Muslime im äthiopischen Reich genauso aus dem Gəʿəz heraus entwickelt wie das Amharische für die Christen. Beide könnte man als Dialekte derselben Sprache ansehen, die sich entlang der Religionsgrenzen voneinander weg entwickelten. Eine gemeinsame Sprache schien undenkbar. Das Amharische als Kennzeichen der Christen wollten die Muslime nicht annehmen.[723]
Vor allem aber wird Essen und Trinken – auch bei gemeinsamen Festen – ausnahmslos streng getrennt zubereitet und gereicht.[724] Schon der Äthiopienreisende James Bruce erzählt von seinem Aufenthalt im Jahr 1770: „Obwohl Fleisch im Überfluß vorhanden war, durfte ich dennoch keinen Bissen von einem Vieh essen, das von einem Mohammedaner geschlachtet worden war. Eine solche Gemeinschaftlichkeit wäre als Entsagung vom Christentum betrachtet worden."[725] Auch Kefelew Zelleke / Heyer schreiben in gleicher Weise: „Lebten Muslime und Christen im selben Dorf, so lud man sich an Festen nachbarlich ein

[719] Abbink, Historical-Anthropological Approach, S. 112f; Ullendorff, Ethiopians, S. 109.
[720] Bekele Woldemariam, History of the Kingdom of Kaffa, S. 92. 142.
[721] Levine, Wax & Gold, S. 41f; J. Bruce, Quellen, S. 138.
[722] Abbink, An Historical-Anthropological Approach, S. 113; Desplat, Heilige Stadt, S. 35; vgl. auch die Beobachtungen unter christlichen Studenten bezüglich ihrer islamischen Kommilitonen bei Kleiner, Feinde Marias, S. 19.
[723] Girma Awgichew Demeke, Origin of Amharic, S. 203f. 210f.
[724] Batalem Tadesse, Guide, S. 144f; Bekele Woldemariam, History of the Kingdom of Kaffa, S. 93; Messing, Changing Ethiopia, S. 429; Hasselblatt, Äthiopien, S. 62. 64f.
[725] J. Bruce, Quellen, S. 138.

und schächtete zur Versorgung der Gäste ein Rind im Namen der Trinität und ein zweites Rind im Namen des Propheten.“[726] Denn trotz aller freundschaftlichen Beziehungen war und ist es bis heute undenkbar, Fleisch eines Metzgers der jeweils anderen Religion zu kaufen oder gar zu essen, obwohl auch die äthiopischen Christen kein Schweinefleisch verzehren. Aber die über dem Tier ausgesprochenen religiösen Formeln und Gebete machen auch den Kauf und den Verzehr von Fleisch (oder ggf. auch anderer Lebensmittel wie Brot, dessen Teig bei den Christen mit dem Kreuz gekennzeichnet ist) zu einem religiösen Bekenntnis.
Die Anekdote einer deutschen Äthiopienreisenden mag das verdeutlichen: „Eigentlich hatte ich die Eier mit der Schiffsbesatzung teilen wollen, der lächerliche Rest von sechs Stück aber reichte kaum für den Käptn und mich, und so kamen wir gemeinsam, vom Hunger beflügelt, auf eine glorreiche Idee. Sie sollte uns davor schützen, als knickrige Geizkragen dazustehen. Wir riefen Omer zu uns, den jüngsten unserer sechs Matrosen und einzigen Mohammedaner unter ihnen, und befahlen ihm, das Huhn zu mördern. Niemals würde sich ein Kopte [in diesem Fall: ein Äthiopier, der Vf.] auch nur im Traum einfallen lassen, ein unchristliches Huhn zu verspeisen, das von einem Andersgläubigen geschlachtet wurde. Er verschmäht sogar Eier oder Gemüse, die in derselben Brühe gekocht wurden wie das unchristliche Huhn. Und haargenau das kalkulierten wir ein. Schlachtete der kleine Mohammedaner das Huhn, so mußten wir unsere Mahlzeit nur mit einem teilen, würde aber einer der Kopten diese Arbeit übernehmen, so wären fünf hungrige Mäuler zu stopfen. […] Endlich kam der große Moment. Ich nahm den Topf von der Glut, hob den Deckel, schnupperte verzückt – und traute meinen Augen nicht, als fünf Paar schwarze Hände gierig nach dem kostbaren Huhn und nach den Eiern griffen. Nur Omer hatte sich abseits getrollt und schielte mißvergnügt herüber. ‘He!’ schrie ich entsetzt. ‘Seid ihr alle verrückt geworden? Euch wird der Teufel holen, wenn ihr ein unchristliches Huhn eßt! Schämt euch, ihr Heiden! Finger weg!’ ‘No, madam’, grinste da einer der Heiden, ‘wir nix Hölle. Gutes christliches Huhn! Hat ihm Tasfei Hals abgeschnitten, nicht Omer. Tasfei gescheit, ha!’ Tja, das ist die unrühmliche Geschichte von dem Huhn aus Bahar Dar, das ein muselmanisches werden sollte und ein christliches wurde.“[727]

Erst in neuerer Zeit haben sich durch die allgemein bekannten, internationalen Entwicklungen, denen sich auch Äthiopien weder geographisch noch strategisch (als Nachbar Somalias) noch geistesgeschichtlich entziehen kann, die Beziehungen zwischen Christen und Muslimen auch in Äthiopien wieder verschlechtert. Hinzu kommt eine zum Teil aggressive Islamisierungspolitik, u. a. durch aus-

---

[726] Kefelew Zelleke / Heyer, Orthodoxes Äthiopien, S. 41.
[727] Schurhammer, Romy fährt nach Afrika, S. 102f.

ländische Imame und Prediger, vorangetrieben und bezahlt von reichen islamisch geprägten Staaten (z. B. vom Iran und von Saudi-Arabien, aber auch vom Sudan und früher vom Libyen Ghaddafis), was wiederum vor allem innerhalb der äthiopischen Kirche Besorgnis auslöste.[728]
Auch auch diesem Grund mögen gleichsam unter der Oberfläche der grundsätzlichen gegenseitigen Toleranz unterschwellige Vorbehalte weiter wirksam sein und sich ab und zu auch gewaltsam äußern. Derartige Vorfälle werden dann sowohl von Seiten der religiösen Autoritäten als auch von staatlicher Seite aus sofort heruntergespielt, um den sozialen Frieden im Land nicht zu gefährden.[729]

Haggai Erlich, der das Verhältnis von Christentum und Islam in Äthiopien vor dem Hintergrund vergangener Ereignisse und hinsichtlich der aktuellen Situation gründlich untersucht hat, schätzt das heutige Selbstverständnis der äthiopischen Muslime folgendermaßen ein: „Die meisten von ihnen, so scheint es, haben sich dafür entschieden, sich mit der äthiopischen Identität zu identifizieren. Im Geist von Mohammeds Legitimation des 'rechtschaffenen Landes' arbeiten sie jetzt daran Gleichberechtigung und Toleranz voranzutreiben und ihre neuen Optionen in dem neudefinierten Land zu nutzen. Eine ganze Menge jedoch hat auch begonnen, auf einen politischen Sieg des Islam hinzuarbeiten."[730]
Demgegenüber beobachtet er – sowohl als Reaktion auf die Zeit des sozialistischen Regimes als auch auf das neue Selbstbewusstsein der Muslime – in gleicher Weise eine Neubesinnung des äthiopischen Christentums auf seine religiösen und kulturellen Wurzeln, wobei er feststellt, dass sich die äthiopisch-orthodoxe Kirche in ihren Stellungnahmen viel toleranter zeigt als die zahlreichen, aufgrund westlicher Mission entstandenen, evangelischen Kirchen, vor allem der Pfingstkirchen, denen der Islam als eindeutig unäthiopisch und die Muslime lediglich als Ziel ihrer Bekehrungsversuche erscheinen.[731]

Überdies hat sich in Addis Abeba in den 1990er Jahren ein interreligiöser „Runder Tisch" gebildet, in dem sowohl die Muslime als auch unterschiedliche christliche Konfessionen (Orthodoxe, Evangelische, Katholiken und Adventisten) vertreten sind und der anstehende Probleme, die im alltäglichen Zusammenleben auftauchen, diskutiert und gelöst werden. Die dort vertretenen religiösen Oberhäupter treten zudem bei sozialen Kampagnen wie z. B. zur Bekämpfung von AIDS demonstrativ gemeinsam in der Öffentlichkeit auf.[732]

---

[728] Abbink, Historical-Anthropological Approach, S. 120. 122; vgl. auch Erlich, Islam, S. 177 – 179; Kleiner, Feinde Marias, S. 26.
[729] Vgl. dazu die Beobachtungen bei Kleiner, Feinde Marias, S. 21.
[730] Erlich, Islam, S. 121.
[731] Erlich, Islam, S. 194f.
[732] Kleiner, Feinde Marias, S. 21f.

6.5.4. Die katholische Kirche[733]

Die römisch-katholische Kirche ist in Äthiopien (bis auf eine sehr kurzzeitige Ausnahme) von der Zahl ihrer Anhänger her gesehen immer sehr klein gewesen. Sie macht derzeit nicht mehr als rund 0, 7 % der Bevölkerung aus. Aufgrund ihrer besonderen Geschichte in diesem Land rechnet man heute mit nur rund 460.000 Katholiken landesweit.[734] In Addis Abeba liegen (im Jahr 2007) etwas über zehn katholische Kirchen mit 47 angeschlossenen Gottesdienstorten.[735]
Dabei hat es im Laufe der Jahrhunderte durchaus vielfältige Versuche der Missionierung gegeben, denen allerdings zumeist wenig Erfolg vergönnt war.
Bereits im Mittelalter richtete sich die Aufmerksamkeit der Päpste in Rom immer wieder auf dieses christliche Reich in Afrika.[736] Vor allem in der Zeit der Kreuzzüge kam der Gedanke auf, mit dem fernen, geheimnisumwitterten, aber christlichen Reich in Afrika eine Allianz gegen die Muslime einzugehen, um die Feinde des Kreuzes Christi von zwei Seiten aus gemeinsam anzugreifen und zurückzudrängen (siehe zu dem Folgenden auch den geschichtlichen Überblick). Immer aber stand von westlicher Seite aus zugleich der Wunsch, ja, die Bedingung im Vordergrund, die im römisch-katholischen Sinne häretische äthiopische Kirche müsste sich zuerst dem Papsttum unterwerfen. Auslöser solcher Bemühungen war ein fiktiver Brief eines Priesterkönigs Johannes, der um die Mitte des 12. Jahrhunderts in Europa auftauchte. Heute ist er leicht als offensichtliche Fälschung zu identifizieren, damals rief er jedoch große Aufmerksamkeit hervor. In der zweiten Hälfte des 12. Jahrhunderts schickte daher Papst Alexander III. (1159 – 81) im Jahr 1177 einen gewissen Philipp (einen Arzt) als Gesandten in dieses Reich des Priesterkönigs Johannes, ohne dass viel über sein wirkliches Reiseziel und sein weiteres Schicksal bekannt wäre. Das gleiche gilt von weiteren päpstlichen Gesandten im Laufe der nächsten Jahrzehnte; denn noch ist im Westen völlig unklar, welcher Teil der Erde mit „Äthiopien" eigentlich gemeint ist. Erst Ende des 13. Jahrhunderts (im Jahr 1282) ereichte eine erste Gruppe von Dominikanern, dem am stärksten missionarisch ausgerichteten Mönchsorden dieser Zeit, tatsächlich Äthiopien und errichtete eine Missionsstation in Təgray im Norden des Landes, die sich bis Anfang des 14. Jahrhunderts halten

[733] Vgl. dazu Paulos Tzadua, Catholic Church; Getachew Haile / Lande / Rubenson, Missionary Factor (Aufsatzband); Korolevsky, Latin into Ge'ez; Launhardt, Evangelicals, S. 17 – 19; Kefelew Zelleke / Heyer, Orthodoxes Äthiopien, S. 156 – 164; Heyer, Kirche Äthiopiens, S. 291 – 308; Christianity in Ethiopia, S. 9f. 13 – 17; Kenny, Catholic Church; als historische Quelle sehr ausführlich ist Geddes, Church-History (von 1696).
[734] Chaillot, Ethiopian Orthodox Tewahedo Church Tradition, S. 52. Christianity in Ethiopia, S. 17 spricht sogar von nur 230.000 Gläubigen.
[735] Walelign Emiru, Ethiopian Orthodox Church Festivals, S. 140.
[736] Zur Geschichte der Kontakte zwischen Äthiopien und Europa im Mittelalter vgl. vor allem Baum, Äthiopien; Barner, Äthiopien-Bild.

konnte. Die Dominikaner fanden sogar bereits einige europäische Kaufleute vor, die vor ihnen dorthin geraten und im Land geblieben waren.
Im Jahr 1306 erreichten umgekehrt Äthiopier zum ersten Mal europäischen Boden, als sie in Genua eintrafen. Rund ein Jahrhundert später schickte der äthiopische Kaiser Yəsḥaq (1414 – 29) eine Delegation nach Spanien, um die Möglichkeit eines militärischen Bündnisses angesichts der mächtigen muslimischen Emirate an seinen Grenzen zu ergründen. Auch am Konzil von Florenz (eigentlich das Konzil von Ferrara-Florenz, 1438 – 45) nahmen im Jahr 1441 äthiopische Mönche teil und nahmen in Anspruch, für die äthiopische Kirche zu sprechen. Sie stammten jedoch aus der äthiopischen Niederlassung in Jerusalem, und der Metropolit in der Heimat hatte sie weder nach Florenz entsandt noch wusste er überhaupt von deren Reise. Daher blieb der Vorstoß dieser Mönche ohne kirchliche Legitimation und dadurch ohne weitere Folgen.
Im 15. Jahrhundert versuchten Franziskaner, der zweite Bettelorden neben den Dominikanern, der sich für den Orient interessierte, nach Äthiopien zu kommen. Sie scheiterten aber schon auf der Durchreise durch das muslimische Osmanische Reich und erreichten Äthiopien nie.
Trotzdem muss es weitere Kontakte, vermutlich wieder vor allem über Jerusalem, gegeben haben; denn im Jahr 1481 überließ Papst Sixtus IV. (1471 – 84) den Äthiopiern, die als Pilger nach Rom kamen, die hinter dem Petersdom gelegene Kapelle des Hl. Stephan. Das bedeutet, dass es solche Pilger in nennenswerter Zahl gegeben haben muss. Wenn man bedenkt, dass Jerusalem seit der Zeit der Kreuzzüge sowohl im Blick der römisch-katholischen Christen als auch im Blick des christlichen Äthiopiens lag, ist ein derartiger Austausch mit äthiopischen Reisenden nach Rom nicht unwahrscheinlich, zumal die Päpste natürlich hofften, auf diese Art über die in ihre Heimat zurückkehrenden Äthiopier allmählich auch einen theologischen Einfluss ausüben zu können. Die Kapelle des Hl. Stephan wurde in den Zeiten, in denen keine Äthiopier in Rom anwesend waren, von einheimischen (katholischen) Mönchen betreut. Im 17. Jahrhundert richtete man sogar einen äthiopischen Konvent in Rom ein, der sich vor allem wissenschaftlichen Studien widmete. Im Jahr 1917 wurde „St. Stephan" dann endgültig zur theologischen Ausbildungsstätte für den Klerus der kleinen äthiopisch-katholischen Kirche, die mittlerweile entstanden war, erhoben. Vor allem Kapuziner-Mönche, Äthiopier wie Nicht-Äthiopier, unterrichten seitdem an dieser Hochschule.
Doch zunächst war es noch nicht soweit. Im Zusammenhang mit dem Auftreten der Portugiesen in Äthiopien, die halfen, die muslimische Bedrohung abzuwenden, kamen ab 1555 auch Jesuiten nach Äthiopien, die versuchten, das Vertrauen, das Portugal am äthiopischen Kaiserhof gewonnen hatte, für ihre Zwecke auszunutzen. Die Äthiopier waren an den modernen Waffen und der fortschrittlichen Technik der Europäer interessiert und ließen allein aus diesem Grund auch den katholischen Einfluss im Land zu, um nicht die Sympathie ihrer starken Verbündeten zu verlieren. Kaiser Susənyos (1607 – 32) ließ sich im Jahr 1618 sogar dazu verleiten, eine Union mit dem Papst abzuschließen. Diese

Union sollte aus römisch-katholischer Sicht den Höhepunkt ihrer Bemühungen darstellen, weil mit diesem Schritt, so wie sie es darstellte, die gesamte äthiopische Kirche in den Schoß der römischen Kirche zurückgekehrt war. Die Äthiopier hatten den Primat (die Vorrangstellung) des Papstes in allen kirchenrechtlichen Fragen anerkannt, durften aber – so war das bei einer Union üblich – zunächst weiter ihren eigenen ostkirchlichen Ritus feiern. Von römisch-katholischer Seite aus war natürlich geplant, mit der Zeit eine allmähliche Latinisierung durchzusetzen. Mag der Schritt der Anerkennung des Papstes als kirchlichem Oberhaupt und Stellvertreter Christi auf Erden noch den meisten äthiopischen Gläubigen unbekannt oder zumindest unbedeutend erschienen sein, so erregte die nachträgliche Einführung so mancher römisch-katholischer Vorschriften, Riten und Bräuche doch zunehmend den Widerstand sowohl des äthiopischen Klerus als auch des äthiopischen Volkes. Man wehrte sich gegen die lateinische Messe, gegen den gregorianischen Kalender und gegen die Wiederholung von Taufen und Priesterweihen. Hinzu kam, dass der neu eingesetzte unierte Patriarch eine Reihe orthodoxer Kirchen schließen ließ, um sie danach nach katholischem Ritus neu zu weihen, oder er ließ sie sogar ganz zerstören.[737] Schließlich war Susənyos gezwungen, seinen Fehler einzusehen. Er musste abdanken. Seinen Thron bestieg Kaiser Fasiládäs (1632 – 67). Sofort nach seinem Regierungsantritt erklärte er die Union mit dem Papst für ungültig und machte alle Neuerungen in der Kirche rückgängig. Dadurch, dass Fasiládäs zugleich alle Portugiesen des Landes verwies und jegliche Missionsbemühungen seitens der römisch-katholischen Kirche verbot, kamen Bestrebungen dieser Art für längere Zeit zum Erliegen. Um die folgende anti-katholische Stimmung in Äthiopien wiederzugeben, sei der Hiob Ludolph zitiert, der Ende des 17. Jahrhunderts den folgenden Satz als einen der Irrtümer des äthiopischen Glaubens bezeichnete: „Viele von ihnen verurteilen es, wenn man nicht sagt, dass die, die der römischen Religion folgen, nicht nur Häretiker sind, sondern schlimmer als die Moslems.“[738] Ein populärwissenschaftliches Buch schreibt in dieser Sache: „Jeder katholische Kleriker, der zu dieser Zeit in Äthiopien weilte, hatte eine exzellente Chance, von der Hand seiner Mitchristen zum Märtyrer gemacht zu werden.“[739] Noch der Äthiopienreisende James Bruce will in Gondär im Jahr 1770 die sterblichen Überreste gesteinigter katholischer Priester gesehen haben.[740]

Erst gegen Ende des 18. Jahrhunderts, im Jahr 1788, schickte die römisch-katholische Kirche erneut Missionare nach Äthiopien. Dieses Mal versuchte man es zunächst mit einem konvertierten und in Rom ausgebildeten äthiopischen

---

[737] Chernetsov, Ethiopian Theological Response, S. 53; Kenny, Catholic Church, S. 6.
[738] Ludolphus, New History, S. 271.
[739] Jenkins, Lost History, S. 148.
[740] J. Bruce, Quellen, S. 179.

Priester namens Giyorgis Gäbrä Ǝgzi'abəḥer. Er wurde sogar zuvor zum römisch-katholischen Weihbischof geweiht, um in der Lage zu sein, seinerseits bei Bedarf gegebenenfalls vor Ort katholische Priester weihen zu können. Doch der erhoffte Erfolg stellte sich nicht ein.
Dieser war erst den Missionsstationen beschieden, die im Laufe des 19. Jahrhunderts in Äthiopien errichtet wurden. U. a. hing das damit zusammen, dass man begriffen hatte, dass man verständnisvoller vorgehen musste. Nicht die völlige Ablehnung und Verurteilung des äthiopischen Christentums als geistlich tot, ja, als häretisch und voller Aberglauben, brachte den Missionaren das Vertrauen der Menschen ein, sondern vielmehr eine Vorgehensweise, die die äthiopische Eigenart aufnahm, anerkannte und trotzdem sanft in die eigene Richtung lenkte. Zunächst wandten italienische Lazaristen, die seit 1839 im Land aktiv waren, diese Art zu missionieren an. So konnten sie sogar einige Gemeinden gründen, zu denen vor allem zum katholischen Glauben konvertierte Äthiopier von den Völkern der Təgre und der Amhara gehörten. Ab 1860 übernahmen französische Lazaristen diese Arbeit. Seit 1846 vermochten es italienische Kapuziner zudem, in Westäthiopien unter den Oromo erfolgreich zu missionieren. Ende 19. Jahrhunderts weiteten französische Kapuziner die Arbeit auf Südäthiopien aus.[741]
Allerdings brachte die Regierungszeit des frommen Kaisers Yoḥannəs IV. (1872 – 89) eine einige Jahre andauernde Unterbrechung der Arbeit; denn Yoḥannəs IV. ließ im Jahr 1879 alle römisch-katholischen Priester und Missionare aus Äthiopien ausweisen. Ihre Missionsstationen und Kirchen wurden geschlossen, allen einheimischen katholischen Priestern war es fortan verboten, ihren Glauben offen zu praktizieren. Abunä Matewos exkommunizierte darüber hinaus alle orthodoxen Äthiopier, die mit den Katholiken sympathisierten oder diese gar offen unterstützten.[742] Erst unter Kaiser Menelik II. (1889 – 1913) änderte sich diese strenge, anti-katholische Politik allmählich. Ab dem Jahr 1903 konnte die Arbeit langsam wieder beginnen – zunächst noch heimlich. Nach einem Briefwechsel zwischen dem Papst Pius X. (1903 – 14) und Kaiser Menelik II. wurde die römisch-katholische Kirche im Jahr 1907 zwar wieder offiziell zugelassen, nun aber unter der Voraussetzung, keine religiöse Propaganda zu betreiben.

Auch die Anwesenheit italienischer Kolonial- bzw. Besatzungstruppen auf äthiopischem Territorium seit Ende des 19. Jahrhunderts wirkte sich auf die römisch-katholischen Missionsstationen aus. Zunächst hatten sich die Italiener, die mit anderen europäischen Großmächten gleichziehen und sich ebenfalls einen

---

[741] Zu den Kapuzinern im Besonderen vgl. Ayele Teklehaymanot, Capuchins, S. 365f.
[742] Gleiches gilt u. a. für das bis 1897 unabhängige Königreich Kaffa, deren Herrscher mehrmals in der Geschichte ihres Reiches Katholiken verfolgten und deren Missionare des Landes verwiesen: Bekele Woldemariam, History of the Kingdom of Kaffa, S. 134. 140.

Teil Afrikas als Kolonien sichern wollten, an der Küste Äthiopiens festgesetzt. In den Jahren 1895/96 versuchten sie, das ganze Land zu erobern, erlitten jedoch bei Adwa die schmählichste Niederlage einer europäischen Armee auf afrikanischem Boden, so dass ihnen lediglich das Gebiet des heutigen Eritrea als Kolonie verblieb, während das äthiopische Kernland unabhängig und frei von europäischer Bevormundung blieb. Da Italien Frankreich als Konkurrenz und Bedrohung seiner Besitzungen ansah (die Franzosen hatten sich das Afar- und Issa-Territorium, das heutige Dschibuti, gesichert), mussten alle französischen Missionare das italienische Eritrea verlassen. Sie wurden von italienischen Kapuzinern ersetzt. Zusätzlich errichtete die römisch-katholische Kirche, nun von Italien staatlich gefördert, sogar eine Apostolische Präfektur in Eritrea, so dass nun eine regelrechte kirchliche Organisation entstanden war. Im freien Äthiopien blieben die Franzosen aber weiter tätig.
Dadurch entwickelten sich unter den katholischen Gemeinden fortan zwei unterschiedliche liturgische Praktiken. Während die einen (mehrheitlich im freien Äthiopien, vor allem aufgrund der Mission der Lazaristen) ihren Gottesdienst nach der äthiopischen Liturgie feierten, zelebrierten die anderen (mehrheitlich im italienischen Eritrea, vor allem auf Bestreben der Kapuziner) ihren Ritus nach römisch-katholischer Art, der freilich zuvor ins Gəʿəz übersetzt worden war. Nach einem päpstlichen Schiedsspruch von Papst Leo XIII. (1878 – 1903) aus dem Jahr 1895 sollte das auch auf Dauer so bleiben, um den örtlichen Gegebenheiten Rechnung zu tragen und größere Konflikte zu vermeiden.[743]
Im Jahr 1930 spiegelte die römisch-katholische Kirche in Eritrea diese tatsächlichen Verhältnisse auch in ihrer organisatorischen Struktur wieder und gründete einerseits ein Ordinariat, das die Gottesdienste weiter nach äthiopischem Ritus feierte, und daneben zugleich ein Apostolisches Vikariat mit lateinischem Ritus. Während das erstere vornehmlich aus der Missionsarbeit unter den einheimischen, ehemals orthodoxen Äthiopiern hervorgegangen war, denen man ihren Ritus ließ, solange sie den Primat des Papstes anerkannten,[744] war das letztere viel stärker italienisch geprägt und umfasste hauptsächlich die Kolonialbeamten mit ihren Angehörigen und ihnen nahestehenden Äthiopiern. Dieses Ordinariat

---

[743] Zu dem schwierigen Miteinander dieser beiden liturgischen Richtungen vgl. Korolewsky, Latin into Ge'ez, S. 101f; vgl. auch Pinggéra, Äthiopisch-Orthodoxe Kirche, S. 53f.
[744] Kefelew Zelleke / Heyer weisen aber dennoch auf feine, aber spürbare Latinisierungen in diesem unierten Ritus hin, so dass man nicht mehr von einem klaren orthodoxen Ritus sprechen kann. Meist handelt es sich vielmehr um eine Mischform. So ersetzt z. B. die katholische Monstranz mit der Hostie den Tabot bei Prozessionen, die Lesungen im Gottesdienst sind in der Landessprache anstatt auf Gəʿəz, die Bibel hat den Umfang der lateinischen Bibel ohne die im orthodoxen Äthiopien zusätzlich anerkannten Bücher, das Weihwasser wird auf katholische Art benutzt (nur äußerlich), es herrscht die katholische Beichtpflicht u. a. m.: Kefelew Zelleke / Heyer, Orthodoxes Äthiopien, S. 162f Anm. 307.

war das erste römisch-katholische Bistum in Afrika mit einem einheimischem Bischof und einem vollständig einheimischem Klerus.
Während der italienischen Besetzung ganz Äthiopiens unter Mussolini (1936 – 41) dehnte man die kirchliche Organisation auf das ganze Land aus und verstärkte die missionarischen Bemühungen erheblich, auch mit dem erklärten Ziel, den Einfluss der einheimischen orthodoxen Kirche, die den Widerstand gegen die Italiener unterstützte, zu brechen. So wurden Apostolische Vikariate in Addis Abeba (Šäwa, heute Region Oromia), Ǧimma (Kaffa, heute Region der südlichen Nationen, Nationalitäten und Völker), Harär (Harärge, heute Region Somali), Asmara (Eritrea), Asmara (Eritrea, nach lateinischem Ritus) (zwei), Gondär (Bägemdər und Goǧǧam, heute Regionen Amhara und Oromia), Addigrat (Region Təgray), Däse (Wällo, heute Region Amhara) und Nagalle (Sidamo, heute größtenteils Region Oromia) eingerichtet. Alle Franzosen wurden des Landes verwiesen. Gleichzeitig wurde die äthiopisch-orthodoxe Kirche auch aktiv verfolgt. Fast 2.000 orthodoxe Kirchen wurden niedergebrannt. Zeugen berichteten von italienischen Soldaten, die orthodoxe Gläubige auf dem Weg zum Gottesdienst willkürlich erschossen hätten. Auch Abunä Ṗeṭros wurde 1937 öffentlich hingerichtet, nachdem er sich geweigert hatte, eine Union mit der römisch-katholischen Kirche abzuschließen. Der Vatikan wiederum stand nach anfänglichem Zögern loyal zur italienischen Herrschaft.[745] Statt des ermordeten, widerspenstigen Ṗeṭros setzten die Italiener einen ihnen willfährigen Metropoliten ein, der aber von der koptischen Kirche, die kirchenrechtlich für die Besetzung des Patriarchensitzes verantwortlich war, nie anerkannt und zusammen mit den Bischöfen, die er im Lauf seiner Amtszeit geweiht hatte, exkommuniziert worden war.
Nach dem Zusammenbruch der italienischen Herrschaft, nachdem die Briten im Rahmen des Zweiten Weltkriegs in Äthiopien einmarschiert waren, ist diese ganze römisch-katholische Kirchenorganisation in sich zusammengebrochen (außer in Eritrea), da die katholische Kirche ohnehin nie einen größeren Anklang unter der äthiopischen Bevölkerung gefunden und ihr deshalb das zugehörige Kirchenvolk gefehlt hatte. Nun mussten die italienischen Missionare ihrerseits Äthiopien verlassen. Ihre Stationen übernahmen französische und holländische Lazaristen.
Im Jahr 1951 wurden daraufhin römisch-katholische Apostolische Exarchate konstituiert, eines in Addis Abeba für den äthiopischen Ritus und eines in Asmara für den lateinischen Ritus. Im Jahr 1957 nahm Äthiopien diplomatische Beziehungen zum Vatikan auf. Seither residiert ein Nuntius des Papstes in Addis Abeba. Im Jahr 1961 wurde Addis Abeba Erzbistum mit Asmara (Eritrea) und Addigrat (Region Təgray) als zwei Suffragan-Bistümern. Alle drei folgen dem

---

[745] Kefelew Zelleke / Heyer, Orthodoxes Äthiopien, S. 77 – 79.

äthiopischen Ritus, aber ihnen sind auch fünf Distrikte mit lateinischem Ritus und ausländischen Priestern unterstellt.

Die Revolution von 1974 und die anschließende Abschaffung des Kaiserreiches beurteilte zumindest ein äthiopischer, katholische Kirchenhistoriker in der Hinsicht positiv, dass sie die Gleichstellung aller Religionen vor dem Gesetz herbeigeführt habe, so dass die äthiopisch-orthodoxe Kirche – anders als in den Jahren zuvor – gleichsam gezwungen worden sei, mit den anderen christlichen Konfessionen zu sprechen und zusammenzuarbeiten.[746]

Heute unterhält die römisch-katholische Kirche vielfältige Einrichtungen vor allem sozialdiakonischer Arbeit in Äthiopien: Behindertenheime, Kindergärten, Schulen, Krankenhäuser, Ambulanz-Kliniken, Waisenhäuser und landwirtschaftliche Ausbildungsstätten. Nach der Unabhängigkeit Eritreas, das kirchlich trotzdem mit Äthiopien verbunden blieb, wurden hier im Jahr 1995 zwei neue Eparchien (Diözesen), Barentu und Kärän, errichtet und das lateinische Apostolische Vikariat aufgehoben. In Eritrea unterstehen heute demnach sämtliche Katholiken, auch die römisch-katholischer Tradition, einer ostkirchlichen Hierarchie. Im Jahr 2003 entstand eine neue Eparchie im äthiopischen Ǝndəbər, so dass die äthiopisch-katholische Metropolie heute sechs Bischofssitze umfasst, drei in Äthiopien und drei in Eritrea. Diese sechs Bistümer bilden die länderübergreifende Kirchenprovinz Addis Abeba.
Römisch-katholische (Missions-)Jurisdiktionen bestehen weiterhin im Süden Äthiopiens: fünf Apostolische Vikariate mit Titularbischöfen (Awasa, Harär, Meki, Naqamtee/Näqämte und Soddo-Hossa'ənna) und zwei Apostolische Präfekturen unter Leitung eines Priesters (Gambella und Ǧimma-Bonga). Die Apostolischen Präfekturen Gambella und Ǧimma-Bonga wurden im Dezember 2009 zu Apostolischen Vikariaten mit einem Titularbischof an der Spitze erhoben. Das Apostolische Vikariat Soddo-Hossa'ənna wurde im Januar 2010 geteilt und das Apostolische Vikariat Soddo errichtet.

---

[746] Ayele Teklehaymanot, Relationship, S. 12f.

6.5.5. Die evangelischen Kirchen[747]

Die Anfänge der evangelischen Kirche in Äthiopien verbinden sich mit dem Namen Peter Heyling. Er war zu einer Zeit, als in Deutschland der Dreißigjährige Krieg wütete, aus seiner Heimatstadt Lübeck an den äthiopischen Kaiserhof in Gondär gekommen, um dort das Evangelium zu predigen. Zuvor hatte er in Kairo eine äthiopische Delegation getroffen, die zur Inthronisation des neuen äthiopischen Abunä Marqos dorthin gereist war und der sich der Deutsche anschließen durfte. Etwa ab dem Jahr 1634 ist seine Anwesenheit in Gondär verbürgt. Er hat demnach von der Ausweisung aller katholischen Missionare, die Kaiser Fasilädäs kurz zuvor verfügt hatte, möglicherweise indirekt profitiert. Über seine Tätigkeit ist nicht viel bekannt. Es wird jedoch gesagt, Fasilädäs sei ihm wohlgesonnen gewesen und habe ihn sogar zum Berater und zum Erzieher der Söhne des Adels ernannt und ihm eine Prinzessin als Frau angeboten. Stets betonte Heyling die Bedeutung des Studiums der Bibel. Deshalb begann Heyling auch, das Neue Testament ins Amharische zu übersetzen. Zumindest das Johannes-Evangelium wurde veröffentlicht. Noch Samuel Gobat (s. u.) traf rund zwei Jahrhunderte später einen Äthiopier mit diesem Text. Und der schwedische Missionar Cederqvist stieß im Jahr 1912 auf eine „Evangelical Association", die von orthodoxen Priestern und Däbtäras gebildet wurde und die Peter Heyling als ihren spirituellen Vater ansah. Sie verstand sich als eine Bibelbewegung innerhalb der äthiopischen Kirche, hatte deshalb aber unter späteren Kaisern einiges an Anfeindungen zu erleiden. Um 1648 fing die Lage für Heyling jedoch an, sich zu verschlechtern. Abunä Marqos, der ihn stets gefördert und seine Hand über ihn gehalten hatte, verlor aufgrund eines innerkirchlichen Streits seinen Einfluss am kaiserlichen Hof, so dass Fasilädäs seinen Freund Heyling wegschicken musste, um die Kirche nicht gegen sich aufzubringen. Insgesamt wirkte der deutsche Missionar 17 Jahre lang in Äthiopien.[748]

Erst im 19. Jahrhundert wandte man sich von evangelischer Seite aus Äthiopien mit größerem Interesse zu. Im Februar 1830 reisten die in der Basler Mission ausgebildeten und von der englischen Church Missionary Society ausgesandten Missionare Samuel Gobat (1799 – 1879) und Christian Kugler (1801 – 30) dorthin. Kugler starb bald nach seiner Ankunft. Ihm folgte Missionar Karl Wilhelm Isenberg (1806 – 64). Samuel Gobat hatte es sich – parallel zu den Erkenntnis-

---

[747] Vgl. dazu Launhardt, Evangelicals; Arén, Evangelical Pioneers; Glüer, Protestantische Mission; Bakke, Christian Ministry; Isichei, History, S. 211 – 217; Kefelew Zelleke / Heyer, Orthodoxes Äthiopien, S. 140f; Heyer, Kirche Äthiopiens, S. 308 – 323; Böll et al., Ethiopia and the Missions (Aufsatzband); Getachew Haile / Lande / Rubenson, Missionary Factor (Aufsatzband).

[748] Hammerschmidt, Äthiopien, S. 1f; Launhardt, Evangelicals, S. 22 – 24; Arén, Evangelical Pioneers, S. 34 – 38; Loth, Afrika, S. 59f; vgl. auch bereits Ludolphus, New History, S. 366f.

sen der katholischen Missionare dieser Zeit, aber im Unterschied zu seinem eigenen Mitarbeiter Isenberg – zu Eigen gemacht, dem äthiopischen Christentum und der äthiopischen Mentalität mit Achtung und Verständnis zu begegnen und den Hochmut der europäischen Sichtweise so weit wie möglich abzulegen, ohne zugleich seinen Auftrag und sein missionarisches Bemühen zu vergessen. So kleidete er sich z. B. nach einheimischen Gepflogenheiten und teilte mit den Äthiopiern das einheimische Essen. Deswegen vertrauten und öffneten sich ihm die Äthiopier, und Gespräche über den Glauben wurden möglich.

Weitere Missionare kamen nach, doch aufgrund des überheblichen Verhaltens von Missionar Isenberg verschlechterte sich das Verhältnis zur äthiopischen Kirche zusehends, bis der Abunä alle Gläubige, die mit den Evangelischen sympathisierten, exkommunizierte und bewirkte, dass Kaiser Śahlä Dəngəl (1832 – 40) die Missionare schon im Jahr 1838 auswies. Im Jahr 1854 kehrte noch einmal Johann Ludwig Krapf (1810 – 81)[749], der bereits in den Jahren 1837/38 in Äthiopien gewesen war, für kurze Zeit dorthin zurück. Nach den schlechten Erfahrungen mit der „Mission" unter den äthiopischen Christen wandte er sich hauptsächlich der damals sogenannten Heidenmission zu. Immerhin war es seinen wenigen Bemühungen gelungen, rund 18.000 „Heiden" (Anhänger indigener Religionen) zu bekehren, die man nun an die äthiopische Kirche verwies, da die Einrichtung einer evangelischen Kirche zuvor verboten worden war.

Trotzdem blieb die Heidenmission, vor allem unter den Oromo, ein Thema, das in den europäischen Missionswerken bedacht wurde. Vor allem die Schwedische Evangelische Mission (seit 1866), aber auch norwegische Missionare und die norddeutsche Hermannsburger Mission (heute Evangelisch-Lutherisches Missionswerk in Niedersachsen) sowie nach dem Zweiten Weltkrieg zusätzlich dänische und finnische Missionare fühlten sich mehr und mehr für dieses Missionsfeld verantwortlich. Gemeinsam war ihnen allen die Verbundenheit mit der lutherischen Theologie. Die Anfänge waren schwierig. Meistens gelang es den ausgesandten Missionaren nicht einmal, bis ins eigentliche Siedlungsgebiet der Oromo vorzudringen, so dass sie sich damit begnügten, in nordäthiopischen Städten unter dort wohnenden Oromo zu wirken. Ständig besetzte, schwedische Missionsstationen konnten erst in den Jahren 1893 in Harär bzw. 1904 in Addis Abeba errichtet werden.

Keiner dieser ersten Missionare plante, eine eigene evangelische Kirche zu gründen. Wie in anderen Ländern auch, lag ihr Interesse zunächst darin, die einheimische Kirche in ihrem geistlichen Leben zu unterstützen und eine neue Liebe zu Jesus und zur Bibel zu wecken. So schickte der Schwede Cerderqvist etwa orthodoxe Äthiopier, die evangelisch zu werden wünschten, sowie Men-

---

[749] Vgl. zu seinem Leben und Wirken in Äthiopien vor allem seinen eigenen Bericht: Krapf, Reisen.

schen, die überhaupt zum Christentum zu konvertieren begehrten, zu den Priestern der erwähnten „Evangelical Association“.
Trotzdem stellte sich allmählich heraus, dass dieses Ziel wegen des Widerstands großer Teile der orthodoxen Geistlichkeit nur sehr schwer zu verwirklichen war. Gegen Ende des 19. Jahrhunderts wurde daher der Wunsch nach einer eigenen, von der orthodoxen Kirche getrennten, evangelischen Kirchenorganisation immer größer.[750]
Nach dem Regierungsantritt von Kaiserin Zäwditu (1916 – 30), die ihr Land stärker für ausländische Einflüsse öffnete, um es modernisieren zu können, folgten die American Presbyterian Mission (1918), die Siebenten-Tags-Adventisten (1923), die lutherische Hermannsburger Mission und die baptistisch ausgerichtete Sudan Inland Mission (beide 1927). Darüber hinaus wurden kurzzeitig auch mehrere britische Missionswerke aktiv: die Society for the Propagation of the Gospel (1925), eine offizielle Einrichtung der Church of England, die Bible Churchmen’s Missionary Society (1934), die British and Foreign Bible Society (1935) sowie die Church Mission to the Jews (bereits seit 1859 mit Unterbrechungen im Norden Äthiopiens tätig). Eine Quelle berichtet 52 Missionsgesellschaften, die Anfang der 1970er Jahre in Äthiopien aktiv waren.[751] In der Regel fanden die eigentlichen missionarischen Bemühungen im Umfeld einer sozialdiakonischen Arbeit in Form von Schulen und Krankenhäusern, die das äthiopische Ministerium für Erziehung kontrollieren konnte, statt. So hatten es Kaiserin Zäwditu und ihr Mitregent Ras Tafari Mekonnen, der spätere Kaiser Haile Selassie I. (1930 – 74), auch gewünscht. Eine darüber hinausgehende Missionstätigkeit war nach einem Gesetz aus dem Jahr 1944 in den von orthodoxen Christen bewohnten Gebieten, zu denen auch die Hauptstadt zählte, ausdrücklich nicht erlaubt, so dass das Wohlwollen von Kaiserin und Kaiser endete, sobald einheimische Christen für die ausländischen Kirchen gewonnen wurden.[752]
Trotzdem sahen sich die Missionsgesellschaften bald dem Widerstand der konservativen Kreise der äthiopischen Kirche ausgesetzt. Deshalb stellten sich die beiden Regenten als Namensgeber für verschiedene Missionskrankenhäuser zur Verfügung, um gegenüber der einheimischen Kirche ihren Schutz für die ausländischen Institute zu demonstrieren.
Wie die Schweden hatten auch die Hermannsburger ursprünglich geplant, unter den Oromo zu wirken, die größtenteils noch ihrer eigenen indigenen Religion anhingen. Nachdem Kaiserin Zäwditu unter dem Druck des Klerus diese Er-

---

[750] Arén, Evangelical Pioneers, S. 304. 348. Arén sieht einen ersten Kern dieser evangelischen Kirche im Jahr 1872 im Entstehen begriffen, als der schwedische Missionar Bengt Peter Lundahl (1840 – 85) am 1. Advent diesen Jahres zusammen mit äthiopischen Konvertiten das Abendmahl nach lutherischem Ritus gefeiert hat: Arén, Evangelical Pioneers, S. 167.
[751] Haile, School System, S. 103; vgl. auch Verghese, Koptisches Christentum, S. 204
[752] Lipsky, Ethiopia, S. 120; Heyer, Kirche Äthiopiens, S. 317.

laubnis jedoch verweigerte, sahen die deutschen Missionare zunächst ihr neues Betätigungsfeld in der Betreuung der rund hundert Deutschen in Addis Abeba, solange sie nicht auf ihr eigentlich gewünschtes Missionsfeld ausreisen durften. Daher wurde am 12. Februar 1928 der erste Gottesdienst in deutscher Sprache in Addis Abeba gefeiert. Aus ihm sollte sich später die Evangelische Gemeinde deutscher Sprache herausentwickeln.[753]

Die erste evangelische Gemeinde konvertierter Äthiopier konnte in Addis Abeba am 16. Oktober 1921 gegründet werden. Sie war das Werk des schwedischen Missionars Olof Eriksson und bestand hauptsächlich aus Flüchtlingen aus Eritrea sowie aus neu getauften Muslimen. Ein halbes Jahr später, am 23. März 1922, wurde der erste einheimische evangelische Pfarrer ordiniert: der Eritreer Gäbrä Ṡəlasse Tesfa Gabər.[754]

Im Äthiopienfeldzug der Italiener 1936 boten sich einige evangelische Missionsärzte zur Unterstützung der kaiserlichen Truppen an und dienten in den äthiopischen Armeelazaretten im Auftrag des Internationalen Roten Kreuzes. Diese Kliniken wurden von der italienischen Luftwaffe gezielt mit Bomben beworfen, um – so eine Vermutung – gerade die ausländischen Beobachter ihrer Kriegsgräuel auszuschalten.[755]

Während der italienischen Besetzung Äthiopiens (1936 – 41) mussten alle evangelischen Missionare bis auf die deutschen Hermannsburger (Deutschland war der Verbündete Italiens) das Land verlassen, sofern sie nicht bereits zuvor freiwillig ausgereist waren. Trotzdem hatten auch die Deutschen unter strengen Restriktionen zu leiden, obwohl ihre Missionsstation in Addis Abeba unbehelligt blieb, zumal sie zugleich der deutschsprachigen Gemeinde als Zentrum diente. Die schwedische Mädchenschule wurde von italienischen Waldensern, also evangelischen Christen, weitergeführt, die sich auch bemühten, die anderen Stationen der Schweden unter ihre Kontrolle zu bringen. Die Deutschen wiederum wurden nach der anschließenden Rückeroberung Äthiopiens von den Briten als Kriegsgefangene interniert. Ihre Missionsstation wurde von der äthiopischen Regierung enteignet.

Dies war die Stunde der einheimischen Prediger, die die kleinen evangelischen Gemeinden um sich scharten und in einer Weise betreuten, dass sie sogar viele weitere Konvertiten hinzugewinnen konnten. Im Jahr 1941 gründete sich eine erste dieser Gemeinden in Addis Abeba. Sie nannte sich „Mekane Yesus“ (= Wohnort Jesu). Weitere Gemeinden folgten u. a. in Ǝnṭoṭṭo und Däbrä Zäyt. Im Jahr 1945 baten sie ihre schwedische Muttermission um kirchliche Selbständigkeit, nicht in Abwertung der Arbeit der Schweden oder in Abgrenzung von den

---

753 Launhardt, Evangelicals, S. 56f.

754 Launhardt, Evangelicals, S. 36.

755 Launhardt, Evangelicals, S. 71 Anm. 262 mit Berufung auf das Buch Last, G. / Pankhurst, R.: A History of Ethiopia in Pictures, Addis Abeba 1974, S. 48.

ausländischen Missionaren, sondern in neuem Selbstbewusstsein, nun die Arbeit alleine leisten zu können. Nach eingehenden Gesprächen bestätigte die schwedische Mission diese Selbständigkeit im April 1947.
Die ersten deutschen Hermannsburger Missionare nach dem Zweiten Weltkrieg betraten im Jahr 1951 wieder äthiopischen Boden. Sie beließen es aber dabei, ihren Grund und Boden in Addis Abeba verloren zu haben und begannen ihre Arbeit stattdessen in der früheren Provinz Wälläga (heute Region Oromia). Im Jahr 1953 verzichtete die Hermannsburger Mission auch offiziell auf ihre Eigentumsansprüche in Addis Abeba. Dafür erhielten sie im Austausch ein anderes Gelände, das ab 1957 ständig von einem Missionar bewohnt war.
Als erste einheimische, selbständige Kirche organisierte sich die Ethiopian Evangelical Church Mekane Yesus (Wängelawit Mäkanä Yäsus Betä Krəstiyan Ityopya) aus der oben erwähnten Gemeinde in Addis Abeba am 21. Januar 1959. Sie ist bis heute die bedeutendste der evangelischen Kirchen im Land, obwohl sie nicht die einzige ihrer Art blieb. Neben ihr entstand z .B. im Jahr 1947 die Evangelical Church Bethel, die auf die amerikanischen Presbyterianer zurückgeht. Allerdings vollzog sie im September 1974 als Ganzes den Übertritt zur Mekane-Yesus-Kirche. Im Jahr 1960 gründete sich die mennonitische „Meserete Kristus Church“ (Mäsärätä Krəstos Betä Krəstiyan) und im Jahr 1971 die „Kale Heywot Church“ (Qalä Ḥəywät Betä Krəstiyan), die heute von der Zahl ihrer Anhänger her (um die vier bis fünf Millionen) die größte evangelische Kirche in Äthiopien ist. Sie entstammt der Arbeit der baptistischen Sudan-Inland-Mission. Weitere Missionen baptistischer und pfingstkirchlicher Prägung – vor allem aus Schweden und Finnland – begannen nach dem Zweiten Weltkrieg ihre Arbeit in Äthiopien und gründeten einige Gemeinden.[756] Auch der YMCA (Christlicher Verein Junger Menschen/CVJM) ist auf Wunsch Kaiser Haile Selassies I. seit 1949 in Äthiopien aktiv.[757] Eine Gemeinschaft der besonderen Art stellt vielleicht die „Äthiopische Orthodoxe Tehadeso Kirche“ dar, die bereits mit ihrem Namen bewusst an die Äthiopische Orthodoxe Tewahedo Kirche anschließt. Ihre Gläubigen, sämtlich ehemalige Glieder der orthodoxen Kirche, behaupten, in der Tradition ihrer Mutterkirche geblieben zu sein, sie aber mit strikter Bibeltreue und der Betonung des persönlichen Glaubens an die Erlösung durch die Wiedergeburt in Christus reformiert bzw. zu ihren Wurzeln zurückgeführt zu haben. Äußerlich treten sie daher den Orthodoxen ganz ähnlich auf und feiern ihre Gottesdienste in dieser Art, füllen diese liturgische Form jedoch mit evangelischer Theologie.[758]

---

[756] Vgl. dazu u. a. Christianity in Ethiopia; Launhardt, Protestantism; Haustein, Die pfingstlich/charismatischen Bewegungen, S. 76f.
[757] Launhardt, Evangelicals, S. 183 Anm. 597.
[758] Christianity in Ethiopia, S. 11f.

Ein besonderes Verdienst dieser missionarischen Aktivitäten ist die Übersetzung der Bibel ins Amharische. Vorher benutzte man die Hl. Schrift selbstverständlich in der alten Kirchensprache Gəʿəz, die jedoch außer dem Klerus und den Mönchen und Nonnen kaum jemand wirklich verstand. Nun war es auch für alle äthiopischen Christen gleich welcher Konfession viel leichter, die Bibel in der Umgangssprache zu lesen. Die amharische Bibel war zugleich über lange Zeit hin das einzige gedruckte Buch in dieser Sprache, so dass es neben der Bedeutung für den Glauben auch als Lesebuch für den Schulunterricht diente.
Nach der Befreiung von den Italienern bemühten sich die verschiedenen evangelischen Kirchen, Missionen und Gemeinden, die in der Regel ihre besondere Prägung (lutherisch, presbyterianisch/reformiert, freikirchlich, anglikanisch) von den jeweiligen Missionsgesellschaften übernommen hatten, auch untereinander engere Kontakte zu knüpfen. Ein Hintergrund dieser Bestrebungen war einer nach der Rückkehr Haile Selassies I. erstarkte und selbstbewusster auftretende orthodoxe Kirche, zu der man sich noch immer nicht in Opposition oder auch nur als Konkurrenz fühlte, deren Widerstand man aber spürte. Eine erste „Konferenz der äthiopischen evangelischen Kirchen" fand im Dezember 1944 auf Initiative einheimischer Gemeindeleiter und Pfarrer in dem Ort Naqamtee/Näqämte (Wälläga, heute größtenteils Region Oromia) statt. Weitere Konferenzen folgten. Obwohl man sich lange nicht auf ein gemeinsames evangelisches Bekenntnis zu einigen vermochte, wählte man doch ab 1952 einen gemeinsamen Präsidenten und einen Vizepräsidenten, die die Arbeit der Konferenzen koordinieren sollten. Daneben etablierte sich ab 1948 ein nationaler „Christlicher Rat von Äthiopien", zu dem freilich nur die evangelischen Kirchen und Missionen gehörten. Sein Ziel war die weitere Verbreitung der Bibel und anderer christlicher Literatur. Die lutherischen Kirchen schlossen sich Ende 1951 zu einem „Lutherischen Missions-Komitee" zusammen. Zu ihr gehörte auch die Mekane-Yesus-Gemeinde in Addis Abeba, die 1957 die Aufnahme in den Lutherischen Weltbund beantragte (d. h. bereits zwei Jahre vor ihrer eigenen offiziellen Konstituierung als landesweite Kirche). Im Jahr 1959 schlossen sich alle lutherischen Gemeinden in Äthiopien zur Äthiopischen Evangelischen Mekane Yesus Kirche zusammen. Zu ihr gehört auch der englischsprachige Zweig, der sich International Lutheran Church (Ethiopia) nennt.
Andere, eher charismatisch und täuferisch ausgerichtete Kirchen und Gemeinden bildeten als ihren Dachverband die „Evangelical Church Fellowship of Ethiopia" mit derzeit 22 Mitgliedskirchen.[759]

Die ersten zwei Jahre nach der Revolution von 1974 brachten zunächst noch keine Einschränkungen für die evangelischen Kirchen, da der Vorsitzende des regierenden Provisorischen Militärkomitees (DERG) selbst ein Lutheraner war.

---

[759] Christianity in Ethiopia, S. 4.

Erst nach der Ausrufung der Kommunistischen Volksrepublik begann der Kampf des sogenannten „wissenschaftlichen Sozialismus" gegen die Kirchen. Der evangelische Radiosender „Radio Voice of the Gospel" sowie christliche Schulen und andere kirchliche Einrichtungen wurden im Jahr 1977 geschlossen oder verstaatlicht, und viele Pfarrer und andere Gläubige wurden eingesperrt, gefoltert oder ermordet. Das bekannteste Opfer war der erste Präsident der Synode der lutherischen Gemeinden von Addis Abeba, zu der auch die deutschsprachige Gemeinde gehört. Pfarrer Gudina Tumsa (auf Oromәñña Guddinaa Tumsaa) wurde anfangs streng beobachtet, nachdem er sich öffentlich regierungskritisch geäußert und sich geweigert hatte, auf internationaler Ebene zu erklären, in Äthiopien sei die Religionsfreiheit vollständig gewährleistet. 1979 verhaftete und ermordete ihn die äthiopische Geheimpolizei.

Heute unterhalten die evangelischen Kirchen und Missionen zahlreiche Kindergärten, Schulen, Kirchliche Hochschulen, Waisenhäuser, Behindertenheime, Ausbildungszentren, kleine Werkstätten für Arbeitslose und aufgrund der steigenden Zahl der Gläubigen in Addis Abeba auch einen eigenen Friedhof.
Man spricht von rund 2, 2 Millionen evangelischen Christen (im Jahr 2001) in Äthiopien, die in um die 4.000 Gemeinden aktiv sind.[760] Andere vermuten sogar bis zu sechs Millionen Evangelische.[761] Ein Flugblatt des Evangelisch-Lutherischen Missionswerks in Niedersachsen (der früheren Hermannsburger Mission, s. o.) rechnet mit etwas über 1, 3 Millionen Mitgliedern allein der Mekane-Yesus-Kirche.[762] Der äthiopische Religionswissenschaftler Walelign Emiru zählt im Jahr 2007 mehr als 120 evangelische Gottesdienstorte in Addis Abeba. Dass mehr als 90 davon angemietete Häuser oder Hallen sind,[763] zeigt das in Äthiopien noch vergleichsweise junge Phänomen des Protestantismus und zugleich seine innere Aufsplitterung in unterschiedlichste Gemeinschaften und Gruppen, die zum Teil nur aus wenigen Familien bestehen. Trotzdem ist die recht große Zahl an Predigtstätten schon erstaunlich, da die äthiopisch-orthodoxe Kirche „nur" etwas mehr als 80 Kirchen in der Hauptstadt besitzt.[764]

---

[760] Kefelew Zelleke / Heyer, Orthodoxes Äthiopien, S. 141; zu den Pfingstkirchen in Addis Abeba vgl. vor allem Kifleyesus, Zännet lä Geta.

[761] Chaillot, Ethiopian Orthodox Tewahedo Church Tradition, S. 23. Auf S. 53 nennt Chaillot die Zahl von 5, 3 Millionen im Jahr 1994.

[762] Evangelisch-Lutherisches Missionswerk in Niedersachsen, Unsere Partner. Evangelische Kirche Mekane Yesus.

[763] Walelign Emiru, Ethiopian Orthodox Church Festivals, S. 139.

[764] Walelign Emiru, Ethiopian Orthodox Church Festivals, S. 142. Die für die orthodoxe Kirche wiederum klein anmutende Anzahl erklärt sich daraus, dass die Stadt Addis Abeba selber relativ jung ist (erst im Jahr 1887 gegründet) und daher so gut wie keine über die Jahrhunderte hinweg gewachsenen Kirchen vorweisen kann. Das älteste Gotteshaus innerhalb der Stadtgrenzen stammt aus dem Jahr 1823 (Walelign Emiru, Ethiopian Orthodox Church Festivals,

Aufgrund dieser aus orthodoxer Sicht beunruhigenden Zahlen bemüht sich nun auch die äthiopisch-orthodoxe Kirche seit dem Jahr 2000 verstärkt, eigene Evangelisations- und Missionszentren aufzubauen, um die Menschen an sich zu binden oder für ihre Kirche zurückzugewinnen. Sie hat dafür sogar ein eigenes Referat in der Kirchenverwaltung des Patriarchates geschaffen. Zusätzlich bildet sie Priester und Mönche in dieser Hinsicht aus und schickt sie auch in die Gebiete im Süden des Landes, wo noch viele Menschen ihren indigenen Religionen angehören. Außerdem versucht sie, mehr Teile der Liturgie aus dem für die meisten Gläubigen unverständlichen Gəʿəz ins heutige Amharisch zu übertragen, um den Gottesdienst für jüngere Leute attraktiver zu machen; und eine Äthiopische Bibelgesellschaft übersetzt das Neue Testament in zahlreiche Sprachen Äthiopiens (siehe dazu auch das Kapitel zur ökumenischen Bewegung).[765]

Der Äthiopier Getatchew Haile versucht darüber hinaus in einer sehr persönlichen Stellungnahme zu erklären, warum die orthodoxen Äthiopier rein gefühlsmäßig den westlichen Missionaren eher ablehnend gegenüberstanden bzw. -stehen. Er gibt zu bedenken, dass die Äthiopier sehr traditionell eingestellt sind und lieber am Überlieferten festhalten, als Neues anzunehmen, um danach zu solch emotionalen Sätzen zu kommen: „Ich pflegte zu glauben, dass ich das Tewahedo-Christentum liebe, weil es orthodox oder rechtgläubig ist. Das glaube ich nicht mehr. Ich glaube, dass ich meine Kirche liebe – die zufälligerweise die wahre Kirche Christi ist –, weil sie meine ist, wie meine Mutter, mein Vater, meine Frau, meine Kinder und wie mein Land. […] Die Wahrheit liegt deshalb nicht darin, wer im Recht und wer im Unrecht ist, sondern wo jemand geboren ist."[766]

Johannes Launhardt wiederum, erster Pfarrer der Evangelischen Gemeinde Deutscher Sprache nach dem Zweiten Weltkrieg und einer der besten Kenner der kirchlichen Situation in Äthiopien in diesen Jahren, fasst in seinem Buch „Evangelicals in Addis Ababa (1919 – 1991)" seine Sicht zu der Entstehung katholischer und evangelischer Kirchen in diesem fast urchristlich zu nennenden Land zusammen. Er spricht damit wohl vielen Menschen aus der Seele, denen nicht nur Äthiopien, sondern auch andere Gebiete des Vorderen Orients am Herzen liegen und die das zwiespältige Verhältnis zwischen den Konfessionen sehen und bedauern. Er schreibt: „Kritische Beobachter dieser Entwicklung fragen, ob es wirklich nötig war, in Äthiopien neue Kirchen zu bilden, in diesem

---

S. 144), ein sehr junges Datum für ein Land, in dem das Christentum seit rund 1.600 Jahren beheimatet ist.

[765] Chaillot, Ethiopian Orthodox Tewahedo Church Tradition, S. 53f.

[766] Getachew Haile, Missionary's Dream, S. 3.

Land, in dem sich eine der ältesten christlichen Kirchen findet. Die Äthiopische Orthodoxe Kirche überlebte, obwohl sie vom Islam umringt und angegriffen wurde. Sie trug Wesentliches zur Einheit des Reiches bei. Warum war es nicht möglich, traditionell und modern denkende äthiopische Christen in einer Kirche zu vereinen? Der orthodoxe Klerus gibt den evangelischen und katholischen Christen und deren ausländischen Lehrern die Schuld an der Trennung. Die evangelischen Christen hingegen beschuldigen die Äthiopische Orthodoxe Kirche wegen dieser Entwicklung. Wenn orthodoxe Priester sich weigern, Kinder von Bibellesern zu taufen und evangelische Gläubige kirchlich zu bestatten, hatten die Protestanten keine andere Wahl als ihre eigene Kirchenorganisation zu bilden und Pfarrer für sich selber zu ordinieren."[767] Im Grunde genommen wiederholte sich damit ein Dilemma, vor dem einst schon die Reformatoren um Martin Luther gestanden hatten. Sie hatten anfangs auch nur eine Reform der römisch-katholischen Kirche an Haupt und Gliedern gewünscht und wollten darüber anhand der Bibel diskutieren und sahen sich kurz darauf als Ketzer gebrandmarkt. Auf der anderen Seite machten sich – nun wieder im Vorderen Orient und in Äthiopien – viele Missionare nicht genug mit der ostkirchlichen Art zu glauben und die Bibel zu lesen vertraut, um deren oft so andersartige, aber deswegen nicht unbedingt weniger tiefe Frömmigkeit zu begreifen.[768]
Ein weiterer Kenner der Lage, Ernst Bauerochse, plädiert daher gerade aufgrund mancher gegenseitiger Verletzungen in der Vergangenheit für eine verstärkte Zusammenarbeit in der Zukunft: „So bleibt die Aufgabe – nicht nur in Athiopien (sic!) und nicht nur für Christen! –, das Miteinander-leben zu lernen, und zwar nicht nur als pragmatische oder widerwillig akzeptierte Hinnahme eines Status quo, sondern im Geist und in der Liebe Christi."[769]

---

[767] Launhardt, Evangelicals, S. 170.

[768] Ein gutes Beispiel dafür ist bereits Johann Ludwig Krapf in der Mitte des 19. Jahrhunderts, wenn er z. B. über die äthiopisch-orthodoxen Christen urteilt: „Überhaupt nehmen sie alles äußerlich, da sie die inneren Wirkungen des heiligen Geistes nicht aus Erfahrung kennen." (Krapf, Reisen, S. 67).

[769] Bauerochse, Miteinander leben lernen, S. 28.

6.5.6. Die ökumenische Bewegung

Zunächst einmal steht die Äthiopische Orthodoxe Tewahedo Kirche in voller Kirchengemeinschaft mit den anderen (alt-)orientalischen Kirchen, der Koptischen Orthodoxen Kirche, der Syrischen Orthodoxen Kirche, der Armenischen Apostolischen Kirche, der Malankarischen Orthodoxen Syrischen Kirche in Indien und jüngst der Eritreischen Orthodoxen Kirche.

Zu den anderen orthodoxen Kirchen bestand über Jahrhunderte hinweg keine Beziehung, da man sich gegenseitig verurteilt hatte (siehe das Kapitel zum Glauben). Erst in der zweiten Hälfte des 20. Jahrhunderts führten vier inoffizielle Konsultationen (1964 im dänischen Århus, 1967 im englischen Bristol, 1970 in Genf und 1971 in Addis Abeba) sowie drei Treffen eines offiziellen theologischen Dialogs (1985 im schweizerischen Chambésy, 1989 im ägyptischen Anba-Bishoi-Kloster und 1990 wieder in Chambésy) im Jahr 1990 zu einer „Zweiten Gemeinsamen Erklärung von Chambésy", die besagt, dass die Unterschiede in der Begrifflichkeit nicht den gemeinsamen Glauben an den Herrn und Erlöser Jesus Christus in seiner wahren Gottheit und wahren Menschheit beeinträchtigten.[770] Bereits am 24. Juni 1989 hatte die Vereinigte Kommission zum theologischen Dialog zwischen der Orthodoxen Kirche und den Orientalischen Orthodoxen Kirchen im Anba-Bishoi-Kloster eine erste „Gemeinsame Erklärung" verabschiedet, die von den Delegierten der 13 teilnehmenden Kirchen unterzeichnet wurde.

Darin erklären sie u. a.: „Wir haben von unseren Vätern in Christus einen apostolischen Glauben und eine Überlieferung geerbt, auch wenn wir Jahrhunderte lang als Kirchen von einander getrennt waren. Als zwei Familien Orthodoxer Kirchen, die lange ohne Einheit waren, beten wir jetzt voll Vertrauen auf Gott um die Wiederherstellung jener Einheit auf der Grundlage des gemeinsamen apostolischen Glaubens der ungeteilten Kirche der ersten Jahrhunderte, zu dem wir uns im gemeinsamen Glaubensbekenntnis bekennen. [...] Der Logos, der mit dem Vater und dem Heiligen Geist in seiner Göttlichkeit ewig wesensgleich ist, nahm in diesen letzten Tagen Fleisch an durch den Heiligen Geist der Seligen Jungfrau Maria Theotokos [= Gottesgebärerin, der Vf.], wesensgleich mit uns in seinem Menschsein, doch ohne Sünde. Er ist wahrer Gott und wahrer Mensch zur gleichen Zeit. [...] Es ist dies die eine ewige Hypostase [= Seinsstufe, der Vf.] der zweiten Person der heiligen Dreifaltigkeit, die unsere geschaffene menschliche Natur annahm, und sie mit diesem Akt mit seiner eigenen, ungeschaffenen göttlichen Natur vereinte, um ein untrennbar und unverwechselbar vereintes göttlich-menschliches Wesen zu schaffen; die Naturen können voneinander nur in der Betrachtung (theoria) unterschieden werden. [...] Wir teilen

---

[770] Vgl. dazu u. a. Chaillot / Belopopsky, Towards Unity; Heyer, Kirche Äthiopiens, S. 283f.

weder, noch trennen wir die menschliche Natur in Christus von seiner göttlichen Natur, noch glauben wir, daß die erste von der letzteren aufgesaugt wurde und so aufhörte zu existieren. [...] Diejenigen unter uns, die von zwei Naturen in Christus sprechen, leugnen damit nicht ihre untrennbare Einheit; diejenigen unter uns, die von der einen vereinten göttlich-menschlichen Natur sprechen leugnen damit nicht die andauernde, dynamische Präsenz der göttlichen und der menschlichen Natur in Christus ohne Trennung oder Verwechslung."[771]
Zugleich betonen beide Konfessionsfamilien gut ostkirchlich, dass die Menschwerdung Gottes in Jesus Christus letztlich ein Mysterium, ein Geheimnis ist, dem man sich nur demütig anbetend nähern darf.
Im Jahr 1993 folgte, ebenfalls in Chambésy, der Beschluss bzw. der Aufruf an alle orthodoxen Ersthierarchen, die gegenseitigen Verurteilungen (Anathemata) aufzuheben.[772]
Damit fand ein über 1.500 Jahre langer, theologischer Streit, den man in der Geschichte nicht selten auch sehr gewalttätig geführt hatte und der u. a. im 7. Jahrhundert die Ausbreitung des Islam gefördert hatte, ein gutes Ende. Seither verstehen sich beide orthodoxen Familien zwar weiterhin als voneinander unterschieden, doch sie arbeiten in gemeinsamen Gremien an der endgültigen Wiederherstellung der vollen kirchlichen Gemeinschaft.[773]
Besondere Kontakte außerhalb der orientalischen Kirchen knüpfte die äthiopisch-orthodoxe Kirche dabei zu den orthodoxen Kirchen Griechenlands, Russlands, Rumäniens und Serbiens.[774]
Zu Beginn dieser Entwicklung, die von der äthiopischen Kirche wesentlich vorangetrieben und beeinflusst wurde, hatte Kaiser Haile Selassie I. im Jahr 1965 alle fünf orientalisch-orthodoxen Ersthierarchen nach Addis Abeba eingeladen, um das gemeinsame Vorgehen in diesen Gesprächen abzusprechen. Im Anschluss wurde zu diesem Zweck ein ständiger Ausschuss dieser Kirchen eingerichtet.[775]

Darüber hinaus ist die äthiopische Kirche seit der Zeit nach dem Zweiten Weltkrieg, in dem auch die ökumenische Bewegung in der Welt außerordentlich zunahm, sehr ökumenisch eingestellt. Sie gehört zu den Gründungsmitgliedern des

---

[771] Zitiert nach Koptisch-orthodoxes Zentrum St.-Antonius-Kloster Kröffelbach (Taunus), Natur Christi, S. 39 – 41; vgl. auch Chaillot / Belopopsky, Towards Unity, S. 59 – 61.
[772] Chaillot / Belopopsky, Towards Unity, S. 67f.
[773] Basdekis, Orthodoxe Kirche, S. 112f; Chaillot, Ethiopian Orthodox Tewahedo Church Tradition, S. 15.
[774] Aymro Wondmagegnehu / Motovu, Ethiopian Orthodox Church, S. 120; http://www.ethiopianorthodox.org/english/dogma/orthochalcedonian.html (07.02.12); zur russischen Kirche schon seit dem Jahr 1880: Heyer, Kirche Äthiopiens, S. 285.
[775] Aymro Wondmagegnehu / Motovu, Ethiopian Orthodox Church, S. 117 – 119; Heyer, Kirche Äthiopiens, S. 283f; Verghese, Koptisches Christentum, S. 206.

Ökumenischen Rats der Kirchen (ÖRK) und der Allafrikanischen Kirchenkonferenz (AAKK).[776] Der ÖRK wurde im Jahr 1948 in Amsterdam/Niederlande gegründet und hat seinen Sitz in Genf/Schweiz. Die AAKK wurde im Jahr 1958 in Ibadan/Nigeria gegründet und hat ihren Sitz in Nairobi/Kenia.

Im Jahr 1971 empfing die äthiopische Kirche den Zentralausschuss des ÖRK[777] zu dessen Jahrestagung. In seiner Eröffnungsrede sagte Kaiser Haile Selassie I. am 10. Januar 1971: „Wie können wir Einheit verwirklichen, es sei denn, die Mitglieder des Haushaltes Gottes sind einander nicht entfremdet, es sei denn, wir sind untereinander in gegenseitigem Vertrauen verbunden und arbeiten zusammen im Band der Liebe, wie Christus und unsere Väter es geboten haben?“[778] Der äthiopische Patriarch ergänzte in seinem Grußwort an die Delegierten: „Unsere Mitgliedschaft im Ökumenischen Rat deutet jedoch auch an, daß wir in enger, brüderlicher Beziehung zu anderen christlichen Kirchen in der Welt stehen. Die Kirche von Äthiopien hat ihre eigene Geschichte und ihren eigenen Charakter. Wir sind überzeugt, daß unsere Mitgliedschaft im Ökumenischen Rat der Kirchen und folglich auch die Beziehungen zu den Kirchen in der Welt der Entfaltung unserer Kirche dienen. [...] In diesem ungesunden geistigen Klima und diesen unruhigen Zeiten sollten wir alle vernünftig und klug genug sein, unsere Anstrengungen zu koordinieren und uns in Einheit um Einheit zu bemühen. Wir brauchen nicht und wir können nicht über Nacht eine Kirche werden; uns stehen noch zu viele unüberwindbare Hindernisse im Wege. Aber wir könnten neue Bereiche der Zusammenarbeit und Einheit erschließen. Vereint können wir mit unheimlicher Stärke handeln und den Lauf der Geschichte ändern. Wenn wir schon nicht eine Kirche sein können, dann sollten wir unsere Gegensätze wenigstens nicht hochspielen; wenn wir schon nicht zur Einheit kommen können, laßt uns wenigstens zusammenarbeiten.“[779]

Seit der Vollversammlung des ÖRK in Porto Alegre/Brasilien im Jahr 2006 gehört der äthiopische Patriarch Paulos sogar als Vertreter der orientalisch-orthodoxen Kirchen zum Präsidium des Weltrats der Kirchen. Zuvor hatte er bereits im Zentralkomitee und in der Kommission für Glaube und Kirchenverfassung mitgearbeitet.

---

[776] Eshetu Amsalu, Role, S. 147. Nach Chaillot, Ethiopian Orthodox Tewahedo Church Tradition, S. 46 gehört die äthiopische Kirche erst seit 1963 zur AAKK.

[777] Der Zentralausschuss ist das wichtigste Entscheidungsorgan des Ökumenischen Rates der Kirchen neben den Vollversammlungen. Er tagt in den Jahren, in denen keine Vollversammlung stattfindet, einmal im Jahr.

[778] Zitiert nach Krüger, Addis Abeba 1971, S. 84.

[779] Zitiert nach Krüger, Addis Abeba 1971, S. 86 – 88.

Seit 1985 werden darüber hinaus (im Verbund mit den orientalischen Schwesterkirchen) theologische Gespräche mit der Anglikanischen Kirchengemeinschaft geführt. Dieser Dialog ist jedoch im Laufe der 1990er Jahre angesichts der von den Anglikanern eingeführten Frauenordination und später ihrer Stellung zur Homosexualität (s. u.) ins Stocken geraten.[780]
Mit der Evangelischen Kirche in Deutschland führt man in ähnlicher Art seit 1983 inoffizielle Begegnungen (Konsultationen) durch, die zum größten Teil auf die Initiative des Äthiopienfreundes Friedrich Heyer zurückgehen und die mehrmals im koptisch-orthodoxen St. Antonius-Kloster in Waldsolms-Kröffelbach im Hintertaunus stattfanden. Im Jahr 1991 stellten beide Kirchengemeinschaften in einer gemeinsamen Erklärung fest, dass die unterschiedlichen christologischen Terminologien nicht mehr trennend seien. Es wurde sogar in Aufnahme einer Formel des koptischen Kirchenvaters Kyrill von Alexandrien gemeinsam „eine fleischgewordene Natur des göttlichen Logos“ bekannt.[781]
Auch mit dem Reformierten Weltbund und der römisch-katholischen Kirche gab es Begegnungen. U. a. waren äthiopisch-orthodoxe Beobachter auf dem Zweiten Vatikanischen Konzil (1962 – 65) zu Gast.[782] ImJahr 1971 veröffentlichte man eine gemeinsame „Wiener christologische Formel“, in der der gemeinsame Glaube an Christus betont wurde, aber die wirklichen christologischen Unterschiede bewusst unerwähnt blieben.[783] Zwei äthiopisch-orthodoxe Patriarchen trafen sich in Rom mit Papst Johannes Paul II., Abunä Täklä Haymanot im Jahr 1981 und Abunä P̣awlos im Jahr 1993.[784] Allerdings bleiben in den Gesprächen die wiederholten Unions-Bemühungen der römisch-katholischen Kirche und die daraus hervorgegangenen Gemeinden ein ständiger Vorwurf seitens aller orthodoxen Kirchen.[785]

Aus der Familie der Ostkirchen existieren in Äthiopien selbst noch eine armenisch-apostolische Gemeinde mit eigener Schule in Addis Abeba und vier griechisch-orthodoxe Gemeinden, davon zwei in Addis Abeba, eine in Dərre Dawa, einer Großstadt an der alten Handelsroute nach Dschibuti, und eine in der Region Gambella (in Debi Dolo). Alle diese Kirchen gehen auf die Jahrhunderte alte Anwesenheit armenischer und griechischer Kaufmannsfamilien im Land zurück. Um ihre Verbundenheit mit den Äthiopiern zu zeigen, haben die Grie-

---

780 Reiss, Gespräche, S. 155 – 159; vgl. auch Aymro Wondmagegnehu / Motovu, Ethiopian Orthodox Church, S. 116.
781 Reiss, Gespräche, S. 159 – 163, das Zitat auf S. 162; vgl. auch Aymro Wondmagegnehu / Motovu, Ethiopian Orthodox Church, S. 116.
782 Reiss, Gespräche, S. 166f; Aymro Wondmagegnehu / Motovu, Ethiopian Orthodox Church, S. 116.
783 Pinggéra, Äthiopisch-Orthodoxe Kirche, S. 63.
784 Winkler, Ecumenical Dialogue, S. 223.
785 Heyer, Kirche Äthiopiens, S. 308.

chen ihre Kathedrale in Addis Abeba, die zugleich Amtssitz ihres Metropoliten ist, dem Hl. Frumentius, dem ersten Bischof Äthiopiens, geweiht.[786]

Ein irgendwie gearteter nationaler „Rat der Kirchen" existiert jedoch nicht, so dass eine engere Zusammenarbeit aller christlichen Konfessionen vor Ort ein bisher unerfüllter Wunsch für die Zukunft bleibt. Lediglich der „Dialog des Alltags" funktioniert mittlerweile, z. B. bei gemeinsam begangenen Festen oder bei konfessionsgemischten Maḫbärs (siehe dazu das Kapitel zum organisatorischen Aufbau).[787] Immerhin betont die äthiopische Kirche die Bedeutung der „einen, unsichtbaren Kirche Jesu Christi" und befürwortet eine grundsätzliche ökumenische Offenheit den anderen christlichen Konfessionen gegenüber. In der heutigen Welt solle man aus den religiösen Konflikten der Vergangenheit gelernt haben, so ein Geistlicher gegenüber dem Verfasser, und miteinander anstatt gegeneinander arbeiten. Natürlich gebe es Differenzen, doch nicht diese seien zu betonen, sondern das gemeinsame Fundament in Jesus Christus.

Allerdings hat sich in jüngster Zeit das Verhältnis der Ostkirchen insgesamt zur internationalen ökumenischen Bewegung erheblich verschlechtert. Diese Entwicklung hat mehrere Ursachen. Zunächst einmal sind die orthodoxen Kirchen mit dem Abstimmungsmodus in den Gremien des ÖRK unzufrieden. Sie fühlen sich häufig von den zahlreichen, aber zugleich oft recht kleinen, aus der Reformation hervorgegangenen Kirchen übervorteilt und sehen die Gefahr, in wesentlichen Fragen schlicht überstimmt zu werden. Zudem hat sich im Laufe der Zeit die hauptsächliche Zielrichtung des ÖRK geändert. Zunächst als Bewegung hin zur Wiederherstellung der Einheit der christlichen Kirchen gegründet, legt man mittlerweile mehr Gewicht auf die Lösung aktueller Probleme in der Welt, wobei man versucht, zugleich der Vielzahl und Verschiedenheit der Kirchen gerecht zu werden. Die Orthodoxie, die sich besonders der Einheitsbewegung verpflichtet sieht, verfolgt diese kirchenpolitische Entwicklung nur mit Misstrauen. Dieser Konflikt führte, um eine weitere gedeihliche ökumenische Zusammenarbeit zu bewahren, zu einer paritätisch besetzten Sonderkommission, als deren Vorschlag man im Jahr 2005 ein neues Konsensverfahren einführte, das im Jahr 2006 auf der Vollversammlung des ÖRK in Porto Alegre/Brasilien erstmals versuchsweise zum Einsatz kam.[788]
Im Hintergrund wirken sich dabei natürlich grundsätzliche Spannungen zwischen den Kirchen orthodoxer Tradition und den evangelischen Kirchen aus, die

---

[786] Chaillot, Ethiopian Orthodox Tewahedo Church Tradition, S. 12.
[787] Von evangelischer Seite Bauerochse, Miteinander leben lernen, S. 28; von katholischer Seite Ayele Teklehaymanot, Relationship, S. 18f.
[788] Vgl. dazu http://www.oikoumene.org/de/dokumentation/documents/oerk-zentralausschuss/genf-2003/zwischenbericht-zum-konsensverfahren.html (02.11.11).

sich aus dem unterschiedlichen Selbstverständnis bezüglich der Lehre von der Kirche (Ekklesiologie) und dem damit zusammenhängenden, unterschiedlichen Amts- und Sakramentsverständnis ergeben.

Des Weiteren sind die westlichen Missionare, sowohl von katholischer als auch von evangelischer Seite aus, die sich in der Vergangenheit und teilweise bis heute bemühten bzw. bemühen, Glieder der orthodoxen Kirchen zu ihrer Konfession zu bekehren, ein schwieriges Feld in den ökumenischen Beziehungen. Der nicht ganz unberechtigte Vorwurf der Proselytenmacherei belastet das Verhältnis der Kirchen untereinander erheblich. Umgekehrt tun westliche Arroganz und Vorurteile, die davon ausgehen, die Ostkirchen seien geistlich tot und wiederholten in ihren Gottesdiensten nur leere Phrasen, das Ihre, um eine Versöhnung in der Verschiedenheit unmöglich zu machen. Außerdem greifen evangelische Christen in Äthiopien die orthodoxe Betonung apokrypher Schriften (z. B. des Henoch-Buches) bzw. deren Aufnahme in die Bibel, die orthodoxe Marien- und Heiligenverehrung sowie das orthodoxe Mönchtum als der Hl. Schrift widersprechend und daher unrechtmäßig an. Die orthodoxen Kirchen wiederum behaupten, Katholiken und Evangelische hätten den Boden der apostolischen Tradition verlassen und unerlaubte Neuerungen eingeführt.[789] Hinzu kommen theologische Gegensätze vor allem zu den pfingstkirchlich geprägten Kirchen hinsichtlich der Erlösungslehre, der Lehre vom Heiligen Geist und der Tauftheologie.[790] Der deutsche Missionar Gunnar Hasselblatt erwähnt sogar ein „geflügeltes Wort", das ihm als vom Priestern der orthodoxen Kirche im Norden Äthiopiens stammend zugetragen wurde, das besagt, es sei für die „Heiden" besser, zum Islam überzutreten als evangelisch zu werden.[791] In ähnlicher Weise klagt der konservative äthiopisch-orthodoxe kirchliche Würdenträger Ermias Kebede Wolde-Yesus, dass die ausländischen Missionsstationen unter den sogenannten Heiden arbeiten würden, die neu Bekehrten aber dann nicht in die wahre Kirche des Bundes Gottes, d. h. in die äthiopisch-orthodoxe Kirche bringen würden.[792] Hasselblatt berichtet außerdem von Schikanen seitens der orthodoxen Geistlichen, als an einem Ort ein neuer, evangelischer Friedhof eingerichtet wurde.[793] Ein deutliches Anzeichen des orthodoxen Missfallens über die Abwerbung der Gläubigen und den empfundenen Fanatismus der neuen Kir-

---

[789] Mersha Alehegne, Orthodox – Protestant Relationship, S. 202f; Christianity in Ethiopia, S. 2; Verghese, Koptisches Christentum, S. 200 – 203; Heyer, Kirche Äthiopiens, S. 319 – 321; Kleiner, Feinde Marias, S. 27.
Die Evangelischen müssen sich deshalb manchmal die Beschimpfung „Feinde Marias" anhören: Kleiner, Feinde Marias, S. 28.
[790] Haustein, Die pfingstlich/charismatischen Bewegungen, S. 90.
[791] Hasselblatt, Äthiopien, S. 76.
[792] Ermias Kebede Wolde-Yesus, Ethiopia, S. 178 – 185.
[793] Hasselblatt, Äthiopien, S. 78.

chen und Gemeinden drückt sich im äthiopischen Volksmund aus, der alle evangelischen Denominationen, gleich welcher Prägung, und manchmal sogar auch die Katholiken unterschiedslos als „Pentes" (von dem englischen „Pentecostals" = Pfingstler) bezeichnet, ein Begriff, der eindeutig abschätzig gemeint ist.[794]

Darüber hinaus lehnen alle orthodoxen Kirchen aus theologischen Gründen Entwicklungen ab, die in den letzten Jahrzehnten vor allem die Kirchen, die aus der Reformation hervorgegangen sind, verstärkt vorangetrieben haben. Hauptsächlich handelt es sich dabei um die Frauenordination und um die fehlende Ablehnung der Homosexualität als Sünde, die in einigen reformatorischen Kirchen sogar die Erlaubnis der Segnung gleichgeschlechtlicher Lebenspartnerschaften zur Folge hatte.

Eine ausführliche theologische Stellungnahme zur letzteren Thematik von äthiopischer Seite aus legte unlängst der Erzbischof von Addis Abeba, Abba Samuel, vor. Sein Buch „Sodomites and the Wage of Sin" erhielt die Bestätigung des äthiopisch-orthodoxen Patriarchen, dass sein Inhalt mit der offiziellen Lehre der Kirche vollkommen übereinstimme.[795]
Der Erzbischof schreibt an vielen Stellen seines Werkes, dass niemand, der seine Sünden nicht bereue, das Himmelreich erben könne. Wer in der Sünde verharre, spreche sich selber das Urteil zur Verdammnis.[796] Die Homosexualität bezeichnet er daraufhin als eine dieser Sünden, die nur durch Umkehr zum Willen Gottes, durch Reue und durch geistliche Übungen zu überwinden seien. Er begründet das mit zahlreichen biblischen Belegen (vor allem Lev. 18, 22), wobei er Sodomie (vgl. Gen. 19, 1 – 20) mit Homosexualität gleichsetzt, sowie mit der theologischen Überlegung, dass der menschliche Körper als Tempel des Heiligen Geistes nie ungestraft durch sexuelle Verirrungen verunreinigt werden dürfe. Außerdem gebe es keine einzige Stelle in der Bibel, die die Homosexualität erlaube oder als richtig bezeichne.
Die westliche Welt, die sich doch christlich nenne, habe sich an diesem Punkt von Gott abgewandt, weil sie derartige Praktiken gutheiße, die von Gott verdammt seien. „Diese Leute versuchen, ihre fleischlichen und animalischen Begierden zu befriedigen und bemänteln das mit der Heiligen Schrift, indem sie die Bibel unangemessen zitieren. Sie zerreißen die christliche Lehre [im englischen Original: „the dogma"] und die Gesetze [im englischen Original: „canons"] der

---

[794] Christianity in Ethiopia, S. 1; ähnlich auch Heyer, Kirche Äthiopiens, S. 318; Haustein, Die pfingstlich/charismatischen Bewegungen, S. 76.
[795] „Letter of Approval" in Abba Samuel, Sodomites, S. 146.
[796] Vgl. zum Folgenden Abba Samuel, Sodomites; zu lesbischen Beziehungen im Besonderen vgl. Kessis Kefyalew Merahi, Spiritual and Social Life, S. 69 – 71. Auch hier werden diese Beziehungen als „schädlich" verurteilt.

göttlichen, christlichen Religion."[797] Zusätzlich krönten diese westlichen Kirchen ihre Verirrung damit, dass sie sogar homosexuelle Bischöfe einsetzten und im ÖRK die Homosexualität legalisieren wollten. Abba Samuel nennt die Vertreter derartiger Bestrebungen „Namenschristen"; denn die Aufgabe des ÖRK sei es doch, das Evangelium gemäß der Lehre der Apostel zu verkünden und Seelen zu retten, anstatt sie gegen die biblischen Lehren aufzubringen. „Dieser Geist des Bösen arbeitet auf diese Weise auch gegen das Sakrament [im englischen Original: „the mystery"] der heiligen Ehe [im englischen Original: „matrimony"], indem er eine homosexuelle Ehe [im englischen Original: „marriage"] verkündet. Das ist eine vom Teufel eingegebene Idee; das ist eine Häresie. Wir schämen uns für die Mitglieder des ÖRK, die für diese teuflische Lehre einstehen."[798] Deshalb wiederholt der Erzbischof ständig den Ruf zu Buße und Reue, der den Menschen, die sich als homosexuell empfänden, offenstehe, solange sie lebten. Dies solle die Kirche lehren und ihnen die Ehe nicht als menschliche Übereinkunft, sondern als göttliche Schöpfungsordnung vorstellen (vgl. Mt. 19, 6). Dabei sei keinesfalls die Diskriminierung homosexuell empfindender Menschen im Blick, sondern im Gegenteil ihre Rettung für das Reich Gottes aus der christlichen Liebe und Gnade heraus. Nicht das Urteil von Menschen über Menschen, sondern das Gebet füreinander, um Gottes Strafen für offensichtliche Sünden abzuwenden, stehe im Zentrum dieser Gedanken. Wer sich dem aber endgültig verweigere und die Homosexualität weiter praktiziere, könne dann nicht mehr als Glied der Kirche als dem Leib Christi gelten, weil er Gottes Willen nicht gehorche. Und eine Kirche, die Homosexuelle zu Pfarrern und Bischöfen ordiniere, würde unweigerlich das Gericht Gottes auf sich ziehen, das auch über Sodom gekommen sei; denn wie könne ein Geistlicher das Evangelium predigen und es seiner Gemeinde in der Seelsorge nahelegen, wenn er selber nicht bereit sei, es zu befolgen? Denjenigen, die Homosexualität als natürliche Veranlagung bezeichnen, antwortet Abba Samuel, dass das nicht sein kann, weil sonst Gott selber als der Schöpfer der Natur etwas geschaffen haben müsste, was er später als Sünde verdammt habe. Wenn nun Gott die Homosexualität als unnatürlich verurteilt habe, wer seien wir, um dem zu widersprechen und zu meinen, die Natur des Menschen besser zu kennen als Gott?

Außerdem könne ein homosexuelles Paar keine gemeinsamen Kinder zeugen/gebären bzw. Kinder in einer „normalen" Familie mit Vater und Mutter aufziehen, wie es für die gesunde Entwicklung des Kindes nötig sei. Diese Ansicht sei wiederum keine menschliche Erfindung, sondern eines der Zehn Gebote (Ex. 20, 12).

---

[797] Abba Samuel, Sodomites, S. 16.
[798] Abba Samuel, Sodomites, S. 17.

Viele orthodoxe Kirchen haben im Laufe solcher Diskussionen und Auseinandersetzungen mit dem Austritt aus dem ÖRK gedroht; lediglich die Georgische Orthodoxe Kirche und die Bulgarische Orthodoxe Kirche haben diesen Schritt jedoch bisher tatsächlich vollzogen. Allerdings haben die orthodoxen Kirchen insgesamt den Kirchen der Reformation die Gottesdienstgemeinschaft aufgekündigt, so dass man im ÖRK seither zwar gemeinsam arbeitet, aber getrennt betet.[799] Von evangelischer Seite oft als Affront empfunden, ist diese Konsequenz aber vom orthodoxen Gottesdienstverständnis her durchaus verständlich. Zugleich bemüht sich insbesondere die äthiopisch-orthodoxe Kirche weiter um eine vermittelnde, versöhnliche Position innerhalb des ÖRK, und ein Austritt aus dem ÖRK ist zumindest für die Gruppe der miaphysitischen Kirchen, zu der sich auch die äthiopische Kirche zählt, derzeit ohnehin kein Gegenstand, über den sie nachdenken würden.

[799] Vgl. http://www.oikoumene.org/de/wer-sind-wir/selbstverstaendnis-vision/orthodoxe-mitarbeit.html (02.11.11).

6.5.7. Das äthiopisch-orthodoxe Christentum im Ausland[800]

Als Erstes sei vorsorglich darauf hingewiesen, dass keinerlei historischer, dogmatischer und organisatorischer Zusammenhang mit sogenannten „Äthiopischen Kirchen" auf dem restlichen afrikanischen Kontinent (vor allem in Südafrika) besteht. Diese Religionsgemeinschaften sind im Rahmen der Unabhängigkeitsbewegungen afrikanischer Völker und Staaten entstanden. Sie bekennen sich zwar ausdrücklich zu Kirchen, die aus den von Europäern und Amerikanern gegründeten Missionsgesellschaften hervorgegangen sind, grenzen sich aber zugleich von diesem Erbe ab, indem sie sich von der „weißen Dominanz" befreiten und ihre eigene Theologie eines „schwarzen Selbst- und Heilsbewusstseins" verfechten, in der seinerzeit mit der Erlösung in Jesus Christus die Forderung einer konkreten Veränderung der Verhältnisse in den von Europäern beherrschten Kolonien einherging. Statt der „Weißen" nahmen sie sich deshalb Äthiopien als einzigen afrikanischen Staat, der (neben der Neugründung Liberia) nie europäische Kolonie oder europäisches Schutzgebiet gewesen war, zum idealen Vorbild, ohne jedoch dabei auf den Charakter der orthodoxen Kirche Äthiopiens Bezug zu nehmen oder ihr auch nur im Entferntesten ähnlich zu sein. Eine erste „Äthiopische Kirche" dieser Art entstand im südlichen Afrika im Jahr 1892 auf Initiative eines schwarzen methodistischen Pfarrers vom Volk der Xhosa. Gleichwohl begann die äthiopisch-orthodoxe Kirche im Lauf der Zeit, sich um diese Gemeinden, die sich freiwillig an sie angelehnt hatten, zu kümmern. Im Jahr 1990 besuchte der damalige äthiopisch-orthodoxe Erzbischof in den USA diese Kirchen in Südafrika, die ihn eingeladen hatten, und mittlerweile gibt es dort auch vom äthiopischen Patriarchen geweihte Priester, die die Liturgie nach äthiopisch-orthodoxem Ritus feiern.[801]
Ähnliches gilt von der Religion der Rastafaris auf Jamaika, die sich im Zusammenhang mit der Ablehnung der britischen Kolonialherrschaft und allem, was damit in Verbindung gebracht wurde, entwickelte. Statt des von den Weißen vorgestellten Christentums wandten sich die Rastafaris einer von ihnen selbst entworfenen Religion zu, die Äthiopien als das Gelobte Land aller Schwarzen ansieht und den letzten äthiopischen Kaiser, Haile Selassie I. (1930 – 74), als Messias verehrt, ein Anspruch, den dieser als Oberhaupt des ältesten, noch existierenden christlichen Kaiserreiches allerdings stets entrüstet und verwundert

---

[800] Vgl. dazu Merawi Tebege, Äthiopisch-Orthodoxe Kirche; Kefelew Zelleke / Heyer, Orthodoxes Äthiopien, S. 141f; Thon, Äthiopisch-Orthodoxe Gemeinde.
[801] Bantalem Tadesse, Guide, S. 33 – 36; Grünewald, Äthiopische Kirchen, S. 30f. 37f; Isichei, History, S. 125 – 127; Hammerschmidt, Äthiopien, S. 100; Levine, Greater Ethiopia, S. 12f.

zurückgewiesen hat.[802] Trotzdem entsprach Haile Selassie I. einer Bitte der Rastafaris und entsandte äthiopische Priester in die Karibik (zuerst 1970 nach Kingston, der Hauptstadt von Jamaika), so dass es heute mehrere äthiopisch-orthodoxe Gemeinden in der Karibik und seit 1972 sogar eine Erzdiözese für die Westliche Hemisphäre zuerst mit Sitz in Trinidad und später in New York gibt, die teilweise sogar mehrheitlich aus Einheimischen besteht; denn obwohl die meisten Rastafaris bald merkten, dass ihre Glaubensvorstellungen und ihre Art der Gottesdienste mit der Lehre und der Praxis der äthiopisch-orthodoxen Kirche nicht zu vereinen waren, gab es doch vereinzelt Menschen, die sich der äthiopischen Kirche anschlossen und zum orthodoxen Glauben übertraten. Der Monarch lud umgekehrt auch Rastafaris ein, sich in Äthiopien als ihrem „Gelobten Land" niederzulassen. Bis heute leben rund 300 bis 400 von ihnen in Addis Abeba und in der etwas südlicher gelegenen Stadt Šašämäne.[803]
Obwohl die Phänomene der schwarzafrikanischen Äthiopischen Kirchen und der Rastafaris letztlich also ohne Zutun und ohne theologische Nähe zur Äthiopischen Orthodoxen Tewahedo Kirche entstanden sind, belegen beide doch die außerordentliche, symbolische und bleibende Bedeutung Äthiopiens für die Afrikaner und Afroamerikaner, nicht nur im politischen, sondern auch im religiösen Kontext. Bei den südafrikanischen Äthiopischen Kirchen und teilweise auch bei den Rastafaris spielt dabei weniger der existierende Staat Äthiopien mit seiner speziellen Geschichte eine entscheidende Rolle als vielmehr der Umstand, dass in der Bibel (wie zuvor auch bei den alten Griechen) der Begriff „Äthiopien" für Schwarzafrika südlich der Sahara insgesamt steht. Die berühmteste dieser Bibelstellen, Ps. 68, 32b, schreibt im hebräischen Urtext „Kusch", was die griechische Bibelübersetzung mit „Aithiopia" wiedergibt. In der Lutherbibel steht „Mohrenland" („Mohrenland wird seine Hände ausstrecken zu Gott."), aber in der englischen King-James-Bible „Ethiopia".

Bezüglich der tatsächlichen Anhänger der Äthiopischen Orthodoxen Tewahedo Kirche rechnet das äthiopische Patriarchat mit knapp sieben Millionen Gläubigen, die außerhalb Äthiopiens weltweit verstreut leben.[804]
Die ältesten echten Niederlassungen äthiopischer Christen außerhalb ihrer Heimat liegen in Jerusalem und natürlich in Ägypten. In der heiligen Stadt nennt die äthiopische Kirche seit dem frühen Mittelalter ein berühmtes Kloster sein Eigen, das Kloster Dayr as-Sulṭān auf dem Dach der Kapelle der Hl. Helena. Dieses Gebäude hat eine bewegte Geschichte.[805] Im 12./13. Jahrhundert, also zur Zeit

---

[802] Vgl. dazu Barrett, Rastafaris; Vestal, Lion of Judah, S. 26. 154; Levine, Greater Ethiopia, S. 14.
[803] Chaillot, Ethiopian Orthodox Tewahedo Church Tradition, S. 55f.
[804] Ethiopian Orthodox Tewahedo Church, S. 13. 18.
[805] Vgl. dazu u. a. Meinardus, Christian Egypt, S. 436 – 467.

des lateinischen Königreiches Jerusalem, wohnten dort zunächst nur einige äthiopische Mönche und Nonnen. Sie feierten ihre Gottesdienste in einer winzigen Erlöserkapelle westlich der Kapelle der Hl. Helena. Im Jahr 1671 mussten sie sich jedoch vollständig auf das Dach der zuletzt genannten Kapelle zurückziehen, das ihnen vermutlich schon früher zugestanden worden war und wo sie sich ihr Kloster Dayr as-Sulṭān einrichteten. Im Jahr 1820 wurden sie ganz aus Jerusalem ausgewiesen. Ihr Kloster übergab man der koptischen Kirche. Zwei Jahre später kehrten die äthiopischen Mönche zwar in die heilige Stadt zurück, doch fortan mussten sie ihre Räume mit koptischen Mönchen teilen. Es folgte ein über ein Jahrhundert andauernder Streit um die Besitzrechte, der sich dadurch verschärfte, dass im Jahr 1837 alle Äthiopier in Jerusalem einer Seuche zum Opfer fielen und die osmanischen Behörden daraufhin alle äthiopischen Bücher und Dokumente vernichteten, so dass die äthiopische Kirche, die schon zwei Jahre später wieder einen Priester nach Dayr as-Sulṭān schickte, trotzdem ihre Ansprüche nur schwer nachweisen konnte. Zusätzlich blieb die Regierung des Osmanischen Reiches bei ihrer Bevorzugung der Kopten als den offiziellen Eigentümern des Klosters. Man darf bei dieser Entscheidung nicht den politischen Hintergrund vergessen, dass die koptische Kirche nämlich innerhalb des Hoheitsgebiets des Osmanischen Reiches lag und ihr Patriarch zu seinen Untertanen zählte, während sich Äthiopien seit dem 16. Jahrhundert zu den Feinden der Osmanen rechnete. Erst Anfang 1961 änderte die dann über Ost-Jerusalem herrschende Regierung des Königreiches Jordanien die Besitzrechte, indem sie Dayr as-Sulṭān – trotz des erheblichen Protestes der koptischen Kirche – den Äthiopiern zusprach. Vorausgegangen waren mehrere diplomatische Vorstöße von Kaiser Haile Selassie I. in dieser Angelegenheit.
Darüber hinaus finden sich Äthiopier heutzutage auch in anderen orthodoxen Klöstern in Israel und Palästina. Außerdem lebten bereits seit dem 4. Jahrhundert immer wieder äthiopische Mönche und Eremiten in den koptischen Klöstern der ägyptischen Wüste (vor allem im Wadi Natrun), während des 12. Jahrhunderts wohl auch dauerhaft in einem eigenen Kloster und dann wieder verstärkt im 20. Jahrhundert.[806] Weitere äthiopische Klostergemeinschaften existierten zeitweise auf Zypern, im Libanon und in Syrien.[807]

Darüber hinaus sind entweder aus historischen Gründen oder wegen der allgemeinen Wanderungsbewegungen in den letzten Jahrzehnten bzw. wegen der mittlerweile weltweiten Verbreitung von Äthiopiern aufgrund der Globalisierung in zahlreichen Ländern der Erde äthiopisch-orthodoxe Auslandsgemeinden entstanden und äthiopisch-orthodoxe Kirchen gebaut worden. Neben den USA,

---

[806] Meinardus, Christian Egypt, S. 428 – 432; Heyer, Kirche Äthiopiens, S. 180 – 182; Ayele Teklehaymanot, Ethiopian Monachism, S. 119.
[807] Chaillot, Ethiopian Orthodox Tewahedo Church Tradition, S. 183f.

Kanada und der Karibik (Jamaika, Guayana, Bermudas und Trinidad und Tobago) ist vor allem Europa (u. a. Großbritannien, Deutschland, Schweden, Niederlande, Schweiz, Österreich und Italien) zum Ziel dieser Migration geworden.[808] Im Jahr 1991 wurde daher ein eigener Bischof für Europa geweiht, der seither in London residiert. Ein Jahr darauf unterteilte man die Diözese der Westlichen Hemisphäre in drei neue Diözesen: Westindien und Lateinamerika (wieder mit Sitz in Trinidad), USA (mit Sitz in New York) und Kanada (mit Sitz in Toronto). Mittlerweile (seit 2002) gibt es ein weiteres Bistum für Südeuropa mit Sitz in Rom, während Mittel- und Nordeuropa weiter Erzbischof Yohannes in London untersteht. Für Deutschland ist Erzpriester Merawi Tebege (s. u.) als Bischofsvikar zuständig.[809]

Vor 1974, d. h. zur Zeit des äthiopischen Kaiserreiches, kamen nur wenige Äthiopier nach Deutschland. In der Regel besuchten sie hiesige Universitäten und kehrten nach dem Abschluss ihres Studiums in ihre Heimat zurück. In diesen Jahren benötigten Äthiopier nicht einmal ein Visum, um nach Deutschland einreisen zu dürfen, so gering war ihre Zahl bzw. so intensiv war die Zusammenarbeit und Freundschaft zwischen den beiden Staaten!
Erst nachdem Kaiser Haile Selassie I. gestürzt worden und ein sozialistisches Regime in Addis Abeba errichtet worden war, erhielt die neue Regierung Äthiopiens neben der Sowjetunion und Kuba auch von der DDR wirtschaftliche und militärische Unterstützung sowie Entwicklungshilfe. So ist etwa die gesamte Wasserversorgung der äthiopischen Hauptstadt ostdeutschen Ingenieuren zu verdanken und bis heute so gut, dass man auch als Europäer in Addis Abeba (aber auch nur dort) Leitungswasser trinken kann, ohne es abkochen zu müssen und ohne Auswirkungen auf den Verdauungstrakt befürchten zu müssen. Zugleich bedeutete das jedoch, dass die Bundesrepublik Deutschland die Visumpflicht für Äthiopier einführte, zumal nun vermehrt äthiopische Asylsuchende hierher kamen.
Die kirchliche Betreuung dieser Äthiopier war zunächst in keiner Weise gewährleistet, geschweige geregelt. Daher nahm sich Friedrich Heyer, damals bereits emeritierter Professor für Konfessionskunde in Heidelberg, dieses Anliegens an. Er betreute seit 1979 zwei äthiopische Stipendiaten, die vom Patriarchat in Addis Abeba nach Heidelberg geschickt worden waren, um zu promovieren, nachdem sie zuvor in Leningrad (heute St. Petersburg) Theologie studiert hatten. Diakon Be'ide Maryam Mersha ging nach seiner Promotion als Dozent für Kirchengeschichte an die Universität Addis Abeba, Priester Merawi Tebege jedoch blieb auch nach dem Abschluss seiner Dissertation in Deutschland, um sich um

[808] Belai Giday, Ethiopian Civilization, S. 103f.
[809] Chaillot, Ethiopian Orthodox Tewahedo Church Tradition, S. 55 – 59; Ethiopian Orthodox Tewahedo Church, S. 42f.

seine orthodoxen Landsleute zu kümmern. Im Jahr 1981 erhielt er dafür eine offizielle Beauftragung als Erzpriester und Patriarchalvikar zur Betreuung der Äthiopier in Deutschland durch das Patriarchat in der Heimat. Erste Gottesdienste feierte er in der winzigen Kapelle des Ökumenischen Studentenheims in Heidelberg. Der Verfasser dieses Buches, Mitte der 1980er Jahre selbst Student der Theologie in Heidelberg und akademischer Schüler von Friedrich Heyer, hatte seinerzeit die Ehre, einen dieser Gottesdienste mitzuerleben. In ganz Deutschland lebten damals rund 7.000 Äthiopier, für die Heidelberg zu einem ersten geistlichen Zentrum geworden war.
Bald jedoch wurde es möglich, eigene Gemeinden zu gründen und dafür Orte zu wählen, an denen sich die Äthiopier verstärkt konzentrierten.
So entstand am 15. Mai 1983 die erste äthiopisch-orthodoxe Gemeinde auf deutschem Boden in Köln-Longerich. Dieser Ort wurde zum einen gewählt, weil damals im Großraum Köln vergleichsweise viele Äthiopier wohnten; zum anderen hatte sich von den deutschen, kirchenleitenden Stellen vor allem der damalige Präses der Evangelischen Kirche im Rheinland, Pfarrer Manfred Kock, für die Bedürfnisse der äthiopischen Christen eingesetzt. Erzpriester Merawi Tebege wurde ihr Pfarrer. Die junge Gemeinde genoss anfangs Gastrecht in der evangelische Lutherkapelle in Longerich, die ihr ab 1995 zur alleinigen Nutzung überlassen und ihr schließlich ganz verkauft wurde. Über den Kaufpreis hatten beide Seiten Stillschweigen vereinbart. Nach umfangreichen Umbaumaßnahmen wurde sie am 11. September 2010, dem äthiopischen Neujahrsfest und Nationalfeiertag, als St. Michaels-Kirche der Äthiopischen Orthodoxen Tewahedo Kirche eingeweiht. Der koptisch-orthodoxe Erzbischof Damian von Deutschland hat damals den neuen Altar der Kirche gestiftet, um die Verbundenheit der beiden Schwesterkirchen zu betonen.
In den 1990er Jahren entstanden weitere Gemeinden: Im Jahr 1991 wurde die Gemeinde in München gegründet. Der dortige Priester Mesfin Feleke ist auch für Gottesdienste in Stuttgart, Regensburg und Nürnberg verantwortlich. Am 30. Dezember 2007 konnte man die Einweihung der St. Gabriel-Kirche in München feiern, die aus einem früheren evangelischen Gemeindezentrum hervorgegangen war.
Im Jahr 1993 bekam Nürnberg eine eigene Gemeinde mit Priester Dawit Tessega.
Seit 1991 hat Mönchspriester Ze-Menfes-Kedus Woldeselassie Gottesdienste in Frankfurt am Main gefeiert und dort 1995 die St. Maryam-Gemeinde gegründet. Als er 1999 in den Ruhestand ging, übernahm Mönchspriester Sirak Woldeselassie die Gemeinde, die ihre Gottesdienste in der katholischen Frauenfriedenskirche feiert. Mit um die 4.000 Gemeindegliedern ist sie derzeit die größte äthiopische Gemeinde in Deutschland.
Eine weitere Gemeinde entstand 1999 in Hamburg. Am 29. August 2010 fand dort die Einweihung der Kidane-Meheret-Kirche, die frühere Schröderstiftkirche statt, nachdem die Gemeinde vorher in evangelischen und katholischen Kirchen

zu Gast gewesen war. Sie hat noch keinen eigenen Priester und wird daher von Berlin aus betreut (Mönchspriester Berhane Meskel Tedla).
Weitere kleinere Gemeinden gibt es in Berlin, Stuttgart und Wiesbaden. Die Berliner Gemeinde hat seit dem 4. Februar 2001 auch ein eigenes Gotteshaus, die Immanuel-Kirche in Alt-Schöneberg.

Die äthiopische Kirche in Deutschland mit derzeit rund 20.000 eingetragenen Mitgliedern ist wie ihre Mutterkirche ökumenisch ausgerichtet. Die Äthiopische Orthodoxe Tewahedo Kirche ist nicht nur Gründungsmitglied des Ökumenischen Rates der Kirchen (ÖRK) und der panorthodoxen Konferenzen (siehe dazu das Kapitel zur ökumenischen Bewegung). In Deutschland gehört sie zudem seit 1998 der Arbeitsgemeinschaft Christlicher Kirchen (ACK) und zahlreichen lokalen ökumenischen Gremien und Zusammenschlüssen an.
Sie schaut besonders dankbar auf den Besuch ihres Patriarchen, Abunä P̣awlos, zurück, der im Jahr 2000 Deutschland besuchte.

Leider hat sich jedoch auch das Schisma, das sich an der Wahl Abunä P̣awlos' entzündete, auf die Äthiopier in Deutschland übertragen (siehe dazu das Kapitel zum organisatorischen Aufbau). Seit der im Jahr 1991 abgesetzte Patriarch Märqorewos in seinem Exil in den USA eigene Gemeinden gegründet hat, die den neuen Patriarchen aufgrund seiner aus ihrer Sicht unrechtmäßigen Einsetzung ablehnen, existieren auch hier zwei Gemeinden dieser äthiopischen Exilskirche, eine in Berlin und eine in Frankfurt am Main. Letztere hat sich 1995 als Medhane-Alem-Gemeinde (Erlöser-Gemeinde) konstituiert, besitzt aber keine eigenen Räumlichkeiten.

7. Schlussbetrachtung

In seinem viel beachteten und zugleich sehr umstrittenen Buch „Kampf der Kulturen“ bezeichnet der amerikanische Politikwissenschaftler Samuel P. Huntington Äthiopien als ein „einsames Land“. Zuvor spricht er von Kulturen, die in größeren Kulturkreisen aufgehen. Unter einem Kulturkreis versteht er dabei „die höchste kulturelle Gruppierung von Menschen und die allgemeinste Ebene kultureller Identität des Menschen unterhalb der Ebene, die den Menschen von anderen Lebewesen unterscheidet. Sie definiert sich sowohl durch gemeinsame objektive Elemente wie Sprache, Geschichte, Religion, Sitten, Institutionen als auch durch die subjektive Identifikation der Menschen mit ihr. [...] Kulturkreise sind das umfassendste 'Wir', in dem wir uns kulturell zu Hause fühlen, gegenüber allen anderen 'Sie' da draußen.“[810] Anschließend zählt Huntington die Kulturkreise auf, die er in der Welt auszumachen glaubt. Drei Länder allerdings meint er keinem dieser Kulturkreise zuordnen zu können, da sie eine eigene Kultur in sich bilden würden. Er nennt sie „einsame Länder“, weil sie „der kulturellen Gemeinsamkeit mit anderen Gesellschaften“ entbehrten. Er meint damit Japan, Äthiopien und Haiti.[811]

Die sehr weitreichenden und nicht minder kontrovers diskutierten Voraussetzungen und Thesen von Huntington sind nicht Gegenstand dieses Buches. An dieser Stelle ist seine Theorie von den Kulturkreisen nur aus einem Grund angeführt. Ich möchte damit veranschaulichen, dass das christliche Äthiopien trotz der vielfältigen Einflüsse und Außenkontakte in Geschichte und Gegenwart mit Sicherheit einzigartig und nur aus sich heraus zu verstehen ist. Natürlich ist jede Kultur dynamisch und veränderbar. Keine Kultur kommt ohne Verbindungen zu anderen Kulturen aus, die sich selbstverständlich auch bis zu einem gewissen Grad gegenseitig beeinflussen.[812] Dies ist unter Religionen nicht anders. Deshalb hat auch Äthiopien kulturelle und religiöse Wurzeln sowohl im jüdisch-christlichen Vorderen Orient als auch im afrikanischen Kontext. Auch zum orthodoxen Byzantinischen Reich, zum Islam und zum katholischen Westeuropa bestanden immer wieder Kontakte, die sich kulturell und religiös auswirkten. Aber insgesamt hat sich trotzdem in Äthiopien eine ganz eigene Kultur herausgebildet, die man weder einem orientalischen noch einem afrikanischen Kulturkreis eindeutig zurechnen kann. Dies entspricht übrigens auch dem äthiopischen Selbstbewusstsein, das z. B. vor einer Reise nach Kenia davon spricht, „nach Afrika“ zu fah-

---

[810] Zu seiner Definition von „Zivilisation“ und „Kultur“ vgl. Huntington, Kampf der Kulturen, S. 51 – 56, das Zitat auf S. 54. Zur Diskussion um diese Definition vgl. u. a. als islamische Stimme Çağlar, Mythos. Çağlar bezeichnet Huntingtons Rede von Zivilisationen und Kulturkreisen als unwissenschaftlichen Mythos: Çağlar, Mythos, S. 28f. 115.

[811] Huntington, Kampf der Kulturen, S. 61. 213f, das Zitat auf S. 213.

[812] So auch Huntington, Kampf der Kulturen, S. 55.

ren. Selbst innerhalb der christlichen oder sogar der ostkirchlichen Welt ist das äthiopische Christentum einzigartig, wie allein schon die vielen, vom Alten Testament herrührenden Elemente zeigen, die sich in dieser Art nirgendwo sonst finden.

Ein Zweites sei zum Schluss angemerkt: Das Selbstbewusstsein, das mir von Seiten der äthiopischen Christen begegnet ist, behauptet schlicht: „Wir sind das Original." Anfangs hatte ich Schwierigkeiten, diese Aussage einzuordnen, zumal gerade die Kirchen der Reformation für sich in Anspruch nehmen, der Bibel als höchster Autorität neu Geltung verschafft und sich so dem neutestamentlichen „Original" vielleicht mehr als andere christliche Konfessionen angenähert zu haben. Mit der Zeit jedoch wurde mir deutlich, was damit gemeint war. Einerseits steht die nicht ganz unberechtigte, allgemein ostkirchliche Überzeugung dahinter, die abendländische Christenheit habe sich von den orthodoxen Kirchen getrennt und sei neue Wege gegangen und nicht umgekehrt. Andererseits bildet sich hier das Selbstverständnis ab, sich zum Vorderen Orient zugehörig zu fühlen, und das Christentum ist nun einmal von seinem Ursprung her eine orientalische und keine europäische Religion. Anders ausgedrückt, begegnet einem in Äthiopien das kirchliche Selbstbewusstsein, den Alten Bund Gottes mit seinem Volk (von Noah über Abraham bis hin zu Mose) über den Neuen Bund Gottes mit den Menschen in Jesus Christus bis zum heutigen Tag bewahrt und ununterbrochen am Leben erhalten zu haben. Natürlich kommt ein Geschichtsverständnis hinzu, das in historischen Ereignissen nicht notwendigerweise eine zeitliche Abfolge erkennt, sondern in dem Raum und Zeit mit Leichtigkeit überwunden werden. Man könnte dazu z. B. auf die „sakrale Geographie" in Äthiopien als auch auf die ständige rituelle Vergegenwärtigung des biblischen Heilsgeschehens in der gottesdienstlichen Liturgie hinweisen. Schließlich ist die äthiopische Kirche der Auffassung, gerade durch die vielfältige Beachtung alttestamentlicher Gebote und Bräuche sowie nicht zuletzt durch den geglaubten Besitz der echten Bundeslade etwas bewahrt zu haben, was in anderen Kirchen verloren gegangen ist. Insofern mag sich auch einem nicht-äthiopischen Beobachter der Eindruck aufdrängen, hier ein „originales Christentum" vor Augen zu haben, wie auch immer man diesen Ausdruck dann füllen mag.

Es ist klar, dass diese tatsächliche und empfundene Einzigartigkeit das Verstehen des äthiopischen Christentums erschwert, sofern man selber in einem anderen Kulturkreis zuhause ist. Eine gute Kenntnis von Land und Leuten sowie ihrer Glaubensvorstellungen und ihrer Glaubenspraxis ist dafür eine erste unabdingbare Voraussetzung. Vor allem aber ist es entscheidend, nicht nur *über* die Äthiopier zu reden, sondern *mit* ihnen. Nur auf diesem Weg kann die Einzigartigkeit dieser Kultur und Religion so zur Sprache kommen, dass sie nicht sofort durch eine anders gefärbte kulturelle Brille verfälscht wird. Obwohl diese Gefahr nie völlig auszuschließen sein wird, bemühte ich mich in diesem Buch dennoch um einen möglichst unvoreingenommenen, verstehenden Blick, der

ganz wesentlich darauf aufbaut, neben den gelehrten Erkenntnissen der europäischen Äthiopistik und Ostkirchenkunde auch die Stimmen äthiopischer Wissenschaftler und kirchlicher Mitarbeiter sowie von Personen, denen Äthiopien im Laufe ihres Lebens vertraut geworden ist, aufmerksam zu hören.
Der sich daran anschließende Versuch, das äthiopisch-orthodoxe Christentum aus sich heraus zu verstehen, ohne zugleich aus anderer Sicht zu werten, möchte dazu beitragen, den interkulturellen und interreligiösen Dialog und ähnlich geartete Begegnungen für alle Seiten angemessen zu gestalten. Darüber hinaus bietet dieses Buch, wie eingangs bereits gesagt, für alle, die sich für Äthiopien interessieren, einen Zugang zu dem, was die äthiopischen Christen glauben und fühlen. Darüber, ob dieser Versuch tatsächlich gelungen ist, mögen andere befinden. In jedem Fall aber bleibt zu bedenken, dass es ein friedliches Miteinander auf unserer gemeinsamen Erde nur geben wird, wenn wir uns darum bemühen, den anderen so zu sehen und zu verstehen, wie er zu leben und zu glauben gewohnt ist.

8. Literaturverzeichnis

(In Äthiopien kennt man keine Familien- oder Nachnamen. Jeder hängt an seinen Vornamen den Vaternamen und zur besseren Unterscheidung noch den Namen des Großvaters an. Daher nimmt eine Frau bei ihrer Eheschließung auch nicht den Namen ihres Mannes an, da sie mit der Heirat ja nicht ihren Vater auswechselt. Aus dem gleichen Grund stellt man sich in Äthiopien auch schlicht mit dem Vornamen vor, der in diesem Sinne der „eigentliche" Name ist. Es ist darum angemessen, äthiopische Verfasser auch in dieser Weise zu zitieren und nicht etwa den vermeintlichen, aber nicht existierenden Nachnamen voranzustellen. Diese Art folgt zugleich der wissenschaftlichen Zitierweise in äthiopischen Veröffentlichungen.)

Alle Bibelzitate im laufenden Text sind der Bibel nach der Übersetzung Martin Luthers in der von der Evangelischen Kirche in Deutschland und vom Bund der Evangelischen Kirchen in der DDR in Stuttgart herausgegebenen, revidierten Fassung von 1984 entnommen.

a) Literatur

Abba Samuel: Sodomites and the Wage of Sin, Addis Abeba 2007.

Abbebe Kifleyesus: Zännet lä Geta. Flaunt Fancy for Christ's Celebrity. Pentecostal Proselytisation and Identity Formation in Addis Ababa, in: Böll, Verena / Kaplan, Steven / Martínez d'Alòs-Moner, Andreu / Sokolinskaia, Evgenia (Hg.): Ethiopia and the Missions. Historical and Anthropological Insights (Afrikanische Studien 25), Münster 2005, S. 123 – 140.

Abbink, Jon: An Historical-Anthropological Approach to Islam in Ethiopia. Issues of Identity and Politics, in: Journal of African Cultural Studies 11/2 (Dezember 1998), S. 109 – 124.

Abebe Ambatchew / Assefa Liban / Bekele Gayid / Bekele Nady / Bulcha Demaksa / Hailu Gabre Hiwot / Hailu Telahun: Field Trip to Nakamte, in: Ethnological Society Bulletin I/6 (Juni 1957) (Nachdruck: Addis Abeba 2002), S. 131 – 195.

Abebe Hailemelekot: The Victory of Adowa. The 1st Victory of Africa over Colonialists, Addis Abeba ³2007.

Admor, Haim: The Question about the Beta Israel's Jewish Identity, at the Crossroads of History and Argumentation, in: Trevisan Semi, Emanuela / Weil, Shalva: Beta Israel. The Jews of Ethiopia and Beyond. History, Identity and Borders, Venedig 2011, S. 25 – 44.

Aguilar, Mario I.: The Politics of God in East Africa. Oromo Ritual and Religion, Trenton – Asmara 2009.

Akalou Wolde Michael: Buhe, in: Ethnological Society Bulletin I/7 (Dezember 1957) (Nachdruck: Addis Abeba 2002), S. 230 – 234.

Altheim, Franz / Stiehl, Ruth: Christentum am Roten Meer 1, Berlin – New York 1971.

Antes, Peter: Das Christentum. Eine Einführung, München 2004.

Arén, Gustav: Evangelical Pioneers in Ethiopia. Origins of the Evangelical Church Mekane Yesus (Studia Missionalia Uppsaliensia XXXII), Uppsala 1978.

Ashenafi Kebede: Die Geistliche Musik der orthodoxen Kirche Äthiopiens, in: Internationales Institut für vergleichende Musikstudien und Dokumentation (Hg.): Äthiopien. Musik der koptischen Kirche, Berlin 1969, S. 3 – 14.

Assefa Liban: Preparation of Parchment Manuscripts, in: Ethnological Society Bulletin I/8 (Juli 1958) (Nachdruck: Addis Abeba 2002), S. 254 – 267.

Äthiopien (Nelles Jumbo Guide), München 1996.

Äthiopien. Zeitschrift für Kulturaustausch (Sonderausgabe 1973), Stuttgart 1973.

Atiya, Aziz S.: A History of Eastern Christianity, London 1968.

Ayele Teklehaymanot OFM Cap: Ethiopian Monachism, in: ders.: Miscellanea Aethiopica III (Ethiopian Review of Cultures 5), Addis Abeba 2001, S. 105 – 121.

Ayele Teklehaymanot OFM Cap: The Anachoret Monks in Ethiopia, in: ders.: Miscellanea Aethiopica III (Ethiopian Review of Cultures 5), Addis Abeba 2001, S. 123 – 128.

Ayele Teklehaymanot OFM Cap: The Capuchins in Africa, in: ders.: Miscellanea Aethiopica III (Ethiopian Review of Cultures 5), Addis Abeba 2001, S. 357 – 477.

Ayele Teklehaymanot OFM Cap: The Female Monasticism in the Ethiopian Orthodox Church Traditions, in: ders.: Miscellanea Aethiopica III (Ethiopian Review of Cultures 5), Addis Abeba 2001, S. 129 – 147.

Ayele Teklehaymanot OFM Cap: The Relationship between Catholics and Ethiopian Orthodox Today, in: ders.: Miscellanea Aethiopica III (Ethiopian Review of Cultures 5), Addis Abeba 2001, S. 11 – 23.

Aymro Wondmagegnehu / Motovu, Joachim: The Ethiopian Orthodox Church, Addis Abeba 1970.

Bakke, Johnny: Christian Ministry. Patterns and Functions within the Ethiopian Evangelical Church Mekane Yesus, Oslo – New Jersey 1987.

Bantalem Tadesse: A Guide to the Intangible Treasures of Ethiopian Orthodox Tewahido Church. Historic Perspectives and Symbolic Interpretations of the Festivals, Addis Abeba 2010.

Baratti, Giacomo: The Late Travels into the Remote Countries of the Abissins, or of Ethiopia Interior. Wherein you shall Find an Exact Account of the Laws, Government, Religion, Discipline, Customs, &c. of the Christian People that do Inhabit there, with many Observations which some may Improve to the Advantage and Increase of Trade with them, London 1670.

Barner, Axel: Das Äthiopien-Bild im europäischen Spätmittelalter, in: Kirche und Schule in Äthiopien. Mitteilungen der Tabor Society e. V. Heidelberg 64 (November 2011), S. 21 – 31.

Barrett Sr., Leonard E.: The Rastafarians, Boston 1997.

Bartels, Lambert: Oromo Religion. Myths and Rites of the Western Oromo of Ethiopia. An Attempt to Understand (Collectanea Instituti Anthropos 8), Berlin 1983.

Basdekis, Athanasios: Die Orthodoxe Kirche. Eine Handreichung für nicht-orthodoxe und orthodoxe Christen und Kirchen, Frankfurt am Main ^{7}2007.

Bauerochse, Ernst: Miteinander leben lernen, in: Kirche und Schule in Äthiopien. Mitteilungen der Tabor Society e. V. Heidelberg 53 (Juni 2000), S. 24 – 28.

Baum, Wilhelm: Äthiopien und der Westen im Mittelalter. Die Selbstbehauptung der christlichen Kultur am oberen Nil zwischen dem islamischen Orient und dem europäischen Kolonialismus (Einführungen in das orientalische Christentum 2), Klagenfurt 2001.

Bausi, Alessandro: Art. Q^{w}əsq^{w}am, in: Uhlig, Siegbert (Hg.): Encyclopaedia Aethiopica 4: O – X, Wiesbaden 2010, S. 318.

Baye Felleke: Lalibela. A General Survey of the Rock Churches, Addis Abeba 2003.

Baye Felleke: Questions about the Kibre Negest, o. O. [vermutlich Addis Abeba] 1996.

Bekele Woldemariam: The History of the Kingdom of Kaffa. The Birth Place of Coffee 1390 – 1935, Addis Abeba 2010.

Belai Giday: Ethiopian Civilization, Addis Abeba 1992.

Belatchew Assrat: The Nunneries of Däbrä Libanos, in: Ethnological Society Bulletin I/3 (Dezember 1954) (Nachdruck: Addis Abeba 2002), S. 58 – 60.

Bezold, Carl: Kebra Nagast. Die Herrlichkeit der Könige. Aus dem äthiopischen Urtext zum ersten Mal in's Deutsche übersetzt, München 1905.

Black, Matthew: The Book of Enoch or I Enoch. A New English Edition (Studia in Veteris Testamenti Pseudepigrapha 7), Leiden 1985.

Böll, Verena: Die Schule in der Kirche, in: Kirche und Schule in Äthiopien. Mitteilungen der Tabor Society e. V. Heidelberg 62 (November 2009), S. 33 – 34.

Böll, Verena / Kaplan, Steven / Martínez d'Alòs-Moner, Andreu / Sokolinskaia, Evgenia (Hg.): Ethiopia and the Missions. Historical and Anthropological Insights (Afrikanische Studien 25), Münster 2005.

Braukämper, Ulrich: Islamic History and Culture in Southern Ethiopia. Collected Essays (Göttinger Studien zur Ethnologie 9), Hamburg 2002.

Bria, Ion: The Liturgy after the Liturgy. Mission and Witness from an Orthodox Perspective, Genf 1996.

Bruce, F. F.: Philip and the Ethiopian, in: Journal of Semitic Studies XXXIV/2 (Herbst 1989), S. 377 – 386.

Bruce, James: Zu den Quellen des Blauen Nils. Die Erforschung Æthiopiens 1768 – 1773, herausgegeben von Herbert Gussenbauer, Berlin (Ost) 1986.

Bruder, Edith: The Beit Avraham of Kechene. The Emergence of a New Jewish Community in Ethiopia, in: Trevisan Semi, Emanuela / Weil, Shalva: Beta Israel. The Jews of Ethiopia and Beyond. History, Identity and Borders, Venedig 2011, S. 181 – 198.

Brunner, Emil: Die Christliche Lehre von Gott. Dogmatik I, Zürich ^{2}1953.

Busse, Heribert: Die theologischen Beziehungen des Islams zu Judentum und Christentum. Grundlagen des Dialogs im Koran und die gegenwärtige Situation, Darmstadt 1988.

Bustorf, Dirk: Art. Traditional Religions, in: Uhlig, Siegbert (Hg.): Encyclopaedia Aethiopica 4: O – X, Wiesbaden 2010, S. 361 – 364.

Buxton, David: The Abyssinians, Southampton 1970.

Çağlar, Gazi: Der Mythos vom Krieg der Zivilisationen. Der Westen gegen den Rest der Welt. Eine Replik auf Samuel P. Huntingtons „Kampf der Kulturen" (Schriftenreihe des Instituts für Interkulturelle Forschung und Bildung Hannover 2), München 1997.

Chaillot, Christine: The Ethiopian Orthodox Tewahedo Church Tradition. A Brief Introduction to its Life and Spirituality, Paris 2002.

Chaillot, Christine / Belopopsky, Alexander (Hg.): Towards Unity. The Theological Dialogue between the Orthodox Church and the Oriental Orthodox Churches, Genf 1998.

Chernetsov, Sevir: Ethiopian Theological Response to European Missionary Proselytizing in the 17th – 19th Centuries, in: Böll, Verena / Kaplan, Steven / Martínez d'Alòs-Moner, Andreu / Sokolinskaia, Evgenia (Hg.): Ethiopia and the Missions. Historical and Anthropological Insights (Afrikanische Studien 25), Münster 2005, S. 53 – 61.

Chiari, Gian Paolo: Guide to Aksum and Yeha, Addis Abeba 2009.

Chojnacki, Stanislaw: Äthiopische Malerei, in: Institut für Auslandsbeziehungen, Stuttgart (Hg.): Religiöse Kunst Äthiopiens, Kreuzlingen 1973, S. 34 – 65.

Chojnacki, Stanislaw: Art. Flags and Banners, in: Uhlig, Siegbert (Hg.): Encyclopaedia Aethiopica 4: O – X, Wiesbaden 2010, S. 739 – 741.

Christianity in Ethiopia, Including: P'ent'ay, Congregation for the Oriental Churches, Ethiopian Orthodox Tehadeso Church, Roman Catholicism in Ethiopia, Ethiopian Catholic Church, Meserete Kristos Church, Ethiopian Evangelical Church Mekane Yesus (Hephaestus Books), o. O. (USA), o. J. (2008 oder später).

Cohen, Ravit: The Ethnography of the Gondar Compound. "Waiting" and what it means, in: Trevisan Semi, Emanuela / Weil, Shalva: Beta Israel. The Jews of Ethiopia and Beyond. History, Identity and Borders, Venedig 2011, S. 159 – 179.

Coman, Vasile: Askese und Spiritualität (Mystik) in der östlichen Liturgie des byzantinischen Ritus, in: Ritter, Adolf Martin (Hg.): Mystik in den Traditionen des kirchlichen Ostens und Westens. Systematisch-theologische Referate des VIII. Theologischen Südosteuropaseminars in Budapest (24. – 31. 8. 1986), Heidelberg 1987, S. 44 – 55.

Curley, Michael J. (Hg.): Physiologus. A Medieval Book of Nature Lore, Chicago 2009.

Debebe Zellelie: Täskar or Kurban, in: Ethnological Society Bulletin I/7 (Dezember 1957) (Nachdruck: Addis Abeba 2002), S. 212 – 215.

Del Boca, Angelo: Art. Graziani Massacre, in: Uhlig, Siegbert (Hg.): Encyclopaedia Aethiopica 2: D – Ha, Wiesbaden 2005, S. 878.

Der Physiologus. Tiere und ihre Symbolik, Köln 2005.

Desplat, Patrick: Heilige Stadt – Stadt der Heiligen. Ambivalenzen und Kontroversen islamischer Heiligkeit in Harar, Äthiopien (Mainzer Beiträge zur Afrikaforschung 24), Köln 2010.

Devens, Monica S.: The Liturgy of the Seventh Sabbath. A Betä Israel (Falasha) Text. Introduction, Critical Edition and Translation (Äthiopistische Forschungen 38), Wiesbaden 1995.

Diedrich, Hans-Christian et al. (Hg.): Das Glaubensleben der Ostkirche. Eine Einführung in Geschichte, Gottesdienst und Frömmigkeit der orthodoxen Kirche, Leipzig 1988.

Dirribi Demissie Bokku: Oromo Wisdom in Black Civilization, Finfinnee 2011.

Ehlert, Stefan: Bildungschancen und Eliten. Wo sind die grünen Weiden?, in: Böhler, Katja / Hoeren, Jürgen (Hg.): Afrika. Mythos und Zukunft (Lizenzausgabe der Bundeszentrale für politische Bildung, Schriftenreihe 426), Bonn 2003, S. 77 – 85.

Erlich, Haggai: Islam and Christianity in the Horn of Africa. Somalia – Ethiopia – Sudan, Boulder (Colorado) – London 2010.

Ermias Kebede Wolde-Yesus: Ethiopia. The Classic Case. An Biblical Nation under God that Survived Great Trials for 7490 Years of its Existence and Ordained to Invoke Divine Judgment and Condemnation upon the World!, Washington D. C. 1997.

Eshetu Amsalu: The Role of the Ancient, Historic, and Apostolic Orthodox Church for Orphans and Vulnerable Children, in: Melake Mikr Kefyalew Merahi (Hg.): Christianity in Ethiopia II, Addis Abeba 2009, S. 125 – 157.

Ethiopian Orthodox Tewahedo Church, Including: Ark of the Covenant, Holy of Holies, Tabot, Kebra Nagast, Abuna, Chibo, Meskel, Buhe, Theological College of the Holy Trinity, Ethiopian Orthodox Coptic Church of North and South America, Timkat, Enbaqom (Hephaestus Books), o. O. (USA), o. J. (2007 oder später).

Evangelisch-Lutherisches Missionswerk in Niedersachsen (Hg.): Unsere Partner. Evangelische Kirche Mekane Yesus (EECMY), Hermannsburg 1994 [Informations-Flugblatt].

Ezra Gebre-Medhin: Lent in Ethiopia, in: Ethnological Society Bulletin I/7 (Dezember 1957) (Nachdruck: Addis Abeba 2002), S. 197 – 203.

Fassika Bellete: The Death Customs among the Amharas of Šäwa, in: Ethnological Society Bulletin I/7 (Dezember 1957) (Nachdruck: Addis Abeba 2002), S. 204 – 211.

Fechter, Rudolf: Äthiopische Ikonen und Kreuze, in: Institut für Auslandsbeziehungen, Stuttgart (Hg.): Religiöse Kunst Äthiopiens, Kreuzlingen 1973, S. 16 – 19.

Felmy, Karl Christian: Orthodoxe Theologie der Gegenwart. Eine Einführung, Darmstadt 1990.

Figl, Johann: Einleitung. Historische Aspekte, heutiges Fachverständnis und Religionsbegriff, in: ders. (Hg.): Handbuch Religionswissenschaft. Religionen und ihre zentralen Themen, Innsbruck – Wien – Göttingen 2003.

Fisseha H. Maskal: Atete, in: Ethnological Society Bulletin I/9 (Juli – Dezember 1959) (Nachdruck: Addis Abeba 2002), S. 359 – 364.

Flemming, Joh. / Radermacher, L. (Hg.): Das Buch Henoch, Leipzig 1901.

Galperin, Georgi: Äthiopische Reise, Leipzig 1972.

Geddes, Michael: The Church-History of Ethiopia. Wherein, among Other Things, the two Great Splendid Roman Missions into that Empire are Placed in their True Light. To which are Added, an Epitome of the Dominican History of that Church, and an Account of the Practices and Conviction of Maria of the Annunciation, the Famous Nun of Lisbon, London 1696.

Georgieff, Dorothea: „Wof baschta“ (Vogelkrankheit). Persönliche Erfahrung mit äthiopischem Heilpraktiker, in: Kirche und Schule in Äthiopien. Mitteilungen der Tabor Society e. V. Heidelberg 52 (Juni 1999), S. 22 – 23.

Georgieff, Georgi: Und die Heiligen fliegen mit. Bericht aus dem Jahre 1963, in: Kirche und Schule in Äthiopien. Mitteilungen der Tabor Society e. V. Heidelberg 58 (September 2005), S. 57 – 60.

Gerster, Georg: Äthiopien. Das Dach Afrikas, Zürich 1974.

Gerster, Georg: Kirchen im Fels. Entdeckungen in Äthiopien, Zürich ^{2}1972.

Getachew Haile / Lande, Aasulv / Rubenson, Samuel (Hg.): The Missionary Factor in Ethiopia. Papers from a Symposium on the Impact of European Missions on Ethiopian Society, Lund University, August 1996 (Studien zur interkulturellen Geschichte des Christentums 110), Frankfurt am Main 1998.

Getachew Haile: The Missionary's Dream. An Ethiopian Perspective on Western Missions in Ethiopia, in: ders. / Lande, Aasulv / Rubenson, Samuel (Hg.): The Missionary Factor in Ethiopia. Papers from a Symposium on the Impact of European Missions on Ethiopian Society, Lund University, August 1996 (Studien zur interkulturellen Geschichte des Christentums 110), Frankfurt am Main 1998, S. 1 – 8.

Giday Degefu Koraro: Traditional Mechanisms of Conflict Resolution in Ethiopia, Addis Abeba 2000.

Girma Awgichew Demeke: The Origin of Amharic (Centre Français d' Études Éthiopiennes: Études Éthiopiennes 5), Addis Abeba 2009.

Girma Elias: Aksum. A Guide to Historical Sites in and around Aksum, Addis Abeba 1997.

Glüer, Wolfram: Die protestantische Mission und Kirche in Äthiopien, in: Äthiopien. Zeitschrift für Kulturaustausch (Sonderausgabe 1973), Stuttgart 1973, S. 59 – 63.

Gräbner, Dieter: Operation Salomon. Die Heimkehr der Kinder der Königin von Saba, Hamburg 1992.

Grill, Bartholomäus: Äthiopien Gelobte Stele, in: Die Zeit 47/2005 vom 17.11.2005, in: www.zeit.de/2005/47/80thiopien_3 (12.12.2011).

Grillmeier, Alois: Jesus der Christus im Glauben der Kirche 2/4: Die Kirche von Alexandrien mit Nubien und Äthiopien nach 451, Freiburg ^{2}2004 (^{1}1990).

Grünewald, Hildemarie: Äthiopische Kirchen in Südafrika, in: Kirche und Schule in Äthiopien. Mitteilungen der Tabor Society e. V. Heidelberg 53 (Juni 2000), S. 30 – 41.

Haberland, Eike: Altes Christentum in Süd-Äthiopien. Eine vergessene Missionsepoche (Frankfurter Historische Vorträge 2), Wiesbaden 1976.

Habte-Mariam Workineh: Die Kirche. Quell der Weisheit, Hort der Armen, in: Äthiopien (Merian-Heft 10/XIX), Hamburg 1966, S. 21 – 24.

Haddis Tikuneh: Liturgy II. Student Text, Addis Abeba 1995 (äthiopischer Kalender = 2002/03 gregorianischer Kalender) [unveröffentlichtes Manuskript aus der Bibliothek des Holy Trinity College in Addis Abeba].

Haddis Yeshanew: A Course on Dogmatic Theology, Addis Abeba 1998 (äthiopischer Kalender = 2005/06 gregorianischer Kalender) [unveröffentlichtes Manuskript aus der Bibliothek des Holy Trinity College in Addis Abeba].

Haddis Yeshanew: Related Subjects to Dogmatic Theology Extracted from Orthodox Confession, Addis Abeba 1998 (äthiopischer Kalender = 2005/06 gregorianischer Kalender) [unveröffentlichtes Manuskript aus der Bibliothek des Holy Trinity College in Addis Abeba].

Hage, Wolfgang: Das orientalische Christentum (Die Religionen der Menschheit 29, 2), Stuttgart 2007.

Haile Gabriel Dagne: The Ethiopian Orthodox Church School System, in: The Church of Ethiopia. A Panorama of History and Spiritual Life, Addis Abeba 1971, S. 81 – 97.

Haile Gabriel Dagne: The School System in Ethiopia, in: Äthiopien. Zeitschrift für Kulturaustausch (Sonderausgabe 1973), Stuttgart 1973, S. 100 – 106.

Halbfas, Hubertus: Religion (Bibliothek Themen der Theologie, Ergänzungsband), Stuttgart – Berlin 1976.

Hammerschmidt, Ernst: Äthiopien. Christliches Reich zwischen Gestern und Morgen, Wiesbaden 1967.

Hammerschmidt, Ernst: Äthiopische Liturgische Texte der Bodleian Library in Oxford (Deutsche Akademie der Wissenschaften zu Berlin. Institut für Orientforschung, Veröffentlichungen 38), Berlin 1960.

Hammerschmidt, Ernst: Kirche und Literatur, in: Gerster, Georg: Äthiopien. Das Dach Afrikas, Zürich 1974, S. 27 – 33.

Hammerschmidt, Ernst: Kultsymbolik der koptischen und der äthiopischen Kirche, in: ders. / Hauptmann, Peter / Krüger, Paul / Ouspensky, Léonide / Schulz, Hans-Joachim (Hg.): Symbolik des orthodoxen und orientalischen Christentums (Symbolik der Religionen X), Stuttgart 1962, S. 167 – 233.

Hammerschmidt, Ernst: Stellung und Bedeutung des Sabbats in Äthiopien (Studia Delitzschiana 7), Stuttgart 1963.

Hartlmaier, Paul: Amba Ras. Eine Reise durch das Kaiserreich Äthiopien, München 1953.

Hasselblatt, Gunnar: Äthiopien. Menschen – Kirchen – Kulturen, Stuttgart 1979.

Haustein, Jörg: Die pfingstlich/charismatischen Bewegungen als aktuelle Herausforderung für die Äthiopisch-Orthodoxe Kirche, in: Pinggéra, Karl (Hg.): Tradition und Wandel im Land der Königin von Saba. Ansichten aus und zu Äthiopien (Hofgeismarer Protokolle 356), Hofgeismar 2011, S. 73 – 92.

Havemann, Axel: Die 'Königin von Saba' in der religiösen Tradition des Islam und des Christentums in Äthiopien, in: Der Islam 80/2003, S. 122 – 141.

Heyer, Friedrich: Art. Crosses, in: Uhlig, Siegbert (Hg.): Encyclopaedia Aethiopica 1: A – C, Wiesbaden 2003, S. 815 – 816.

Heyer, Friedrich: Die Einwirkung des koptischen Patriarchats auf die Gründung des orthodoxen Patriarchats von Eritrea, in: Tamcke, Martin (Hg.): Daheim und in der Fremde. Beiträge zur jüngeren Geschichte und Gegenwartslage der orientalischen Christen (Studien zur Orientalischen Kirchengeschichte 21), Hamburg 2002, S. 253 – 259.

Heyer, Friedrich: Die Heiligen der Äthiopischen Erde (Oikonomia. Quellen und Studien zur orthodoxen Theologie 37), Erlangen 1998.

Heyer, Friedrich: Die Kirche Äthiopiens. Eine Bestandsaufnahme (Theologische Bibliothek Töpelmann 22); Berlin – New York 1971.

Holsten, W.: Religionswissenschaft, in: Galling, Kurt (Hg.): Religion in Geschichte und Gegenwart. Handwörterbuch für Theologie und Religionswissenschaft 5, Tübingen ^{3}1961, S. 1038 – 1042.

Huntington, Samuel P.: Kampf der Kulturen. Die Neugestaltung der Weltpolitik im 21. Jahrhundert, München ^{2}1998.

Ibrahim Amae Elemo: The Roles of Traditional Institutions among the Borana Oromo, Southern Ethiopia. Contemporary Issues in Borana and the 38th Gumii Gaayoo Assembly, Finfinne 2005.

Isichei, Elizabeth: A History of Christianity in Africa. From Antiquity to the Present, London 1995.

Jenkins, Philip: The Lost History of Christianity. The Thousand-Year Golden Age of the Church in the Middle East, Africa, and Asia – and How It Died, New York 2008.

Kaplan, Steven: Art. Betä Ǝsra'el, in: Uhlig, Siegbert (Hg.): Encyclopaedia Aethiopica 1: A – C, Wiesbaden 2003, S. 552 – 559.

Kaplan, Steven: Art. Relics, in: Uhlig, Siegbert (Hg.): Encyclopaedia Aethiopica: O – X, Wiesbaden 2010, S. 355 – 357.

Kawerau, Peter: Ostkirchengeschichte I: Das Christentum in Asien und Afrika bis zum Auftreten der Portugiesen im Indischen Ozean (Corpus Scriptorum Christianorum Orientalium, Sub. Tom. 70), Louvain 1983.

Kebbede Tiku: A Pilot Study into the Origins and Sources of Traditional Beliefs and Practices of Residents of Addis Ababa, Addis Abeba 1985 [unveröffentlichtes Manuskript hg. von: The Provisional Military Government of Socialist Ethiopia: Ethiopian Science and Technology Commission].

Kefelew Zelleke: Die Freude Äthiopiens. Gebete und Meditationen, Aachen 1993.

Kenny, Joseph: The Catholic Church in Tropical Africa 1445 – 1850, Ibadan – Lagos 1983.

Kessis Kefyalew Merahi: The Spiritual and Social Life of Christian Women, Addis Abeba 1998.

Kifle Wedajo: Wedding Customs among the Amhara, in: Ethnological Society Bulletin I/2 (Dezember 1953) (Nachdruck: Addis Abeba 2002), S. 24 – 29.

Kimberlin, Cynthia Tse: Art. Bägäna, in: Uhlig, Siegbert (Hg.): Encyclopaedia Aethiopica 1: A – C, Wiesbaden 2003, S. 436 – 438.

Kleiner, Michael: Feinde Marias, der 500-Jahre- Missionsplan und 303 Fragen zum Thema „Wer ist Christus?“. Eindrücke von und Erfahrungen mit Religion aus einem Jahr Äthiopien, in: Pinggéra, Karl (Hg.): Tradition und Wandel im Land der Königin von Saba. Ansichten aus und zu Äthiopien (Hofgeismarer Protokolle 356), Hofgeismar 2011, S. 9 – 30.

Knibb, Michael A.: The Ethiopic Book of Enoch, Bd. 2: Introduction, Translation and Commentary, Oxford 1978.

Koptisch-orthodoxes Zentrum St.-Antonius-Kloster Kröffelbach (Taunus) (Hg.): Die Natur Christi. Christologische Einsichten von Seiner Heiligkeit Papst Shenouda III., Fürth 1990.

Korolewsky, Cyril: Latin into Ge’ez in Ethiopia, in: Vellian, Jacob (Hg.): The Syrian Churches Series 8: The Romanization Tedency, Kottayam 1975, S. 96 – 109.

Krapf, Johann Ludwig: Reisen in Ostafrika ausgeführt in den Jahren 1837 – 1855. Unveränderter Neudruck des im Jahre 1858 mit der Verlagsangabe „Kornthal: Im Selbstverlage des Verfassers, Stuttgart: In Commission bei W. Stroh“ erschienen Buches, mit einer Einführung herausgegeben von Werner Raupp, Münster – Hamburg 1994.

Krüger, Hanfried (Hg.): Addis Abeba 1971. Vorträge bei der Tagung des Zentralausschusses des Ökumenischen Rates der Kirchen (Beiheft zur Ökumenischen Rundschau 17), Stuttgart 1971.

Launhardt, Johannes: Evangelicals in Addis Ababa (1919 – 1991). With Special Reference to the Ethiopian Evangelical Church Mekane Yesus and the Addis Ababa Synod (Studien zur Orientalischen Kirchengeschichte 31), Münster 2004.

Launhardt, Johannes: Art. Protestantism, in: Uhlig, Siegbert (Hg.): Encyclopaedia Aethiopica 4: O – X, Wiesbaden 2010, S. 223 – 227.

Leppin, Volker: Geschichte der christlichen Kirchen. Von den Aposteln bis heute, München 2010.

Leul-Tamrat Temesgen: Kurze Geschichte der orthodoxen Kirche Äthiopiens, in: Kirche und Schule in Äthiopien. Mitteilungen der Tabor Society e. V. Heidelberg 63 (November 2010), S. 23 – 27.

Levine, Donald N.: Greater Ethiopia. The Evolution of a Multiethnic Society, Chicago ^{2}2000 (^{1}1974).

Levine, Donald N.: Wax & Gold. Tradition and Innovation in Ethiopian Culture, Chicago 1965.

Lewis, Herbert S.: Spirit Possession in Ethiopia. An Essay in Interpretation, in: Segert, Stanislav / Bodrogligeti, András J. E. (Hg.): Ethiopian Studies (Festschrift für Wolf Leslau), Wiesbaden 1983, S. 466 – 480.

Lipsky, George A.: Ethiopia. Its People – its Society – its Culture, New Haven 1962.

Littmann, Enno: Geschichte der äthiopischen Litteratur, in: Brockelmann, C. / Finck, Franz Nikolaus / Leipoldt, Johannes / Littmann, Enno (Hg.): Geschichte der christlichen Litteraturen des Orients (Die Litteraturen des Ostens in Einzeldarstellungen 7), Leipzig ^{2}1909, S. 185 – 269.

Loth, Heinrich: Afrika. Ein Zentrum der alten Welt, Berlin (Ost) 1990.

Ludolphus, Job: A New History of Ethiopia. Being a Full and Accurate Description of the Kingdom of Abessinia, Vulgarly, though Erroneously Called the Empire of Prester John, London 1682.

Madey, Johannes: Die eucharistische Liturgie in der koptischen Kirche. Seminarvorträge in der Zeit vom 29. 3. – 31. 3. 1985 im koptisch-orthodoxen Zentrum mit St. Antonius Kloster e. V., Waldsolms-Kröffelbach o. J.

Malaty, Tadros Y.: Christologie gemäß dem Verständnis der nicht-chalcedonensischen orthodoxen Kirchen, Waldsolms-Kröffelbach 1988.

Martínez d'Alòs-Moner, Andreu: Paul and the Other. The Portuguese Debate on the Circumcision of the Ethiopians, in: Böll, Verena / Kaplan, Steven / Martínez d'Alòs-Moner, Andreu / Sokolinskaia, Evgenia (Hg.): Ethiopia and the Missions. Historical and Anthropological Insights (Afrikanische Studien 25), Münster 2005, S. 31 – 51.

Matthew, P. K.: The Hierarchy, in: The Church of Ethiopia. A Panorama of History and Spiritual Life, Addis Abeba 1971, S. 55 – 61.

Matthies, Volker: Unternehmen Magdala. Strafexpedition in Äthiopien (Schlaglichter der Kolonialgeschichte 11), Berlin 2010.

May, Jutta: Äthiopien (Goldstadt-Reiseführer 203), Pforzheim 1971.

Mbiti, John S.: Introduction to African Religion, London 1975 (Nachdruck 1982).

Megbaru, Esayias: Amharic Funeral Dirges in Ethiopia. A Thematic Analysis of Funeral Dirges in West Gojjam, Saarbrücken 2009.

Meinardus, Otto F. A.: Christian Egypt Faith and Life, Cairo 1970.

Meinardus, Otto F.: Die Wüstenväter des 20. Jahrhunderts. Gespräche und Erlebnisse, Würzburg 1983.

Mendez Pinto, Fernand: The Voyages and Adventures of Fernand Mendez Pinto, a Portugal, during his Travels for the Space of one and twenty Years in the Kingdoms of Ethiopia, China, Tartaria, Cauchinchina, Calaminham, Siam, Pegu, Japan, and a Great Part of the East-Indiaes. With a Relation and Description of most of the Places there, of their Religion, Laws, Riches, Customs, and Government in Time of Peace and War, London 1653.

Mengesha Gebrehiwot / Paulos Asrat: Education in Däbrä Libanos, in: Ethnological Society Bulletin I/3 (Dezember 1954) (Nachdruck: Addis Abeba 2002), S. 56 – 58.

Mengistu Gobezie: Lalibela and Yimrehane Kirstos. The Living Witnesses of Zagwe Dynasty, Addis Abeba 2004.

Merawi Tebege (Hg.): Äthiopisch-Orthodoxe Kirche in Deutschland. Chronik 20 Jahre (1983 – 2003), Köln 2003.

Mercier, Jacques: Zauberrollen aus Äthiopien. Kultbilder magischer Riten, München 1979.

Mersha Alehegne: The Orthodox – Protestant Relationship in Ethiopia. A Glimpse on Interaction, Attitude, Causes of Disharmony, Consequences, and some Solutions, in: Böll, Verena / Kaplan, Steven / Martínez d'Alòs-Moner, Andreu / Sokolinskaia, Evgenia (Hg.): Ethiopia and the Missions. Historical and Anthropological Insights (Afrikanische Studien 25), Münster 2005, S. 199 – 207.

Merten, Kai: Die syrisch-orthodoxen Christen in der Türkei und in Deutschland. Untersuchungen zu einer Wanderungsbewegung (Studien zur Orientalischen Kirchengeschichte 3), Hamburg 1997.

Merten, Kai: Orthodoxe Klöster in Deutschland, in: Klöckler, Michael / Tworuschka, Udo (Hg.): Handbuch der Religionen. Kirchen und andere Glaubensgemeinschaften in Deutschland und im deutschsprachigen Raum, Kap. II – 1.1.2.4, S. 1 – 32 (Lose-Blatt-Sammlung, EL 24 / August 2010).

Merten, Kai: Tod und Bestattung in den orthodoxen Kirchen, in: Klöckler, Michael / Tworuschka, Udo (Hg.): Handbuch der Religionen. Kirchen und andere Glaubensgemeinschaften in Deutschland und im deutschsprachigen Raum, Kap. II – 1.1.1.8, S. 1 – 6 (Lose-Blatt-Sammlung, EL 30 / Dezember 2011).

Messing, Simon D.: Changing Ethiopia, in: The Middle East Journal 9/1 (Winter 1955), S. 413 – 432.

Moeller, Bernd: Geschichte des Christentums in Grundzügen, Göttingen [4]1987.

Moore, Eine: Äthiopische Kreuze, in: Institut für Auslandsbeziehungen, Stuttgart (Hg.): Religiöse Kunst Äthiopiens, Kreuzlingen 1973, S. 66 – 90.

Moore, Eine: Ethiopian Crosses from the 12th to the 16th Century, in: Proceedings of the First International Conference on the History of Ethiopian Art. Held at the Warburg Institute of the University of London, October 21 and 22, 1986, London 1989, S. 110 – 114.

Mor Ignatius Aphrem I. Barsaum: Katechismus der christlichen Lehre, Berlin – Midyat – Istanbul – Zürich 1995.

Munro-Hay, Stuart: Aksum. An African Civilization of Late Antiquity, Edinburgh 1991.

Munro-Hay, Stuart: The Quest for the Ark of Covenant. The True History of the Tablets of Moses, London – New York 2005.

Negga Tesemma / Assefa Liban / Abraham Demoz: St.Mary's Church at Männagäsa, in: Ethnological Society Bulletin I/4 (Dezember 1955) (Nachdruck: Addis Abeba 2002), S. 76 – 78.

Negga Tessema: The Death Customs in the Province of Tigre, in: Ethnological Society Bulletin I/5 (Dezember 1956) (Nachdruck: Addis Abeba 2002), S. 108 – 115.

Nosnitsin, Denis: Art. Abunä, in: Uhlig, Siegbert (Hg.): Encyclopaedia Aethiopica 1: A – C, Wiesbaden 2003, S. 56.

Nosnitsin, Denis: Art. Eppisqoppos, in: Uhlig, Siegbert (Hg.): Encyclopaedia Aethiopica 2: D – Ha, Wiesbaden 2005, S. 342 – 344.

Nosnitsin, Denis: Art. Saints, Christian, in: Uhlig, Siegbert (Hg.): Encyclopaedia Aethiopica 4: O – X, Wiesbaden 2010, S. 476 – 480.

Nowak, Kurt: Das Christentum. Geschichte – Ethik – Glaube, München 1997.

Nudelman, Anita / Yaacov, Melkamu: Aleka Yaacov. Undisputed Healer and Leader among Ethiopian Jews, in: Trevisan Semi, Emanuela / Weil, Shalva: Beta Israel. The Jews of Ethiopia and Beyond. History, Identity and Borders, Venedig 2011, S. 101 – 116.

Otto, Astrid: Ausstellung, in: Kirche und Schule in Äthiopien. Mitteilungen der Tabor Society e. V. Heidelberg 53 (Juni 2000), S. 17 – 18.

Otto, Astrid: Der Arbeitsalltag traditioneller HeilerInnen. Ein Bericht über eine zweimonatige Feldforschung in Gondar, in: Kirche und Schule in Äthiopien. Mitteilungen der Tabor Society e. V. Heidelberg 52 (Juni 1999), S. 24 – 27.

Pankhurst, Alula: Buhe. An Ethiopian Children's Festival, in: Selamta. The Inflight Magazine of Ethiopian Airlines 28/3 (Juli – September 2011), S. 18 – 20.

Pankhurt, Richard: Status, Division of Labour and Employment in Nineteenth-Century and Early Twentieth-Century Ethiopia, in: Ethnological Society Bulletin II/1 (Juli – Dezember 1961) (Nachdruck: Addis Abeba 2002), S. 423 – 460.

Pankhurst, Richard (Hg.): Travellers in Ethiopia, London 1965.

Paulos Asrat: The God of the Distressed, in: Ethnological Society Bulletin I/4 (Dezember 1955) (Nachdruck: Addis Abeba 2002), S. 89 – 90.

Paulos Tzadua: The Catholic Church in Ethiopia, in: Äthiopien. Zeitschrift für Kulturaustausch (Sonderausgabe 1973), Stuttgart 1973, S. 64 – 69.

Pawlikowski, John T.: Judaic Spirit of the Ethiopian Orthodox Church. A Case Study in Religious Acculturation, in: Journal of Religion in Africa 4/3 (1971/72), S. 178 – 199.

Persoon, Joachim: Ethiopian Monasticism and the Visit of the Holy Family to Ethiopia, in: Kirche und Schule in Äthiopien. Mitteilungen der Tabor Society e. V. Heidelberg 56 (November 2003), S. 21 – 28.

Phillipson, David W.: Ancient Churches of Ethiopia. Forth – Fourteenth Centuries, Addis Abeba 2010.

Pinggéra, Karl: Die Äthiopisch-Orthodoxe Kirche. Ein Streifzug durch ihre Geschichte, in: ders. (Hg.): Tradition und Wandel im Land der Königin von Saba. Ansichten aus und zu Äthiopien (Hofgeismarer Protokolle 356), Hofgeismar 2011, S. 31 – 72.

von Pless, Adelheid (Hg.): Baron Carl Claus von der Decken's Reisen in Ost-Afrika in den Jahren 1859 bis 1865. Erzählender Theil, Bd. 2: Baron Carl Claus von der Decken's Reisen in Ost-Afrika in den Jahren 1862 bis 1865. Nebst Darstellung von R. Brenner's und Th. Kinzelbach's Reisen zur Feststellung des Schicksals der Verschollenen, 1866 und 1867. Bearbeitet von Otto Kersten, früherem Mitgliede der von der Decken'schen Expedition. Neue Reisen im Inneren und an der Küste, die ostafrikanische Inselwelt (Madagaskar, Seschellen, Réunion, Nossibé und Komoren), Reisen in den Ländern der Galla und Somali, Leipzig – Heidelberg 1871.

Powne, Michael: Ethiopian Music. An Introduction. A Survey of Ecclesiastical and Secular Ethiopian Music and Instruments, London – New York – Toronto 1968.

Qes Asres Yayeh: Traditions of the Ethiopian Jews, Thornhill 1995.

Raineri, Osvaldo: Art. Angels, in: Uhlig, Siegbert (Hg.): Encyclopaedia Aethiopica 1: A – C, Wiesbaden 2003, S. 264 – 265.

Rampone, Oscar: A Souvenir Book on a Journey in Ethiopia, Modena 1973.

Ras Jahlisaha / Isheba Tafari: Bahitawis, the Holy Men of Ethiopia, in: http://www.ourafrikanheritage.com/magazine/archives/31 (16.04.2012).

Reidlinger, Klemens M.: Soziale Entwicklungsaktivitäten innerhalb der Äthiopisch-Orthodoxen Täwahido Kirche, in: Kirche und Schule in Äthiopien. Mitteilungen der Tabor Society e. V. Heidelberg 62 (November 2009), S. 35 – 49.

Reiss, Wolfram: Gespräche der Koptisch-Orthodoxen Kirche mit anglikanischen, lutherischen und reformierten Kirchen, in: Gerhards, Albert / Brakmann, Heinzgerd (Hg.): Die koptische Kirche. Einführung in das ägyptische Christentum, Stuttgart – Berlin – Köln – Mainz 1994, S. 154 – 167.

Reiss, Wolfram: Vereinbarung zwischen der Koptisch-Orthodoxen und der Eritreisch-Orthodoxen Kirche, in: Tamcke, Martin (Hg.): Daheim und in der Fremde. Beiträge zur jüngeren Geschichte und Gegenwartslage der orientalischen Christen (Studien zur Orientalischen Kirchengeschichte 21), Hamburg 2002, S. 261 – 275.

Richter, L.: Art. Mystik, in: Galling, Kurt (Hg.): Religion in Geschichte und Gegenwart. Handwörterbuch für Theologie und Religionswissenschaft 4, Tübingen ^{3}1960, S. 1237 – 1239.

Rüpke, Jörg: Historische Religionswissenschaft. Eine Einführung, (Religionswissenschaft heute 5), Stuttgart 2007.

Sahm, Ulrich: Die Operation Salomon [publiziert: 2008], in: http://www.christliche-autoren.de/operation-salomon.html (10.12.2011).

Salamon, Hagar: Art. Buda, in: Uhlig, Siegbert (Hg.): Encyclopaedia Aethiopica 1: A – C, Wiesbaden 2003, S. 633 – 635.

Salamon, Hagar: The Hyena People. Ethiopian Jews in Christian Ethiopia, Berkeley – Los Angeles – London 1999.

Salehu Ene Keflyalew Merahi: The Architecture of the Orthodox Church of Ethiopia, in: Melake Mikr Kefyalew Merahi (Hg.): Christianity in Ethiopia II, Addis Abeba 2009, S. 76 – 124.

Samuel Alamayahu: The Game of Gänna, in: Ethnological Society Bulletin I/9 (Juli – Dezember 1959) (Nachdruck: Addis Abeba 2002), S. 333 – 346.

Samuel, V. C.: The Faith of the Church, in: The Church of Ethiopia. A Panorama of History and Spiritual Life, Addis Abeba 1971, S. 43 – 54.

Sartory, Gertrude / Sartory, Thomas (Hg.): Lebenshilfe aus der Wüste. Die alten Mönchsväter als Therapeuten („Texte zum Nachdenken" 763), Freiburg 1987.

Sauda Mdahoma: Kaldi and the Dancing Goats. The Legend of Ethiopian Coffee, Addis Abeba [3]2011 ([1]2003).

Schlee, Günther / Shongolo, Abdullahi A.: Islam & Ethnicity in Northern Kenya & Southern Ethiopia, Croydon 2012.

Schoen, Ulrich: Die Fliehkraft und die Schwerkraft Gottes. Ausbreitung der Christenheit und Begegnung der Religionen in den letzten zweitausend Jahren, Band Drei/eins: Jenseits von Rom. Alte Christenheiten in Afrika (Ökumenische Studien 25), Berlin 2008.

Schurhammer, Romy: Romy fährt nach Afrika. Ein Mädchen, ein Auto und 20000 Kilometer, Gütersloh 1958.

Seeman, Don: One Blood, One People. Ethiopian-Israelis and the Return to Judaism, New Brunswick – New Jersey – London 2009.

Sergew Habte Selassie: Die Kirchenschulen in Äthiopien, in: Kirche und Schule in Äthiopien. Mitteilungen der Tabor Society e. V. Heidelberg 56 (November 2003), S. 29 – 31.

Sergew Habte Selassie / Belaynesh Mikael: Worship in the Ethiopian Orthodox Church, in: The Church of Ethiopia. A Panorama of History and Spiritual Life, Addis Abeba 1971, S. 63 – 71.

Smart, Ninian: The Phenomenon of Religion, Edinburgh 1973.

Sumner, Claude: Proverbs, Songs, Folktales. An Anthology of Oromo Literature, Addis Abeba 1996.

Taddesse Beyene / Taddesse Tamrat / Pankhurst, Richard (Hg.): The Centenary of Dogali. Proceedings of the International Symposium, Addis Ababa – Asmara, January 24-25, 1987, Addis Abeba 1988.

Taddesse Tamrat: The Matäb, in: Ethnological Society Bulletin I/9 (Juli – Dezember 1959) (Nachdruck: Addis Abeba 2002), S. 354 – 357.

Telahun Paulos / Abdula Abdurahman / Kifle Wodajo / Abdul Jelil Mohamed: Life in the Monastery, in: Ethnological Society Bulletin I/3 (Dezember 1954) (Nachdruck: Addis Abeba 2002), S. 53 – 55.

Terrefe Ras-work: Birth Customs of the Amharas of Šäwa, in: Ethnological Society Bulletin I/7 (Dezember 1957) (Nachdruck: Addis Abeba 2002), S. 220 – 224.

Teshager Wube: The Wandering Student, in: Ethnological Society Bulletin I/9 (Juli – Dezember 1959) (Nachdruck: Addis Abeba 2002), S. 365 – 370.

The Church of Ethiopia. A Panorama of History and Spiritual Life, Addis Abeba 1971.

The History of Trauayle in the West and East Indies, and other Countreys Lying eyther Way, towardes the Fruitfull and Ryche Molucces. As Moscousia, Persia, Arabia, Syria, Ægypte, Ethiopia, Guinea, China in Cathayo, and Giapan. With a Discourse of the Northwestpassage, Gathered in Parte, and Done into English by Richerde Eden, Newly Set in Order, Augmented and Finished by Richarde Willes, London 1577.

The Teaching of the Abyssinian Church. As Set Forth by the Doctors of the Same. Translated by the Rev. A. F. Matthew with a Introduction by Canon J. A. Douglas, London 1936.

Thon, Nikolaj: Die Äthiopisch-Orthodoxe Gemeinde in Köln, in: Orthodoxie aktuell 10/2010, S. 2 – 6.

Trimingham, J. Spencer: Islam in Ethiopia, London 2008 [Erstausgabe: London 1952].

Tubiana, Joseph: Zar and Buda in Northern Ethiopia, in: Lewis, I. M. / Al-Safi, Ahmed / Hurreiz, Sayyid (Hg.): Women's Medicine. The Zar-Bori Cult in Africa and Beyond, Edinburgh 1991, S. 19 – 33.

Uhlig, Siegbert: Das Äthiopische Henochbuch, in: Lichtenberger, Hermann (Hg.): Jüdische Schriften aus hellenistisch-römischer Zeit V: Apokalypsen, Gütersloh 2003, S. 461 – 780.

Uhlig, Siegbert (Hg.): Encyclopaedia Aethiopica 1: A – C, Wiesbaden 2003.

Uhlig, Siegbert (Hg.): Encyclopaedia Aethiopica 2: D – Ha, Wiesbaden 2005.

Uhlig, Siegbert (Hg.): Encyclopaedia Aethiopica 3: He – N, Wiesbaden 2007.

Uhlig, Siegbert (Hg.): Encyclopaedia Aethiopica 4: O – X, Wiesbaden 2010.

Uhlig, Siegbert: Funktion und Bedeutung der Ornamente in äthiopischen Kodizes, in: Proceedings of the First International Conference on the History of Ethiopian Art. Held at the Warburg Institute of the University of London, October 21 and 22, 1986, London 1989, S. 56 – 58.

Ullendorff, Edward: Hebraic-Jewish Elements in Abyssinian (Monophysite) Christianity, in: Hammerschmidt, Ernst (Hg.): Äthiopistische Forschungen 24, Stuttgart 1987, S. 196 – 256.

Ullendorff, Edward: The Ethiopians. An Introduction to Country and People, London – Oxford – New York [3]1973 ([1]1960).

Verghese, Paul: Koptisches Christentum. Die orthodoxen Kirchen Ägyptens und Äthiopiens (Die Kirchen der Welt XII), Stuttgart 1973.

Vestal, Theodore M: The Lion of Judah in the New World. Emperor Haile Selassie of Ethiopia and the Shaping of American's Attitudes toward Africa, Santa Barbara 2011.

Waardenburg, Jacques: Perspektiven der Religionswissenschaft (Religionswissenschaftliche Studien 25), Würzburg 1993.

Waardenburg, Jacques: Religionen und Religion. Systematische Einführung in die Religionswissenschaft, Berlin – New York 1986.

Walelign Emiru: The Ethiopian Orthodox Church Festivals of the Finding of the True Cross and Epiphany. Temporal, Symbolic and Spatial Aspects – Anthropological Perspective, Addis Abeba 2007.

Wallis Budge, E. A.: The Bandlet of Righteousness. An Ethiopian Book of the Dead, London 1929.

Weil, Shalva: Mikael Aragawi. Christian Missionary among the Beta Israel, in: Trevisan Semi, Emanuela / Weil, Shalva: Beta Israel. The Jews of Ethiopia and Beyond. History, Identity and Borders, Venedig 2011, S. 147 – 158.

Winkelmann, Friedhelm: Die östlichen Kirchen in der Epoche der christologischen Auseinandersetzungen (Kirchengeschichte in Einzeldarstellungen I/6), Berlin (Ost) [3]1980.

Winkler, Dietmar W.: Ecumenical Dialogue, in: Uhlig, Siegbert (Hg.): Encyclopaedia Aethiopica 2: D – Ha, Wiesbaden 2005, S. 223.

Wondwoson Sorsa: Social Ethics in the Bible, in: Melake Mikr Kefyalew Merahi (Hg.): Christianity in Ethiopia II, Addis Abeba 2009, S. 18 – 47.

Yabibal Mulualem: The Culture of Working and Time Management in the Ethiopian Orthodox Tewahido Monasteries, in: Melake Mikr Kefyalew Merahi (Hg.): Christianity in Ethiopia II, Addis Abeba 2009, S. 7 – 17.

Ydlibi, May: With Ethiopian Rulers. A Biography of Hasib Ydlibi, Addis Abeba 2006.

Yäsäne Golgota, o. O., o. J.

Yäzäwätər Ṣälut, Addis Abeba 1981 (äthiopischer Kalender = 1988/89 gregorianischer Kalender).

Yilikal Shiferaw Messelu: The Role of Religion in Peace Building Capital, in: Melake Mikr Kefyalew Merahi (Hg.): Christianity in Ethiopia II, Addis Abeaba 2009, S. 48 – 75.

Yilma Workneh: An Essay on Community Life, in: Ethnological Society Bulletin II/1 (Juli – Dezember 1961) (Nachdruck: Addis Abeba 2002), S. 479 – 483.

Yoftahie Kebede: Genbot Ledäta, in: Ethnological Society Bulletin I/8 (Juli 1958) (Nachdruck: Addis Abeba 2002), S. 307 – 310.

Zischka, Anton: Abessinien. „Das letzte ungelöste Problem Afrikas“, Bern – Leipzig – Wien 1935.

b) Internetpräsenzen:

http://www.dskmariam.org/artsandlitreature/litreature/pdf/doctorinoftheethiopianorthodoxchurch.pdf (07.02.12).

http://www.ethiopianorthodox.org/english/faith.html (07.02.12).

http://www.ethiopianorthodox.org/english/dogma/orthochalcedonian.html (07.02.12).

http://www.ethiopianorthodox.org/english/miscellaneous/devotion.html#relics (07.02.12).

http://www.ethotc.org/dicac/eoc/index.cfm?fuseaction=basic_pages.basic_page&page_name=1 (07.02.12).

http://www.hagalil.com/archiv/2011/11/22/operation-moses/ (10.12.2011).

http://munzinger.de/document/03000ETH010 (12.12.2011).

http://www.oikoumene.org/de/dokumentation/documents/oerk-zentralausschuss/genf-2003/zwischenbericht-zum-konsensverfahren.html (02.11.11).

http://www.oikoumene.org/de/wer-sind-wir/selbstverstaendnis-vision/orthodoxe-mitarbeit.html (02.11.11).

http://www.waaqeffannaa.org/?page_id=498 (19.01.2011).

9. Anhang

9.1. Glossar

Dieses Glossar erklärt Fachbegriffe, die mit dem äthiopisch-orthodoxen Christentum zusammenhängen, sofern sie in diesem Buch an mehreren Stellen vorkommen und sofern sich ihre Bedeutung nicht aus dem jeweils laufenden Text erschließt.

Abunä: allgemeine, respektvolle Anrede für Geistliche, insbesondere für den → Patriarch-Katholikos, aber auch für andere Mitglieder des höheren Klerus

Anachoret: → Baḥtawi

Autokephalie: die volle kirchenrechtliche Unabhängigkeit einer orthodoxen Kirche

Baḥtawi: Eremit/Einsiedler

Buda: in der äthiopischen Volksreligion ein Geist oder Dämon mit dem Aussehen einer Hyäne, der jedoch tagsüber in Menschengestalt auftritt und dem man zum Teil nachsagt, Menschenfleisch zu fressen

Buhe: volkstümliches Fest am Tag der Verklärung Christi auf dem Berg Tabor (Däbrä Tabor), bei dem die Kinder im Mittelpunkt stehen

Chalcedonense: auf dem Konzil von Chalcedon im Jahr 451 verabschiedetes Symbol (Bekenntnis), das die Zwei-Naturen-Lehre (→ dyophysitisch) als verbindlich festlegt

Däbtära: theologisch sehr gut ausgebildeter Laie, in der Kirche als Lehrer und im Gottesdienst als Sänger/Tänzer dienend, kein Teil der kirchlichen Hierarchie

dyophysitisch: der Lehre von den zwei Naturen in Christus (eine göttliche und eine menschliche Natur) folgend, wie sie im Konzil von Chalcedon im Jahr 451 für die byzantinische bzw. römische Reichskirche verbindlich festgelegt wurde

Fəhta Nägäśt (= Das Gesetz der Könige): ein kirchliches wie politisches Gesetzbuch, das in seinen Ursprüngen auf altes west- und oströmisches Recht zurückgeht, im 14. Jahrhundert endgültig zusammengestellt wurde und in Äthiopien bis 1930 offiziell in Kraft war

Gəʻəz: semitische Sprache, offizielle Sprache im Reich von Aksum, danach als Umgangssprache im Wesentlichen vom Amharischen verdrängt, aber in der Kirche als Sprache für die Liturgie und für religiöse Literatur erhalten geblieben

Kəbrä Nägäśt (= Die Herrlichkeit der Könige): äthiopisches „Nationalepos", im 14. Jahrhundert aus älteren Quellen zusammengestellt, begründet hauptsächlich das Selbstverständnis des äthiopischen Christentums, bis heute in Aksum die echte Bundeslade aus dem Salomonischen Tempel in Jerusalem aufzubewahren und aus diesem Grund das auserwählte Volk Gottes zu sein

koinobitisches Mönchtum: gemeinsam in einem Kloster lebende Mönche mit gleichem Tagesablauf

Maḫbär: freie religiöse Vereinigung von Laien einschließlich der gegenseitigen Zusicherung solidarischer Unterstützung in Zeiten der Not oder besonderer familiärer Situationen

Matäb: meist dunkelblaues oder schwarzes Seidenband, von äthiopischen Christen als Zeichen der eigenen Taufe um den Hals getragen

miaphysitisch: der Lehre von einer gott-menschlichen Natur in Christus folgend, die vom Konzil von Chalcedon im Jahr 451 verurteilt wurde, zugleich aber Lehre der (alt)orientalischen Kirchen ist

Mäsqäl-Fest: Fest zur Auffindung des wahren Kreuzes, eines der größten Feste im Jahreskreis des äthiopischen Christentums

monophysitisch: andere Bezeichnung für → miaphysitisch

Nəburä əd: Titel des obersten Mönchs und Verwalters der heiligen Stätten in Aksum, hoher kirchlicher Würdenträger

Nestorianer: Außenbezeichnung für Angehörige der Apostolischen Kirche des Ostens, auch Ostsyrer genannt

panorthodoxe Konferenzen: inoffizielle Konsultationen (1964 – 1971) und offizielle theologische Dialoge (1985 – 1990) zwischen den → dyophysitischen und → miaphysitischen, orthodoxen Kirchen mit einer „Zweiten Gemeinsamen Erklärung von Chambésy" im Jahr 1990

Patriarch-Katholikos: offizieller Titel des Oberhauptes der äthiopisch-orthodoxen Kirche

Qəbatočč: Anhänger einer theologischen Strömung innerhalb der äthiopischen Kirche, die die → miaphysitische gegenüber der → dyophysitischen Lehre zu verteidigen sucht, indem sie behauptet, die Vereinigung der beiden Naturen zu einer Natur in Jesus Christus habe erst bei der Salbung Christi bei seiner Taufe stattgefunden.

Salbung Christi: → Qəbatočč

Synaxar (sənkəssar): Buch mit Heiligenlegenden zur Verlesung an den jeweiligen Gedenktagen im Gottesdienst

Tabot: im Verständnis der äthiopischen Kirche Nachbildung der originalen Gesetzestafel aus der Bundeslade im Salomonischen Tempel, die in jeder äthiopisch-orthodoxen Kirche auf dem Altar liegt und deren Heiligkeit begründet

Ṭəmqät-Fest: Epiphaniasfest zum Gedenken an die Taufe Jesu, eines der größten Feste im Jahreskreis des äthiopischen Christentums

Tewahedo (täwaḥədo): Teil der offiziellen Bezeichnung „Äthiopische Orthodoxe Tewahedo Kirche“, betont die → miaphysitische Ausrichtung der Theologie der äthiopischen Kirche

9.2. Register

Das Register berücksichtigt Personen, Orte und Begriffe, die für den fortlaufenden Text in diesem Buch sowie für das Verständnis insgesamt von größerer Bedeutung sind. Die Fußnotentexte wurden dabei nicht miteinbezogen. Das Gleiche gilt sowohl von allgemeinen Bezeichnungen wie „Äthiopien", „Kirche" oder „Religion" als auch von speziellen Begriffen wie „Aksum", „Jerusalem" oder „Jesus Christus", die allzu häufig vorkommen, weil zu zahlreiche Seitenangaben vermutlich mehr verwirren als eine Orientierung bieten. Die Namen von Heiligen einschließlich der Gottesmutter Maria sind nur berücksichtigt, sofern sie als „handelnde Personen" auftreten und nicht als Schutzheilige einer Kirche oder eines Festes.

9.3. Übersichtskarte von Äthiopien

Die Karte berücksichtigt nur Regionen und Orte in Äthiopien, die für den fortlaufenden Text in diesem Buch von größerer Bedeutung sind. Da die heutigen Regionen häufig wesentlich mehr Gebiete umfassen als die früheren Provinzen, wurden von den ehemaligen Bezeichnungen zumindest Goǧǧam, Šäwa und Kaffa aufgenommen, um wenigstens in Bezug auf diese Gebiete eine grobe Orientierung zu ermöglichen.